조선총독부의 가족 정책

-식민주의와 가족 · 법 · 젠더-

※ 일러두기

- 이 책의 인용 사료는 가독성을 위해 원문 그대로 수록하지 않고 현대문으로 고쳤다.
- 이 책에 사용된 고등법원 판결록이나 신문에 나오는 인명은 그대로 전재하지 않고 가운데 글자에 ○을 넣어 익명으로 표기하였다.
- 일본 사료의 연호는 서기로 바꾸어 표기하였다.

조선총독부의 가족 정책

－식민주의와 가족·법·젠더－

일제침탈사연구총서

사회

27

동북아역사재단 일제침탈사 편찬위원회 기획

홍양희 지음

동북아역사재단

NORTHEAST ASIAN HISTORY FOUNDATION

| 발간사 |

일본이 한국을 침탈한 지 100년이 지나고 한국이 일본의 지배로부터 벗어난 지 70년이 넘었건만, 식민 지배에 대한 청산은 이루어지지 못하고 있다. 일본의 독도영유권 주장은 도를 넘어섰다. 일본은 일본군'위안부', 강제동원 등 인적 수탈의 강제성도 인정하지 않고 있다. 일본군'위안부'와 강제동원의 피해를 해결하는 방안을 놓고 한·일 간의 갈등은 최고조에 이르고 있다. 역사문제를 벗어나 무역분쟁, 안보위기 등 현실문제가 위기국면을 맞고 있다.

한·일 간의 갈등은 식민 지배의 역사를 어떻게 볼 것인가 하는 역사인식에서 기인한다. 역사는 현재와 과거의 대화이며 이를 기반으로 미래로 나아갈 수 있다. 과거 침략의 역사를 미화하면서 평화로운 미래를 말하는 것은 불가능하다. 식민 지배와 전쟁발발의 책임을 인정하지 않고 반성하지 않으면 다시 군국주의가 부활할 수 있고 전쟁이 일어날 위험성도 배제할 수 없다. 미래지향적 한일관계를 형성하고 나아가 동아시아의 평화와 번영의 기틀을 조성하기 위해 일본은 식민 지배의 책임을 인정하고 그 청산을 위해 노력해야 할 것이다.

식민 지배의 역사를 청산하기 위해서는 식민 지배는 어떻게 이루어졌는지 그 실상을 명확하게 규명하는 일이 긴요하다. 그동안 일본제국주의에 맞서 조국의 독립을 위해 헌신한 독립운동가들의 활동을 찾아내고 역사적으로 평가하는 일에는 상당한 성과를 거두었다. 반면 일제 식민침탈의 구체적인 실상을 규명하는 일에는 충분한 노력을 기울이지 못했다. 제국주의가 식민지를 침탈했다는 것은 너무나 당연한 사실로 여겨졌기 때문에, 굳이 식민 지배에서 비롯된 수탈과 억압, 인권유린을 낱낱이 확인할 필요가 없었는지도 모른다. 그러는 사이 일본은 식민 지배가 오히려 한국에 은혜를 베푼 것이라고 미화하고, 참혹한 인권유린을 부인하는 역사부정의 인식을 보이는 데까지 이르고 있다. 일제의 통치와 침탈, 그리고 그 피해를 종합적으로 조사하고 편찬할 필요성이 여기에 있다.

일제침탈사를 체계적으로 정리하는 일은 개인이 감당하기 어렵다. 이에 우리 재단은 한국학계의 힘을 모아 일제침탈사 편찬위원회를 꾸렸다. 편찬위원회가 중심이 되어 일제의 식민지 침탈사를 정치·경제·사회·문화 모든 방면에 걸쳐 체계적으로 집대성하기로 했다. 일제 식민침탈의 실체를 파악하기 위해 2020년부터 세 가지 방면으로 사업을 추진하고 있다. 하나는 일제침탈의 실상을 구체적이고 생생한 자료를 통해서 제공하는 일로서 〈일제침탈사 자료총서〉로 편찬한다. 다른 하나는 이들 자료들을 바탕으로 연구한 결과물을 〈일제침탈사 연구총서〉로 간행한다. 그리고 연구의 결과를 대중들이 이해하기 쉽게 〈일제침탈사 교양총서〉를 바로알기 시리즈로 간행한다. 자료총서 100권, 연구총서 50권,

교양총서 70권을 기본 목표로 삼아 진행하고 있다.

〈일제침탈사 연구총서〉는 일제침탈의 실태를 정치·경제·사회·문화 분야로 대별한 뒤 50여 개 세부 주제로 구성했다. 국내외 학계 전문가들이 현재까지 축적된 연구 성과를 반영하면서 풍부한 자료를 활용하여 집필했다. 연구자뿐만 아니라 교육 현장에서도 활용되고 일반 독자들도 이해할 수 있도록 집필하기 위해 노력했다. 연구총서 시리즈가 일제침탈의 역사적 실상을 규명하고 은폐된 역사적 사실을 기억하고 왜곡된 과거사에 대한 인식을 바로 잡음으로써 역사인식의 차이로 인한 논란과 갈등을 극복하는데 기여하는 디딤돌이 되기를 바란다.

2021년

동북아역사재단 이사장

| 편찬사 |

1945년 한국이 일제 지배로부터 해방된 지 76년의 세월이 지났다. 그럼에도 불구하고 일본 사회 일각에서는 여전히 일제의 한국 지배를 합리화하고 미화하는 주장이 나오고 있으며, 최근에는 한국 사회 일각에서도 일제 지배를 왜곡하고 옹호하는 주장이 나오고 있다. 이는 한국과 일본 사회, 한일 관계와 동아시아 국제관계의 미래를 위해서도 결코 바람직하지 않은 일이다.

이에 동북아역사재단은 일제의 한국 침략과 식민 지배에 대한 학계의 연구 성과를 총정리한 〈일제침탈사 연구총서〉를 발간하기로 하였다. 이에 따라 2019년 9월 학계의 전문가를 중심으로 편찬위원회를 구성하였으며, 편찬위원회는 학계의 연구 성과를 토대로 정치·경제·사회·문화 부문에서 일제의 침탈이 어떻게 이루어졌는지 정리하여 연구총서 50권을 발간하기로 하였다.

주지하듯이 1905년 일제는 러일전쟁에서 승리한 뒤, 한국에 군대를 주둔시키면서 한국의 외교권을 빼앗고 통감부를 두어 내정에 간섭하였다. 1910년 일제는 군사력으로 한국 정부를 강압하여 마침내 한국을 강제 병합하였다. 이후 35년간 한국은 일제의 식민 통치를 받았다.

일제는 한국의 영토와 주권을 침탈하였을 뿐만 아니라, 군사력과 경찰력으로 한국을 지배하면서, 정치·경제·사회·문화의 모든 부문에서 한국인의 권리와 자유, 기회와 이익을 박탈하거나 제한하였다. 정치적으로는 군사력과 경찰력, 각종 악법을 동원하여 독립운동을 탄압하고, 한국인의 정치활동을 억압하고 참정권을 박탈하였으며, 집회와 결사의 자유를 억압하였다. 경제적으로는 일본자본이 경제의 주도권을 장악하고, 일본인 위주의 경제정책을 수행했으며, 식량과 공업원료, 지하자원 등을 헐값으로 빼앗아 갔고, 농민과 노동자 등 대다수 한국인의 경제생활을 어렵게 하였다. 사회적으로는 한국인들을 차별적으로 대우하고, 한국인의 교육의 기회를 제한하고, 한국인으로서의 정체성을 박탈하여 결국은 일본의 2등 국민으로 만들고자 하였다. 문화적으로는 표현과 창작의 자유, 종교와 사상의 자유를 억압하고, 한글 대신 일본어를 주로 가르치고, 언론과 대중문화를 통제하였다. 중일전쟁, 아시아태평양전쟁을 도발한 뒤에는 인적·물적 자원을 전쟁에 강제동원하고, 많은 이들을 전장에 징집하여 생명까지 희생시켰다.

〈일제침탈사 연구총서〉는 침탈, 억압, 차별, 동화, 수탈, 통제, 동원 등의 단어로 요약되는 일제의 침략과 식민 지배의 실상과 그 기제를 명확히 밝히고자 하였다. 이를 통해 일제의 강제 병합을 정당화하거나 식민 지배를 미화하는 논리들을 비판 극복하고, 더 나아가 일제 식민 지배의 특성이 무엇이었는지, 식민 통치의 부정적 유산이 해방 이후에 어떤 영향을 미쳤는지를 밝히고자 하였다.

편찬위원회는 연구총서와 함께 침탈사와 관련된 중요한 주제들에 관하여 각종 법령과 신문·잡지 기사 등 자료들을 정리하여 〈일제침탈사 자료총서〉도 발간하기로 하였다. 아울러 일반인과 학생들이 보다 쉽게 읽을 수 있는 〈일제침탈사 교양총서〉를 바로알기로 발간하기로 하였다.

일제의 한국 침략과 식민 지배의 역사는 광복 후 서둘러 정리해냈어야 했지만, 학계의 연구가 미흡하여 엄두를 내기 어려웠다. 이제 학계의 연구가 어느 정도 축적되어 광복 80주년을 맞기 전에 이와 같은 작업을 할 수 있게 된 것을 다행으로 생각한다. 한일 양국 국민이 과거사에 대한 올바른 역사인식을 갖고 성찰을 통해 미래를 향해 함께 나아갈 수 있기를 기대하면서 삼가 이 책들을 펴낸다.

2021년

동북아역사재단 일제침탈사 편찬위원회

차례

서론

1910년 8월 29일 일본은 한국을 강제 병합하여 일본의 식민지로 편입하였다. 후발 제국주의의 길로 나선 일본에게 한국 영토의 획득은 그들의 오랜 목표 중의 하나를 달성한 것이었다. 한국 또한 일본 제국의 '지리상의 관문'으로서 역할이 기대되었기 때문이다.[1] 오키나와(沖縄)가 '제국의 남문'이라면, 홋카이도(北海道)는 '제국의 북문'으로 칭해졌다.[2] 여기에 대만(臺灣)과 한국의 획득은 그들에게 남쪽과 북쪽으로의 팽창로를 각각 하나 더 획득하였다는 중요한 의미를 가지는 것이었다. 이들 지역이 일본의 제국주의적 팽창에 결정적 거점이 될 수 있다고 보았기 때문이다.

점령 지역들이 가지고 있는 지정학적 위치는 일본이 그들 식민지를 통치하는 데 결정적인 영향을 미칠 수밖에 없었다. 일본이 식민지 통치 정책으로 채택한 '동화 정책'은 그 산물이었다. 식민 지역이 제국의 거점으로서 자기 역할을 제대로 수행하기 위해서는 그 지역에 존재하는 물적·인적 자원을 최대로 활용할 수 있어야만 했고, 또 이의 실현을 위해서는 식민지인들을 일본 제국의 하나의 분자로 통합할 필요가 있었다. 오키나와, 대만 등에 이어 한국에서 또한 통치의 기본 방침으로 동화주의가 천명된 것도 바로 이러한 이유였다.

> 일한관계(日韓關係)는 (중략) 고래부터 밀접한 이해관계를 가질 뿐만 아니라 동종동문(同種同文)으로서 풍속풍교(風俗風教)도 또한 큰 차

---

1 山田三良, 1912, 「植民地法ト內地法トノ關係ニ就テ」, 『法學協會雜誌』 30권 2호, 110쪽.

2 小熊英二, 1998, 『〈日本人〉の境界』, 新曜社, 50쪽.

이가 없어 서로 융합동화(融合同化)할 수 있다. (중략) 당면의 급무는 조선인을 유도계발하여 문명의 역(域)에 나아가, 그럼으로써 충량(忠良)한 제국신민(帝國臣民)이 되도록 하는 데 있다. 이것이 한국병합의 본지로서 타국의 사례와 다른 소이이다. 고로 한국의 병합은 단지 국제상의 화근을 없애 동양의 평화를 유지하는 소이일 뿐만 아니라, 팔만여 방리의 국토, 일천삼백여 만의 인구를 더해 제국의 확대안고(擴大安固)를 이루는 것이다.[3]

동화주의 정책 수행을 위해서는 무엇보다 조선 지역 조선인에 대한 일대 개조 작업이 뒤따라야 했다. "한국병합으로 일한(日韓) 종래의 국제문제는 종결되고, 이제 그 결과로서 새로운 문제가 제기되니, 즉 신영토 조선의 경영문제"[4]라는 사설에서 보이듯이, 한국병합을 성취한 일본의 최대 과제는 조선에 대한 통치문제였다. "어떻게 이 신부(新附) 일천만민을 우리나라에 동화시킬 것인가에 대해 고심하고 있다",[5] "새로운 신민(臣民)을 유도하여 동일하게 폐하의 충량한 신민이 되게 하는 길 여하(如何), 환언하면 그들을 유도하여 구신민(舊臣民)에 동화시키는 길 여하는 가장 식자(識者)의 두뇌를 고민케 하는 문제"[6]라고 하는 병합 직후 잡지에 실린 일련의 글들은 조선총독부의 핵심 과제가 곧 인적 자원의 활용

3 「總說之部: 朝鮮施政方針及施設經營」, 『總督府施設歷史調査書類(1915.11) 謄寫版 4綴』, 山本四郎 編, 1984, 『寺內正毅關係文書』, 京都女子大學, 178쪽.

4 「新領土の教育」, 『教育時論』, 1910.9.15, 185-186쪽.

5 「朝鮮人を如何に教育すべきか(先づ彼等の非文明的風習性情の改善に重き置け)」, 『朝鮮』, 1911.2.1, 419-422쪽.

6 「新領土の教育」, 『教育時論』, 1910.9.15, 185-186쪽.

에 있었다는 점을 보여준다. 한마디로 조선인을 일본 국민으로 통합하는 것은 그들에게 선택의 문제가 아니라 당위이자 지상 과제였던 것이다.

문제는 조선인을 일본 국민으로 개조하기 위해서 어떤 방법을 채택하느냐 하는 것이었다. 여기서 일본이 조선인의 일본 국민화 정책의 수단으로 채택한 전략 중의 하나가 일본식 가족제도의 이식이었다. 서구의 근대국가 형성에서 '가족'은 가장 중요한 장치였고, 일본에서 가족제도는 보다 적극적으로 이용되었다.[7] 가족은 국민국가의 기초 단위로서, 가족의 이미지는 국민 통합을 위해 이용될 수 있기 때문이다.[8] 특히 일본에서 '가족'은 국민의식을 끌어내는 이데올로기일 뿐만 아니라 경제적 단위이고, 또한 국가의 통치 및 관리의 핵심 장치였다. 한마디로 가족은 국민국가를 제조하고 국민을 재생산하는 장치이기도 했다.[9] "개인은 가(家)를 통해 국가를 구성"한다 함은 바로 이를 의미했다.[10]

근대 일본에서 가족제도가 점하는 비중에 비추어볼 때, 그리고 식민지 조선에 이식되고 시행된 가족제도 또한 일본의 그것과 크게 다르지

---

7 국민의 파악과 등록을 개인 단위로 하는 프랑스에서도 국가는 가족을 국민국가의 기초 단위로 삼고 있다. 프랑스혁명은 여성을 정치의 영역으로 불러냈지만, 그것은 일시적일 뿐 다시 가정으로 돌아가도록 강제했다. 가족은 국민의 재생산의 장이고, 개인주의에 기반한 국가조차도 항상 국가가 존재하는 이미지를 가족으로부터 빌렸다(西川長夫, 1995, 「日本型國民國家の形成-比較史的觀點から」, 西川長夫·松宮秀治 編, 『幕末·明治期の國民國家形成と文化變容』, 新曜社, 13쪽). 자크 동즈로에 의하면, 프랑스에서도 '가족'은 사람들에게 근대적 삶의 기법이나 질서를 교화하는 이데올로기적 장치였다(牟田和惠, 1996a, 「日本型近代家族の成立と陷穽」, 井上俊 等, 『〈家族〉의 社會學』, 岩波書店, 64쪽).

8 西川裕子, 2000, 『近代國家と家族モデル』, 吉川弘文館.

9 西川長夫, 1995, 앞의 글, 18쪽.

10 野村調太郎, 1925, 『朝鮮戶籍令義解』, 嚴松堂書店, 1-2쪽.

않았다는 점에서, 조선총독부가 시행한 가족제도는 식민지 조선의 가족 정책 연구의 핵심이다. 더욱이 이 연구는 다음과 같은 이유에서 연구사적 의미를 지닌다.

첫째, 식민지 조선에서 근대 가족제도가 구축되는 과정을 이해하는 동시에, 그것을 통해 조선총독부의 식민지 지배 정책의 성격을 해명할 수 있다. 식민지 조선의 가족제도의 근간이었던 호적제도와 친족법 및 상속법의 도입을 통한 '가족'의 제도화는 조선인을 일본의 국민으로 통합하여 제국주의 팽창에 동원하자는 일본 제국주의의 원대한 전략이었기 때문이다.

조선총독부가 조선에 일본식 가족제도를 이식시키는 구체적인 수단은 법이었으며, 특히 가족법은 조선인을 일본 국민으로 전환시키는 데 필요한 기초 토대였다. '내선(內鮮) 간의 융합은 특히 관습에 관계되는 법규 통일이 가장 긴요한데, 조선인의 친족, 상속에 관한 사항은 점차 변개되고 있으므로 내선동일법제(內鮮同一法制)하에 통합되는 날도 멀지 않았다고 판단된다'[11]는 조선총독부의 평가는 가족제도가 법제 통합에서 차지하는 비중을 단적으로 알려준다. "그 경우 국가의 전 지역을 통하여 동일한 법제하에 서는 것이 되고, 국가의 통치 형태로서는 가장 이상적인 것이 되기"[12] 때문이다. 따라서 가족법을 통해 가족제도가 조선에 구축되어가는 과정은 식민지 정책의 변화를 가늠하는 척도가 될 수 있다. 가족을 제도화하고, 가족원 사이의 관계를 규율한 호적제도와 가족법, 즉, 친족법 및 상속법은 일본식 가족제도를 이식시키는 데 사용된 기제

---

11 朝鮮總督府法務局法務課, 1936, 『朝鮮の司法制度』, 29-30쪽.

12 山崎丹照, 1943, 「自序」, 『外地統治機構の研究』, 高山書院, 3-4쪽.

였다. 호적제도와 친족법 및 상속법은 식민권력이 추구하는 가족제도의 원형을 주조하는 틀이었던 것이다. 이 연구가 가족을 제도화하는 과정 및 그것이 가진 효과를 통해 조선총독부의 가족 정책에 접근하는 이유이다.

둘째, 아울러 식민지시기 가족제도 연구는 한국 사회에서 젠더관계의 근대적 재편방식을 확인할 수 있다는 점에서 젠더사(gender history)·여성사 연구의 핵심적 지점이다. 근대 일본의 가족제도가 조선에 구축됨으로써 조선 사회의 젠더관계가 재편성되었을 뿐만 아니라, 가족법은 성차별적인 젠더 질서를 전 조선인에게 보편화하는 기능을 수행하였기 때문이다. 일본식 근대국가가 만들어낸 가족제도가 젠더 질서를 제도화하고 구축해가는 과정을 구명한다는 점, 즉 조선 사회에서 식민지 근대가 차별적 젠더관계에 기반하고 있음을 해명한다는 점에서도 중요한 의미를 지닌다. 또한 변화하는 관계 속에서 여성들은 어떠한 방식으로 자신들의 욕망을 분출하고, 권리를 방어하여, 이해를 쟁취하기 위해 노력하였는지 확인할 수 있다.

셋째, 식민지 조선인들의 일상과 문화에 대한 미시적 분석을 할 수 있다. 가족 사이에 발생하는 분쟁, 그리고 그에 대한 소송 판결문에는 당대인들의 목소리와 일상 문화가 그대로 담겨 있기 때문이다. 특히 조선총독부에 의해 시행된 새로운 가족법, 그 변화된 법질서가 식민지 조선 사회에 어떠한 파열음을 만들어내고 있었는지를 살필 수 있다. 가족관계 및 젠더관계의 변화 속에서 그들 사이에 어떠한 경합들이 있었고, 당대인들은 어떠한 선택을 하였는지, 그들 사이에 어떠한 이해관계들이 상충되어 소송이 일어났는지, 개인들은 자신의 이해와 욕망을 위해 어떠한 행위들을 하였는지, 식민지 사법 권력은 이에 어떠한 판결을 하였는지

등을 질문하는 것은 당시 사회의 문화 및 개인의 일상을 들여다보는 작업이라 할 수 있다.

조선총독부의 가족제도와 관련된 법제 정책에 대한 연구는 크게 세 가지 방향에서 이루어졌다. 우선, 가족의식이나 가족관념이 가진 전근대성을 비판하는 연구이다. 조선총독부 간행 교과서나 친족법 등에 대한 분석을 통해 한국인의 가족에 관한 종래의 가치의식이 그대로 이어지는 것으로 보기 때문이다. 즉 "36년간 일제가 통치상의 편의의 이유로 한국의 전래의 가족관념을 그대로 교과 내용에 삽입한 것으로 생각된다. 확실히 합병 전의 가족관념과 합병 후의 가족관념은 동일하며 하등의 변용도 찾아볼 수 없다. 근대적인 가족의식은 이들의 어느 시기를 막론하고 추호도 찾아볼 수 없다"[13]는 것이다. 그렇지만 과연 식민지시기의 가족을 조선시대의 그것과 동일시할 수 있을지는 의문이다. 조선총독부는 일본식 가족제도를 조선에 이식하려 하였고, 그 당시 교과서나 친족법에는 그것이 그대로 반영되고 있었기 때문이다. 그리고 근년의 일본에서의 연구들은 메이지 일본의 가족제도가 근대 일본이 창출한 발명품이며, '가족'은 국민 통합을 위해 적극 동원되었다고 분석한다.[14]

다음으로, 가족제도 관련 법제 중 호적제도에 관한 연구이다. 식민지 호적제도는 크게 두 가지 방향에서 연구가 이루어졌다. 하나는 호적의 제도적 변화에 초점을 맞춘 연구들이다.[15] 조선시대의 호적과는 그 목적

---

13 崔在錫, 1982,『改訂 韓國家族研究』, 一志社, 246쪽.

14 小山靜子, 1991,『良妻賢母主義という規範』, 勁草書房; 小山靜子, 1999,『家庭の生成と女性の國民化』, 勁草書房; 牟田和惠, 1996b,『戰略としての家族: 近代日本の國民國家形成と女性』, 新曜社; 西川裕子, 2000, 앞의 책.

15 崔弘基, 1997,『韓國戶籍制度史 研究』, 서울대출판부.

및 제도가 완전히 변모되었다는 점에 주목한다. "일제시기 호적은 호구를 조사·파악하는 것보다는 오히려 '가(家)'와 '가에서의 개인의 신분관계'를 증명하는 공증문서가 되었다"는 것이다.[16] 이외에도 1909년의 민적법에 초점을 맞추어 그것이 일본식 호적제도로 이행하는 과정에서 가지는 과도기적 성격을 강조한 연구도 있다.[17] 이들 연구는 호적제도의 역사적 변천을 이해하는 데 중요한 의미를 가지나, 호적의 제도적 변화 그 자체에 초점을 맞추었다는 점에서 가족제도와의 관계성에는 그다지 주목하지 않았다고 볼 수 있다.[18] 다른 하나는 일본식 호적제도의 도입 목적 및 그 영향과 관련된 연구들이다. 가장 먼저 일본식 호적제도 안에서 작동하고 있는 호주권에 착목하여 일본 가제도의 '법률적 가부장권'이 한국의 전통으로 오해되기에 이르렀다는 점을 밝힌 연구가 있다.[19] 나아가 식민지 정책과의 관계성을 염두에 두면서 호적제도가 일본식 가족제도 구축을 위한 토대 작업이라는 점이 강조되기도 하였다.[20] 이러한 연구는 호적제도에 의해 강력한 가부장적 호주권이 한국 가족법에 확립되는 계기를 밝히고 있다는 점에서 연구사적 의미를 가진다. 나아가 호적제도가 일본 내지인과 식민지 조선인의 경계를 확인하고, 조선인의 신분

16 崔弘基, 1997, 위의 책, 187-188쪽.

17 이정선, 2009, 「한국 근대 '호적제도'의 변천」, 『한국사론』 55.

18 이 책에서 '신분'이라는 용어는 두 가지 의미로 쓰인다. 실제 한국 사회에서 동일한 용어를 두 가지 의미로 쓰고 있기 때문에 문맥에 맞게 이해할 필요가 있다. 근대 이전 조선시대에서 쓰이는 '신분'은 계층적 위계가 있는 신분제에서의 사회적 위치(status)를 의미한다. 이에 비해 호적 법규나 민사법 등 법제에서 언급되는 '신분'은 개인이 누구인지를 나타내는 즉, 정체성(identity)을 의미한다.

19 朴秉濠, 1992, 「日帝時代의 戶籍制度」, 『고문서연구』 3.

20 홍양희, 2005a, 「식민지시기 호적제도와 가족제도의 변용」, 『사학연구』 79.

확인을 위해 활용된 측면에 의미를 부여하기도 한다.[21] 일본 호적과 별도로 조선 지역적(地域籍)으로의 분리, 전적(轉籍) 금지, 이적(移籍) 제한 등의 조치가 그 증거라는 것이다. 또한 호적의 내지화가 조선인을 일본 국민으로 편입시키기 위한 의도였다는 점이 강조되기도 하였다.[22]

이외에 호적을 통해 조선의 문화를 읽어내려는 흥미로운 시도도 있었다. 호적에는 여성과 남성, 그리고 여러 계층의 다양한 삶의 모습이 그대로 담겨 있다는 것이 이 연구가 이루어진 이유였다. 17세기 초부터 일제 식민지시기에 이르기까지 호적의 존재 양태가 변화하는 과정에서, 호적에 담긴 당대의 문화를 분석하였다.[23] 호적을 통해 그 시대의 문화를 분석하려는 작업은 주로 조선시대 연구자들에 의해 이루어졌는데, 17, 18세기 단성현 호적을 분석한 정지영의 연구는 조선시대, 그중에서도 조선후기를 견고한 유교 사회로 보는 주류적 시각을 문제화한다는 점에서 식민지 가족 관습법 연구에 시사하는 바가 적지 않다.[24] 앞으로도 식민지시기 호적이 가진 문화사적 의미에 천착하는 많은 연구가 기대되는 바이다.

끝으로, 조선총독부의 가족제도 관련 정책 연구 중 가장 많은 성과가 축적된 가족법 연구이다. 이 연구는 역사학보다는 법학 분과에서 먼저 시작되었고, 역사사회학과 역사학 등 학제적 연구가 활발한 분야이다.

---

21 坂元眞一, 1997, 「敗戰前日本國における朝鮮戶籍の硏究-登錄技術と徵兵技術の關係を中心として」, 『靑丘學術論集』 10집.

22 이승일, 2000, 「일제시기 朝鮮人의 日本國民化 연구: 戶籍制度를 중심으로」, 『한국학논집』 34.

23 손병규, 2007, 『호적, 1606-1923: 호구기록으로 본 조선의 문화사』, 휴머니스트.

24 정지영, 2015, 「질서의 구축과 균열: 조선후기 호적과 여성들」, 서강대출판부.

특히 친족 및 상속 '관습법'의 성격과 관련하여 다양한 논의가 진행되었다. 이들 논의는 대략 세 가지로 분류할 수 있다. 첫째, '관습 왜곡론'이다. 오랫동안 법사학계의 주류 의견이었으며, 가족 관습법이 전통적인 가족 관습을 왜곡하고 변형시켰다는 논의이다.[25] 조선총독부의 관습 왜곡은 전통적인 조선의 관습을 파괴하였으며, 동화주의 정책의 일환으로 행해진 이들 정책은 가족 법규에 전근대적인 요소를 온존시키는 결과를 가져왔다는 것이다. 이러한 연구는 조선의 관습에 개입한 식민지 권력 정치에 주목했다는 점에서 기여한 바가 적지 않으나, 조선의 '관습'을 바라보는 시각과 관련하여 논란의 여지가 있다. 이 연구 관점은 통일적이고 정형화된 조선 관습의 존재를 전제함으로써, 전근대사회의 다양한 관행을 하나의 관습으로 일반화하고 전형화한다는 비판에서 자유롭지 못하기 때문이다. 더욱이 왜곡이 그렇게 자명하다면 왜 굳이 조선총독부가 처음부터 일본 민법의 적용이 아닌 관습법을 채택하였는지, 그 이유를 설명하기도 어렵다.

다음으로, '관습 변화론'이다. 식민지시기 조선 관습의 자생적 변화가 일본 민법의 적용이라는 정책적 변화를 가져왔다는 주장이다. 조선

---

25 鄭光鉉, 1967, 『韓國家族法研究』, 서울대출판부; 이병수, 1977, 「조선민사령에 관하여-제11조의 관습을 중심으로」, 『법사학연구』 4; 정종휴, 1985, 「한국에서의 일본민법의 변용」, 『전남대논문집』 30; 박병호, 1987, 「일제시대 법제상의 가부장권」, 『민법학의 현대적 과제』; 박병호, 1992, 「日帝下의 가족정책과 관습법형성과정」, 『법학』 33-2; 李相旭, 1986, 「한국상속법의 성문화과정」, 경북대 박사학위논문; 李相旭, 1988, 「일제하 호주상속관습법의 정립」, 『법사학연구』 9; 李相旭, 1991, 「일제하 전통가족법의 왜곡」, 『(박병호교수환갑기념 II) 韓國法史學論叢』, 박영사; 李效再, 1990, 「한국가부장제의 확립과 변형」, 『한국가족론』, 까치; 李效再, 1996, 「한국가부장제와 여성」, 『여성과 사회』 7; 정긍식, 2000, 「일제의 관습조사와 그 의의」, 『개역판 관습조사보고서』, 한국법제연구원.

총독부가 가족 관습을 일방적으로 왜곡한 것이 아니고, 구관습이 신관습으로 변화되어, 그것이 조선총독부의 정책에 반영되었다는 것이다.[26] 조선총독부의 정책 설명이나 판례에 흔히 등장하는 '조선 관습의 변화'라는 언설이 그 근거로 제시되었다. 그렇지만 '관습의 변화'라는 조선총독부 당국자들의 정치적 언설을 있는 그대로 받아들일 수 있을지는 역시 의문이다. 조선민사령(朝鮮民事令) 제11조의 개정에 즈음하여 일본 정책 당국이 주장하는 '관습의 변화'를 자연적 변화 그 자체로 보기보다는 조선총독부에 의해 그간 수립되고 시행되어온 가족 관련 법규라는 제도적 환경을 도외시할 수 없기 때문이다. 이 연구는 일본 정부와 조선총독부의 가족법 정책을 이원화하여, 전자는 일본 민법으로의 '법제일원화'를, 후자는 조선 '관습의 성문화(成文化)'를 각각 추구했다는 논의로 나아갔다.[27] 일본 정부와 조선총독부 사이에 존재하는 정책 관련 갈등에 주목했다는 점에서 의미가 있지만, 이를 정책 자체의 차이로 접근하는 것은 다소 과도한 해석이라 하지 않을 수 없다. 양자 사이의 차이는 일본 민법 시행의 시차 문제로 보는 것이 합리적일 것이기 때문이다. 조선총독부의 판례지침이 일관되게 민법과의 조화를 염두에 두고 있었을 뿐만 아니라, '조선 관습'을 성문화하는 것은 동화주의 정책과 전면 배치되기 때문이다. 식민지 관습법의 형성이라는 관점의 심희기의 논의는 이에 대한 답이 될 수 있다. 당시의 관습은 "조선 사회와 전혀 동떨어진 관습이 아니라는 점에서 조선인의 관습, 관습법이라는 성격을 지니고 있지만, 궁

26 이승일, 1999, 「일제시대 親族慣習의 변화와 朝鮮民事令 개정에 관한 연구: 조선민사령 제11조 제2차 개정안을 중심으로」, 『한국학논집』 33.

27 이승일, 2008, 『조선총독부 법제정책: 일제의 식민통치와 조선민사령』, 역사비평사.

극적으로는 식민지 권력이 유도하는 방향으로 조절·통제되고 있었다는 측면에서 '순수하게 자연스러운 신관습·신관습법'은 아니었다"는 것이다.[28]

끝으로, '관습 창출론/관습 발명론'이다. 관습의 '왜곡' 혹은 '변화'에 초점을 맞춘 앞의 두 가지 연구 시각과 달리 식민지시기 조선 '관습'의 '구성성'에 주목하는 연구이다. 기존의 연구들이 조선의 관습에 대한 일률적인 하나의 정형성을 전제하면서, 그와 다른 것에 대해 '왜곡' 혹은 '변화'를 주장하는 데 반해, 조선에서 실천되던 여러 관행들이 식민지시기 일본인 법률가들에 의해 취사선택되면서 '조선 관습'의 내용이 구성되었다는 것이다.

이러한 연구 시각과 관련하여, 근대국가 형성 과정에서 '전통이 발명(Inventing traditions)'되는 방식에 대한 논의는 관습 구성에 여러 시사점을 제공한다. 에릭 홉스봄(Eric Hobsbawm) 등의 분석에 의하면, 유럽 사회는 근대국가 건설 과정에서 과거의 특정한 실천행위를 형식화하고 의례화하는 방식을 통해 '전통'을 발명하였다. 그런 점에서 전통은 여러 관행들 중 국가가 선택하고, 서술하고, 묘사하여, 사회에 유통시키고 제도화한 것이었다.[29] 뿐만 아니라 권력 주체의 사유체계는 식민지 사회의 문화를 인식하는 데 주요한 역할을 한다. 서구의 동양에 대한 지식 생산은 그들의 인식체계에 의한다는 에드워드 사이드(Edward W. Said)의 통찰 또한 제국주의 일본과 식민지 조선에서 가족 '관습'이 구성되는 방식

28 심희기, 2003, 「일제강점 초기 식민지 관습법의 형성」, 『법사학연구』 28, 28쪽.

29 Eric Hobsbawm and Terence Ranger ed., 1985, *The Invention of Tradition*, London: Cambridge University Press; 박지향·장문석 옮김, 2004, 『만들어진 전통』, 휴머니스트.

을 고찰하는 데 시사하는 바가 크다.[30] 서양과 동양, 식민지 종주국과 식민지 사이처럼 정치적, 문화적, 인종적인 위계가 작동하는 사회에서 식민지의 문화가 열등하고 후진적인 것으로 발명되는 것 또한 이에 기인한다. 특히 서구 모더니티(modernity)는 식민지 사회의 저열성을 구성하는 기준점의 역할을 하였다. 식민주의는 그러한 인식에 기반하여 식민지배의 정당성을 획득하는 것이다.

더욱이 제국주의가 식민지에서 창출하는 전통이나 관습에는 식민주의 권력이 행사하는 지식과 담론의 정치가 작동하고, 여기에서 '여성'은 중심 주제를 차지하였다. 식민지 인도에서 과부(寡婦) 순장제도인 '사티(Sati)'가 인도의 '전통'으로 발명되는 방식을 연구한 라타 마니(Lata Mani)에 의하면, 식민지에서 여성을 둘러싸고 전개되는 담론은 그 사회의 전통과 문화 정체성에 대한 체계적인 지식이 구성되는 지점이었다.[31] 지식과 담론의 경합을 통해 젠더관계가 재구축된다는 점에서 식민지 조선에서 가족 관습과 관련하여 전개되었던 관습의 정의 및 확정은 젠더사·여성사 연구의 중요한 지점이다. 사회의 시대적 맥락 속에서 젠더관계의 유동적 가변성에 대한 논의는 그간 초자연적인 상수로 논의되던 성 본질주의, 그리고 그에 토대한 성차별적 문화 본질주의에 대한 근원적 문제 제기이다. '젠더'는 여성사 연구에 깊은 통찰력을 제공한다는 점에서 이 연구서 또한 견지하고 있는 분석 범주이다.[32]

---

30 Edward W. Said, 1978, *Orientalism*, New York: Pantheon Books; 박홍규 역, 2007, 『오리엔탈리즘』, 교보문고.

31 Lata Mani, 1987, "Contentious Tradition: The Dabate on Sati in Colonial India," *Cultural Critique*, Autumn.

32 '젠더'가 본격적으로 역사 분석의 범주로 논의되기 시작한 것은 역사학자 조안 스

관습에 대한 이와 같은 구성주의 시각은 식민권력에 의해 발명된 '관습'이 탈식민 이후에도 여전히 한국의 '전통'으로 작동하고 있는 포스트-식민성 문제에 대한 반성이기도 하다. 식민지시기 가족법이 관습법을 채택하고 있었기 때문에 식민지 당시 확정된 관습—그것이 법으로 효력을 가졌든 가지지 않았든 간에—이 사실상의 조선의 관습으로 해방 후 신민법(新民法) 제정에 상당 부분 거의 그대로 반영되었기 때문이다. 특히 식민지라는 특정한 역사적 국면에서 일본 민법의 가부장제가 근대법으로 제도화되는 과정에서 비단 식민주의 권력뿐만 아니라 조선의 가부장제가 공모하여 '관습'을 구성하였으며, 이것이 결국 해방 후 신민법 제정으로 이어졌다는 문제의식은 포스트-식민성 문제의 심각성을 드러낸다. 이렇듯 '관습 창출론/관습 발명론'에는 식민지 관습에 대한 구성주의, 젠더사의 문제의식, 그리고 탈식민주의 등의 문제가 복잡하게 얽혀 있다.

이러한 문제의식을 가진 식민지 관습과 관습법에 대한 논의는

콧(Joan W. Scott)에 의해서이다. 성차별이 육체적 차이 그 자체 때문이 아니라, 당대 사회의 권력관계에서 만들어진 것이기에, 남성과 여성 사이의 관계가 역사적으로 어떻게 구성되는지를 질문해야 된다는 것이다. 예컨대 '남성다움'과 '여성다움'이라는 관념 또한 사회 문화적으로 구성된 것이라는 관점을 피력한다. 이때의 스콧은 섹스(sex)와 젠더(gender)를 구분하여 생물학적 성 'sex' 대신 사회 문화적으로 구성된 'gender' 개념을 역사 분석의 범주로 삼아야 함을 주장한다(다음의 논문을 참조할 수 있다. Joan W. Scott, 1988, "A useful Category of Historical Analysis," *Gender and Politics of History*, New York: Columbia University Press. 이 논문은 번역되어 있다. 조안 W. 스콧, 송희영 옮김, 1996, 「젠더: 역사 분석의 유용한 범주」, 『국어문학』 31집, 297쪽). 그 후 스콧은 10년간의 논의를 토대로 섹스와 젠더의 구분이 가진 모호성을 지적한다. "섹스와 젠더를 뚜렷하고 명확하게 구분하는 것은 섹스도 젠더와 마찬가지로 지식의 한 형태라는 사실을 은폐한다"는 것이다(이와 관련하여 다음을 참고할 수 있다. 배은경, 2004, 「사회 분석 범주로서의 '젠더' 개념과 페미니스트 문화연구: 개념사적 접근」, 『페미니즘 연구』 4권 1호, 65쪽).

2000년을 전후하여 본격화되었다. 가장 먼저 식민지시기 관습을 지식 구성의 관점에서 접근하면서, '포스트식민 페미니즘법학'의 추구를 주창하는 연구가 있다.[33] 식민주의 권력이 가족법을 제도화하는 데 '한국의 관습'이라는 기호에 의존, 식민지 관습을 조선 사회의 것으로 내재화시키는 정치적 담론을 이용했다는 것이다. 나아가 가족법은 여성과 남성에 관한 의미를 생산하는 젠더체계이며, 이러한 젠더 논리가 국가 정치에 이용되었다는 점을 성찰적으로 분석한다. 여성을 가족에 묶인 존재로 규정하고 부계계승적 핵가족을 한국의 가족 모형으로 정상화하면서, 이러한 가족 모형을 기반으로 국가는 국민을 생산하는 젠더 정치를 구사하였다는 것이다. 한국 가족법에 내재한 젠더 불평등 문제의 식민지적 계보를 추적한 이 연구는 2005년 호주제 등 가족법 개정에 이론적 기반을 제공하기도 하였다.

이어 역사학 분야에서도 이러한 연구 관점의 연구가 축적되었다. 위의 연구가 포스트-식민성 문제에 논의의 비중이 있다면, 이들 연구는 조선총독부에 의해 가족제도 및 가족법 정책이 집행되는 추이에 초점을 두고 가족 '관습'의 발명과 관습법의 성격을 분석한다.[34] 호적제도와 친

---

33 양현아, 2000a, 「식민지시기 한국 가족법의 관습문제 I: 시간 의식의 실종을 중심으로」, 『사회와 역사』 58; 양현아, 1999, 「한국의 호주제도」, 『여성과 사회』 10; 양현아, 2000b, 「호주제도의 젠더정치: 젠더생산을 중심으로」, 『한국여성학』 16-1; 양현아, 2002, 「호주제도위헌소송에 관한 법사학적 고찰: '가족'의 변화를 중심으로」, 『한국사회학』 36집 5호; 양현아, 2011, 『한국 가족법 읽기: 전통, 식민지성, 젠더의 교차로에서』, 창비사.

34 홍양희, 2005b, 「식민지시기 친족 관습의 창출과 일본 민법」, 『정신문화연구』 28-3; 홍양희, 2006a, 「식민지시기 상속 관습법과 '관습'의 창출」, 『법사학연구』 34; 홍양희, 2006b, 「식민지시기 친족·상속 관습법 정책」, 『정신문화연구』 29-3; 홍양희, 2007, 「식민지시기 가족 관습법과 젠더 질서」, 『한국여성학』 23-4; 홍양희·양현아,

족법 및 상속법 정책을 통해 조선 관습의 이름으로 일본식 가족제도가 구축되어간다는 것이다. 특히 그동안 식민지 가족법 연구에서 주목받지 못하였던 '사생자'(私生子), '친권'(親權) 등의 개념이 조선 관습으로 재구성되는 방식, 그리고 그것이 조선시대의 다양한 관행과 달리, 부계혈통 일방주의에 토대하여 여성의 성(Sexuality)만을 통제하고, 젠더 차별을 구조화하고 있다는 점을 고찰하였다. 아울러 식민지 조선에서 부계혈통의 지표인 성본(姓本) 정책에 의해 '동성동본(同姓同本)'이 조선의 전통으로 발명되는 방식에 관한 연구도 진행되었다.[35]

이외에도 가족 관련법을 둘러싸고 전개된 여성들의 행위성에 주목하는 연구들이 있다. 먼저 "이혼을 청구할 법적 권리가 없는 상태였음에도 불구하고 끊임없이 재판소의 문을 두드리며 이혼을 요구했던 1910년대 여성들의 줄기찬 요구가 관습주의 원칙을 무력화하고 일본 민법의 적용을 가속화하는 데 기여했다"는 주장이다.[36] 이 연구는 여성들의 이혼청구 소송행위를 적극적으로 평가한다는 점에 장점이 있지만, 이에 대한 강한 의미 부여가 연구자로 하여금 민사령 개정을 과도하게 해석하게 만든 원인이 된 듯하다. 왜냐하면 1910년대에도 여성들의 이혼청구권은

2008, 「식민지 사법관료의 가족 '관습' 인식과 젠더 질서」, 『사회와 역사』 79; 홍양희, 2013, 「"애비 없는" 자식, 그 '낙인'의 정치학: 식민지시기 '사생아' 문제의 법적 구조」, 『아시아여성연구』 52-1; 홍양희, 2014a, 「'법(法)'과 '혈(血)'의 모순적 이중주: 식민지시기 '사생아' 제도의 실천, 그리고 균열들」, 『역사문제연구』 18; 홍양희, 2017a, 「누구/무엇을 위한 '친권(親權)'인가: 식민지시기 '친권'의 법제화와 가족 정치학」, 『한국여성학』 33.

35 소현숙, 2016, 「'만들어진 전통'으로서의 同姓同本禁婚制와 식민정치」, 『대동문화연구』 96; 홍양희, 2017b, 「'同姓同本'='同族'이라는 상상 – 젠쇼 에이스케(善生永助)의 '同族部落'의 발명과 식민지 정치학」, 『한일관계사연구』 58.

36 소현숙, 2017, 『이혼법정에 선 식민지 조선여성들: 근대적 이혼제도의 도입과 젠더』, 역사비평사.

제한되지 않았기 때문이다. 통감부시기 시작된 근대 사법제도 성립 이후 이혼은 1910년대 초부터 호적 관련 행정 법규를 통해 '협의이혼'과 '재판상 이혼'으로 제도화되었다. 관습법은 '재판상의 이혼'이 청구될 경우, 재판관들이 이혼의 가부를 판단할 때의 법적용 원칙이었다. 조선민사령 제11조 2차 개정은 재판상 이혼 성립의 판결을 관습법에서 일본 민법 조항의 적용으로 변화시킨 것이었다. 더욱이 조선민사령 제11조 1, 2차 개정은 조선인의 '법률행위능력'이나 '신분 관계'를 정확히 해야만 했던 당시 상황에서 추동된 측면을 간과하기 어렵다. 따라서 조선총독부가 처했던 여러 정치적 맥락 안에서 조선민사령 개정을 이해해야 할 것으로 보인다. 아울러 여성 주체화의 문제를 다층적으로 이해할 필요가 있다. 삶의 지형을 변화시키고 자신의 이해를 관철시키기 위해 법질서를 전유하고 적극 활용한 여성들의 행위성에 보다 주목할 필요가 있을 것이다.

이러한 논의와 관련하여 이혼 재판에서 '관습'을 해석하고 판결하는 판사의 역할에 주목한 한 연구는 식민지 조선에서 관습법이 운용된 방식에 대해 시사하는 바가 크다.[37] 재판상 이혼이 관습법의 적용을 받던 1910년대 이혼 소송을 분석한 이 연구는 판결의 주체인 일본인 판사가 조선에 부임하기 이전 일본에서 이미 이혼 소송의 재판 경험이 있었다는 점을 지적한다. 더욱이 식민지 초기 이혼 소송이 주로 일본인 판사에 의해 집행되었다는 점에서 조선의 관습이 특정되지 않거나 그들이 보기에 관습법으로 판결하기 부적당하다고 여겨지는 사안에 대해서는 메이지 민법에 규정된 이혼 사유가 판결의 근거가 될 가능성이 상당히 농후

37 吉川絢子, 2011, 「日帝時期 離婚訴訟과 日本人 判事: 1910年代를 中心으로」, 『법사학연구』 44; 吉川絢子, 2012, 「근대 초기 한국의 민법학 수용과 판사에 대한 영향: 1900~1910년대 이혼법을 중심으로」, 『법사학연구』 46.

했다는 것이다.

나아가 여성들의 소송행위를 전혀 다른 시각으로 이해하는 연구도 미국학계에서 등장하였다. 이 연구는 식민지시기 여성들이 자신들의 권리를 위해 법정 투쟁을 불사하였다는 점을 강조한다. 더욱이 그녀들이 자신들의 이해관계를 관철시키고자 때로는 식민지 권력과 공모하기도 했다는 점에서 당시 여성들이 단순한 피해자이거나 희생자만은 아니었다는 주장이다.[38] 여성들의 일정한 행위가 일어나는 원인과 그것의 표현 양태가 가지고 있는 다양한 측면을 조망하는 이 연구는 여성들이 처했던 복잡한 일상의 문제를 드러낸다는 점에서 의미를 가진다. 앞으로 여성들의 소송과 그 판례에 대한 보다 폭넓은 참조를 통해, 여성들의 행위성 문제를 다각도로 이해할 필요가 있을 것이다.

이 책은 앞에서 정리한 연구 성과들을 염두에 두면서 조선총독부에 의해 식민지 가족제도가 재정립되는 방식에 주목한다. 전근대 조선인을 제국주의 일본의 인적 자원으로 전환시키기 위해 만든 지배메커니즘의 핵심 장치가 바로 가족제도였다는 점을 가족제도의 법제화 과정을 통해 추적할 것이다. 이는 다른 한편으로 조선총독부가 취한 조선 지배정책의 본질을 가족 정책을 통해서 해명하는 과정이기도 하다.

구체적으로 제1부에서는 일제의 식민지 지배 정책으로서 가족제도가 구축되어가는 방식을 고찰한다.[39] 특히 일제의 한국병합을 전후하여

---

38 Sungyun Lim, 2019, *Rules of the House: Family Law and Domestic Disputes in Colonial Korea*, California: University of California Press; Sungyun Lim, 2016, "Affection and Assimilation", *Gender&History*, 28-2.

39 제1부는 필자의 다음의 글들을 수정 및 보완하여 작성되었다. 홍양희, 2005a, 「식민지시기 호적제도와 가족제도의 변용」, 『사학연구』 79; 홍양희, 2005b, 「식민지시기 친족 관습의 창출과 일본 민법」, 『정신문화연구』 28-3; 홍양희, 2005c, 「조선총독부

실시된 호적법제에 의해 '가족'이라는 범주가 호주를 중심으로 구조화되는 방식, 그리고 친족 및 상속 관습법을 통해 '조선 관습'의 이름으로 가족 질서가 만들어져, 명실상부한 조선의 가족제도로 구축되는 과정을 살펴보는 것이 주요한 연구 과제이다. 나아가 관습법 적용 대상이던 조항들이 일본 민법의 방향으로 점차 개정되다가 결국에는 일본식 씨제도(창씨개명) 도입으로 귀결되는 방식을 검토함으로써 조선에서 시행되었던 가족 관습법이 가진 식민지 정치성을 분석할 것이다.

제2부에서는 식민지 가족법과 그 가족 사이의 관계성 안에서 작동되는 젠더 정치학을 분석할 것이다.[40] 제1부가 조선총독부의 정책에 의해 가족제도가 구축되는 방식을 전체적으로 조망하는 것이라면, 이 부분은 이렇게 구축된 가족제도/가족법의 각론이라 할 수 있다. 즉 가족법의 핵심적 관계성이라 할 수 있는 부부관계, 친자관계 등을 중심으로 여성과 남성이라는 관계성이 어떻게 차별적으로 구성되고, 그것이 제국주의 일본의 식민지 정치성과 어떻게 연동되는지를 밝힐 것이다. 아울러 이것이 현재 한국 사회에 미친 포스트-식민성의 문제를 비판적으로 언급할 것이다.

의 가족정책」, 한양대 박사학위논문; 홍양희, 2006a, 「식민지시기 상속 관습법과 '관습'의 창출」, 『법사학연구』 34; 홍양희, 2006b, 「식민지시기 친족·상속 관습법 정책」, 『정신문화연구』 29-3.

40 제2부는 필자의 다음의 글들을 수정 및 보완하고, 재구성하여 작성되었다. 홍양희, 2007, 「식민지시기 가족 관습법과 젠더 질서」, 『한국여성학』 23-4; 홍양희·양현아, 2008, 「식민지 사법관료의 가족 '관습' 인식과 젠더 질서」, 『사회와 역사』 79; 홍양희, 2014a, 「'법(法)'과 '혈(血)'의 모순적 이중주: 식민지시기 '사생아' 제도의 실천, 그리고 균열들」, 『역사문제연구』 18; 홍양희, 2014b, 「'애비 없는' 자식, 그 '낙인'의 정치학: 식민지시기 '사생아' 문제의 법적 구조」, 『고아, 족보없는 자』, 책과함께; 홍양희, 2018, 「누구/무엇을 위한 '친권(親權)'인가: 식민지시기 '친권'의 법제화와 가족 정치학」, 『한국과 타이완에서 본 식민주의』, 한울; 홍양희, 2017c, 「"선량한 풍속"을 위하여: 식민지시기 '간통죄'와 성(Sexuality) 통제」, 『성스러운 국민』, 서해문집.

제1부
식민지 가족제도의 구성

제1부에서는 식민지 가족제도가 구축되는 방식을 제국주의 일본의 식민지 지배정책과 관련하여 논의한다. 조선총독부에 의해 실시된 일본식 호적제도와 가족법은 식민지 조선에 '제도'로서의 '가족'을 구성하는 주요한 장치였다. 제1부는 일본 가족제도의 핵심인 '호주' 중심의 가족제도가 조선에 실시되고, 이것이 명실상부한 조선의 가족제도로 구축되는 과정을 가족 관습법에 초점을 맞추어 추적한다. 나아가 조선총독부의 조선 관습의 인식 및 관습법 운용 방식에 내재된 식민지 정치성을 분석한다.

제1장
호적제도의 이식과 '가족'

통감부시기에 시작하여 조선총독부가 본격 시행한 호적제도는 조선 사회의 기존 질서를 재편성한다는 의미를 가지고 있었다. 호적제도 시행의 일차적 목적은 두 가지였다. 하나는 인구를 정확하게 파악하는 것이었고, 다른 하나는 그것을 통해 법적 신분을 부여하는 것이었다. "호적은 치도(治道)의 기초로서 모든 정치는 이로부터 나오지 않는 것이 없다"[1]는 것은 바로 이를 의미했다. 그러나 과연 그 방식이 호적제도여야만 했을까. 이에 의문을 가지는 것은 서양의 근대국가들이 호적제도를 시행하지 않으면서도 인구를 조사하고 개인의 신분을 확인하고 있었기 때문이다. 이를테면 행정기관이나 법원에 개인을 등록하는 방식으로도 얼마든지 출생 및 사망, 혼인 및 이혼, 입양 및 파양 등의 신분 변경을 파악할 수 있었다. 서양의 근대국가들은 개인을 기초로 하여 이러한 목적을 달성하였던 것이다.[2]

이렇게 본다면 호적제도는 일본의 제도, 특히 일본식 가족제도를 이식시키는 또 하나의 의미를 가지고 있었다. 왜냐하면 식민지 조선의 호적제도는 일본의 것과 거의 동질적이었고, 그것은 근대 일본이 창안한 가족제도를 담고 있었기 때문이다. 따라서 호적제도의 시행은 궁극적으로 가족제도의 이식을 의미했다. 이 장에서는 이에 대한 논의를 전개하고자 한다. 호적제도가 조선 사회를 어떠한 방식으로 재편하는 의미를 가진 것인지를 살펴볼 것이다. 호적제도는 조선 사회를 해체하고, 동시에 일본식 국민국가 건설의 토대 구축에 필수적인 일본식 가족제도를

1 福島正夫, 1967, 『日本資本主義と'家'制度』, 東京大出版部, 21쪽.

2 지금의 서양 제국은 주로 개인제도 시대로, 개인을 기초로 하여 모든 법령을 만든다(近見繁造, 1924, 『朝鮮戶籍法規詳解』, 京城: 朝鮮法規研究倶樂部, 34-35쪽).

만들어내기 위한 기본 장치였기 때문이다.

이를 위해 전반부에서는 먼저 조선총독부가 조선에 호적제도를 이식하는 과정을 추적할 것이다. 호적제도 이식으로 조선의 인적 자원이 법적 관리체제, 즉 행정 및 사법의 영역으로 제도화되는 방식에 대한 이해가 필요하기 때문이다. 이어 후반부에서는 호적제도에 담긴 가족제도의 원리를 통해 조선총독부가 식민지 조선에 정립시킨 가족제도의 특징을 고찰할 것이다. 일본식 국가권력이 작동하는 사회를 만들기 위해 가족제도 이식 또한 불가피했다. 이는 사실상 기존에 운용되던 조선의 다양한 가족 관련 관행들을 재편하고 재질서화하는 과정이었다. 이것의 가장 기본적인 토대가 바로 호적제도였던 것이다.

1. 호적제도의 이식과 '가'제도

1) 조선시대와 한말의 호적제도

제국주의 일본에 병합되기 이전부터 한국에도 호적제도는 존재하였다. 그렇지만 조선총독부의 사법관료들은 조선의 호적제도를 일본의 그것과는 성격이 다른 것으로 인식하였다. 그들의 분석에 의하면, 조선의 호적은 다음 세 가지 점에서 일본의 것과 달랐다. 그 차이점으로 가장 먼저 언급된 것은 조선의 호적에는 일본 민법에서 구현하고 있는 '가'의 개념이 존재하지 않는다는 것이다. 호적에서 "반도인이 종전 법신(法信)으로 하고 있었던 '가'라는 것은 민법상의 가, 호주의 권력에 의하여 통일되는 형식상의 친족단체는 아니고, 부부와 친자와의 공동생활을 기초로 하는 동거 친족단체의 지칭"이라는 것이다.[3] 조선시대 제도화되었던 호적은 '가족'의 '범위'를 정하는 법률이 아니었다.

> 가족은 호주의 친족인 자를 통례로 하는 것인데, 조선에서는 종래 가족의 범위를 정하는 법령이 없고 또 명확한 관습도 없는 모양이다. 그렇지만 호적은 가족제도의 단위를 표시하는 것이기 때문에, 옛날과 같이 노복(奴僕) 등을 세습의 종속자로서 인정하는 시대라면 모르지만, 지금은 모든 사람이 법률상 독립된 인격을 인정받고 있기 때문에, 호주와 친족관계 없이 또 호주의 일족(一族)인 가족과의 친족관계도 없는 사람은 호적 내에 편입되지 말아야 하는 것이 본칙이다.[4]

그렇다면 조선시대 호적은 어떤 것이었으며 그것이 가진 성격은 무엇인가. 호(戶)의 구성 원리 및 목적이라는 측면에서 살펴보면 그 특징은 다음과 같다. 첫째, 조선시대 호적에 등록된 호는 일종의 편제호(編制戶)로서, 모든 가가 하나의 호로 호적에 등재되는 것이 아니었다. 물론 호적상의 호는 원칙으로 하나의 가옥에 거주하는 모든 사람을 등재하였다는 점에서 '자연가'를 반영하였다.[5] 이는 생활 단위로서의 가였으며, 호역(戶役)을 부담할 대상으로서의 호였다.

둘째, 그 가는 혈연을 중심으로 하나의 가족 단위를 의미하는 것이

---

3 崔丙柱, 1938, 「民事令第11條の慣習と宗孫權及遺妻の相續權(2)」, 『司法協會雜誌』 17권 3호, 35쪽.

4 近見繁造, 1924, 앞의 책, 36쪽.

5 이영훈, 1988, 『朝鮮後期社會經濟史』, 한길사, 250-252쪽.

아니었다. 그리고 법제로서의 가족을 나타내지도 않았다. 하나의 가옥에 살고 있는 가의 구성원은 다양한 형태를 띠었다. 노비나 고공(雇工) 등 혈연이 아닌 사람들을 상당수 포함하고 있는 상층의 가가 있는가 하면, 이에 비해 일반 민이나 노비 신분의 가는 최근친의 혈연자로 구성되거나, 직계 혈연자라도 주인가에 기거하여 가를 달리하는 경우도 다반사였을 것이기 때문이다.

셋째, 더욱이 국가가 파악하는 입장에서 이때의 호들은 균질한 것이 아니었다. 호는 등급이 나뉘어 파악되었고, 등급에 따라 국가에 부담하는 호역도 달라질 수밖에 없었다. 『조선왕조실록』에는 호등(戶等)을 정하는 기준이 있었음을 보여준다.[6] 이는 조선초기의 등급 규정이기는 하지만, 조선후기의 실록에도 대호(大戶), 중호(中戶), 소호(小戶), 잔호(殘戶) 등의 등급 규정이 다수 보인다. 가옥의 칸수, 전결의 보유 규모, 장정의

---

6 "민정(民丁)은 16세로부터 60세에 이르기까지 역(役)을 맡게 하는데, 10정(丁) 이상이면 대호(大戶)가 되고, 5정 이상이면 중호(中戶)가 되고, 4정 이하이면 소호(小戶)가 되게 하여 정을 계산하여 백성을 등록시키고, 만약 요역(徭役)이 있으면, 대호는 1명을 내고 중호는 둘을 합하여 1명을 내고 소호는 셋을 합하여 1명을 내어 그 역을 고르게 할 것이다"(『太祖實錄』 太祖 즉위년 9월 壬寅條); "호조(戶曹)에서 아뢰기를, '각도 각 고을의 호적은 전토 50결(結)을 대호 (중략) 서울 안 오부(五部)는 가옥의 칸수(間數)로 구분하여, 40칸 이상을 대호로, 30칸 이상을 중호로, 10칸 이상을 소호로, 5칸 이상을 잔호(殘戶)로 삼고, 4칸 이하를 잔잔호(殘殘戶)로 삼아 차등 호적을 시행하게 하옵소서' 하였다"(『世宗實錄』 世宗 17년 3월 戊寅條); "강원도감사가 아뢰기를, '이제 여러 도의 호적을 정하되, 50결 이상은 대호로, 20결 이상은 중호로, 10결 이상은 소호로, 6결 이상은 잔호로, 5결 이하는 잔잔호로 삼아, 이를 정식으로 삼았습니다. 그러나 이 도는 (중략) 땅은 좁고 전지(田地)는 적사온데, 영서지방은 산전(山田)에서 생산물이 정전(正田)보다 배나 되고, 영외(嶺外)에는 또 어업과 소금의 이익이 있사오니, 만약 다른 도의 호적의 기준에 의거하여 호역을 나누어 배정한다면 (중략) 균등하지 못할 것입니다. (중략) 호적을 정하되, 20결 이하 10결 이상으로써 중호로 삼고, 6결 이상으로 소호로 삼고, 4결 이상으로 잔호로 삼고, 3결 이하로 잔잔호로 삼게 하소서' 하니, 그대로 따랐다"(『世宗實錄』 世宗 18년 7월 壬寅條).

수에 따라 호의 등급이 정해졌던 것이다. 등급 부과의 기준도 불변의 원칙성을 가지기보다는 조세 균등을 감안하여 지역의 토지 상황이나 환경에 의해 일정한 가감의 법칙이 적용되는 유연성을 가지고 있었다.

조선시대의 이러한 호적제도는 한 번의 변화를 맞이한다. 갑오개혁 이후 새로운 정치제도를 모색하는 시기였던 1896년 9월 1일 「호구조사규칙(戶口調査規則)」과 3일 「호구조사세칙(戶口調査細則)」의 공포를 통해서였다. 호구조사규칙과 동 세칙의 호적이 이전의 것과 다른 특징은 세 가지로 살펴볼 수 있다. 첫째, 3년마다 편적되던 호적이 1년을 단위로 이루어지고, 분적(分籍)과 개적(改籍)은 즉시 행하도록 하였다. 둘째, 10호를 묶어 통(統)을 만들고 통수(統首)를 두었다. 셋째, 다음의 호구조사세칙 제3, 4조에 보듯이 호구조사는 거주지 본위, 즉 가좌(家座)별로 파악하였다. 이를 통해 일누호(一漏戶), 일누구(一漏口)의 은루(隱漏)를 허락하지 않는 것을 원칙으로 하고 있었다.

> 제3조 호주의 부모 형제 자손이라도 각 호에 분거하여 호적을 달리 할 때는 해당 호적 내에 전입하지 아니하여 인구가 첩재(疊載)되지 않게 하며 한 호주가 원호(原戶)는 성적(成籍)하였는데 다른 호에 별거하여 호적을 새로 만들 때는 해당 호적 내에 원적모지방(原籍某地方)을 난외(欄外) 별항에 주석을 달아 고열(考閱)에 편하게 함.
>
> 제4조 인민 중에 무가무의(無家無依)하여 원적(原籍)을 별도로 이루지 못하고 친족이나 친구의 호 내에 기거하거나 혹은 일신(一身)만 기식(寄食)하여도 기구(寄口)에 첨입하여 인구의 누락이 없게 함.

이 호구조사규칙에 의한 호구조사는 사실상 근대적 의미의 국세 조사의 성격을 가지는 것으로 해석될 수 있다. 「호구조사규칙」 제1조는 "전국의 호수(戶數)와 인구를 상세히 편적하여 인민으로 하여금 국가가 보호하는 이익을 고루 미치게 하는 것"으로 그 목적을 천명하였다.[7] 특히 모든 가호, 즉 현실의 거주 가옥을 단위로 호구를 조사하였다는 점에서 현대의 주민등록제도와 비견된다고 할 수 있겠다. 당시 갑오개혁을 주도하고 있던 정부가 근대적 인구조사 및 그 목적을 참조하여 입안하였을 것이다.

그렇다고 이것이 조선시대 호적제도의 틀을 완전히 탈피한 것은 아니었다. 첫째, 조선시대의 신분제적 성격을 여전히 내포하고 있었다. 비록 호주 처의 4조(四祖) 표기를 폐지하였지만, 호주의 4조와 직(職)을 표기하고 있었기 때문이다. 이것은 조선시대의 부계와 처계를 모두 표기하던 것에서 부계 일방주의로 전환하였음을 의미하는 것이기도 했다. 따라서 신제도는 기존 호적제도가 가지고 있던 특성을 어느 정도는 보존하고 있었다. 그리고 무엇보다 다음 두 가지 점에서 호구조사의 주요 목적은 거의 그대로였다. 하나는 행정적으로 주민을 파악하고 관리하기 위한 측면, 즉 민을 통제하기 위한 것이었다.

> 호적제도에 관해서는 건양원년(建陽元年, 1896) 호구조사규칙 및 동 세칙이 발포되어 내부 주관 아래 면장, 동장 등으로 하여금 호구를 조사케 하고, 다음으로 융희원년(隆熙元年, 1907) 경무기관에 그 사무를 관장시켰지만, 그 입법의 목적은 인(人)의 가(家) 및 신분관계를 확보하는 것을 주안으로 하였다고 말하기 어렵고, 오히려 행정 통제

7 「戶口調査規則」, 칙령 제61호 제1조, 1896.9.

의 목적에서 나왔던 것이었다.[8]

친족 및 상속에 관한 조법(助法)으로서 특히 중요한 것이 호적에 관한 법규이다. 원래 호적이라는 것은 지나(支那, 중국을 말함-인용자) 전래의 제도이지만, 조선에서 그것은 법제상 전혀 완비된 것이 아닌 실시상 애매한 것도 적지 않았기 때문에, 구한국시대 건양원년 칙령 제61호 호구조사규칙의 발포를 보았던 것이다. 그리고 이 법률도 엄격히 말하면 호구의 조사를 목적으로 하는 것이고 현재의 호적제도와는 그 성질을 달리하는 것이다.[9]

다른 하나는 호세(戶稅) 징수의 수단이었다. 이는 조선시대 호적의 목적 그 자체였다. 1907년 밀양 세무관의 보고는 새로운 호구 파악에 의한 호세 징수가 불가하다는 점을 호소하고 있었다.[10] 밀양 세무관은 호구조사규칙에 의한 호구조사를 호세 징수와 직접적으로 관련지어 논의하고 있다. 특히 과거 호적 등재에서 제외되었던 환과고독(鰥寡孤獨) 호와 협호(挾戶)가 모두 하나의 호로 신고될 경우에 발생하는 우려감을 토로하고 있다. 이 경우 과거 호세를 부담하기 어려워 호적 등재에서 빠졌던 가들조차 모두 호세 징수의 대상이 된다고 여겼기 때문이다. 그것은 가난한 민에게는 가혹한 처사이기 때문에 민의 원망이 따를 것이라는 점을 탄원하는 내용이었다. 즉 당대 사람들에게 호구조사규칙은 모든 가를 하

---

8 朝鮮總督府法務局法務課, 1936, 앞의 책.

9 車田篤, 1937, 『朝鮮戶籍令義解』, 朝鮮地方行政學會.

10 『密陽稅務官報告』(奎 26092)(이영훈, 1988, 앞의 책, 272-273쪽 재인용).

나의 호로 파악한다는 점에서 정약용이 말했던 바인 '핵법(覈法)'으로의 전환을 의미하는 것으로 받아들여졌던 것이다.[11]

더욱이 1907년 시점에 이러한 민원이 제기된 점, 또한 밀양 세무관 관내 8개 군의 호수는 1905년과 1907년 사이에 대략 2~5배 정도의 차이를 나타내고 있다는 점에서[12] 호구조사규칙에 의한 호구조사는 대략 1907년이 되어서야 어느 정도 이루어진 것으로 추정할 수 있다. 19세기 말 20세기 초 조선의 어지러운 정세 속에서 1905년의 호구 총수는 18세기 말보다도 현격한 감소 추세를 보이기 때문이다. 더욱이 1904년 호구조사로 파악한 총인구는 5,928,602명이었는데, 이는 오늘날의 인구통계학적으로 추정되는 당시 총인구의 35% 수준이라는 것이다.[13] 이러한 사실은 1907년 이전까지도 호총제(戶總制)에 따른 편호(編戶)에 의해 호구조사가 이루어졌고, 1907년에 비로소 호구조사규칙에 의거하여 호구가 파악되고 있었다는 것을 미루어 짐작할 수 있다.

다음으로, 조선총독부가 시행한 호적은 '본적'이 있다는 점에서 조선시대의 것과 차별적이었다. 조선시대 호적에는 '본(本)'이나 '적(籍)'과 같은 용어가 등장하기는 하지만 '본적'이라는 합성어가 아닌 분리된 각각

---

11 조석곤, 1991, 「광무년간의 호정운영체계에 대한 소고」, 『대한제국기의 토지제도』, 민음사, 143쪽; "호적에는 두 가지 법이 있다. 하나는 핵법(覈法)이요, 다른 하나는 관법(寬法)이다. 핵법이란 것은 일구(一口)도 구부(口簿)에서 빠뜨리지 않고 일호(一戶)도 호부(戶簿)에서 누락시키지 않아 호적에 오르지 않는 자는 피살되어도 검험(檢驗)치 않으며 겁탈당해도 송사할 수 없어, 호구의 실수를 밝히기에 엄한 법으로 단속하는 것이다"(정약용 저·다산연구회 역주, 1981, 『역주 목민심서』 3, 창작과 비평사, 76-77쪽).

12 이영훈, 1988, 앞의 책, 273쪽.

13 이영훈, 1988, 위의 책, 252쪽.

의 용어로 사용되었다. 더욱이 본과 적은 성씨의 발생지를 의미하는 '본관(本貫)'을 의미하는 것으로, 남성의 본관에는 '본'을, 여성의 그것에는 '적'을 주로 사용하였다. 본관은 동성(同姓)의 다른 혈족과 구별하기 위한 것이었으며, 추후에는 벼슬한 상층 가문의 혈족을 나타내는 표식이자 사회적 신분이 되기도 하였다.

> 조선에서 지나식의 성(姓)을 사용하기 시작한 것은 신라 중엽부터이고, 고려 초기에 이르러 상민(常民) 이하에도 미쳤던 것이지만, 각인(各人)은 반드시 부조(父祖)의 성을 이어 사용하였고, 신분 또한 호적에 변경이 있어도 이것을 고치지 않았기 때문에, 남계의 혈족은 모두 동성(同姓)을 칭한다. 그럴지라도 혈족이 아니어도 동성을 칭하는 자가 많기 때문에, 달리 본관을 불러 동성 사이에 남계혈족이 아니라는 것을 구별한다. 본관은 시조의 향관 즉 발상지이고, 타족(他族)의 동성은 반드시 본관을 달리하므로 이것으로 구별의 표준으로 삼았던 것이다.[14]

또한 조선시대에는 혈연에 기초한 가족 사이의 관계를 국가가 법을 통해서 확인할 필요가 그다지 없었을 것이다. 농업 사회의 특성상 한 지역에 대를 이어 정주함으로써 상호 간의 관계를 문서로서 확인할 필요가 많지 않았을 것이고, 더욱이 양반의 집안은 족보가 그 역할을 하고 있었기 때문이다.

---

14 野村調太郎, 1940a, 「朝鮮家族制度の推移」, 『朝鮮』 296, 34-35쪽.

조선시기의 호적제도에서 호는 그 성원의 신분관계를 중시하지 않고, 오직 현실의 공동생활체에 착안했던 것이다. 호주는 납세, 기타 행정상에서 호를 대표하는 것에 불과하다. 따라서 호는 공동생활을 개시하는 것으로 인해 생기고, 그 해산으로 인해 소멸한다. 호주의 교체도 승계는 아니다. 고로 호에 가계와 같은 류의 계통도 없는 것이고, 그 형태도 마치 내지의 기류적(寄留籍) 세대주와 유사하다. 그리고 이것을 두는 것은 달리 신분을 등록하는 공부(公簿)가 아니어서, 각인의 혈통과 그 밖의 친족법상의 신분은 각대종중(各大宗中)이 편제 간행한 족보에 의해 알지 않으면 안 되는 것이다. 이것이 종래 조선에서 족보를 중시했던 소이이다.[15]

조선시대에 혈연관계를 문서상으로 확인할 수 있는 경우는 족보에 기재된 가문뿐이었다. 그러므로 족보를 가지고 있지 않은 경우 그것을 확인할 수 있는 길은 가족이나 주변인의 말이었다. 더욱이 사적 문서를 그대로 신뢰하여 공적 효력을 부여할 수는 없었다. 언급했듯이 가족 신분에는 권리와 의무가 따르는바, 그 경우 사적 집단이 가족에게 법적 효력을 부여하는 결과가 되기 때문이다.

이에 비해 '본적'은 개별 호적이 행정적으로 위치하는 지리적 소재지를 의미하는 것으로 전혀 새로운 개념의 등장이었다. 본적은 그 집안이, 그리고 그 사람이 어느 지역 출신인지를 알 수 있도록 한, 즉 지역적 연고를 확인할 수 있도록 한 것이었다. 더욱이 일본 내지와 식민지 조선 사

15 野村調太郎, 1940b, 「朝鮮慣習法上の家と其の相續制」, 『司法協會雜誌』 19권 1호, 10쪽.

이에 전적이나 이적을 할 수 없게 금지한 규정에 의해 호적의 소재지로서의 본적은 일본 내지인과 조선인을 구별하는 표식이 될 수 있어, 이 또한 일종의 인종적 경계를 나타내는 역할을 하였다.

끝으로, 일본식 호적제도에서 가장 중요하게 등장한 것은 '호주' 개념이었다.[16] 여기에서 호주는 하나의 호적에 등재된 가족 단위의 대표자, 즉 '가장'으로서의 법적 지위를 의미했다. 물론 조선시대에도 '호주'라는 용어가 있기는 하였지만 그것은 성격을 전혀 달리하였다. "현재에 이르기까지 법신이 되고 있는 호주라는 것은 민법상의 호주", 즉 "존비(尊卑)의 구별 없이 그 가에 속하는 가족을 통솔하는 지위자"가 아니라, "일가원(一家員) 중의 주된 납세의무자"의 의미를 지닌 것으로 이해되었기 때문이다.[17] 조선시대에도 용어상으로 '호주'와 '가장'이 사용되기는 했지만, 당시의 호주 개념은 가족제도와 무관하였고 가장을 의미하지도 않았던 것이다.

『조선왕조실록』의 용례를 통해 조선시대 호주의 의미를 보면, 먼저 호주는 군역과 관련되어 쓰이고 있다. 다음에서 보듯이, 실제적인 군역의 담당자인 '정군(正軍)'이 바로 '호주'였다. 그리하여 호주란 용어는 봉족(奉足)이나 보인(保人)의 상대어로 쓰였다. 조선시대에는 군역자를 편호(編戶)할 때, 현역 복무의 임무를 맡은 정군, 즉 호주(戶主)/호수(戶首)

16 조선시대 호적대장에는 '호주'라는 용어는 보이지 않는다. 호적의 맨 앞에 적힌 사람을 호주로 명명하기 시작한 것은 시카타 히로시(四方博)인 듯하다. 정지영에 의하면, 이 용어는 시카타의 1938년 논문 「李朝人口に關する身分階級別的觀察」(『朝鮮經濟硏究』 3)에 보이며, 이후 조선시대 연구자들이 이를 사용해왔다고 한다. 정지영, 2015, 앞의 책, 26-27쪽. 당시 일본식 호적과 호주의 관념에 익숙한 그가 호적의 첫머리에 기재된 사람을 그 호의 대표자인 가장과 같은 의미로 호주라 칭했을 것으로 보인다.

17 崔丙柱, 1938, 앞의 글, 35쪽.

와 그를 경제적으로 도와주는 임무를 맡은 봉족, 즉 보인의 호를 결합시켜 책정하는 원칙을 취하고 있었다.[18] 모든 양인호가 정군으로서 군역을 수행하기 위해서는 재정적인 뒷받침이 있어야 하기 때문이다. 요컨대 '호주'는 '봉족'의 상대어로서 국가에 대해 국역(國役)을 직접적으로 담당하는 정군을 의미하였던 것이다.

> 사람들은 정병(正兵)이 되기를 싫어하고 보인(保人)이 되는 것을 편히 여기기 때문에 봉족(奉足)들은 무재(武才)와 힘이 있는 사람이 많았지만 호주는 모두 무재와 힘이 없는 사람이었습니다. (중략) 정병이 이같이 조잔하고 약하니, 만일 거사하기로 한다면 이 같은 호주들을 어디다 쓸 것입니까. 병조로 하여금 각 도에 행이(行移)하여 호주와 봉족들은 무재를 시험 보고, 보인은 무재와 힘이 있는 사람이면 올려 호주를 만들며, 호주가 만일 무재와 힘이 없는 사람이라면 보인으로 결정하여, 가려서 정병을 만들도록 해서 앞날에 쓸 수 있게 대비함이 합당할 듯합니다.[19]

아울러 호주는 국가에 전세(田稅) 납부 의무자 혹은 징세 책임자를 의미했다.[20] 호주는 자신의 전지에 대해 조세를 부담하였으며, 공동납의 경우에는 징세 책임자가 되었다. 조선시대에는 전지가 영세한 경우에는 8결(八結)을 하나의 부(夫)로 만들어 공동납을 하도록 하였는데, 그 결

18 金泰永·徐廷相, 1995, 「朝鮮初期 軍役編制의 推移와 改革方向」, 『慶熙史學』 19집, 慶熙大學校 史學會, 199-205쪽.

19 『中宗實錄』 中宗 23년 5월 辛巳條.

20 이영훈, 1994, 「朝鮮佃戶考」, 『역사학보』 142집, 120쪽.

세 징수 단위인 부의 대표자가 바로 호주였다. 결세의 징세조직인 8결의 1부도 하나의 호(戶)였던 것이다. 깃기라는 징세기에 기반한 작부(作夫) 과정을 속칭 결호(結戶), 타호(打戶), 속호(束戶) 등으로 부른 것도 같은 이유에서였다.[21] 이들 가운데 "요실(饒實)하고 근간(根幹)한 자(者)"를 선발하여 호수 또는 호주로 지정하고, 징세의 책임을 부과하였던 것이다.

> 매 8결을 1부(一夫)로 한다[혹 4결이나 나머지 수가 있더라도 구애치 않으며 다만 전부(佃夫)의 소거지 부근을 좇아 작부한다. 면세전(免稅田)은 작부 중에 들지 않는다]. 전부 가운데 요실하고 근간한 자를 택하여 호수로 정하고 8결의 응납(應納)할 모든 역(役)을 호수로 하여금 부 내(夫內)의 전부로부터 거두어내게 한다.[22]

나아가, 호주는 호 내 변동사항의 보고자 및 감시자의 의미도 가지고 있었다. 호세나 군역 부담에 따른 폐해가 심해지자, 이를 감당할 수 없는 사람들이 다른 지역으로 야반도주하는 사례가 빈번하게 일어났다. 이 때문에 마을에서는 자신의 마을에서 몰래 도망가는 사람들을 감시하는 동시에, 타 마을로부터 도주해 와 숨어 살고 있는 사람들을 색출하는 일도 담당하였다. 원칙적으로 이러한 일들은 지방 하급관리들의 몫이었지만, 호주 또한 일익을 담당하였다. 즉 자신의 호 내에 편제된 사람들의 이동사항을 조사하여 보고하는 것도 호주가 담당한 일 중의 하나였던 것이다.

---

21 이영훈, 1994, 위의 글, 120쪽.

22 『續大典』 戶典 收稅條: 每八結爲一夫(或四結或有零數亦不拘 只從佃夫所居附近作夫 免稅田不入作不中)佃夫中擇其饒實勤幹者 定爲戶首 凡其八結應納之役 四戶首收于結內佃夫 以納.

출생(出生)한 자, 물고(物故)한 자, 새로 도착한 자를 각기 호주와 이정(里正)·이장(里長)이 즉시 관(官)에 고하게 하되, 만일 즉시 관에 고하지 않는 자가 있으면, 다른 사람이 진고(陳告)하는 것을 허락하고 장(杖) 70대를 때리고, 그 가재(家財) 절반을 진고한 사람에게 상으로 주고, 물고한 자를 고하지 않는 사람은 3등(等)을 감(減)하여 다만 볼기를 치는 것으로 항식(恒式)을 삼으소서.[23]

지금까지 살펴본 '호주'의 용례에 따르면, 조선시대 호주는 직접적인 국역을 담당하는 주체였다. 동시에 동일 호 내에 편제된 타가(他家)에 대해서는 공동납세를 위한 징수 책임자였다. 즉 타가와 하나로 편제된 호의 대표자로서, 군역에서는 정군으로, 전세에서는 결세 납부 책임자로 그 역할을 수행하였던 것이다. 이 때문에 조선후기에는 탐관오리와 결탁하여 자신의 호 내의 민인을 착취하는 색리와도 같은 부류로 인식되는 경우도 생겨났다. 더욱이 호 내 변동사항을 보고하는 역할까지 부여받으면서 결국 호주는 국가통치기구 안에서 일종의 최말단의 행정적 단위였다. 따라서 조선시대 호주의 대표성이 발휘되는 것은 본인의 집안이 아닌 '편합이작호(編合而作戶)'된 타가와의 관계에서였다. 호주는 가족의 내적인 범주 안에서 사용되는 가장의 의미가 아니었던 것이다.

호주가 하나의 가옥에 거주하는 호의 대표자를 의미하는 용어로 정착되기 시작한 것은 1896년 호구조사규칙에 의해서이다. 호의 대표를 '호주'로 명시하였을 뿐만 아니라, 법률상의 칭호로 정착시켰기 때문이다. 아울러 호패제도를 신설하여 그 호에 사는 호주의 이름을 문패와

23 『太宗實錄』 太宗 8년 11월 丁卯條.

같이 문 앞에 명시하도록 하였다. 이로써 호주는 가의 대표자, 즉 국가와 대면하는 존재로서의 가장이라는 의미를 전취하였다.

조선시대 '가장'은 사실상 대외적으로 가를 대표할 경우에 쓰이는 용어였다. 가의 책임자, 대표자를 가장으로 파악하였던 것이다.[24] 그리고 이는 단지 가족과의 관계보다는 첩의 남편, 노비의 상전, 고공의 고용주인 경우에 주로 사용되었다. 혈연관계에서는 보다 직접적인 관계를 나타내는 아버지, 남편, 형 등의 칭호를 사용하였다. 가장은 주로 일상에서 특정적으로 지칭하기 어려운 관계에서 집안 통솔자를 이르는 의미였다.[25] 그렇지만 가장이 아버지 또는 남편 외에 별도로 부여받는 특권적 지위는 아니었다.

무엇보다도 조선시대 가장은 혈연을 매개로 한 가족의 대표자가 아니었다. 하나의 가옥에 거주하는 사람들을 통할한다는 점에서 '가장'으로 불렸지만, 식민지시기에 한 집안의 혈연 가족의 대표자인 '가장=호주' 개념과는 그 질을 달리하는 것이었다. 조선총독부의 조선인 판사 최병주(崔丙柱) 또한 그 차이를 다음과 같이 지적하였다.

> 조선에도 일가(一家)의 수장이 있지만 그 지위는 가독상속(家督相續)에 의한 것이 아니라 최고존친(最高尊親)이어서 취득하는 것이다. 민법상의 가, 호적법상의 호적이 존재하기 때문이 아니라, 혈연상 조부나 부(父)의 지위에 있기 때문에 취득하는 것이다. 즉 조선인의 친족공동생활의 통솔의 중심력은 호주에게 있는 것이 아니고 존친(尊親)

24 朴秉濠, 1976, 「韓國의 傳統家族과 家長權」, 『한국학보』 2집, 일지사, 70쪽.

25 朴秉濠, 1976, 위의 글, 70-74쪽.

또는 부(夫)에게 있는 것이다.[26]

이렇게 볼 때, 조선시대의 문헌에 등장하는 '호주' 개념과 조선총독부에 의해 법제화된 '호주'는 명칭은 같을지라도 제도적 성격은 그 질을 달리하였다. 후자는 독립된 가 사이의 균등한 단위의 창출과 가족 구성원에게 강력한 가장권을 행사할 수 있는 존재였기 때문이다. 그리고 구한말의 호적제도 역시 가족제도를 창출하고, 법적 신분을 부여한다는 의미는 없었던 것이다.

2) 일본식 호적제도의 시행

일본의 호적제도가 한국에 처음 도입되기 시작한 것은 통감부시기였다. 을사조약으로 외교권을 박탈한 일본은 통감부 설치 후 조선의 법제 개혁에 나섰다. 초대 통감으로 부임한 이토 히로부미(伊藤博文)는 조선에 개혁 정책을 가동하기 시작하였다. 일본의 조선 지배 전 기간에 비추어볼 때 이토의 폐정개혁은 을사조약이나 한일병합조약에 버금가는 중요한 의미를 지닌 사건이었다. 왜냐하면 그의 폐정개혁의 목표가 조선의 법제도를 전면적으로 개조하는 데 있었기 때문이다.

초대 통감으로서의 임무를 받은 이토 히로부미는 폐정개혁의 기초는 인사법(人事法)의 정리, 소유권의 확립 및 세법(稅法)의 정리에 있다고 하고, 우선 부동산법의 제정을 필요로 한다고 하여, 민법학계의

26 崔丙柱, 1938, 앞의 글, 35-36쪽.

권위자인 우메 겐지로(梅謙次郞) 박사를 추천하여 특별구관조사(特別舊慣調査)를 개시하기에 이른다. 이것은 실로 조선에 있어서의 구관조사의 효시이다. 이후 토지조사, 임야조사도 행해지고, 이들 조사에 기반하여 부동산에 관한 여러 종류의 법규가 발포되었다. 다음으로 민사·형사를 시작으로 기다(幾多)한 법령의 제정을 보고, 시급히 응해 점차 법치국의 체제를 갖추기에 이른다.[27]

위의 글에 따르면, 조선의 법제개혁은 다음 세 방향으로 진행되었다. 첫째, 조선의 인사관계(人事關係)를 법제화한다. 이것은 개인과 개인 사이의 관계를 법에 의해 확정하고 증명할 수 있게 만드는 것이었다. 둘째, 재산의 소유권을 분명히 한다. 재산의 취득 및 처분을 원활하게 만들기 위한 것이었다. 셋째, 조세 수입의 합리화를 추구한다. 이 폐정개혁의 방향은 사실상 조선 사회의 인적·물적 자원을 통제·관리하기 위한 토대를 만드는 것으로, 조선에 법의 그물망을 종횡으로 구축한다는 것과 다름없었다. 이들 제반 개혁 중 보다 일차적인 과제는 인사관계를 명확히 하는 것이었다. 인사관계가 법적으로 정리되어야만 소유권과 세제의 법제화를 단행할 수 있기 때문이었다. 호적제도의 구축이 발 빠르게 이루어진 것 또한 이러한 이유에서였다.

호적은 법제개혁을 단행하는 데 필요한 장치였다. 인사법, 부동산법, 세법 등을 만들고 작동시키는 기초 자료가 되기 때문이다. 이에 「호구조사규칙」을 폐지한 통감부는 새로운 호적제도를 시행하였다. 그것이 바로 1909년 3월 4일 법률 제8호로 공포된 「민적법(民籍法)」과 3월 20일

27 朝鮮總督府中樞院, 1938, 『朝鮮舊慣制度調査事業概要』, 1-2쪽.

내부훈령(內部訓令) 제39호 「민적법집행심득(民籍法執行心得)」이었다. 민적법에 의해 민적부(民籍簿)는 개인의 신분관계를 공증하는 문서로 기능하게 되었다. 동시에 개인의 신분관계 변동사항인 출생과 사망, 호주 변경, 혼인 및 이혼 등이 발생하면, 발생일로부터 10일 이내에 신고하도록 규정하였다.

기재사항 또한 면모를 일신하였다. 우선, 입적(入籍) 범위가 원칙적으로 호주와 그의 혈연자로 변경되었다. 호구조사규칙에서는 거주를 같이 하는 공동생활 단위 중심으로 입적이 이루어졌다면, 이제는 친족 단위가 되었던 것이다. 나아가 호적에 기입되었던 호주의 4조(四祖)와 직업란(職業欄)을 폐지하였다. 동시에 기재 순서는 호주를 필두로 호주의 직계존속, 배우자, 직계비속 및 그 배우자, 방계친(傍系親) 및 그 배우자였다. 신위란(身位欄)에는 호주와의 관계 및 실부모(實父母)의 성명을 기재하도록 하였다. 서자(庶子)이거나 사생아일 경우에는 그것도 기재하여 부모와의 관계를 정확히 명시하였다.

특히 성명란(姓名欄)이 있어서 모든 사람이 자신을 성명으로 표기하게 되었다. 호적에 반드시 여자의 이름을 명기하도록 했다는 것은 매우 중요한 의미를 지닌다.[28] 그렇게 함으로써 여성 또한 국가의 국민이라는 법적 신분을 갖게 되었기 때문이다. 기존 사회의 관행에서 여성은 아명으로 불리다가 혼인 후에는 누구의 처 모씨(某氏)라고 불렸다는 것을 고려한다면 여성의 이름을 호적에 기재하도록 했다는 사실은 여자의 신분, 즉 출생, 혼인 및 이혼으로 인한 신분의 변동관계를 법적으로 확인하겠다는 것이었다. 이를 위해서는 여성에게도 법적 코드를 부여해야 했는

28 崔弘基, 1997, 앞의 책, 188-191쪽.

데, 이는 법적 문서인 호적에 이름을 기재함으로써 가능했다. 호적에 여성의 이름을 기재하는 것을 국민이라는 법적 신분을 부여하는 조치였다고 해석하는 이유도 여기에 있다.

이러한 호적 편별방식은 대체로 일본 호적법과 거의 동일한 것이었다. 민적법과 이를 보충하는 역할을 수행한 관통첩(官通牒) 및 문의에 대한 행정기관 회답(回答)이 일본 호적의 성격과 법리를 내포하거나 그에 따라 운용되었기 때문이다. 조선호적령 공포 당시 조선총독부 민사과장이었던 미야모토 하지메(宮本元)의 "개정 호적제도도 종래의 민적제도와 그 기본 관념을 같이하여 결코 양자 간에 근본적인 상이는 없다"[29]는 지적과, 관통첩 및 회답의 대부분이 "내지 호적법에 연원을 따르고 그 법리가 나타내는 바에 따랐던 것"[30]이라는 평가에서 이를 알 수 있다. 한마디로 민적법은 일본 호적법의 본질인 가와 그것이 속한 본적을 확인하고 개인의 신분을 나타내는 공증문서로서의 성격을 그대로 담고 있었던 것이다. 민적법의 이러한 근본적 목적은 내부대신의 다음과 같은 훈령에서도 재차 확인된다.

> 종래의 호적에 관해서는 그 폐해가 많고 또 실적을 거두기가 어려워 도저히 불완전함을 면하지 못하였다. 이번 민적법을 발포함은 국민의 신분관계를 법률상 적확하게 하고 아울러 일국 호구의 실수를 정확히 아는 동시에 시정상의 편의를 얻고자 하는 것에 다름없고 그 처

---

29 宮本元, 1923, 「改正戶籍制度の特色」, 『朝鮮』 100, 45쪽; 近見繁造, 1924, 앞의 책, 28쪽.

30 宮本元, 1923, 위의 글, 28쪽.

리의 대체에 대해서는 별지 요항(要項)에 의할 것이다. 귀관은 이러한 뜻을 체득하여 진실로 인민으로 하여금 오해하는 일이 없게 하여 본 법의 운용상에 유감이 없기를 기하여야 한다.[31]

민적법은 조선 통치의 가장 기본 토대를 마련하기 위해 시행된 법률이었다. 다음의 두 가지가 필요했기 때문이다. 하나는 조선의 인구를 정확히 조사하고 파악하는 것이었다. 제국의 식민통치에는 조선의 물적 자원만이 아니라 인적 자원에 대한 이해가 필수적이었기 때문이다. 호적은 향후 조선인 개개인을 일본 국가의 자원으로 활용할 수 있는 기초 자료였던 것이다. 다른 하나는 인간 개인의 신분관계를 공증하는 기능이었다. 이를 통해 민사관계도 분명해질 수 있었다. 민적은 "각 개인의 신분과 아울러 소속지(所屬地)를 증명하는 기초로서 또 시정백반(施政百般)의 근거인 인구 통계의 본원"[32]이기 때문에 "민적사무는 실로 시정백반의 근본"[33]이 되어야 한다는 것이 조선총독부의 생각이었다. 그리고 조선총독부는 개개 인민을 국가와 직접 대면하는 존재로서가 아니라, 가에 소속시켜 가라는 공동체의 일원으로서 파악하고자 하였다. 바로 여기서 가는 '가족 공동체'일 뿐만 아니라 '법적 공동체'로서의 의미가 부여되었다. 민적법은 호적을 통해 조선인을 법적 존재로 전환함으로써 국민으로 만들기 위한 장치였던 것이다.

---

31 細谷定, 1915a, 「民籍法施行에 關ᄒᆞ야 各道觀察使에게 發ᄒᆞᆫ 內部大臣訓令(1909.3.26)」, 『日鮮對照 朝鮮民籍要覽』, 斯道舘, 223-224쪽.

32 細谷定, 1915a, 앞의 책, 2쪽.

33 細谷定, 1915a, 위의 책, 2쪽.

> 민적 편성의 요는 각 가의 조직과 각인의 신분관계를 명확히 하고 또 호구조사의 기초를 바르게 함에 있다. 신분이 부정(不正)하면 각인의 권의(權義)가 항상 불안하고 호구가 부정하면 시정에 착오를 부를 우려가 있다. 고로 민적의 편성을 완전히 함은 국가시설 경영의 요의(要義)이니 특별히 중요한 정무에 속한다.[34]

그렇다면 조선총독부는 왜 '호적' 대신에 굳이 '민적'이라는 용어를 쓰고, '호적법'이 아닌 '민적법'을 공포한 것일까. 당시 호적이라는 용어가 일반적으로 사용되고 있었다는 점, 일본은 호적법이었던 점, 그리고 민적법이 대체로 일본 호적법의 목적이나 내용과 거의 동일하다는 점 등에 비추어볼 때 이러한 의문이 제기된다.[35] 특히 민적법이 추구하는 바가 조선총독부가 1922년 12월 18일 공포한 「조선호적령」의 취지와 같았음에도 불구하고,[36] 민적이란 용어를 사용한 이유는 무엇일까.

---

34 「民籍事務處理에 關흔 朝鮮總督府訓令」, 조선총독부훈령 제21호, 1915.4.1.

35 일본에서는 1871년 4월 4일 호적법을 제정했다(福島正夫, 1959, 「明治四年戶籍法の史的前提とその構造」, 福島正夫 編, 『戶籍制度と「家」制度』, 東京大出版部, 99쪽).

36 호적제도의 목적도 두 가지였다. 하나는 정확한 인구 파악이요, 다른 하나는 인민의 신분 파악이었다. "호적 법규는 소위 가적(家籍)의 규칙이다. 즉 우리들의 가의 조직 및 신분(신위)의 관계를 명확히 하기 위한 공적 기록에 대한 규칙이다. 따라서 호적제도는 우리 각인의 가와 신분을 항상 명백히 하는 것을 그 목적으로 하는 것이다. 지나와 같이 이 호적제도가 완전하지 않기 때문에 인민의 출생, 사망조차도 명확히 아는 것이 불가능하고, 따라서 호구를 적확하게 알기 어려운 것은 물론이다. 그러므로 인민의 가적을 명확히 하는 일은 국가의 시정상 극히 필요하다. 만일 이것이 명확을 결여할 시는 국정의 적절을 바라지 못하고 시정상의 착오를 가져올 우려가 있다. 동시에 또 우리 인민도 각자의 가적이 명확하지 못하다고 한다면 그 생명, 신체, 그 밖의 권리, 의무에 이르기까지 실로 불확실하고 불안하다. 환언하면 국권의 보호를 받는 데 있어서 불편과 불이익으로 탄식하지 않을 수 없을 것이다. 그러므로 우리 인민은 모두 빠지지 않고 어느 가에 속한 자인지를 증명해야만 완전한 호적이 존재하

이것은 그간 조선 사회에서 호적이 가진 기능과 관련된 것으로 추정된다. 즉 당대 조선인들에게 각인되어 있던 호적이 가지는 부정성을 제거하자는 것이다. 주지하듯이 조선시대에 호적 등재는 각종 역과 조세를 부담한다는 의미였다. 이에 일반 민들은 호적 등재를 극도로 꺼려왔다. "민중은 민적 취지를 오해하여 헛되이 인구를 은폐하는 경향"이 있다는 점은 일본의 식민지 조선 통치에 장애로 작용할 소지가 있었다.[37] 실제 통감부 설치 이후 열린 조선의 시정 개선을 위한 회의에서는 호적 파악의 곤란함이 지적되기도 하였다. 호적 등재를 적극 장려하기 위해서는 과거 조선시대 호적과의 차이를 드러낼 필요가 있었을 것이다.

더욱이 문제는 민적 등재를 꺼리는 조선인의 부정적 인식이 바뀌거나, 민적사무를 위한 지방행정기구가 완비되기를 마냥 기다릴 수만은 없다는 것이었다. 민적사무는 조선 통치에 중요한 물적 기반이었기 때문이다. 식민지 초기 조선인의 민적사무를 경찰관서가 담당하였던 이유가 여기에 있다. 경찰이라는 물리력을 동원하여 호구조사를 어느 정도 철저하게 수행할 수 있기 때문이다. 통감부시기에는 이 때문에 헌병 및 경찰력의 증대를 계획할 정도였다.[38] "신분 호구의 이동(異動)을 알기 위해 인민의 신고만 기다리지 말고 오히려 경찰 관리의 호구조사에 주된 뜻을 두고 이 양자가 서로 기대어 완전함을 기하여야 한다"[39]는 내부대신 훈

는 일을 생활 안정의 조건으로 하는 것이다. 따라서 호적의 완전을 기하는 데는 그 법규의 완전한 것을 전제로 하고, 환언하면 완전한 법규, 즉 질서 있는 제도의 완비에 의해 민인의 가족을 명확히 하는 것이다"(近見繁造, 1924, 앞의 책, 4-5쪽).

37 細谷定, 1915a, 앞의 책, 26쪽.

38 金正明 編, 1965, 「韓國施政改善ニ關スル協議會第五十五回(1908.9.22)」, 『日韓外交資料集成』 6권 하, 巖南堂書店, 1055-1057쪽.

39 「民籍法施行에 關ᄒᆞ야 各道觀察使에게 發ᄒᆞᆫ 內部大臣訓令」, 1909.3.26.

령과 다음의 글은 그것을 보여준다.

> 민적 호구의 정리는 당시의 상태에 비추어 경찰기관에 기대어 행하는 외에 다른 길이 없다 하여 종래 지방국 판적과(版籍課)의 주관이던 해당 사무를 옮겨 경무국에 두고 부윤 군수의 호적사무는 각 경찰관서에서 관장한 바가 된지라 (중략) 사실이 발생하면 일정한 기간 내에 당해 호주로 하여금 소관 면장에 신고케 하고 면장은 또 소속 경찰서에 신고서를 송치하여 경찰관서는 이에 의하여 민적부를 정리함은 물론이요 또 한편으로는 시종 호구의 실사를 행하여 이동상태(異動狀態)를 살피고 양자를 서로 의지하게 함으로써 그 목적을 달성하기를 기하니 대체로 당시 상태로 살피건대 인민에게 신고 의무를 명하는 것으로 법의 목적을 달성하는 것이 용이치 못한 것이 있기 때문이다.[40]

이렇듯 식민권력은 경찰력을 이용해 민적사무의 기초를 구축하였다. 아울러 다른 한편에서는 군, 면, 동, 리를 통폐합하여 지방행정기구를 재편하였다. 1914년 지역 단위의 구획이 정리되자,[41] 지방행정기관으로 민적사무를 비로소 이관하였다. 1915년 4월 1일 민적사무 처리에 관한 조선총독부 훈령 제21호가 바로 그것이다. 행정기관으로 호적사무를 이관한 조선총독부는 이어서 1915년 8월 7일 관통첩 제240호 「민적사무

---

40 細谷定, 1915a, 앞의 책, 24-26쪽.

41 金翼漢, 1996, 「植民地朝鮮における地方支配體制の構築過程と農村社會變動」, 도쿄대 박사학위논문, 75쪽.

취급에 관한 건」을 공포하여 구체적인 민적사무 관련 지침들을 명시하였다.

> 조선에 있던 민적에 관한 제도는 고래 여러 번의 변천을 거쳤으나 그 제도가 불비하고 이를 처리하는 지방행정기관 또한 정비되지 않아 호구조사는 유명무실하여 민적사무의 문란이 그 극에 달하여 거의 수습하지 못할 정도이다. 고로 호구조사를 엄밀히 하고 민적의 기초 확립이 급무라는 것을 인식하고 행정기관의 정리에 우선하여 융희 2년 민적법을 제정하는 동시에 민적사무를 경찰관서에 위임하였다. 이래 민적사무는 경찰관서의 노력에 의해 착착 개선의 실을 거두고 한편 지방행정기관이 점차 정비되고 부면(府面)의 사무 또한 과거의 면목을 개선하는 데 이르러 시세(時勢)의 진운에 비추어 이에 민적사무를 부윤 면장의 관장으로 옮긴다.[42]

> 민적사무는 (중략) 그 성질이 당연 부면과 같은 지방행정기관으로 하여금 관장케 하여야 함에 불구하고 이와 같이 경찰기관에서 관장케 한 이유는 (중략) 또한 부득이로 나온 것이라 할 것이나 지금 민적의 기초가 대략 확립하고 부면 사무가 또한 점차 개선된 금일에 이를 부면 관장으로 이동함이 지당함으로 1915년 4월 1일부터 민적사무를 전부 부면으로 이속(移屬)한다.[43]

42 「民籍移管ニ關スル件」, 조선총독부훈령 제21호, 1915.4.1.

43 細谷定, 1915a, 앞의 책, 28쪽.

민적사무의 행정관서 이관 후, 마침내 1922년 12월 18일 조선총독부령 제154호 「조선호적령」이 공포되어, 1923년 7월 1일부터 시행되었다. 조선총독부는 새롭게 조선호적령을 공포한 이유로 민적 법규의 미비성을 들었다. 사실상 「민적법」과 「민적법집행심득」은 각각 8개조와 10개조로 이루어진 지극히 간략한 조항이었고, 민적수속의 대강만을 규정한 것이기 때문에 호적에 관한 제반의 조처를 취하기에는 상당히 부족하였다. "당시 정부가 종전 문란이 극에 달한 호구제도의 개선을 도모하고 나아가 호적의 기초를 확립하기 위하여 제정, 발포한 것에 관계되고 초창기에 즈음한 응급적인 규정에 불과하기 때문에 본디부터 매우 불비함을 면치 못하였다"[44]는 것이다. 그동안 민적법을 보충하고 그 운용을 돕기 위해 관의 통첩 및 회답이 나왔던 것도 그 때문이었다. 민적수속의 번거로움을 피하기 위해서도 호적수속의 상세한 규정이 요구되었다.

그렇다면 조선총독부는 왜 처음부터 호적령을 도입하지 않고, 왜 이 시점에 이를 공포한 것일까. 조선호적령이 추구하는 호적의 취지나 법적 원리가 민적법과 다르지 않았음에도 불구하고. 언급했듯이 민적법 역시 기본적으로 '내지' 호적법[45]의 연원과 법리에 뿌리를 두고 있을 뿐만 아

---

44 野村調太郎, 1925, 앞의 책, 1쪽.

45 일본은 병합한 국가의 영토를 자국이라는 의미에서 '식민지'라는 용어를 쓰지 않으면서도 일본의 법률을 그대로 적용하지는 않았다. 외지로 명명하며 법역을 분리하여 통치하였기 때문이다. 법역분리 원칙은 조선뿐만 아니라 일본이 병합한 대만, 관동주 및 남양군도 등에 대해서도 마찬가지였다. 즉 일본 영토는 법역을 기준으로 내지와 여러 개의 외지로 나뉘는데 혼슈(本州), 시코쿠(四國), 큐슈(九州), 홋카이도(北海道), 미나미카라후토(南樺太), 류큐(琉球) 및 오가사하라시마(小笠原島)가 내지에 속하고, 조선, 대만 관동주 및 남양군도가 외지에 포괄되었다(清宮四郎, 1944, 『外地法序說』, 有斐閣, 35-36쪽). 즉 내지는 일본의 헌법과 법률이 그대로 시행되는 지역을

니라, 호적의 본질인 '개인이 속한 가'를 통해 '개인의 신분'을 나타낸다는 공증문서로서의 성격을 그대로 가지고 있었기 때문이다. 이렇게 볼 때 1920년대 초에 조선총독부가 조선호적령을 공포한 것은 당시에 변화된 시대 상황이 존재했기 때문이라고 할 수 있다.

이러한 변화는 일본의 가족법제를 식민지 조선에 본격 도입하기 위한 조치이기도 했다. 왜냐하면 1922년 12월 7일에 공포된 「조선민사령」 제11조 2차 개정을 통해 인지(認知), 재판상 이혼 등 신분 이동과 관련된 사항을 일본 민법의 직접 적용으로 변경하였기 때문이다. 이를 위해서는 호적 관련 법규 역시 일본 내지와 동일하게 만들어 명시할 필요가 있었고, 이런 요구는 「조선호적령」의 공포 및 시행으로 나타났다. 조선민사령 중 신분 이동에 관한 부분을 일본법에 따르기로 한 이상, 신분을 확인하고 공증하는 제도 역시 일본 내지의 호적법을 본보기로 삼을 수밖에 없었다.[46] 조선호적령의 공포와 조선민사령 제11조 2차 개정이 거의 같은 시기에 이루어지고, 1923년 7월 1일에 동시 시행된 이유가 여기에 있다.

> 호적의 실체인 가 및 신분을 규율하는 친족, 상속에 관한 관습은 시세의 진운에 수반하여 점차 변개(變改)하고, 특히 이번 조선민사령 규정의 개정에 의해 인지, 혼인, 양자연조(養子緣組) 등의 신분에 관한 법률행위는 신고에 인해 그 효력이 생기게 하기에 이르고 민적법

의미하였다. 반면 외지에서는 일본의 법률을 적용한 것이 아니라 별도의 법령을 공포하여 시행하였다.

46 朝鮮總督府法務局法務課, 1936, 앞의 책, 44쪽.

은 완전히 그 실체 법규의 운용을 할 수 없기에 이르니 이에 다년의 현안인 민적법 개정사업은 갑자기 진보하여 이전에 조선호적령으로서 그 실체 규정인 친족, 상속에 관한 조선민사령 중의 개정 규정과 함께 발표하여 이미 당 7월 1일부터 실시하기에 이른다. 령은 그 근본에서 조선에서의 법령, 관습을 기초로 하고 그 체제에서 내지의 호적법에 입각하여 심의 제정한 것으로서 지금 명실공히 그 면목을 일신하여 조선에서 호적의 제도는 이에 비로소 구비되었다고 말할 수 있다.[47]

「조선호적령」과 「조선민사령」 제11조의 개정으로 일본식 가족제도의 본격적 도입을 위한 조건이 만들어졌다. 또한 신분 이동 관련 호적사무는 행정부처 소속이지만, 그 감독은 사법관청이 하게 되었다. 호적 내용은 개인의 신분 및 재산과 밀접한 관계를 가지는 법적 근거였기에, 신분 변화와 관련된 제반 사항이 법원의 감독을 받게 되었던 것이다. 결국 호적은 민법상의 가 및 가족의 범주를 확정하고 그 안에서 개인의 신분을 공증해주는 장부로서, 호적인 가적에 의해 개인의 신분은 확인될 수 있었다. 그리하여 호적에 입적되지 않은 개인의 신분은 존재할 수 없었다. 공법 혹은 사법(私法)상 법률관계의 발생 또는 소멸 등 개인의 사법(司法)상의 지위는 호적을 통해 법적으로 증명되었던 것이다. 그동안 행정관청에서 관장했던 호적업무 중 가장 중요한 부분에 대한 관할권이 사법관청으로 이전된 이유도 여기에 있다.

재판소는 호적의 부본(副本)을 보관하고 전반적인 호적사무를 감독하

47 野村調太郎, 1925, 앞의 책, 1-3쪽.

였다. 뿐만 아니라 신분에 변화를 일으키는 사안인 취적(就籍)이나 호적정정 등에 관한 사안은 반드시 재판소의 허락을 통해 이루어지도록 하였다. 또한 가족관계에 있어서 신분 변동행위는 신고에 의해서만 법적인 효력이 발생되는 '신고주의'가 채택되었다. 따라서 행정기관에 신고되지 않은 신분상의 지위는 법적으로 보장받을 수 없게 되었고, 그 결과로 권리상의 불이익을 받을 수 있었다. 「조선호적령」의 이러한 성격, 즉 신분의 발생 및 변경에 대한 공증문서라는 점 때문에 조선의 모든 개개인은 사법의 그물망에 놓일 수밖에 없었다. 이 점은 조선호적령 시행에 즈음하여 나온 총독부 법무국 민사과장 미야모토 하지메의 글을 통해 확인된다.[48]

> 호적사건은 사람의 신분에 관해 그 취급이 영향을 미치는 바가 중대하고 또 조선민사령에서는 조선인의 신분에 관한 법률행위인 신고로 효력이 생기도록 정하였다. 뿐만 아니라 조선호적령에서는 호적사건

48 미야모토는 개정된 호적제도의 특색을 13가지 항목으로 설명한다. 1) 호적사무의 감독을 재판소의 임무로 했던 것 2) 호적의 부본을 재판소에 보관할 것 3) 신고서류를 재판소에 보관할 것 4) 호적기재의 직권정정 또는 호적의 직권기재를 위하여 재판소의 허락을 요하는 것으로 했던 것 5) 조선과 다른 지역과의 사이에 있어서 호적 수속의 연락에 대해 그 원인 및 지역을 확장했던 것 6) 신분상의 법률행위에 대한 신고는 그 성립 요건으로써 이것을 의무로 하지 않을 것 7) 각종의 호적사건에 대해 신고인, 신고기간, 신고지, 신고서의 기재사항 및 첨부서류에 관한 특별규정을 둔 것 8) 신고 추가의 수속을 둔 것 9) 신고서의 등본초본의 교부 및 열람의 청구, 아울러 계서(啓書)의 수리 또는 미수리의 증명서의 청구를 허락한 것 10) 취적(就籍)에 대해 재판소가 허가를 요하도록 했던 것 11) 호적정정의 신청에 대해 재판소의 허가를 요하도록 했던 것 12) 호적사건에 관한 부윤 또는 면장의 부당처분에 대해 이것이 구제를 위한 항고의 길을 연 것 13) 호적신고의 해태에 대한 제재를 과료로 하고 그 외 벌칙을 둔 것(宮本元, 1923, 앞의 글, 40-45쪽).

에 대해 재판소가 간여하기로 정한 것이 둘, 셋에 그치지 않고, 기타 사법(私法)상의 문제를 처리하는 경우가 많다. 이것의 감독이 내무행정계통의 기관에 속해서는 그 실적을 거두는 것이 곤란하기에 개정 호적제도에서는 호적사무의 감독을 사법행정 계통의 기관에 속하게 하였다. 제1차로는 부청(府廳) 또는 면사무소 소재지를 관할하는 지방법원의 원장 또는 지방법원 지청의 1인 판사 혹은 상석재판에 그 감독의 임무를 부여했던 것이다.[49]

이렇게 볼 때 호적은 사법의 성격과 아울러 친족 및 상속에 관한 실체 법규의 조법(助法)으로 불가분 일체의 의미를 지니는 것이었다.[50] 따라서 지방법원 지청의 1인 판사 또는 상석판사는 지방법원장의 명을 받아 그 사무구역 내에서 호적사무를 감독해야만 했다. 오히려 호적사건에서 부윤 또는 읍면장의 처분이 부당하다고 판단되는 경우에는 부청 또는 읍면사무소 소재지를 관할하는 지방법원 또는 지방법원 지청에 항고하는 것을 허락하여 개인의 신분에 관한 사실을 정확히 하도록 하였다.

그렇다고 해서 사법부가 모든 호적문제를 다 관장한 것은 아니다. 호적의 행정적 업무에 대해 행정관청은 여전히 그 역할을 하고 있었다. 호적은 그 성질상 사법뿐만 아니라 행정사무에 속하는 부분도 지니고 있었기 때문이다.

---

49 宮本元, 1923, 앞의 글, 40-41쪽.

50 호적제도는 가족법의 조법(助法)이다. 식민지 조선에는 가족법보다 호적제도가 먼저 도입되었다. 이는 일본에서도 마찬가지였다. 일본의 호적제도는 1871년에 시행되었고 가족법은 1898년에 공포·시행되었다.

호적사무는 이것을 성질로부터 볼 때는 비송사건(非訟事件)인 것과 행정사건(行政事件)에 속하는 것의 2종으로 구별될 수 있다. 부윤 또는 읍면장이 어떤 종류의 법률행위에 관한 신고를 수리하고, 이것으로 인해 법률상의 효력을 발생시키고, 그럼으로써 사법(司法)상의 법률관계의 발생 또는 소멸에 관여할 경우, 예를 들면, 혼인, 이혼의 신고를 수리하는 것은 그 성질상 순연(純然)한 비송사건에 다름 아닌 것이다. 그러나 잠깐 호적사무에는 앞에 서술한 것과 같이 신고에 의해 법률상 효력을 생기게 하는 것 외에 출생, 사망 등에 관한 신고 또는 보고를 수리하여 호적의 편제 또는 기재를 행하는 등 행정사무에 속하는 것도 적지 않았던 것이다.[51]

단순히 신분의 취득이나 소멸, 예컨대 출생, 사망 등에 관한 신고 또는 보고를 수리하여 호적에 기재하는 것이 호적의 행정사무에 속했다. 그러므로 이러한 업무는 부윤 또는 읍면장, 즉 지방행정기관이 관장했다. 대체로 가족 및 신분에 관한 사항은 사람의 일상생활에서 빈번하게 발생하기 때문에 그 관계가 가장 밀접한 부윤 또는 읍면의 장이 관장하게 하는 것이 사실 편리하기 때문이다. 이런 점에서 조선호적령은 국가가 관장한다는 점에서 행정법의 성격을 지니고 있었다.

이상에서는 통감부시기에 시작되어 조선총독부에 의해 본격적으로 시행된 호적제도에 대해 살펴보았다. 이를 통해서 다음을 확인할 수 있었다. 첫째, 조선에 이식된 호적제도의 기본 틀은 일본의 것이었다. 둘째, 조선호적령과 조선민사령은 유기적으로 긴밀히 연결되어 있었다. 신분

51 車田篤, 1937, 앞의 책, 6쪽.

관계를 분명히 하는 것이야말로 개인 간의 법률관계를 확실히 할 수 있기 때문이다. 호적을 법적 동화 정책의 토대라고 볼 수 있는 이유도 여기에 있다. 셋째, 호적제도의 이식으로 조선에는 법체계의 기본 틀이 마련되었다. 호적을 통해서 개인의 신분을 확인하고, 그로부터 개인의 권리와 의무 관계를 규정했기 때문이다. 넷째, 무엇보다도 호적을 통해서 조선인 개개인은 종횡으로 짜인 법의 그물망 위에 놓이게 되었다. 신분 변동에 대해서 행정관청에 신고하게 함으로써 행정부의 관리 아래에 들어갔으며, 그리하여 조선총독부는 마침내 조선인이라는 인적 자원을 식민지 통치 권력을 위해 동원할 수 있는 법적·행정적 시스템을 갖추게 되었다. 조선총독부는 호적제도를 통해 조선인을 일본 국민으로 포섭·동화하기 위한 기초적인 물적 기반을 마련하였던 것이다.

2. '가'제도의 조직원리

호적제도는 조선총독부가 조선인 전체에 법의 그물망을 씌우는 작업이었다. 호적을 통해 조선인이라는 인적 자원을 정확히 조사·파악하고자 하였던 것이다. 더욱이 호적제도의 시행은 그 이상의 의미를 가지고 있었다. 식민지 조선에서 시행된 호적제도에는 바로 일본식 가족제도의 조직원리가 내포되어 있었기 때문이다. 주지하듯이 근대 일본은 가족이 가진 응집력에 주목하였다. 그 방향을 국가로 확장시킨다면 가족이 가진 단결력이 국가의 에너지로 전환될 수 있기 때문이다. 가/호주에 대한 충성은 곧 국가/천황에 대한 충성으로 확대될 수 있었다. 근대 일본은 이를 하나의 제도로 구축하였고, 그것은 바로 '제도로서의 가족', 곧 '가족제도'의 창설이었다.

따라서 호적제도를 조선 전역에 하나의 제도로 정착시키는 작업은 일본식 가족제도를 이식시키는 것이기도 했다. 이러한 가족제도하에서 오랫동안 살다보면 조선의 기존 관행들은 일본의 것으로 대체될 것인바, 그러면 조선인이 일본 국민으로 동화될 수 있다는 구상이었다. 그야말로 형식이 내용을 결정한다는 논리가 그 결실을 거두게 되는 것이었다. 이 점에서 호적제도는 조선총독부가 구축하고자 하는 가족의 형태와 원리를 내포한 것이었다. 가족 관련 법규에서 말하는 '가'는 건물이 아니라 '무형의 관념'이었다. 가는 호주와 그의 가족으로 구성된 하나의 단위체를 의미했다. 다음의 글은 '가'라는 관념을 설명한다.

> 가(家)라는 문자는 우리가 거주하는 건물을 가리키는 것이 보통이다. 그럴지라도 우리가 주거하는 건물은 한 개의 물체인 재산에 불과하다. 이것을 증여하는 것도 자유이고 매각하는 것도 자유이다. 이에 반해 친족 법규, 호적 법규 등에서의 가는 재산이 아니고, 특종의 물체도 아닌 소위 무형의 관념이다. 즉 가족제도의 단위를 가리키는 것이다. 가족제도의 단위는 호주와 가족이 일단체(一團體)로 구성되는 것이기 때문에 가라는 것은 호주 가족의 단체를 이르는 것이 된다. (중략) 진실의 가, 즉 민사령에서의 가는 무형의 가이고 소위 실질적 의의에서의 가이다.[52]

---

52 近見繁造, 1924, 앞의 책, 29-30쪽.

'무형의 가'에 함축된 가는 한마디로 '법적 가'를 의미했다. 가제도는 국가법이고, 국가에 의해 일률적으로 규격화되고 법제화된 가에 대한 제도였다.[53] 이를테면 민법상의 '가'는 법으로 지어진 일종의 무형의 건축물이었다. '가적', 즉 호적은 가의 조직과 그 내부 구성원들의 신분을 명시한 대외 문서였다.[54] '무형의 가'는 '법적 가'이고, 호적은 가적과 동의어가 되었다.

> 호적 법규는 소위 가적의 규칙이다. 즉 우리들의 가의 조직 및 신분(신위)의 관계를 명확히 하기 위한 공(公)의 기록에 대한 규칙이다. 따라서 호적제도는 우리 각인의 가와 신분을 항상 명백히 하는 것을 그 목적으로 한다.[55]

한마디로 가의 조직은 국가조직이고, 자연적 혈연 공동체가 아니라, 법적 혈연 공동체를 의미했다. 각각의 '가'는 국가를 이루는 하나의 세포와도 같았다. 국가 자체가 법의 거대한 구조물이고, 법적 구조물로서 가 또한 국가조직의 일부일 수밖에 없었다. 개인은 가에 소속되어 국가와 대면할 수 있는 존재였다. "개인은 가를 통해 국가를 구성한다"[56]는 논리는 바로 그런 의미였다. "국가조직의 기초인 가"라는 점에서, 가라는 조직은 하나의 최말단의 국가조직 혹은 기관이라 할 수 있다.[57]

---

53 福島正夫, 1967, 앞의 책, 2쪽.

54 野村調太郎, 1925, 앞의 책, 10쪽.

55 近見繁造, 1924, 앞의 책, 4쪽.

56 野村調太郎, 1925, 앞의 책, 1-2쪽.

57 野村調太郎, 1925, 위의 책, 8쪽.

법적 가는 국가조직 어디엔가 위치할 필요가 있었다. 가는 일종의 국가조직이고 행정조직이었기 때문이다. 이것은 바로 '본적' 개념을 통해 해결되었다. "본적은 어느 곳의 행정구획에 가적을 두는지를 명확히 하는 방법"[58]이며, 가적의 소재는 "각인의 신분을 증명할 민적이 속한 지역"[59]이 된다는 것이다. 호적의 보관과 관리를 행정기관에서 담당한 이유도 여기에 있다고 하겠다. 그 때문에 가적의 법률상 소재지는 실제 거주하는 장소와는 괴리가 생기기도 하였다. 본적은 호적이 최초로 작성된 당시의 거주지였기 때문이다. 그렇다고 해도 본적지가 단순한 지리적 개념만은 아니었다. 본적은 호적을 통해 국가에서 가가 속할 '행정적 연고'를 지정하는 행위와 다를 바 없었다. 가를 행정망에 소속시켜 관리하는 동시에 거기에 일종의 소속감을 가지게 만드는 심리적 효과도 기대할 수 있었다. 따라서 제도로서의 가는 국가와 개인을 연결하는 장이었으며, 개인은 가를 통해 비로소 국가의 구성원이 될 수 있었다. 이런 점에서 가를 반영하는 가적, 즉 호적은 국민의 존재 근거 그 자체였다.

그렇다면 가가 '법적 가'인 동시에 '국가기관'을 구성한다는 의미는 무엇일까. 구체적으로 가의 권한은 무엇인지 살펴보자. 우선 가 그 자체는 법적 효력을 발동시키는 능력을 지닌다. 구체적으로 각 개인에게는 가를 통해 법적 자격이 부여되었다. 가에 소속되어야만 '호주' 혹은 '호주의 가족'이라는 법적 신분이 만들어지기 때문이다. 가가 존재하여야 호주와 가족이라는 신분이 생기고, 가가 소멸하면 그들의 신분도 사라진다. 가가 없으면 호주라는 신분도, 가족이라는 신분도 없다는 논리이다.

---

58 近見繁造, 1924, 앞의 책, 52쪽.

59 細谷定, 1915a, 앞의 책, 34쪽.

> 호주 가족은 법률상 일정한 권리·의무를 가지기 때문에 호주인 것은 하나의 신분(신위)이고 또 가족인 것도 신분이다. 그러므로 가가 설립되면 호주인 신분도 창설되는 동시에 가족이 있다면 그 호주에 대한 가족의 신분이 창설되는 것이다. 가가 소멸하면 호주의 신분도 소멸한다. 그럴지라도 호주인 사람이 가령 사망하여도 그 가가 소멸되지 않는 한 호주인 신분은 소멸되지 않고 가의 상속인이 계승하는 것이다. 그런데 가족인 신분은 누가 계승해야만 하는 것은 아니기 때문에 가족인 갑이 사망하고 또는 타가의 양자로 되고 또는 타가의 처로 되면 종래의 가의 가족인 신분은 소멸되는 것이다.[60]

둘째, 개인은 가를 통해 직업이나 재산을 소유할 수 있었다. 법적 신분을 부여하는 가의 존재 안에서 개인은 직업을 가지거나 재산 취득을 위한 법률행위를 할 뿐만 아니라, 그들의 직업과 재산 역시 가의 소속물이 되었다. 호주와 가족이 소속된 장소에 그들의 소유물 역시 소속된다는 것이다. "직업도 재산도 가 그 자체에 속하고, 개인은 가를 통해 국가를 구성하고, 가에 속하는 고로 각종의 권리를 향유한다"[61]는 논리이다.

셋째, 가족 구성원들은 가를 통해 국적을 인정받을 수 있었다. 호적은 국적을 나타내는 기능도 있었다. 가가 국가조직인 이상, 가에 소속된다는 것은 국가 소속이란 것을 의미했고, 그 자체가 국적 확인의 효력을 지니는 것이었다. "호적, 즉 가적은 우리 국적을 가진 자의 가에 대하여만 인정되는 것으로, (중략) 우리 국적을 가지지 않은 자의 가에 대해서는

---

60 近見繁造, 1924, 앞의 책, 35-36쪽.

61 野村調太郎, 1925, 앞의 책, 1-2쪽.

호적을 인정하지 않는 것"[62]이다. 특히 본적 개념에는 국적의 의미가 담겨 있었다. "우리의 본적은 일본의 국적을 가지는 자인 것을 명확히 하는 것"에 있다.[63] 가의 국적 부여 효력은 가가 법률상의 가이고, 국가조직기관으로서의 가였기 때문에 조직 내의 위치, 즉 '가의 법률상 소재'를 명시해야 하는 데서 비롯되었다. 가의 법률상 소재지인 본적은 '무형의 가'의 주소인 셈이다.

> 호적이라는 말에는 두 가지 의의가 있다. 실질적 의의로는 가적, 즉 가의 법률상의 소재를 가리키고, 형식적 의의로는 각 가의 호주 및 그 가족, 그리고 그 본적 및 그 친족법상의 신분에 관한 사항을 기재하는 공정증서(公正證書)를 가리키고 있다.[64]

> 민적이라 함은 가의 본적을 명확히 하는 공문서라 (중략) 가의 본적은 호주 및 가족의 단체가 주거로 제공하는 가옥을 이르는 것이 아니고 또 본적이라 함은 가가 존재하는 장소이고 (중략) 민적의 의의가 이와 같은 고로 인민은 이에 의하여 자가의 본적을 명확히 하고 (중략) 국가는 이에 의하여 시정의 기본을 정함으로써 사회의 진보 발달에 기여한다.[65]

---

62 野村調太郎, 1925, 위의 책, 8쪽.

63 近見繁造, 1924, 앞의 책, 52쪽.

64 野村調太郎, 1925, 앞의 책, 3쪽.

65 立石種一, 1916, 『民籍講演錄』, 1쪽. 이 글은 조선총독부가 1916년 11월 개최한 도부군도(道府郡島) 서기 강습회에서 다테이시 사무관이 강연한 내용이다.

가가 국가의 하부 조직이 된다는 것에는 법적 효력 외에도 다른 조건이 요구되었다. 우선, 가의 단위화 및 표준화이다. 가는 하나의 규격화된 단위로 통일될 필요가 있었다. "호적은 가족제도의 단위를 표시하는 것"이고,[66] "가는 호주와 그의 가족으로 조직"된다고[67] 정의하는 이유이다. 민적법 역시 "가라 함은 호주 및 가족의 단체"라 규정한다.[68] 여기에서 호적은 가의 범주, 즉 가족 공동체의 경계를 설정하고 가의 규격 단위를 만드는 중요한 장치였던 것이다. 가의 구성 형식의 통일성은 가가 국가의 조직으로 전화되기 위한 하나의 조건이었다.

다른 하나는 가의 평준화 및 균질화이다. 모든 개별 가는 국가와 법 앞에 평등해야 했다. 이를테면 각 가들 사이의 법적 지위가 동일해야 한다는 것이다. 소속된 가가 어디냐에 따라 개인의 법적 지위에 차이가 생긴다면 각 가들 사이의 평등성은 확보될 수 없다. 모든 가에는 '호주'라는 법적 신분이 있었다. 그리고 그에게는 '호주권'이라는 법적 권한이 부여되었다. 호주권은 '가를 주재하는 권리'이자 가족을 '통할'하는 권리였다.[69] 호주는 대외적으로 가를 대표하는 동시에 가내에서는 가를 주재하고 가족을 통할하는 권한을 가진 존재였다.

> 가족제도는 호주권를 기본으로 하고, 가는 호주의 권력에 의해 통일되며, 가족 모두는 마찬가지로 호주의 권력에 복종한다. 부권(夫權),

---

66 近見繁造, 1924, 앞의 책, 36쪽.

67 近見繁造, 1924, 위의 책, 35쪽.

68 立石種一, 1916, 앞의 책, 1쪽.

69 近見繁造, 1924, 앞의 책, 35쪽.

> 친권 등은 모두 호주권 중에 흡수되어 그 존재를 인정치 않는다. 그러므로 가는 호주에 의해 대표되고, 법률상 특별한 지위를 인정한다.[70]

이렇듯 호주는 가내에서 강력한 권한을 가지고 있었다. 호주는 가족의 거소 지정권, 가족의 혼인 결정권 또는 동의권, 가족의 양자 입양 결정권 또는 동의권, 가족 징계권, 가족의 특유재산 관리권, 가족의 직업 선택 동의권 또는 허가권 등 가족 구성원에 대해 강력한 권력을 가진 존재였다.[71] 호주는 존속에 대해서는 예외이지만, 가족의 신분 변동, 부양, 교육 등 생활상의 전반적인 관리 책임을 동시에 가지고 있었다. 호주는 사법(私法)상 가의 주재자로서 막강한 권한을 가진 존재였던 것이다.

그리고 이들 평준화된 가 안에는 호주의 가족이 존재하였다. 가족 구성원 개인이 가진 법적 신분은 호주와의 관계 안에서 결정되었다. 달리 말하면 '호주와 어떤 관계'인지가 법적 신분이었다. 호주의 처, 호주의 자(아들), 호주의 녀(딸) 등이 그러한 것들이다. 이들은 가족의 일원이라는 것을 이러한 관계성에서 확인받았으며, 친족법 및 상속법에 따르는 권리와 의무의 주체가 될 수 있었다. 호적은 혈연관계를 법적 신분으로 전환하고 확인시켜주는 일종의 공적문서였던 것이다. 환언하자면 호주와 혈연관계에 놓여 있을지라도 호적에 등재되지 않은 자는 가족으로서 법적 보호를 받을 수 없었다.

---

70 野村調太郎, 1925, 앞의 책, 1-2쪽.

71 近見繁造, 1924, 앞의 책, 73-75쪽.

가에 속한 사람의 신분관계를 명확히 함에 있으니 (중략) 신분이라 함은 인사법이 정하는 사람의 지위를 지칭함이라. (중략) 민적의 의의가 이와 같은 고로 인민은 이에 의해 (중략) 신분으로 원인이 되는 모든 권리관계의 분쟁을 예방하고 (하략).[72]

정리하자면 식민지 조선의 가족제도는 다음과 같은 논리를 내재하였다. 개인은 법적 가족제도에 소속되어 국가의 구성원이 될 수 있었다. 그러므로 개인은 가에 소속되어야 하고, 가에 소속된다는 것은 바로 호적 입적이었다. 그리하여 호적은 행정 및 사법의 기초 자료가 되며, 국가는 이를 통해 국민을 관리·통제한다는 것이다. "가는 호주에 의해 대표되고, 직업도 재산도 가 그 자체에 속하고, 개인은 가를 통해 국가를 구성하고, 가에 속하는 고로 각종의 권리를 향유하는 것"[73]이라는 말의 의미는 바로 이것이었다. 이를테면 가는 국가조직의 일부였다는 점에서 '법적 구조물'이면서 동시에 인간의 권리, 재산, 직업 등 모든 것을 지배한다는 점에서 생명력을 지닌 유기체적 존재이기도 했다.

이처럼 개별 인간이 가라는 법적 구조 안에 있을 경우에만 국가로부터 법적 보호를 받는다면, 이는 가와 국가에 대한 소속감으로 전화될 소지가 다분하였다. 결국 조선총독부의 호적제도 도입은 조선인을 파악, 관리하여야 하는 식민 권력의 일차적 목적을 달성하면서, 나아가 일본식 가족제도를 이식하기 위한 수단이었으며, 궁극적으로는 조선인을 일본인으로 통합하는 기초 토대를 구축하는 것이었다.

---

72 立石種一, 1916, 앞의 책, 1쪽.

73 野村調太郎, 1925, 앞의 책, 1-2쪽.

3. 호주 가족제도의 특징

호적제도의 도입은 호주 중심의 일본식 가족제도의 원리가 관철될 수 있는 토대를 만든 것이었다. 그렇다면 호주 가족제도의 원리는 무엇이었을까. 호주 중심 가족제도는 국가와 어떻게 조화를 이룰 수 있었을까. 이 절에서는 호적제도에 관철되고 있는 가족제도의 특징을 살펴보고자 한다.

1) '가'의 균질화

일반적으로 조선시대 가족제도에 대한 논의는 주로 양반 중심의 실천 이데올로기인 유교를 중심으로 이루어졌다. 조선 사회를 유교 사회로 인식하는 일본의 정책자들은 유교가 조선총독부의 조선 통치 전략에 일정한 도움을 준다는 점을 긍정적으로 평가하기도 했지만, 장기적으로는 조선을 내지로 편입하는 데 하나의 장벽으로 작용할 수도 있다고 보았다. 특히 일본은 천황을 정점에 두는 입헌군주제 국가였다. 민주주의가 일정하게 제한될지라도 헌법에 의한 통치가 이루어지는 국가였다.[74] 호주 중심의 가족제도 또한 일본 근대법의 원리가 반영되어 있었는데, 이 영향으로 가들 사이의 평등권이 확보되었다는 점은 무엇보다 중요했다.

그런 점에서 유교의 가족제도와 비견되는 호주 가족제도는 종법(宗

---

74 西川長夫·松宮秀治 編, 1995, 앞의 책, 19-24쪽.

法)의 원리와는 전혀 질을 달리했다. 우선 이것은 문중(門中) 개념의 무력화를 의미했다. 종가(宗家) 개념에는 위계질서가 내포되어 있었다. 종법은 장남에서 장남으로 이어지는 종손(宗孫)의 가를 정점에 두고, 방계와 직계의 가들이 피라미드형의 구조를 이룬다. 이것은 같은 문중에 속하는 가들 간의 위계를 의미했다. 더욱이 종가에 의해 포괄되는 친족 집단은 타 친족 집단에 대해 일정한 정도의 배타성을 가지기도 했다. 큰 세력을 가진 여러 친족 공동체의 존재는 국가 통합에 장애가 될 수 있고, 나아가 국가의식의 형성을 방해할 수 있었다. 따라서 법적으로 평등한 분가(分家)의 창출을 위해서 종가의 개념은 희석되어야만 하였다. 따라서 각각의 가들을 수평적 관계로 만들고, 이를 법률로 공시할 필요가 있었다. 이것이 조선총독부가 종가라는 개념을 법제화하기 어려운 이유였다.

나아가 친족 공동체의 재산을 종법에 따라 상속한다는 점[75]도 문제시될 수 있었다. 사실 조선총독부는 친족 및 상속에 관한 한 조선의 관습에 따른다고 했으니, 종법에 따른 재산상속을 관습법으로 인정할 수도 있었다. 그 경우 문중의 사람들은 종법에 충성할 수밖에 없었다. 문중의 재산은 종중(宗中)의 단결력을 유지하는 중요 요소였던 것이다. 가에 재산을 귀속시킨 호주 가족제도 또한 이러한 원리에 입각하고 있었기 때문이다. "분할상속제(分割相續制) 아래에서는 가산의식(家産意識)이 생기지 않는다. 가산은 대대로 호주에게 신탁된 무궁히 계승되는 가의 자산이다"는 지적에서 재산이 가의 존립 기반이자 결속력에 미치는 영향을 알 수 있다.[76] 따라서 재산은 문중의 종법이 아니라 오직 국법에 따라 상

75 安田幹太, 1940,「朝鮮における家族制度の變遷」,『朝鮮』296, 12-13쪽.

76 福島正夫, 1967, 앞의 책, 7쪽.

속되어야 한다. 재산은 사적 승인이 아니라 국가에 의한 공적 승인을 받아야만 했다.

무엇보다도 종법에 의한 가족제도가 '효 공동체'라는 점을 문제로 보았다. 심지어 조선의 유교주의는 조상에 대한 효와 국가에 대한 충이 충돌할 시에 효가 우선시될 가능성도 많았다. 이는 친족 공동체의 이해관계 앞에서 국가의 이해가 희생될 수도 있다는 것을 의미했다. 효의 관점에서 보면 왕의 가문도 다른 양반 가문과 다를 것이 없었다. 어찌 보면 조선에는 많은 효 공동체로 구성된 가문이 공동 지배하는 국가였다. 효 앞에서는 왕가의 권위도 무력할 수 있었다. 근대국가로 나아가는 입장에서는 친족 공동체 중심주의를 국가의식으로 대체하는 것이 필요했다. 유교에서 충의 개념이 약하다는 다음의 논의가 그것이다.

> 유교주의는 지나의 주의이고, 금일 실제 일본에서 행하는 유교주의는 공맹(孔孟)의 교(教)와는 크게 다르다. 제일의 예로 일본에서는 충효인의(忠孝仁義)를 유교주의의 중대한 덕목으로 삼고 있지만, 지나에서는 소위 유교 중에 충(忠)이라는 문자를 제일 많이 볼 수 없다. 어쩌다 언충신행독경(言忠信行篤敬)이라는 풍의 용어가 있을지라도, 그 충은 소위 성(誠)을 이르는 의미이고, 우리가 황실에 대하여 생각하는 도념(道念)을 표하는 충과 같은 의미는 유교의 어느 책을 보아도 그다지 많지 않다. (중략) 조선인에게 가장 부족한 덕성에 비중을 두어 도덕교육을 하는 것이 최급무 중의 급무라고 생각한다.[77]

---

77 衆議院議員 三土忠造, 「論說: 朝鮮人の教育」, 『教育界』, 1910.10.3, 254-257쪽.

실제 병합 전 조선을 방문했던 일본인들의 방문기는 조선인들에게 국가관념이나 국민의식이 결여되었다는 점을 지적한다. 그들이 보기에 조선인은 공공성도 애국심도 없었다.[78] 그 이유는 상민에게 공공생활이나 정치적인 관계가 거의 없기 때문이라고 분석한다. 정치는 양반 계층이 독점하고 상민들은 정치와 거의 무관한 삶을 살고 있다는 것이다. 상민은 기본적인 필요를 채우고 평화로운 생활을 할 수 있는 한, 누가 어떻게 통치하는가에 대해서는 그다지 관심이 없다. 정치에 관심이 없다면 국가에 대한 헌신이 있을 수 없고, 국가에 대한 헌신이 없다면 애국심도 있을 수 없다. 상민은 자신의 나라를 자신의 국가라고 부르지도 않았다는 것이다.[79]

근대 국민국가체제가 등장하기 이전 사회의 특징을 묘사하는 위의 논의는 조선 특유의 상황만은 아니었다. 국가관념이나 민족관념은 근대사회의 특징이기 때문이다. 이러한 관념은 사실상 서구나 일본에서도 근대사회로 진입한 이후에 만들어진 것이기에, 이러한 비교는 국가 패러다임이 다른 사회를 동등하게 비교한다는 부당 전제가 작동한다고 할 수 있다. 한국 또한 서구 열강이나 일본과의 충돌 상황에서 한말 개화기를 통해 이러한 의식이 만들어지고 있었다. 한말의 자강운동은 국가적 위기에 맞서기 위해 민족의식을 고취시키려는 노력을 배가하였고, 이는 이후 실력양성운동론으로 이어졌다. 특히 보호국하의 자강운동가들은 문명개화 및 실력양성을 통한 국권회복을 주창하면서, 이의 지속적 추진을 위

78 ピーター・ドウス, 浜口裕子 譯, 1998,「朝鮮觀の形成-明治期の支配イメージ」, ピーター・ドウス・小林英夫 編,『帝國という幻想』, 青木書店, 53-54쪽.

79 위와 같음.

해 애국심을 고취하고자 노력하였다. 나아가 1910년대 신지식인층의 실력양성론은 교육과 산업진흥론으로 구성되어 있었으며, 조선의 독립을 염두에 두고 근대 자본주의 문명의 수립을 목표로 하였다.[80]

이해 비해 유교적 가족제도는 근대 국민국가 혹은 산업 사회가 필요로 하는 조직원리나 사회적 관념에 부합되지 않는 면이 있었다. 사실 유교는 농업 사회를 기반으로 성립, 운용된 통치원리였다. 농업 생산과정에서는 무엇보다 존비장유(尊卑長幼)나 귀천친소(貴賤親疎)와 같은 관념이 발전할 수밖에 없었다.[81] 유교에서 가족주의가 강조되는 것도 그러한 이유에서이다. 종법의 가족주의에서 개인은 독립적인 의의를 가지지 못하였다.[82] 그렇기 때문에 개인의 헌신이나 충성 또한 가문이나 친족 집단으로 향하게 된다. 그것이 국가로 결집되기는 다소 어려웠다. 이는 오히려 자신이 속한 친족 집단의 조상과 부모에 대한 효의 관념이었던 것이다.

호주 가족제도는 원리적으로 종법에 의해 결집되어 있는 친족 공동체를 분해시키는 결과를 가져오는 것이었다. 호주와 그의 가족으로 가족의 범위를 법으로 정한 '일가일적(一家一籍)'의 원칙[83]은 이를 위한 것이었다. 그 경우 문중으로 표현되는 집단은 여러 개의 법적 가로 분해될 수 있었다.

'일가일적'의 기준은 두 가지였다. 하나는 호주 및 그와 혈연관계인 사람만이 동일호적에 입적할 수 있다는 것이었다. 1915년 8월 7일 조

---

80 박찬승, 1992, 『한국근대정치사상사연구-민족우파의 실력양성운동론』, 역사비평사.

81 范忠信 等, 李仁哲 譯, 1996, 『中國法律文化探究』, 一潮閣, 5쪽.

82 范忠信 等, 李仁哲 譯, 1996, 위의 책, 6-8쪽.

83 野村調太郎, 1925, 앞의 책, 8쪽.

선총독부 훈령 第47호는 부적(附籍)의 폐지를 규정하여 이러한 원칙을 뒷받침하였다. "호주와 친족관계가 아니고, 또 호주의 일족인 가족과 친족관계가 아닌 사람은 적내(籍內)에 편입시키지 말아야 하는 것이 본칙이다"는 것이다.[84] 주가(主家)의 호적에 고공과 같은 타 혈연 집단을 부적으로 첨부하던 것을 폐지하는 조치였다. 이제 그들 또한 별도의 호적을 작성해야만 했다.

다른 하나는 '동일생계(同一生計)' 여부가 '일가일적' 원칙을 실행하는 기준이었다. 이는 부적 폐지와 같은 날 공포된 관통첩 제240호 「민적사무 취급에 관한 건」에 명시되었다. "동일가옥에 거주하는 자일지라도 생계를 달리할 때는 별호(別戶)로 하고, 가옥을 달리하는 자일지라도 동일생계하에 있는 자는 일호(一戶)로 간주해야만 한다"[85]는 것이다. 이에 따르면, 같은 호적에 입적되는 원칙은 생계를 함께하는 혈연 집단인가 하는 것이었다. 같은 집에 거주하더라도 생계가 다른 경우에는 따로 호적을 작성하고, 같이 살지 않더라도 생계가 같으면 동일호적에 입적하는 것이 원칙이었다.

여기에서 동일생계는 먹고사는 문제를 함께 한다는 점에서, '근친의 혈연 집단'을 의미한다고 해석할 수 있다. 이러한 호적 작성 원칙은 그 단위가 상당히 축소된 것이었다. '동일생계'는 호적 구성의 원칙인 동시에 '가', 즉 '법적 가족'이 만들어지는 원리였다. 호주 가족제도는 가족의 범위를 확정하고, 그것의 단위화를 통해 추상적인 가족관념을 생산할 수 있는 토대였다. 가족은 경제적 단일 공동체여야 한다는 다음의 글 또한

---

84 近見繁造, 1924, 앞의 책, 36쪽.

85 「民籍事務取扱ニ關スル件」(官通牒 제240호), 『官報』, 1915.8.7.

그것을 알려준다.

> 실사회에서 종족이 사실상 진실한 일체(一體)로서 결합하고 정치경제상의 하나의 단위로 되어 있던 시대에서는 동일종족에 속한 자는 동일한 성(姓)을 칭하고, 그것을 명확히 하는 일이 절대로 필요했다. 그런데 종족이 분해하고 한 종족에 속한 다수의 자는 사실상 다수의 가족으로 분열하고, 이들 다수의 가족은 각별한 정치경제상의 별개의 단위로서, 사실상 장소를 달리하고, 가를 달리하여 경제를 완전히 별개로 하여 생활하는 금일에서는 이들 다수의 자가 단지 남계혈통을 같이하는 고로써, 동일한 성을 칭한다고 말하는 것은 조금도 의의를 가지지 않고, 오히려 이들의 자가 각각 가를 달리하여 경제를 달리하는 것을 명확히 하기 위하여 서로 별개의 다른 가의 칭호로 부르는 것이 필요하다.[86]

특히 강력한 법적 권한을 가진 호주는 종가의 우월한 지위를 약화시킬 수 있었다. 호주가 가진 가족에 대한 지배권은 달리 말하면 어떤 누구로부터도 침범당하지 못할 배타적 지위 권한을 의미했기 때문이다. 따라서 어떤 가도 다른 가에 대해서 우월적 지위를 주장할 수 없었고, 호적으로 표현되는 각각의 가들은 서로 평등하고 균질적인 존재라는 것을 의미했다. 어떤 면에서 호주제도는 갑오개혁 이후 폐지된 전근대적인 신분제도를 법제적으로 확인하는 조치이기도 했다. 이로 말미암아 '종가 대 종가가 아닌 가', 그리고 '양반 가 대 상민 및 노비의 가'라는 불평등한

---

86 安田幹太, 1940, 앞의 글, 12쪽.

대립관계는 더 이상 존재하기 어려웠다. 이제 각각의 가는 배타적인 독립성을 가진 동등한 실체를 의미하는 것이었다.

이러한 점에서 호주 가족제도는 남성들 사이의 평등을 의미하는 것이기도 했다. 각각의 호주에게는 개별 가의 대표성이 법적 권리로 보장되었기 때문이다. 이렇게 보면 법 앞의 평등이라는 근대법의 정신은 호주가 될 남성들 사이에서만 구현되었다고 해도 과언이 아니었다.[87] 더욱이 '일가일적'의 원칙과 '동일생계'의 원칙에 따라 거의 대부분의 남성들은 결혼하여 분가하는 즉시 누구든 호주가 될 수 있었다. 호주제도가 남성만의 평등을 구현하였다고 주장하는 이유가 여기에 있다.

근대 일본이 법으로 제도화한 가족제도는 '가부장권의 근대, 근대의 가부장권'을 구축한 것과 다를 바 없었다. 호주제도의 근대성은 가족에 대한 지배권을 제도화한다는 점, 그리고 젠더 이원론에 입각하여 남성과 여성 사이의 불평등을 양산한다는 점에서 강력한 가부장권을 남성 일반에게 보편적으로 관철시키는 것이었다. 호주 지위는 일차적으로 남성이 획득했고, 여성 호주는 가에 남성이 부재할 경우 일시적으로만 가능했기 때문이다. 호주제도의 일차적 관심은 전근대 신분제 사회에서 불균등하던 가 사이의 관계를 균질한 관계로 전환하고, 궁극적으로 대표자인 남성들 사이에 존재하는 위계적 신분관계를 국가 앞에 균질한 존재로 전환시키는 것이었다. 호적제도를 통해 일차적으로 남성을 국민으로 통합하는 근대국가의 정치학이 작동될 수 있었다.

---

87 호주제 폐지 운동을 펼치던 당시 양현아는 "현행 호주제도에는 일제시기에 뿌리를 둔 전체주의적인 국가의 지배모델이 내재해 있으며 이 모델에서 가족의 대표자인 호주인 남성 성인에게만 국가와 교감하는 '시민'과 같은 자격이 부여된다"고 분석한다(양현아, 2000b, 앞의 글, 84쪽).

2) 가족제와 개인제의 결합

그렇다면 과거 조선에 제도화되었던 가족제도와 비교할 때 식민지 조선에 시행된 호주 가족제도는 어떻게 위치시킬까. 당시 조선총독부의 가족 정책에 참여하였던 일본인 법학자들은 기존 조선 사회의 가족제도는 궁극적으로 도태되어야 한다고 보았다. 종법에 의한 가족제도는 '가족제도'라기보다는 오히려 '종족제도'라고 보았기 때문이다.

> 조선에는 오랜 남계혈통에 따라 총괄되는 것으로 종족제라 칭해야 할 일종의 씨족제도가 행해졌다. 이 종족제도에서는 예를 들면 전주 이씨라고 말하고, 그 시조가 발상한 지명, 즉 소위 본관과 그 종족의 혈통에 따라 이들 수다한 종족 중 어느 하나에 속하게 되고, 이 종족이 한편에서는 개인의 기본 단위로 됨과 동시에, 다른 한편에서는 국가사회 구성의 기초 단위로 되는 것이다.[88]
>
> 종손의 가는 특히 이를 종가라고 부른다. 이에 대하여 지손(支孫)의 가는 지가(支家)라고 불러야 하지만 그렇게 부를 필요는 없었던 것 같다. (중략) 우리나라의 분가관념에는 해당되지 않는다. 일족(一族)이 즉 일가(一家)였던 것이다. 고로 지금도 흔히 일족을 일가라고 부르고, 널리 혈족을 지칭하여 일가의 자(者)라고 한다. 근래에 이르러 민법에서와 동일한 가 및 호주의 관념이 확립되어 호주상속을 인정하여 본가·분가라는 용어까지도 사용하게 된 것이다.[89]

---

88 安田幹太, 1940, 앞의 글, 8-9쪽.

89 野村調太郎, 1926a, 「祖上の祭祀と現行の法律」, 『司法協會雜誌』 5권 4호, 86쪽.

더욱이 조선총독부의 사법관료는 '종중'에 의해 총괄되는 유교의 가족제도를 조선 사회 일반의 가족 형태로 이해하였다. 물론 조선후기로 가면서 양반층이 대대적으로 증가하고,[90] 유교 가족제도는 점차 확산되는 경향을 보였던 것은 사실이다. 그렇다고 그것이 조선인 일반에게까지 지배적인 영향을 주었는지는 의문이다. 유교 가족제도의 구성원리나 의례는 사실 일부 양반층에게나 실천 가능한 것이었기 때문이다. 그럼에도 식민지 조선의 일본인 법학자들은 유교에 의한 것을 조선의 보편적 가족 형태로 규정하였다. 그리하여 종가 또한 양반만이 아닌 일반 민들에게도 존재하는 것으로 간주하였다.

> 종법을 받들고 종족단체를 결성하는 것은 원래 귀족계급에서만 행해진 것이지만, 후세 사서인(士庶人)도 이것을 본받아, 현시에 있어서는 어떤 사람도 어딘가의 종중에 속하지 않는 자가 없다. 그리고 이 종족단체는 관습상 당연히 발생하여, 이것에 속하는 종인(宗人)의 자손은 또한 당연히 그 성원이 되기 때문에, 인생이 있으면 당연히 그 부조의 종자(宗子)를 중심으로 하는 최소의 종중의 성원이 되는 동시에, 다시 그 조상 각세(各世)의 자손을 성원으로 하는 대소 수개의 종중의 성원이 된다.[91]

---

90 조선의 양반층의 비율은 대략 17세기 중엽부터 증대하기 시작하여 19세기 중반에 이르면 전체 인구의 절반 이상의 사람들이 양반 신분을 자처하기에 이르렀다고 한다. 김상준은 조선후기의 양반층의 대대적인 격증을 근대로의 진입 과정에서 여러 나라와 문명권에서 보편적으로 발생했던 평등화현상의 조선적 발현으로 해석한다(김상준, 2003, 「온 나라가 양반되기-조선후기 유교적 평등화 메커니즘」, 『사회와 역사』 63, 6쪽).

91 野村調太郎, 1940b, 앞의 글, 2쪽.

조선총독부가 유교의 가족 형태를 조선의 보편적인 가족 형태로 간주한 이유는 무엇일까. 우선 조선 사회를 유교를 통해 이해하는 시각이 강하게 작용한 것이 아닐까 한다. 조선은 유교 사회이며 따라서 유교가 규율하는 방식의 가족제도가 조선의 것이라는 형식 논리를 적용했을 것이다. 그러나 조선인 일반에게도 호소력을 가지는지 아닌지는 중요한 것이 아니었고, 조선총독부의 입장에서는 동화주의 정책과 순기능으로 작용할 수 있는 시스템을 구축할 수 있는 것인지 아닌지에 관심을 가질 수밖에 없었다. 그들이 보기에 조선의 가족제도는 식민지 호적제도에 의한 가제도와 다음과 같은 이유에서 성격적으로 이질적이었다.

우선, 가의 범주가 지나치게 컸다. 일족이 일가를 의미한다고 보았기 때문이다. 이는 단순히 가족의 숫자가 많다는 의미가 아니었다. 조선의 가족제도는 실질적으로 종족제도와 마찬가지라는 것이다. "일종족(一宗族)에 속한 다수의 자는 사실상 다수의 가족"을 포함한다는 점에서 가 자체가 거대한 혈연 집단이었다. 따라서 종족제하에서 가는 그 종족의 "일 구성분자"에 불과하다는 것이다.[92] 더욱이 종가 개념 안에는 종가 및 종가가 아닌 '복수의 가'를 가족제도의 범위에 포괄하였다. 이러한 논리를 통해 조선 사회에 관철되고 있는 가족주의는 대가족주의라는 논의로 나간다. 조선의 가족제도는 종족제도이자 대가족제도가 되는 것이다. 이에 비해 호적제도에 의한 가족제도는 호주와 그의 가족으로 잘게 단위화된 것이었다. 이것의 관철은 큰 단위의 친족 집단을 작은 단위의 소규모 가로 분해시키는 것이었다.

다음으로, 개인을 가족 내부가 아닌, 종족 집단 안에 위치시키는 것

92 安田幹太, 1940, 앞의 글, 12쪽.

또한 문제적이라 인식되었다. "조선의 이러한 종족제에서는 먼저 모든 개인에 대해 그가 속한 종족이 어디인지를 명확히 하는 것을 필요로 한다"[93]는 것이다. 이 경우 가족 내의 신분관계를 법적으로 환원한다는 것이 쉬운 일이 아니었기 때문이다. 호적제도는 호주와 어떤 관계에 있는 누구라는 식으로 기재되는 반면, 종족제를 그대로 가족제로 전환할 경우 종가와 어떤 관계에 있는지를 밝혀야 했다. 그런데 종가를 기준으로 삼을 경우 시간이 지날수록 가족관계를 표시하는 것이 복잡해질 것은 자명했다.

호주 가족제도가 가지고 있는 또 하나의 함의는 관념화된 '가'였다. 언급했듯이 가제도는 조선인을 국민으로 동화·통합시킨다는 적극적인 목표로 추진되었다. 이는 위계적 신분 사회를 해체하는 것만으로는 성취될 수 없었으며, 무엇보다 가에 대한 충성을 국가로 향하게 만들어야 했다. 가를 국가의 조직으로 만든 이유도 여기에 있다. 그러나 가의 국가 조직화가 곧 국가에 대한 충성을 담보할 수 있는 것은 아니었다. 이를 위해서는 가의 결속력이 전제되어야 했다. 왜냐하면 근대사회로 발전하면서 가족의 결속력이 약화되는 현상을 나타내는 것이 일반적 현상이라 여겼기 때문이다. 다음 글을 통해 그것을 엿볼 수 있다.

> 가족제에 있어서 가의 연혁, 즉 가에 대한 역사를 보면 아직 국가가 성립하지 않은 시대일지라도 인류는 고립하여 생활한 것이 아니고, 소위 단체생활을 영위한 것이다. (중략) 우리 인류는 동서를 불문하고 한 번은 부락제시대를 경과해왔다는 것을 의심하지 않는다.

---

93 安田幹太, 1940, 위의 글, 9쪽.

부락제시대의 부락은 추장과 추장의 친족과 여기에 복종하는 자로 조직되었던 것이기 때문에 대가족 단체로 보는 것도 마땅하고, 또 소국가로 보아도 마땅한 정도의 것이었다. 그리고 추장은 모든 사항을 주재하고 통괄하는 권력을 가진 소군주였다. 그런데 부락은 점차 합동하여 대부락이 되고, 마침내 일국가를 조성하기에 이르러 종래 부락추장이 가진 권한의 일부분은 국가로 이전되고 부락은 분화하여 수많은 가가 되었다. 이것이 가족제의 시초이다. 그리고 가족제는 다음의 사정으로 인해 더욱 발달하여 나아간 것이다.

1. 국권의 작용이 충분하지 않아 경찰의 일도 거의 신뢰하기에 족하지 않기 때문에 각인의 생명, 신체를 안전하게 하기 위해서는 가의 단결을 강고히 할 필요가 있고, 국가 역시 국권의 일부를 각 민인의 자위상 부득이 위임하는 외에 길이 없었다.
2. 가에서는 일족의 생활상 필요한 재산, 즉 가산을 축적했던 것이다. 가산은 가장도 가족도 이것을 자유로이 처분하는 것을 허락하지 않았다. 즉 가장이 단지 관리하는 자라는 사상으로 지배하고, 가족제는 더욱 강고함을 더했다.
3. 고대의 사람은 사람이 사망할지라도 그 정신은 영구히 소멸하지 않는다고 생각했기 때문에, 조상숭배의 염(念)을 발생시켰다. 문화가 차차 진보함에 따라 봉건제도가 일어나 직업도 재산도 숭배할 조상이 자손 전체에게 남긴 것이기 때문에 세습한다는 관습이 생겨 국가도 역시 이것을 강제했던 것이다.[94]

---

94 近見繁造, 1924, 앞의 책, 32-33쪽.

먼저 가족제가 발달한 이유로 공권에 의한 치안력의 부재, 축적된 재산의 유지, 조상숭배정신 등 세 가지를 그 이유로 들었다. 즉 개인의 생명을 자신이 소속한 집단의 무장력에 의지할 수밖에 없었다는 점, 일족에 대한 소속의식을 경제력으로 유지시키기 위해 재산 처분을 제한할 필요가 있었다는 점, 집단 소속의식을 끌어내기 위한 정신적 매개체로 자신의 존재가 조상으로부터 유래한다는 관념이 요구되었다는 점 등이 복합적으로 작용하여 가의 결속력을 강화시켰다는 것이다. 요컨대 가의 역사는 근대 이전의 인간들의 경우 그들의 생존을 가족 집단에 의지하는 방식을 채택함으로써 자신들이 소속한 집단에 대한 본능적 충성심을 끌어낼 수 있는 장치를 만들어냈다는 주장이다.

그런데 사회가 근대사회로 이행하면서 가족의 그러한 결속력은 약화되어갔다. 과거 종족이 하던 일을 국가와 종교가 대신하게 되었기 때문이다. 구체적 이유는 다음 네 가지로 정리되었다. 첫째, 종족에 대한 충성심은 개개인의 생명과 신체를 국가가 법률로 보호해줌으로써 희박해졌으며, 둘째, 사유재산 개념의 발달로 세습재산도 인정할 필요가 없게 되었고, 셋째, 집단에 대한 귀속성을 끌어내는 조상숭배관념은 종교에 침식당했고, 넷째, 교통기관의 발달과 인구 증가로 집단생활의 필요성이 감소되었다. 이런 제반의 이유로 사회는 가족 중심의 사회에서 개인 중심의 사회로 이행된다는 것이다.

> 문화가 더욱 진화하여 국권이 보급하고 각인의 생명, 신체 등은 국가에서 이것을 충분히 보호하기에 이르고 또 가족의 인격도 법률상 이것을 인정하기에 이르렀던 결과, 강대한 가장의 종래의 권력을 국가에서 점차로 제한 축소시키고 마침내 호주권, 부권(夫權), 친권으로

되었으며, 또 가산으로서의 세습재산도 이것을 인정할 필요가 없게 되어, 호주의 재산과 각 가족의 재산을 달리 인정하고 법률이 이것을 보호하게 되었던 것이다. 그리고 점차 조상숭배의 사상은 쇠퇴하여 다른 종교가 이것을 대신해왔다. 그리고 세상이 진보하는 데 수반하여 교통기관의 발달, 인구의 증식 등의 사유에 의하여 일가의 각인이 종래와 같은 집단생활을 할 필요가 점차 소멸하고 또 생존경쟁이 더욱 증가함에 따라 집단생활을 유지하는 것이 곤란하게 되기 때문에 가족제도는 날이 갈수록 쇠퇴하고 개인제의 시대로 이행하는 것이다.[95]

그리하여 '개인제'와 '가족제'는 대치되는 개념으로 파악되었다. "근대사회에서는 개개인의 신분 등기가 가족의 등기를 대신하여 행해지기" 때문에,[96] 서구의 '개인제 시대'에는 일본과 같은 '가에 대한 관념'이 존재하지 않는다고 보았던 것이다. 그러나 개인제와 가족제는 택일의 문제가 아니라고 보았다. 가족제도는 '가족제 시대 → 가족제와 개인제의 혼합시대 → 개인제 시대'로 진화해간다고 여겼기 때문이다. 당시 현실에서 일본은 물론 조선 또한 가장 이상적인 가족 형태를 '가족제와 개인제의 혼합'으로 보았던 것이다.

개인제 시대라고 해도 완전히 일시에 가족제로부터 개인제로 일변하는 것은 아니고, 지금의 내지 및 조선에서와 같이 가족제와 개인제

95 近見繁造, 1924, 위의 책, 34쪽.

96 福島正夫, 1967, 앞의 책, 19쪽.

의 혼합 시대를 거쳐가는 것이다. 지금의 서양 제국(諸國)은 주로 개인제도(개인을 기초로 하여 모든 법령을 만든다) 시대로 나아가 있기 때문에 내지 및 조선에서와 같은 가에 대한 관념이 없는 것이다. 따라서 가에 관한 법규(호주 가족에 관한 권리 의무)는 거의 볼 수 없다. 그러므로 개인제를 채용하는 문명국의 친족 법규는 개인 간의 친족 관계를 겨우 규정하고 있는 데 불과하다. 또 상속 법규에는 가독상속 혹은 호주상속의 규정은 없고 오직 재산상속의 관계에 불과한 것이다.[97]

'가족제와 개인제의 혼합'이란 무엇일까. 치카미 시게조(近見繁造)의 위의 글에 따르면 '가족제'는 가족의 단결력에 의지하여 개인의 생명을 보호하며, 대신 가족의 단결을 위해 조상숭배사상을 고취하고 경제력을 집중시킨다는 것이다. 재산 처분의 자유를 제한하고, 가장이 관리하는 가산을 인정하는 것도 모두 경제적 공동체로서의 성격을 유지시키기 위한 장치였다. 반면 개인제는 개개인의 인신 보호, 개인의 재산 소유 및 처분의 자유, 종교의 자유 등의 보장을 가족 집단이 아니라 국가가 보장해주는 것을 근간으로 했다. 전자는 가족에 대한 구심력을 강조하고, 후자는 가족제에 대한 원심력을 작용했다. 양자는 어떻게 조화롭게 될 수 있을까. 국가를 근대체제로 만들려면 개인제를 수용하지 않을 수 없었다. 그러나 그 경우 가족제의 결속력은 약화되고 만다. 그렇다고 해서 전근대시대의 가족제를 그대로 유지할 수도 없었다. 개인제의 수용은 정

97 近見繁造, 1924, 앞의 책, 34-35쪽.

도의 문제였을 뿐 시대의 명령이었기 때문이다.

이런 모순된 상황 속에서 양자가 만나려면 논리적으로 "개인을 기초로 하여 모든 법령을 만든다"는 개인제의 원리를 "가족을 기초로 하여 모든 법령을 만든다"로 바꾸는 방법밖에 없었다. 근대 법치주의의 원리를 개인이 아닌 가족을 단위로 적용할 경우, 개인주의를 부분적으로 수용하는 동시에 가족주의가 가진 단결력을 확보할 수 있었다. 개인주의가 가진 결속력 약화라는 단점을 보완할 수 있다는 전략이 '가족제와 개인제의 혼합'이라는 형태의 가족제도를 창출시켰다고 할 수 있다. 그것이 바로 '호주 가족제도'였다. 조선총독부가 조선에 이식시키고 있었던 가족제도인 호주 가족제도는 이를테면 정반대의 방향으로 뛰어가는 두 마리의 토끼를 동시에 잡기 위한 것이었다.

> 가정생활의 중심은 부부와 친자이지만, 우리 국가에서는 종래 친자관계에 비중을 두었다. 이것은 우리 가족제도의 특색이어서 가를 영구존속의 공동생활체로 하는 이상 오히려 당연하다. (중략) 친자관계와 상대하여 친족의 일 중심인 것은 배우자, 즉 부부관계이다. 친자는 인류의 종의 공동생활의 전형이고, 부부는 인류의 횡의 공동생활의 대표이다. 우리나라 종래의 가족제도가 친자 본위를 특색으로 한다는 것은 전에도 서술하였지만, 그 특색을 유지함과 동시에 부부관계를 존중하고, 그럼으로써 완전한 부부·친자의 복본위(複本位)로 하는 것은 가족제도를 완성하여 인생을 미화하는 까닭이다.[98]

---

98 朝鮮總督府學務局, 1934, 『中等教育公民科教科書』, 제1장 우리가 제2절 가족제도.

위의 글은 1930년대 조선총독부에서 발행한 『공민과 교과서』에 실린 가족제도에 관한 설명이다. 당시 가족제도에서는 친자관계와 부부관계를 거의 같은 비중으로 강조하고 있다. 이런 점에서 볼 때 호주 가족제도에는 부부 중심의 소가족과 친자 중심의 직계가족, 두 가지의 가족 모델이 결합된 형태를 띠고 있다. 호주제도는 한편에서는 호주상속을 통해 부계계승제도를 굳건히 실천하고, 다른 한편에서는 남성 호주에 의해 소규모 핵가족으로 끊임없이 세포 분열을 한다는 논리를 내재하고 있었던 것이다.[99] 즉 핵가족과 직계가족의 원리가 중첩되어 있는 것이 바로 근대 일본이 창출한 호주 가족제도였던 것이다.

나아가 가족 안에서 결속력을 확보하고 유지하기 위한 하나의 방법이 호주를 구심점으로 만드는 것이었다. 구체적으로 다음과 같은 장치가 마련되었다. 우선 호주는 가내의 유일한 권위자여야 한다는 것이다. 이를테면 한 집단의 구심점은 하나여야 했다. 호주에게 가족을 지배할 수 있는 법적 권한을 부여했던 것도 이 때문이었다. 또한 가족은 특히 하나의 혈통으로 이루어져야 한다는 점이 강조되었다. 가족 사이의 유대감에서 발생되는 결속력이 기대되었기 때문이다. 이를 위해 가족 내에는 이질적인 요소가 없어야 했다. 호주와 그의 가족으로 가의 범위를 축소하여, 즉 가족의 범위를 단위화하여 이를 충족시켰다. 하나의 문서에 같이 등재되었다거나 한솥밥을 먹는다는 것처럼 동일경제권에 속할 경우 결속력이 강화될 수밖에 없다는 것은 자연스러운 이치이다.

또한 가를 의인화 내지는 유기체화하는 작업도 이루어졌다. 가가 호주를 낳고, 호주가 가족을 낳으며, 따라서 가족 구성원의 재산과 직업

---

99 양현아, 2002, 앞의 글, 211쪽; 양현아, 2000b, 앞의 글, 78쪽.

도 모두 가에 속한다는 논리가 바로 그것이며, 이러한 논리는 가에 절대적 충성을 다해야 한다는 논의로 이어질 수 있었다. 이를테면 모든 것은 가로부터 나오고, 모든 것은 가에게로 귀속된다는 식의 논리야말로 가의 핵심 이론이었다. 마치 가를 하나의 생명체를 지닌 존재로 인식할 때 가에 대한 소속감을 극대화할 수 있기 때문이다. 가를 '무형의 관념'이요, 선조와 후손을 잇는 '일계통(一系統)의 단체'로 규정한 이유도 여기에 있다. 가는 과거와 미래를 이어주는 일종의 가교로서 영원히 지속되어야만 한다는 관념성을 가지고 있었다.

> 친족 법규, 호적 법규 등에서의 가는 재산이 아니고, 특종의 물체도 아닌 소위 무형의 관념이다. (중략) 민사령에서의 가는 무형의 가이고 소위 실질적 의의에서의 가이다. 이 가에 대하여 다시 깊게 철학적 고찰을 하면 가라는 것은 우리 선조와 현재의 우리와 장래의 우리들의 자손을 일단(一團)인 것으로 포괄한 관념을 이르는 것이다. 환언하면 가라는 것은 현재의 우리와 과거의 선조와 장래의 자손에 의해 구성되는 것으로 영속성을 가지는 일계통의 단체이다.[100]

이때 가의 혈통을 이어주는 정신적 매개체로서 역할을 하는 요소가 바로 '호주'였다. 호주의 혈통 속에는 과거의 선조와 미래의 후손이 동시에 체현되어 있다고 여겼기 때문이다. 호주를 통해 남계혈통의 계승성이 법으로 제도화되고, 호주에게 가의 대표자로서의 자격을 부여한 이유도 여기에 있었다.

---

100 近見繁造, 1924, 앞의 책, 29-30쪽.

> 가라는 것은 현재의 우리와 과거의 선조와 장래의 자손에 의해 구성되는 것으로 영속성을 가지는 일계통의 단체이다. 이 단체를 대표하는 자가 즉 현재의 우리에 있어서 또 우리들 중에서 다시 우리를 대표하는 것이 가장인 호주이다. 그러므로 호주는 현재의 일족과 과거의 선조와 장래의 자손을 대표하는 자라고 일컬을 수 있다.[101]

이러한 호주의 역할은 천황의 관념을 투사시킨 결과였다. 언급했듯이 가를 '무형의 관념'으로 보면서, 법을 통해 호주에게 가부장적 권한을 부여하고, 호주를 통한 '영속성'과 '일계통'을 강조했다는 점은 일본 제국헌법의 상유(上諭)에서 정신적 존재로서 천황에 대한 묘사와 다를 바 없기 때문이다. 즉 "짐(朕)은 조종(祖宗)의 유열(遺烈)을 이어받아 만세일계(萬世一系)의 지위에 올라"라고 했던 것이다.[102] 헌법 전문에 등장하는 용어가 '짐'→'호주'로, '조종'→'과거의 선조'로, '만세일계'→ '일계통'으로 전환되어, 호주는 가의 정신적 존재에 비견되었다. "우리나라의 군신관계는 지나나 조선 등과 다르고, 우리나라의 군신관계는 가장과 가족과의 관계를 겸유하는 것으로 인정되고 있다"[103]는 언설에 담긴 뜻도 이것이었다. 호주에게 천황의 이미지를 투사시켰다고 보는 이유도 여기에 있다.

그리고 이러한 호주 가족관념은 조선인에게 큰 저항 없이 수용될 수

---

101 近見繁造, 1924, 위의 책, 30-31쪽.

102 김창록, 2000, 「일본의 근현대 천황제에 관한 법사학적 고찰」, 『법사학연구』 22, 121쪽.

103 市村瓚次郎, 「日韓併合と精神統一」, 『教育界』, 1910.10.3, 266-271쪽.

있다고 보았다. 무엇보다도 조선인의 유교 문화 중 특히 부자 간에, 또 군신 간에 절대적 상명하복을 본질로 하는 질서관념이 새로운 호주 가족제도에 대한 충격을 흡수할 수 있다고 판단했기 때문이다. 조선인에게 충효 병용의 전략이 필요해진 이유가 여기에 있다.

> 우리 국의 군신관계는 지나나 조선 등과 다르고, 우리 국의 군신관계는 가장과 가족과의 관계를 겸유하는 것으로 인정되고 있기 때문에, 유교의 윤리설을 응용할 시에는 충효의 두 가지를 병용하지 않으면 안 된다는 의미인 것이다. 부자관계에 혁명이 있어야만 하는 의미가 없는 것과 마찬가지로 우리 국체에 있어서는 혁명을 허락하지 않는 것은 유교의 윤리설에서도 성립될 수 있는 것이다.[104]

나아가 호주 가족제도를 전파하는 데 유교를 적극적으로 활용해야 한다는 것이다. "유교는 조선의 국교라고 할 정도의 것이므로, 이것으로 조선인을 감화하는 것은 물을 낮은 곳으로 이끄는 것처럼 매우 용이" 하였다.[105] 특히 "주종, 부자, 남녀의 관계를 보아도 유교는 그 본국 지나보다도 오히려 조선에서 원만하게 발달"하였다.[106] 따라서 국체를 교육하는 데 유교를 적극적으로 활용해야 한다는 다음 글이 그것을 보여 준다.

---

104 위와 같음.

105 「社說: 朝鮮의 宗教」, 『讀賣新聞』, 1910.9.3.

106 「朝鮮教育と總督」, 『教育時論』, 1911.3.25, 238쪽.

제국교육의 대본(大本)은 일찍이 교육에 관한 칙어에 명시된 바, 이것을 국체에서 근원하고, 이것을 역사에 구하여 확고하게 하여야 하며, 교육의 본의는 역시 여기에 있다. (중략) 교육은 특히 덕성의 함양과 국어의 보급에 힘쓰고, 그럼으로써 제국 신민의 자질과 품성을 갖추기를 요한다. (중략) 교육에 관한 칙어는 중외에 실시하여 어그러짐이 없고, 인륜덕의의 실천요항을 명시한 것으로, 어떤 민족교육에서도 적합하지 않은 바가 없는 것은 물론이다. 하물며 우리 민족과 그 원류를 같이하는 조선민족을 교육하는 데 당해서랴. 고로 조선국민의 도덕교육은 이 칙어의 성지로 본의를 삼아야 한다는 점, 다시 말할 것도 없을지라도 동국(同國)에는 수천 년 래, 유교 도덕이 행해졌기 때문에 칙어의 성지를 부연하고, 실천도덕을 설명하는 데는 유교에 의하는 것 또한 가장 편익이다.[107]

이처럼 유교가 효용성을 지니는 곳이 바로 정신상의 가에서였다. 유교적 도덕은 잘만 이용하면 국민 통합의 논리에 순기능의 역할을 할 수도 있었다. 교육칙어에서 유교 도덕을 차용하고 있는 것도 그 때문이었다. 유교적 인간주의, 즉 인간적인 신뢰와 인간적인 됨됨이에 대한 기본적인 자각과 타인을 위한 충직한 행동이 하나의 자양분으로 이용될 수 있었기 때문이다.[108] 더욱이 유교적 인간관의 핵심인 군신, 장유, 부부 사이의 구별과 위계관계는 일본의 정치 이데올로기 '가족국가관'의 논리

---

107 「社說: 朝鮮教育に就て」, 『教育時論』, 1911.11.25, 254쪽.

108 Tetsuo Najita, 1974, *JAPAN: The Intellectual Foundations of Modern Japanese Politics*, Illinois: The University of Chicago Press; 박영재 역, 1992, 『근대일본사-정치항쟁과 지적긴장』, 역민사, 131-132쪽.

구축에 핵심적 토대가 되었다. 가족 내의 가장, 즉 호주와 가족 사이의 위계관계를 국가로 환원시켜 천황과 국민 사이를 유사 가족관계로 질서화한 것이 바로 가족국가관념이었다. 이 경우 국민적 일체감을 강화하여 국민 통합을 도모하는 것이 수월할 수 있기 때문이다.[109]

그렇다고 해도 유교적 관념은 그 자체가 목적이 아니었다. 예컨대 충효사상을 병용한다고 해서 이 양자가 균일한 방식으로 추구되었다고 하기도 어렵다. 그것은 어디까지나 가족국가관념을 만들고 키우는 자양분의 역할이었기 때문이다. 즉 조선인에게 익숙한 효를 매개로 충을 끌어내자는 것이 바로 충효에 대한 동시 강조로 나타난 것으로, 집안의 가장에게 효를 하듯이 국가의 장인 천황에게도 충성해야만 한다는 의미였다. 더욱이 일본의 국체가 호주에 대한 충성이 곧 천황에 대한 충성을 의미하도록 만들어졌다는 점을 고려한다면, 호주에 대한 효는 사실상 충으로 합일되는 개념이었다. 종중 중심의 가족제도하에서 효는 충과 충돌할 수 있는 관념이었지만, 호주 가족제도에서의 효는 충과 화해할 수 있다는 것이다. 유교적 질서관은 조선인에게 저항감은 일으키지 않으면서 동시에 일본의 가족국가관을 심어주는 방편이 될 수 있었다. 조선총독부의 가족제도 이식에 유교적 언어가 적극 동원되었던 이유도 여기에 있으며, 또한 이러한 점은 많은 사람들이 호주제도가 일본으로부터 도입된 가제도의 핵심 요소였다는 것을 간과케 하였다.

요컨대 호주 가족제도는 유교의 종법에 의한 가족제도가 구현하는 친족 공동체, 이른바 '대가족주의'적인 성격을 제거하고, 호주와 그의 가

109 Peter Duus, 1976, *The Rise of Modern Japan*, Boston: Houghton Mifflin Co; 김용덕 역, 1983, 『일본근대사』, 지식산업사, 132쪽.

족을 하나의 '가족' 단위로 제도화하는 '소가족주의'의 면모를 가진 것이었다. 전자의 친족 공동체 안의 효의식이 자연스럽게 국가에 대한 충 관념으로 전환되기 어렵다는 점에서 근대국가체제에는 적합하지 않다고 여겼기 때문이다. 유교적 가족제도하에서는 국가관념이 나오기가 어렵다는 인식은 조선인을 일본 제국의 충량한 국민으로 통합하고자 하는 그들의 입장에서 그다지 바람직한 것은 아니었다. 조선인에게 제국주의 침략의 동조자 역할을 부여하기 위한 제도적 기반을 마련해야만 했기 때문이다. 호적제도를 통한 일본식 호주 가족제도의 이식은 조선인을 일본 국민으로 동화, 통합하기 위한 토대였던 것이다.

제2장
관습조사와
가족 '관습'의 발명

호적제도는 조선인을 가족 단위로 조직하고, 조사·파악할 수 있는 토대가 구축되었다는 것을 의미했다. 그렇지만 가족제도는 호적이라는 장부 그 자체만으로 완성되는 것이 아니었다. 가족이라는 범주 안에 존재하는 구성원들 사이의 관계를 규정하고 규율하는 규칙이 만들어져야만 했다. 호적은 가족의 범주 그 경계를 설정했을 뿐, 가족이란 틀의 형성 및 가족원 내부의 관계성에 대한 규정은 아니었기 때문이다. 가족 구성원은 어떻게 만들어지며, 어떤 경우에 그 자격을 상실하는가. 또 가족 구성원이 가진 재산상의 권리와 의무는 무엇인가. 즉, 가족 구성원들 사이의 신분관계와 재산문제를 규율하기 위한 규칙이 필요했고, 그것이 이른바 가족법이었다. 특히 일본에서 가족법은 메이지 민법의 제4편 친족편과 제5편 상속편을 지칭했다. 이들 법규는 호적제도와 표리를 이루면서 일본 가족제도의 양대 축을 형성하고 있었다.

그리하여 호적제도의 시행과 함께 일본 민법이 규정하고 있는 가족법규 또한 도입되어야 했다. 그러나 일본 민법에 규정된 친족 및 상속에 관련된 법규의 섣부른 시행은 조선에 시행되던 기존의 관행들과 충돌하고, 그것이 식민 지배에 대한 저항으로 발전할 가능성이 있다는 점에서 신중해야 했다. 일본식 가족제도의 전면적이고 완전한 도입은 식민지 체제의 강압성을 조선인 전체에게 선전하는 부정적인 결과를 가져올 수도 있기 때문이다. 가족제도의 급격한 변화는 조선인들에게 식민지 체제의 폭력성을 체감케 하여 그들의 커다란 저항을 부를 수도 있었다. 조선총독부가 친족법 및 상속법, 즉 가족법에 관습법을 채택했던 이유가 바로 여기에 있다. 1912년 3월 18일 제령 제7호로 공포된 조선민사령 제11조가 바로 그것이었다. "조선인의 능력, 친족 및 상속에 관한 법률은 관습에 의한다"는 것이다.[1]

조선민사령 제11조에 의해 조선총독부는 가족법에 일본 민법이라는 성문 규정이 아니라 조선의 관습에 법적 효력을 부여한다는 방침을 천명하였다. 따라서 가족문제와 관련한 법 해석의 문제에서 '관습'은 가장 중요한 화두가 되었다. 조선총독부는 가족과 관련된 제반의 민사 사건을 처리하기 위해 조선의 관습이 무엇인지에 대한 조사 및 정의를 우선적으로 해야 했다. 그렇기 때문에 여러 관행들 중 조선총독부 권력에 의해 관습으로 채택된 것은 어떠한 것이었으며, 그리고 그것이 관습으로 채택되는 데 식민지 정치학이 작동하는 방식은 어떠하였는지, 나아가 조선의 관습으로 인식된 것에 실제 법적 효력을 부여할 것인지 아닌지 등의 문제들이 제기되었다. 이 장에서는 이러한 문제들을 염두에 두면서, 일제의 조선 통치에서 '조선의 관습'을 둘러싸고 진행된 논의들과 그에 대한 조사사업을 살펴볼 것이다.

1. 조선 통치와 '관습'문제

조선민사령 제11조 친족법 및 상속법에 대한 관습법 규정은 조선의 관습에 법적 효력을 부여한다는 것이었다. 그렇지만 이 규정을 그 자체로 받아들일 수 있는지는 의문이다. 관습법은 일견 "조선 통치 8년 동안 동화의 방침을 견지"[2]해왔다는 제2대 총독 하세가와 요시미치(長谷川好

---

1 「朝鮮民事令ヲ定ム」, 『公文類聚』 36편, 1912; 「朝鮮民事令」(制令 第7號), 『官報』, 1912.3.18.

2 長谷川好道, 1919, 「長谷川好道引繼文書-騷擾先後策私見」, 『齋藤實文書』.

道)의 조선 통치 방침과 모순된다. 조선에 일본의 국가체제를 도입, 이식하려는 동화주의 원칙에서는 일본의 친족법 및 상속법의 관철 또한 그 귀결점이 될 것이기 때문이다. 일본의 국가체제는 호적제도 위에서 존립하고 호적제도가 시행되는 이상, 그 위에서 작동되는 가족법 또한 도입하는 것이 마땅했다. 이는 초대 총독인 데라우치 마사타케(寺內正毅)가 사법관에게 한 훈시(訓示)인 "조선에 있어서 사법제도는 내지인, 조선인 및 외국인을 불문하고 한결같이 내지 법규와 동일한 법규를 적용시키는 것을 원칙"[3]으로 한다는 방침에서도 확인된다.

더욱이 조선총독부는 조선인을 일본화하기 위해서는 조선과 일본의 법적 통일이 전제되어야 하고, 그것은 다시 '민정풍속(民情風習)', 즉 관습의 통합이 선행되어야 한다고 보았다. 일본 정부의 극비문서는 그것을 보여주고 있다. 조선총독부에게 행한 '조선에 관한 통치방침에 기반하여 내외지의 일체화를 기하기 위해 종래 실시된 시책은 무엇인가'라는 질문에 그들은 그 방책 중의 하나로서 "풍속 습관의 개선"[4]이라는 답변을 하고 있다. 이 점은 "우리 내선 사이의 융합 또한 동일한 법규 특히 관습에 관계되는 법규의 통일이 가장 긴요하다"[5]는 조선총독부의 입장에서도 동시에 확인할 수 있다.

총독부의 이러한 인식은 일본 법학자들 사이에서도 공감대를 형성하고 있었다. 왜냐하면 이들이 법역(法域)분리의 이유로 풍속의 차이를 지

---

3 寺內正毅, 1913, 「司法官ニ對スル訓示(1913.5.12)」, 『總督訓示集』, 朝鮮總督府; 水野直樹 編, 2001, 『朝鮮總督諭告·訓示集成』 1권, 綠蔭書房, 177쪽.

4 內務省管理局, 1945a, 「(極秘) 朝鮮及臺灣在住民政治處遇ニ關スル質疑應答」, 『本邦內政關係雜件/植民地關係』 6권, 外務省外交史料館.

5 朝鮮總督府法務局法務課, 1936, 앞의 책, 30쪽.

적하고, 따라서 풍속의 통합이 이루어질 경우 법역을 통일해야 한다고 주장했기 때문이다. 법제국 참사관 출신인 야마자키 탄쇼(山崎丹照)는 조선인과 일본인의 문화 및 제반 생활양식이 다르다는 점에서 비롯된 부득이한 조치가 법역분리였을 뿐, 그것은 영구불변의 제도는 아니라고 보았다. 즉 '외지(外地)의 제반 사정이 내지와 동일한 법제하에 두어도 하등 지장이 없는 상태에 이르게 된다면, 외지는 더 이상 존속할 필요가 없다. 그 경우 국가의 전 지역은 동일한 법제하에 서게 되어 국가의 통치 형태로서는 가장 이상적 형태가 된다'고 파악하였다.

> 현실의 문제로서는 일국 내의 어떤 지역이 그 주된 지역에 비해 문화의 정도를 달리하고, 또한 그 거주 인민의 본질, 전통, 종교, 습속, 사회관, 도덕관 등을 달리할 경우 이것에 상응하여, 주된 지역과는 다른 법제를 가지는 이법지역(異法地域)의 존재를 용인하는 것은 대체로 통치 정책의 견지로부터 보아 완전히 부득이한 필요한 조치일 것이다. 따라서 외지제도(外地制度)의 존재는 어디까지나 현실의 통치 정책의 실제적 필요에서 생긴 것이고, 결코 영구불변의 존재인 성질을 가지는 것은 아니다. 즉 외지에서의 모든 사정이 그 모든 점에 있어서 내지의 그것과 큰 차이가 없는 데 이르러, 이것을 내지와 동일 법제하에 두어도 하등 지장이 없을 상태에 이르게 된다면, 이미 외지제도를 존속시킬 필요는 없는 것이다. 그리고 그 경우에는 국가의 전 지역을 통하여 동일법제하에 서는 것이 되고, 국가의 통치 형태로서는 가장 이상적인 것이 되는 것이다.[6]

---

6 山崎丹照, 1943, 앞의 책, 3-4쪽.

경성법학전문학교 교수인 구르마다 아츠시(車田篤) 역시 외지와 내지의 '풍속 습관'이 크게 다르다는 점을 법역을 분리하게 된 중요한 이유로 제시했다. "조선이 신영토에 속하고, 그 풍속 습관이 같지 않아 내지와 크게 사정을 달리하기 때문에, (중략) 내지와 조선은 제도상 법역을 구별하여 특별통치하에 두고, 내지와 다른 국법하에 두는 것을 원칙으로 하고 있다." 그러나 궁극적으로는 "내지와 마찬가지로, 조선도 역시 통치상 대일본제국 영토의 일부를 이룬다는 것은 말할 것도 없고, 따라서 천황의 통치권에 복종하는 것은 이의가 없어야 한다"는 것이다.[7] 1918년 중의원회의에 정부위원으로 참석하여 정부의 정책을 설명하는 등 일본의 식민지 법제 정책에 직접 관련을 맺고 있던 법학박사 야마다 사부로(山田三良)도 마찬가지 견해를 피력하였다.

> 우리 식민지인 대만과 조선은 지리상으로 볼 때 우리나라의 관문이어야만 하는 근린지로서 전개될 뿐만 아니라, 인종상으로부터 말해도 본디 동인종에 속하고, 오직 조금 민정풍속 및 문화를 달리하는데 불과한 주민으로 성립되어, 이미 우리 신민으로서 복종의 의무를 자각하게 되었다. 따라서 우리 국가는 그 민정풍속을 개선하고 그 문화를 증진하여 내지인과 동화됨에 따라 특히 식민지에서 내지인과 동일한 권리 보호를 부여할 뿐만 아니라 더 나아가 조만 식민지 정치를 철폐하고, 이것을 헌법시행구역 내로 편입하여 본국의 일부분으로 되기를 기해야만 한다. 이것을 요하는 데는 구주제국에서의 식민지는 법률상 대개 영구적 식민지이고, 우리나라의 식민지는 법률상

7 車田篤, 1937, 앞의 책.

일시적 식민지로 되어, 아니, 일시적 식민지이기를 기하지 않으면 안 된다는 것을 우리 식민지 법제 혹은 정책을 논하는 자는 이에 유의하기를 희망한다.[8]

조선인은 민정풍속을 개선하고 문화를 증진하여 내지인과 동화된다면, 식민지 정치를 철폐하고, 헌법시행구역 내로 편입하여 본국의 일부분으로 만들어야 한다는 것이다. 조선 및 영국 공사를 역임했던 하야시 다다스(林董)가 병합 직후에 조선의 통치문제를 주제로 열린 한 좌담회에서 개진한 다음과 같은 조선 통치방침이야말로 관습의 동화가 조선총독부의 조선 지배 전략에서 차지하는 비중을 단적으로 보여주고 있다. "조선의 고유한 사회제도나 풍속 습속을 모두 일본식으로 고치고, 나아가 정신사상까지도 일본식으로 동화시켜야 하며, 이를 통치의 대방침으로 삼아야 한다"는[9] 것이었다. "조선을 내지의 연장으로서 마치 시코쿠(四國), 규슈(九州)에서와 같이 순연한 제국의 일부로서 (중략) 조선병합 이래 조선인을 동화, 융합시켜 혼연(渾然)한 제국의 일부(一部)로서 통치하는 데 시종일관 힘을 다하여 금일에 미쳤다"[10]는 사법부장관의 상주서

8 山田三良, 1912, 앞의 글, 110쪽.

9 "내 생각으로 말할 것 같으면, 먼저 통치의 대방침을 동화로 세우지 않으면 안 될 것으로 생각된다. 조선에는 조선 고유의 사회제도나 풍속 습속이 있다. 그 의복의 제도라든가, 또는 장유유서가 바른 점, 남녀유별의 엄격한 점이라든가 이것을 예의작법이 문란한 일본 국민에 비하여 오히려 우월하다고 보아야 할 것이다. 그 밖에도 이런 따위의 사례는 더 많을 줄 안다. 그러나 이들은 다 새 시대에는 적합하지 않은 구시대의 유제 여습이다. (중략) 거상좌와(居常坐臥)의 법, 의식주, 모조리 고쳐야 한다.—물론 일본식으로—그리하여 마지막에는 그 정신사상까지도 모조리 일본인처럼 만들어야 할 것이다"(「併合後の朝鮮統治問題談」, 『太陽』, 1910.10.1: 姜東鎭, 1982, 『日帝言論界의 韓國觀』, 一志社, 83쪽 재인용).

10 國分三亥, 1919, 「總督施政方針ニ關スル意見書」, 『齋藤實文書』 13권.

는 조선을 마치 시코쿠, 규슈 등과 같은 지역으로 완전히 동화하여야만 한다는 것을 설파하고 있었다.

요컨대 조선총독부 관리들의 견해나 법학자들의 글은 풍속과 관습의 동화가 이루어질 경우 법역을 통일해야 한다고 할 정도로, 한결같이 조선인과 일본인의 관습 동화를 매우 중시했음을 보여준다. 특히 두 지역 사이에 가족법의 통일은 매우 중요했다. 따라서 조선총독부가 조선인을 일본인으로 통합하기 위해서는 일상적 삶의 모습을 담고 있는 가족법을 통일해야 했고, 이는 먼저 조선의 가족 관습을 일본의 가족법으로 통일시켜야만 가능했다. 바꾸어 말하자면 민법의 통일은 '민정풍습', 즉 관습의 동화가 선행되어야 한다는 것이다.

조선총독부도 이 점을 분명히 인식하고 있었으며, 나아가 실제 정책 원리로 실현하고 있었다. 당시 최고 법원이었던 고등법원의 판례지침이 다음과 같은 내용이었기 때문이다. '오랜 세월 동일한 법제 아래 생활하면 국민 상호 융합이 자연히 이루어진다. 이것은 일찍이 티보에 의해 주창되어 마침내 독일 연방이 채용했던 근본 방침이다. 우리 내선 사이의 융합도 이런 방식을 취해야 한다. 즉 내선동일법제하에 통합을 위해서는 특히 조선인의 친족, 상속에 관한 사항을 변개해야 한다'[11]는 것이 그 골자였다.

조선총독부 고등법원이 제시한 판례지침은 그들이 실현하고자 했던 '관습 동화' 전략의 일단을 잘 보여준다. 법을 통해 일본 민법의 방향으로 '관습'을 창출하고, 그것은 민법 적용이라는 법적 조치를 가능케 할 것인바, 이러한 과정의 반복을 통해 마침내 조선인을 일본인으로 통합시

---

11 朝鮮總督府法務局法務課, 1936, 앞의 책.

킬 수 있다는 논리이다. 민법 통일이 국민 통합에 결정적인 역할을 할 수 있다는 것이다. 독일의 예에서 보듯이, 독일 연방이 통합 후 분열된 국민을 하나로 통합하기 위해 채택한 전략 중의 하나가 바로 민법의 통일이었다. 민법으로 법역을 통일하여 국민 통합의 토대를 구축하였던 것이다.[12]

조선총독부 또한 조선 통치에 이를 이용하고자 하였다. 가족제도의 통합은 국민화 전략의 주요한 관건이 될 수 있기 때문이다. 국적 부여로 조선인을 일본인으로 형식적 통합을 했다면, 관습의 통일은 내용적으로 일본 국민으로 통합시키는 데 주효했다. 이를테면 다음과 같은 논리가 함축되어 있었다. 조선은 궁극적으로 일본의 국가체제로 편입되어야 한다. 이를 위해서는 양 지역민의 관습 통일이 전제되어야 한다. 특히 친족 및 상속 관련 분야의 관습 통일이 요구된다. 법이 바로 그것을 가능케 할 수단이 될 수 있다. 법의 통일이 관습의 동화를 초래할 것이기 때문이다. "형식이 내용을 결정한다는 사실도 또한 충분한 진리를 담고 있다는 것을 잊을 수 없다"는 것이다.[13]

조선총독부가 이러한 임무를 맡았다. 일본 정부는 법률 제30호를 공포하여, 조선총독에게 법률이 필요할 경우 제령을 공포할 권한까지도 부여함으로써 일본 민법의 도입이 가능해졌기 때문이다.[14] 조선총독의 명

---

12 곽윤직, 1972, 『대륙법』, 박영사, 54-59쪽. 1900년 독일 민법 시행 전까지 독일은 5개의 법역으로 나뉘어 생활하였다. 법의 통일을 이루기 위해 노력하였지만, 지방특별법이 생긴 후 분열은 더욱 심화되었다. 이러한 상황을 타개하기 위해 법을 통일하자는 운동이 전개되었는데, 그 선봉장이 바로 하이델베르크대학의 교수 안톤 티보(Anton Friedrich Justus Thibaut)이다. 민족적 감정과 정치적 의로움으로 가득 찬 논문 「독일 통일의 민법의 필요성에 관하여」에 그 내용이 있다.

13 「朝鮮民事令一部改正(創氏制度)に關する特殊言動」, 『思想彙報』 23호, 1940.6, 80쪽.

14 "병합 창시의 제 하루아침에 이것의 전부를 개폐할 수 없기 때문에 1910년 8월 제

령은 입법행위 그 자체였다. 이에 근거하여 총독부는 병합 후 1년여 만인 1912년 3월 18일에 가족법의 모법이라 할 수 있는 '조선민사령'을 공포하였던 것이다. 즉 조선총독부는 병합 직후 취조국(取調局)을 두고 민사 관련 사항에 대한 심의와 입안에 착수하였다. 그리고 1년여의 시간만인 1912년 3월 조선민사령 안을 마련하고 시행에 필요한 규정을 발포하였다.[15]

1912년 4월 1일부터 시행된 조선민사령으로 인해 조선인의 민사에 관한 사항은 상당 부분 일본 민법의 적용을 받게 되었지만, 조선의 친족 및 상속에 관한 가족 법규에는 예외적인 규정을 두었다. 조선민사령 제11조 "제1조의 법률 중 능력, 친족 및 상속에 관한 규정은 조선인에게 이것을 적용시키지 않는다. 조선인에 관한 전항의 사항에 대해서는 관습에 의한다"는 규정이 그것이다.[16] 조선에서 가족 법규는 조선인의 관습에 따른다는 관습법을 채택한다는 것이다. "조선인의 친족 및 상속 관계에 대해서는 (중략) 현재의 상황에 현저한 변동을 주어 인민으로 하여금 생각지 못한 번누(煩累)를 끼치는 해를 피할 수 있다"[17]는 것이 그 이유였다.

령 제1호로 당분간 조선총독이 발하는 명령으로서 그 효력을 가져야만 한다. 따라서 조선에서 현행의 성문법은 대개 조선총독이 제정하는 제령 또는 총독부령으로서의 칙령이다. 그 전부 또는 일부를 조선에 시행할 법률 혹은 특히 조선에 시행할 목적으로 제정된 법률 또는 칙령은 오히려 극히 소수의 예외에 속하는 것은 마치 대만과 같다"(山田三良, 1912, 앞의 글).

15 朝鮮總督府法務局法務課, 1936, 앞의 책, 73-74쪽.

16 「朝鮮總督上奏朝鮮民事令案(1912.3.15)」, 『公文類聚』 36편 16권, 1912; 「朝鮮民事令」(制令 第7號), 『官報』, 1912.3.18.

17 「朝鮮總督上奏犯罪卽決例, 民事爭訟調停ニ關スル件及辯護士規則ノ件」, 『公文類聚』 34편 21권, 1910.

이 규정은 얼핏 동화주의 원칙과 모순되어 보인다. 그리고 다른 법규와 달리, 가족법규인 친족 및 상속에 관한 사항에만 이러한 규정을 둔 이유는 무엇일까 하는 의문이 든다. 그 답은 이 규정을 설명하는 많은 글들을 통해 추출할 수 있다. 조선의 친족 및 상속에 관한 관습 그 자체를 존중한다는 의미가 아니라 조선인의 일상의 관행들을 일본 민법의 가족법으로 통합하는 데서 초래될 수 있는 충격을 완화하기 위한 것이었다. 친족과 상속에 관한 관습은 전통적 색채가 강하기 때문에, 충격을 피하기 위해서 관습법을 채택한다는 다음의 글도 그것을 보여준다.

> 민법 중에서도 특히 친족법, 상속법에 전통적 색채가 농후한 것은 습속적인 내적 생활에 깊은 관계를 가지기 때문이다. 그러므로 민사령은 그 필요하다고 인정되는 범위에 있어서 민법을 적용하는 것을 피하고, 종전대로 관습법에 의했다.[18]

사실상 가족법의 통일은 결코 쉽지 않은 작업이었다. 일상에서 수행되던 가족 관행들에 대한 급격한 변화는 자칫 잘못하면 강렬한 저항을 초래할 수도 있기 때문이다. 조선인들이 일상적 가족 관행과 문화를 그들의 삶에서 지우는 일은 일정 시간이 필요하다고 판단한 것이었다. 조선총독부가 당장 시행해야만 하는 것을 제외하고 당분간은 일본 내지의 법률을 직접 적용하지 않겠다는 결정을 내린 이유이다.

---

18 喜頭兵一, 1935, 「序」, 南雲幸吉 編纂, 『現行朝鮮親族相續法類集』, 大阪屋號書店, 1-2쪽.

조선의 가족제도에 관한 실체사법(實體私法), 즉 친족 및 상속에 관한 법칙에 대해서는 병합 후 1912년 조선민사령에 의해 오로지 관습에 의하는 것으로 했다. 대체로 친족 상속에 관한 사항은 내지, 조선이 각각 고유한 발달을 이루고, 두 곳의 제도에 두드러진 차이가 있어, 내지 법률로써 함부로 조선인의 이러한 사항에 관한 준칙이 되기 어렵기 때문이었다.[19]

풍속 습관은 본디 각 민족이 그 생활이상(生活理想)을 달성하기 위해 적정, 타당하다고 인정되는 것을 채용해 왔는데 돌연 전통적 형식을 법제의 힘으로 하루아침에 변혁을 가하는 것은 헛되이 민심을 동요하고 반발을 초래하는 데 불과해 일한병합(日韓併合) 당초에 조선민사령에서 조선인의 친족 상속에 관해서는 원칙으로서 조선 재래의 관습에 의한다는 뜻을 규정한 이유이다.[20]

그럼에도 불구하고 조선총독부의 조선 통치 방침에 따라 궁극적으로 가족법은 일본 법제와 일원화하는 것을 목표로 하였다. "조선인의 친족 및 상속 관계에 대해 장래에는 내지와 동일 법규하에 두어야만 한다"[21]는 것이 기본 원칙이었기 때문이다. 이 경우 법적 통일을 가로막는 장벽

19 野村調太郎, 1940a, 앞의 글, 17쪽.

20 「朝鮮總督府內臨時職員設置制中ヲ改正ス(親族相續其ノ他事項ニ付テノ法令制定事務等ノ爲職員增員)」, 『公文類聚』 63편 36권, 1939; 「朝鮮民事令中ヲ改正ス(壻養子制度創設及之ト關係スル規定)」, 『公文類聚』 63편 100권, 1939.

21 「朝鮮總督上奏犯罪卽決例, 民事爭訟調停ニ關スル件及辯護士規則ノ件」, 『公文類聚』 34편 21권, 1910.

은 사실상 조선의 가족 관행이었다. '있는 그대로의 삶'을 반영하는 조선의 다양한 관행들 앞에서 일본의 가족법은 '있어야만 하는 삶'의 모습을 담고 있었다. 조선총독부 사법부장관의 아래의 글은 조선의 관습에 대한 정책 당국의 입장을 단적으로 드러낸다.

> 민사령 및 민적법의 개정이 필요하다. (중략) 따라서 장래 이들 제법령을 제정하는 데 크게 고려를 요하는 것이 있다. 조선에서 법률적 관습은 공(公)의 질서 또는 선량한 풍속에 반하지 않는 이상은 이를 존중하고 급거에 파괴하지 않기를 요하는 것은 물론이다. 그럴지라도 이것을 존중한 결과 그 관습을 고정시키는 것 역시 피하지 않으면 안 된다. 즉 시세의 추이에 따라 점차 그 일각으로부터 이를 붕괴시켜 일본의 관습으로 동화 일치시킬 필요가 있다. 그러므로 관습을 존중하여 급거에 변혁하기를 피하고 시세의 추이에 순응하여 점차 이를 붕괴시키는 동시에 (중략) 법률상의 효과를 인정하는 방침을 내오는 것이 가장 중요하다고 믿는다.[22]

조선총독부 사법부장관이 조선총독 사이토 마코토(齋藤實)에 상주한 이 문서에서 조선민사령 개정을 통해 관습의 동화를 차츰차츰 이루어 나가겠다는 의지를 읽을 수 있다. 결국 조선총독부의 관습법 정책은 점진적인 과정을 통해 일본의 민법으로 대체되어간다는 것을 의미했던 것이다. 민법 중 친족, 상속에 관한 규정은 "점진적으로 내지법에 따르는

22 國分三亥, 1919, 앞의 글.

것을 득책"[23]으로 하기 때문이다. "내외지일원화(內外地一元化)라는 것은 제일 단계부터 제십 단계까지 있다"[24]는 것의 의미와 조선인을 동화시키는 일은 "수십 년 또는 수백 년의 오랜 기간을 거치지 않고는 효과를 거두기 어렵다"[25]는 것은 관습 통일의 어려움과 그것의 장기성을 토로한 것이었다. 요컨대, 조선총독부가 '조선의 관습'으로 조사하고 인식한 조선의 관행들은 향후 오랜 시간에 걸쳐 하나씩 검토하여, 당분간 유지하거나 교체되거나 폐기된다는 것을 의미했다. 그것이 향하는 변화의 최종 귀착지는 일본의 민법이었다.

2. 관습조사사업과 가족 관습

가족법에 관습법이 채택되자, 조선총독부와 법원은 조선의 가족 관련 관습의 내용을 파악해야 했다. 가장 기본적인 참고자료는 병합 이전부터 시작되었던 조선 관습조사의 결과물이었다. 통감부시기에 설치된 법전조사국(1907.7)에서 이미 조선의 관습을 조사하였던 것이다. 초대 통감 이토 히로부미는 관습조사의 의미를 "인사법의 정리, 소유권의 확

23 南雲幸吉, 1940,『創氏及氏名變更手續と屆出書式』, 登記と戶籍硏究會(南雲幸吉은 조선의 관습사무를 주관한 조선총독부 참사관실 및 중추원을 거쳐 법무국, 그리고 고등법원에서 근무하였다).

24 內務省管理局, 1944a,「朝鮮人及臺灣人ノ政治處遇ニ關スル伊澤樞密顧問官口述要旨」,『本邦內政關係雜件/植民地關係』3권, 外務省外交史料館.

25 國分三亥, 1919, 앞의 글.

립 및 세법의 정리" 등에 두고 이를 시작하게 하였다.[26] 1910년 12월 법전조사국의 이름으로 조선총독부에서 발행한 『관습조사보고서(慣習調査報告書)』는 이를 토대로 작성된 것이었다.[27]

그러나 이것이 복잡하고 다양한 개인의 신분관계를 포함하고 있는 가족 관습을 모두 포괄한 것은 아니었다. 『관습조사보고서』가 보완·수정되어 1912년, 1913년에 재발행된 이유도 여기에 있다. 그리고 구제도 및 관습조사가 더욱 필요하다는 인식하에, 조사 범위를 더욱 확장하였다. 조선총독부 내에서도 그 주관 부서가 바뀌기는 했지만, 관습조사는 계속하여 진행하였던 것이다. 한국병합 후에는 조선총독부 내에 취조국(1910.9.30)을 설치하여 구관조사를 계속했으며, 이후에는 참사관실(參事官室, 1912.3.27)을 거쳐 중추원(中樞院, 1915.4.30)으로 그 주관이 옮겨졌다. 중추원에서는 별도로 구관심사위원회(舊慣審査委員會, 1918.9.26)와 구관 및 제도조사위원회(舊慣及制度調査委員會, 1921.5)를 두어 계속적인

26 이토 히로부미는 우선 부동산법의 제정을 필요로 한다고 하여, 민법학계의 권위자인 우메 겐지로를 추천하여 특별구관조사를 개시하였다. 이것이 관습조사의 효시라고 할 수 있다. 당시에는 부동산법 및 민법전 제정을 목적으로 관습조사를 실시하였다. 이것에 의하여, 토지증명가옥규칙·토지가옥전당집행규칙 등을 제정하고, 다시 조선에서 민법을 제정할 취지로 관습조사를 진행하였다. 그러나 민법전 제정에 관해 비판을 하며, 일본의 민법전을 조선에 시행하기를 주장하는 쪽이 있었을 뿐만 아니라, 민법전 제정을 주관하고 있던 우메 겐지로 역시 "합병이 되면 우리가 하는 한국의 입법사업은 쓸모없게 될 것이다"라고 하여 민법 제정에 회의적이기도 하였다. 그리하여 일본의 한국병합으로 민법전 제정을 위한 노력은 더 이상 진행되지 않았다(朝鮮總督府中樞院, 1938, 앞의 책).

27 『朝鮮慣習調査報告書』는 1910년 12월 처음 간행된 이래 1912년, 1913년에 약간의 수정을 거친 개정판이 발행되었다. 이 보고서는 한국법제연구원에서 이들 판본을 포함하여 번역서를 1992년에 처음 출간하고, 2000년에 다시 개역서를 출간하였다. 이 글에서는 정긍식, 2000, 『개역판 관습조사보고서』, 한국법제연구원을 참고하였다. 이 책 전체에서 이하 『慣習調査報告書』로 표기한다.

관습의 조사와 심의를 진행하였다.

관습조사는 두 가지 방식으로 이루어졌다. 실지조사, 즉 출장조사가 그중의 하나였다. 몇 개의 지역을 설정하고 조사지(調査紙)를 작성한 후 각 지역에 직접 방문하여, 그 지역의 관습을 잘 알 만한 사람을 선정하여 문답식의 조사를 시행하는 방식이 그것이다. 특히 참사관실에서는 실지조사 지역으로 경성 이외의 도청 소재지 12개소, 그 외의 지점 12개소에 대하여 능력, 친족, 상속, 유언 등에 관한 대체적인 사항을 조사하였다. 출장조사는 도청 또는 부군청에서 조사문제에 대한 답변을 할 수 있는 인물을 선정하고 소집하여 관습과 실례를 청취하는 방식을 취하였다.

이러한 출장조사는 실제 많은 한계를 가진 것이었다. 모든 지역을 조사하기에 충분할 만큼의 인적 자원, 경비, 시간 등을 갖추기는 어려웠기 때문이다. 더욱이 당시 사회적 특성상 각 지역에서 수행되던 다양한 관행들, 지방에 따른 차이들을 모두 조사한다는 것 자체가 처음부터 무리이기도 했다.

> 제사상속은 (중략) 만약 피상속인 또는 장자(長子)에게 유복(遺腹)의 태아가 있는 경우가 분명할 때는 양자를 들이지 않고 태아(胎兒)의 출생을 기다린다. 대개 서울 이남에서 특히 그러하다(태아가 출생하여 남자인 때는 봉사자로 되고 여자인 때는 비로소 양자를 들인다). (중략) 또 태아가 상주로 되는 것을 인정할 수 없어서 사자(死者)에게 남 자손이 없으면 상주를 세울 필요상 태아의 출생을 기다리지 않고 곧바로 양자를 세우는 것 또한 일반 관례에 없지 아니하다. 그런데 이 관습은 주로 평안, 함경, 강원 등의 일부 지방(예컨대 평양, 용천, 강계, 경흥, 금성 등지)에서 행해졌다. 다른 지방에서는 사자의 처가 상주의 일을

> 대행하거나 임시로 상주가 되어야 할 자를 정하는 예도 있다[사자의 자항렬(子行列)에 있는 남계방족(男系房族) 중에 있는 남자를 선정한다]. 특히 입양을 하는 것은 아주 드물고, 또 입양 후 태아가 출생한 경우에는 『속대전』 「예전」 봉사조에 (중략) 일단 허가를 받아 양자를 선정한 이상 가령 남아가 출생하더라도 양자를 봉사자로 삼고 친생자는 둘째아들로 삼아야 한다는 법의(法意)이다. (중략) 실제 관행에서도 많은 지방에서 일단 입양(상주를 세우기 위한 양자인가를 묻지 않고)을 한 후에는 가령 남자가 출생하여도 그를 봉사자로 하는 것은 아니고 장성하여 분가시키는 것을 통례로 한다(태아가 있음을 알지 못하고 입양을 한 경우도 또한 같다). 다만 하류 사회에서는 친생자가 출생한 후 양자를 파양하고 친생자를 봉사자로 삼는 예는 드물다. 그러나 용천, 경흥 등지에서는 친생자가 출생하면 양자를 파양하는 것이 보통이라고 말한다(이러한 지방에서는 단순히 상주를 세우기 위해 입양하는 것에 지나지 않으므로 친생자가 출생한 때에는 양자를 파양하고 친생자로 봉사자를 삼는다. 만약 친생자가 사망하거나 여아이면 양자를 파양하지 않는다).[28]

위의 글은 제사상속과 관련된 『관습조사보고서』의 내용이다. 유복의 태아가 있을 경우, 제사승계을 위하여 행하는 양자 관습은 지역과 신분계층에 따라 일정한 차이가 있었다는 것을 드러낸다. 전근대사회의 특성상 대부분의 조사 항목들이 아마도 위의 경우와 마찬가지로 다양한 실천행위들을 포함하고 있었을 것이지만, 사실상 이 모든 것을 일일이

28 『慣習調査報告書』, 85-86쪽.

모두 조사하는 것이나 열거하는 것이 불가능하고 큰 의미도 없었을 것이다. 아울러 통일적인 관습으로 정리할 필요도 있었다. 법의 통일은 법치 사회의 기본 원리라는 점에서, 조선 전역에 관철되는 일원화된 관습 내용이 필요했기 때문이다.

그리하여 출장조사의 한계를 보완할 수 있는 조사 방법이 필요했다. 여기서 전적조사(典籍調査)가 또 다른 방법으로 마련되었다. 전적조사란 과거, 특히 조선시대 사람들의 삶을 규정하고 깊은 영향을 미쳤던 서적들을 통해 관습을 조사하는 방식이었다. 출장조사 당시 구관조사의 방법을 놓고 우메 겐지로와 아사미 린타로(淺見倫太郎)가 주고받은 대화는 당시 정책자들이 전적조사의 중요성을 인식하고 있었음을 보여준다. 전자는 이토 히로부미의 지시에 따라 최초로 구관조사를 실시한 인물이고, 후자는 그 사업에 참여했던 인물이다. 아사미가 구관조사는 "조선인에게 구두로 자문하는 것은 무익하고 실효가 없으니, 구기문서(舊記文書)의 조사를 선행"해야 한다고 조언하자, 우메 역시 "기록의 조사를 생략하는 것은 아니"라고 답한 일도 있었다.[29]

『관습조사보고서』의 내용 중에는 사실상 전적에서 발췌하여 인용한 부분도 상당하였다. 병합 후에 조선총독부는 전적조사에 더욱 비중을 두었다. 출장조사가 시일을 두고 몇 차례에 걸쳐 시행됨으로써 한시적·제한적으로 이루어졌던 반면, 전적조사는 참사관실을 거쳐 중추원으로 이어지면서 그 범위를 지속적으로 확대하고, 그에 대한 보고서를 간행하였다.[30]

---

29 淺見倫太郎, 1921.8, 「朝鮮法系ノ歷史的研究」, 『法學協會雜誌』 39권 8호, 33-34쪽.

30 朝鮮總督府中樞院調查課 編, 1936, 『李朝の財産相續法』; 朝鮮總督府中樞院調查課

> 전적에 의한 법제의 조사는 실제의 관행과 피차 대조의 이익이 있을 뿐만 아니라, 실제의 관행인 경우에 그 근원을 법제에서 취하는 것이고, 또 법령의 규정인 경우에 실제의 관행에 기반한 것도 있다. 이들을 조사하는 데에는 주로 지나 및 조선에서의 전적을 섭렵하고, 조사사항에 관계있는 것을 발췌하여 이것을 편차(編次)하기를 요한다.[31]

전적은 조선의 것과 함께 중국의 것도 조사하였다. 친족 및 상속 분야 또한 중국의 전적이 중요한 조사 대상이었다. 조선인들의 삶의 방식이 중국의 영향을 받았다는 것이 그 이유였다. 조선의 것과 함께 중국인의 삶을 규정하는 서적들을 조사했다는 것은 조선총독부가 조선의 가족관습을 유교적 예제에 입각한 관습으로 간주하려고 했음을 의미한다. 전적조사가 주로 예서류(禮書類), 즉 유교적 예제를 기록한 법전 혹은 문헌을 광범위하게 수집하고 재편찬하는 데 집중되었다는 것이 그것을 반증한다. 그 결과 조선총독부에 보고된 조선의 관습은 실제적인 관행에 근거한 것보다는 양반 사회 중심의 유교적 생활방식인 경우가 더 많았다.

> 조선에서 친족·상속 등에 관한 관습은 유가(儒家)의 예를 기본으로 하는 것이 극히 많아, 이러한 것의 관계를 밝히지 않으면, 관습의 진상을 살피기 어렵다. 때문에 관습조사는 단지 지방에서의 현실의 관행을 아는 것만으로는 요체를 알기 어렵고, 이것의 근거로 되는 전적

編, 1939,『朝鮮祭祀相續法論 序說』; 朝鮮總督府中樞院調査課 編, 1934,『朝鮮の姓名氏族に觀する研究調査』.

31 朝鮮總督府中樞院, 1938, 앞의 책, 38쪽.

의 조사를 필요로 하는 것이다. 따라서 주로 지나 및 조선에서의 예의와 아울러 법제에 관한 전적을 섭렵 발췌하여 조사의 자료를 제공한다.[32]

그렇다면 조선총독부가 유교적인 예제를 조선의 관습으로 간주한 이유는 무엇인가. 실제로 유교가 모든 조선인의 생활을 규율한 보편적이고 통일적인 가족원리였기 때문일까. 물론 유교가 정치원리로 채택된 이래 조선인의 삶에 지대한 영향을 미친 생활윤리였다는 것은 사실이다. 그렇지만 유교적 실천은 다양한 방식으로 이루어질 가능성이 다분했고, 더욱이 유교의 가족원리가 일반 민들에게까지 뿌리를 내렸다고 보기도 어렵다. 전근대 신분제 사회에서 모든 민인에게 관철되는 통일적인 유교 규율이 작동하기는 어렵기 때문이다. 지역, 가문, 특히 신분에 따라 실제적인 삶의 관행은 다양할 수밖에 없었다. 따라서 조선에서 조선총독부의 사법관료들이 관습을 파악한다는 것은 어쩌면 불가능에 가까운 것이었을지도 모르겠다. 관습이란 것은 조선총독부의 정책자들도 인식하고 있듯이 명확한 것이 아니었기 때문이다.[33] 바로 이 점, 즉 조선의 관습이라고 할 만한 통일적인 관습조사의 어려움 그 자체가 유교적 가족원리를 일단은 조선의 관습으로 간주하게 된 첫 번째 원인으로 작용했던 것으로 보인다.

유교를 가족 관습의 원천으로 간주한 두 번째 이유는 관습법 적용에

---

32 朝鮮總督府中樞院, 1938, 앞의 책, 38-39쪽.

33 高等法院 南雲幸吉 編纂, 1935, 『現行朝鮮親族相續法類集』, 大阪屋號書店. 野村調太郎 「序」와 喜頭兵一 「序」에서는 관습의 불명확한 특성에 대해 언급하고 있다.

따르는 어려움에서 비롯되었다. 관습에 법적 효력을 부여하는 것은 그것을 조선 전역에 적용하겠다는 의미이기도 했다. 따라서 조선총독부의 입장에서는 오히려 조선의 통일된 관습이 필요했다. 문서화된 유교야말로 일본인 사법관료들이 통일적이고 효율적으로 조선의 관습을 파악하는 데 유용하였을 것이다. 법의 운용이라는 측면에서 통일적인 실천 관행은 필요했다.

세 번째 이유는 조선총독부가 조선인에 대한 국민화 정책에서 유교가 가진 순기능을 주목하였다는 점이다. 일본의 한국병합에 중요한 역할을 했던 하야시 다다스의 「병합 후의 조선 통치문제 담(談)」이라는 제목의 담화에서 그것이 확인된다.[34] "다행히도 조선은 유교의 나라이다. 그런 데다가 일본은 유교의 정신에 서양의 새 문명의 의복을 입힌 나라이다. 그러므로 일본이 조선을 동화하는 것은 서양 나라들이 이교(異教)의 영토를 통치하고 동화하는 곤란에 비한다면 참으로 쉬운 일이라 할 수 있다"[35]는 말은 일본의 조선 통치에 유교가 순기능으로 작용할 수 있다는 것을 의미한다. 조선총독부가 파악한 조선의 관습은 상당 부분이 유교적 예제에 기반해 있었다.

이렇듯 조선의 관습조사는 실제의 관행을 조사하는 것뿐만 아니라, 과거 조선에서 간행된 여러 종류의 서적을 통해 파악하는 방식이 병행되었다. 출장조사를 통해서 얻은 실제 관행을 전적을 통해 확인하는 한편, 실지조사를 통해서도 불분명한 관습은 전적을 가지고 파악하였다.

---

34 한국병합에 직간접적으로 관여한 인물들이 모여 조선에서 동화 정책의 강행 여부와 관련하여 논의를 진행하였다(姜東鎭, 1982, 앞의 책, 83쪽).

35 「併合後の朝鮮統治問題談」, 『太陽』, 1910.10.1; 姜東鎭, 1982, 앞의 책 재인용.

이러한 두 가지 조사 과정, 특히 전적조사를 통해 유교가 조선의 고유한 관습의 주요한 연원이 되었다.

그렇다면 조선총독부의 이러한 관습조사를 관습법의 본래 취지, 즉 조선의 관습을 받아들이기 위한 것으로 볼 수 있을까. 물론 조선인에 대한 지배 전략을 수립하기 위해서는 조선인의 생활문화를 파악하는 것은 중요했다. 더욱이 관습의 동화, 특히 가족제도의 동화를 조선 통치의 근본 전략으로 삼은 조선총독부에게 무엇보다도 조선인의 관습을 조사하는 것은 필수적이었다. 이 점은 구관조사의 목적에서도 확인된다. "한편으로는 행정상 각반의 시설에 자료를 제공하고, 또 사법재판의 준칙이 되어야만 할 구관을 제시함과 동시에 다른 한편에서는 후일 조선에 적합한 법령을 제정할 기초를 확립하는 데 있다"[36]는 것이다.

그럼에도 불구하고 관습조사가 조선인에게 실재하는 관행들을 그대로 파악하기는 어려웠을 것이다. 조선의 관습조사 방법 자체 또한 다음 세 가지 측면에서 문제가 제기된다. 먼저, 앞에서 언급했듯이 전적에 기록된 유교 질서를 조선의 주요한 관습으로 간주했다는 점이다. 전적에 나타난 유교는 주로 있어야만 될 당위의 질서관을 제시했기 때문에 현실에 존재하는 모습을 포착하기 어렵다. 유교라는 창을 통해 조사한 조선인의 관습이, 실제 살아 움직이는 그대로의 관습이라고 볼 수 있을까. 뿐만 아니라 유교는 양반층에만 설득력을 가질 수 있는 관행이었다. 따라서 『관습조사보고서』에 기재된 모든 관습을 조선인의 실제적 관행으로 간주하거나 모두에게 통용되는 것으로 보기는 어렵다.

다음으로, 무엇보다도 관습조사가 있는 그대로의 관행을 조사한 것이

---

36 朝鮮總督府中樞院, 1938, 앞의 책, 34쪽.

아니라 일본 민법에 기초해 있는 질문자, 즉 일본인 사법관료의 지식과 의식을 기반으로 이루어졌다는 점이다.[37] 따라서 당시의 관습은 일본의 관리와 학자들에 의해 파악되고 기록된 문서에 의존하여 재구성된 것이었다. 이 점에서 당시 조사된 관습은 일본 민법이라는 기준점을 가지고 일본인 사법관료의 지식체계 안에서 인식된 '관습'이었다.[38]

끝으로, 조사 지역의 '부분성'과 '편중성'을 지적할 수 있다. "조사사항 전부를 조사한 지역은 경성 외 49지역이고, 특종의 사항에 대해서는 여주 외 37지역"[39]으로, 모든 지역을 조사한 것이 아니었다. 일반 조사 지역은 행정 중심지인 부(府)나 이사청(理事廳) 등의 소재지로 지역생활의 중심지를 조사한 것이기는 하지만, 모든 지역의 가족적 실천행위들을 조사하였다고 보기는 어렵다. "평야가 있는 농업 지역인 특수 조사 지역 역시 지역적 편중성이 심하다"[40]는 점에서 한계를 지니는 것이었다.

더욱이 이렇게 조사되고 정리된 관습 내용일지라도 그것이 바로 관습으로 법적 효력을 가질 수 있는 것은 아니었다. 처음부터 조선의 관습 그 자체를 그대로 수용하겠다는 의지보다는 법 운용의 관점에서 선별성을 가지고 있었기 때문이다. 법적 효력을 부여할 수 있는 관습만을 이용한다는 것이었다.

37 윤대성, 1991, 「日帝의 韓國慣習調査事業과 傳貰慣習法」, 『(박병호교수환갑기념Ⅱ) 韓國法史學論叢』, 박영사, 338-339쪽.

38 양현아, 2000a, 앞의 글, 45쪽.

39 朝鮮總督府中樞院, 1938, 앞의 책, 19쪽.

40 일본의 경우에는 8개 도에 걸쳐 189개 군을 조사하였다. 한국의 조사는 일본에 비해 소규모라 할 수 있다(정긍식, 2000, 앞의 글, 38-39쪽).

> 관습 법규를 연구하는 데는 특히 주의해야 할 점이 있다. 그것은 법규의 효력을 가지는 관습과 법규의 효력을 갖추지 못하는 관습(즉 단순한 관습으로 보아야만 하는 사실인 관습)과의 구별이다. (중략) 부면 직원으로서 호적사무에 종사하는 사람은 특히 이 점에 유의하여 항상 연구를 게을리하지 않도록 노력하지 않으면 안 된다.[41]

이상과 같이 관습조사의 문제점, 조선의 관습에 대한 인식, 동화주의 통치방침, 관습법 운용 원칙 등에 비추어, 조선총독부의 관습조사가 처음부터 있는 그대로 조선인의 삶의 모습을 파악하는 것은 의도하였든 아니었든 간에 불가능한 것이었는지도 모른다. 오히려 조선총독부의 관습조사는 다양한 실천 형태를 가진 관행들을 조선의 관습으로 통일하고 체계화하는 과정이었다. 즉 전근대사회의 임의적인 관행이 근대적인 법체계로 해석, 분류, 보편화되는 과정이나 다름없었다.[42] 여기에서 관습조사의 모든 결과와 사실로서의 관행들 그 자체가 법적인 효력을 가지는 것은 아니었다. 관습으로서 조사된 여러 관행들에 법적인 효력을 부여하는 것은 바로 '재판권'을 가진 법원이었기 때문이다.

---

41 近見繁造, 1924, 앞의 책, 3-4쪽.

42 양현아, 2000a, 앞의 글, 45쪽.

3. 관습법 정립 기제

가족법에 관습법이 채택되자 조선에 시행되고 있던 여러 관행들 중 어떤 것에 법적 효력을 부여할 것인지가 중요했다. 관습에 법적 효력을 부여하는 것은 법원의 판결이었고, 결국 판사들이 관습에 대한 최종 결정권자였다고 할 수 있다. 조선총독부가 일본 내지의 가족법을 조선의 관습법으로 끌어들여 다시 성문법, 즉 일본 민법으로 전환하는 메커니즘을 구축했던 이유도 여기에 있다. 법원은 그 자체의 법리만으로 판결하지는 않았다. 법원은 오히려 정무총감이나 법무국장에게 조회하여 관습을 선명(宣明)하는 방식을 취하였다.[43] 실제로 관습조사의 결과는 행정기관이나 사법협회의 심의, 결의를 거치거나 또는 정무총감, 중추원의장, 법무국장 등의 '회답(回答)', '통첩(通牒)' 등에 의해 확인됨으로써 비로소 법적인 관습으로 인정을 받을 수 있었다. 당시의 '회답', '통첩'은 단순히 법령 해석상의 자료로만 기능하는 것이 아니고, 실제 관습법을 선명하는 법규범이었다.[44]

이런 측면에서 보면, 조선총독부 행정당국은 사실상 '조선의 관습'을 결정하는 가장 큰 권한을 지닌 권력집단이었다. 관습의 선명은 판사의 법리에 의지하기도 하지만, 총독부 행정당국의 판단이 사실상 주요한

---

43 조선총독부 중추원에서 1933년에 펴낸 『民事慣習回答彙集』은 법원에서 조선 관습이 무엇인지를 조회하면 그에 대해 조선총독부에서 법무국장 혹은 정무총감 명의로 회답한 문서를 정리, 편찬한 책이다.

44 정광현, 1967, 『한국가족법연구』, 서울대출판부, 23쪽.

힘으로 작동하고 있었기 때문이다. 요컨대 행정당국과 법원이 상호 유기적으로 연결되어 조선의 관습을 창출하는 기능을 수행하였다고 할 수 있다. 이른바 총독부는 사법지침을 세우고, 사법기구는 재판을 통해 일본 민법의 방향으로 조선의 관습을 창출하고, 마침내 관습의 이름으로 일본 민법의 내용을 적용하는 방식을 취하고 있었다. 특히 식민지 조선에서 고등법원은 최고 법원으로서 재판이 나아갈 길을 제시했다. 고등법원은 법 해석의 통일, 민·형사 재판 간의 조정, 법과 사회규범 사이의 조화 등 사실상 입법의 역할을 수행했다. 고등법원의 재판은 하급심을 사실상 구속했다는 점에서 조선의 친족, 상속에 관한 관습을 개폐하는 권한을 지니고 있었다고도 할 수 있다.

> 고등법원의 판결방침에 대해 한마디하고 싶다. 동 법원은 최종심 재판소로서 법 해석의 통일, 민·형사 재판의 조화, 법과 사회규범과의 조화 등에 관한 의견을 발표하고, 이러한 것들은 사실상 하급심을 구속하는 힘을 가진다. 따라서 재판이 나아갈 길을 나타내는 것이기 때문에, 사회의 규범 역시 여기에서 제정된다고 해도 과언이 아니다. (중략) 특히 조선에서는 친족, 상속에 관해서는 여러 가지의 관습이 있기 때문에, 이들과의 조화 등에 관해 또 다른 의의를 가진다는 의미이다.[45]

고등법원의 판결 기준은 상당 부분 일본 민법이었다. 특히 조선인의 친족, 상속에 관한 사항에 대하여서는 내지 민법에 준하여 판결함으

45 朝鮮總督府法務局法務課, 1936, 앞의 책, 29쪽.

로써 법령 개정을 촉구하는 역할을 했다고 한다. 그리하여 1921년 제령 제14호, 1922년 제령 제13호 조선민사령 제11조의 개정을 통해 성문법, 즉 일본 민법의 직접 적용을 받는 항목이 생기게 되었다. 관습법에서 내지 민법에 준하는 판결 누적 → 조선민사령 개정을 통한 내지 민법으로의 성문화 → 성문법에 근거한 재판 확립 등의 과정을 거쳐 일본 관습이 조선에 정착된다는 것이다. 다음 글은 그것을 보여준다.

> 조선 고래의 순량한 관습은 이것을 존중해야만 하지만, 시세의 추이와 사물의 변천 등에 깊이 유의하고 만일 관습으로서 시세에 어긋나고 인도(人道)에 반하는 데 이르렀을 때는 속히 이것을 조정 변개하고, 그럼으로써 실생활의 욕구에 응해야만 한다는 것은 물론이기 때문에, 이 견지로부터 고등법원은 조선인의 친족, 상속에 관한 사항에 대하여서는 누누이 내지 민법에 준하여 판결을 내리고 점차 법령의 개정을 촉구하여, 이미 1921년 제령 제14호, 1922년 제령 제13호에 의하여 조선민사령 중에 성문으로서 표현된 것이다. 이후에는 동일 방침하에 판결을 행했던 것도 적지 않다.[46]

고등법원의 판결은 일반인들의 생활을 지도하는 기능도 있었다. 판례의 누적을 통해 판례의 방향에 따라 행동하도록 이끌 수 있기 때문이다. 따라서 판례는 일종의 생활지침서이기도 했다. 조선총독부가 법을 관습 동화의 수단으로 중시했던 이유도 여기에 있다.

---

46 朝鮮總督府法務局法務課, 1936, 위의 책, 30쪽.

> 고등법원은 법률에 관한 최고 법아(最高法衙)이어서 그 의견은 실생활을 지도하고 이것을 조정하는 지침이 되는 것이기 때문에, 그 재판 중 만일 저촉되고 있는 것 또는 사회의 실생활에 적합하지 않은 것이 있다면 기회가 있는 대로 매번 이를 시정하고 또 항상 시세의 추이, 인심(人心)의 변전(變轉)에 유의하여 이것에 수반되지 않는 부적당한 것이 있다면, 속히 이것을 개선하지 않으면 민중이 받을 불편, 불이익이 심하게 되는 것은 당연한 것으로 다언을 요하지 않는다.[47]

판례조사회 또한 관습 창출이라는 점에서 중요한 역할을 수행하였다. 고등법원 판사 전원이 참석하여 판례지침을 만들었기 때문이다. 따라서 조사위원회는 조선인의 친족, 상속에 관한 관습 등에 대해서 커다란 영향력을 미칠 수 있었다. 왜냐하면 이들이 만든 판례지침이 고등법원을 통해서 판례로 확정되고, 다시 하급법원은 고등법원의 판례를 모범으로 하여 판결하기 때문이다. 이렇게 본다면 판례조사회는 사실상 입법기구이자, 일본 민법을 이식시키는 핵심적 부서였다고 할 수 있다.

> 종래의 고등법원의 판례를 심사하고 종합하여 이것을 관찰하면, 후술하는 판례조사회의 조사방침과 일치하는 방침에 의하여 행해졌다. 조선인의 친족, 상속에 관한 관습 등의 적용에 대하여 특히 그러하다. (중략) 또 판례조사회도 수시로 중요한 의견을 발표하고 이러한 것들의 의견은 대개 고등법원 판례로서 채용해온 사례이기 때문에, 친족, 상속에 관한 관습도 한결같이 점차 변개의 추세에 있어,

---

47 朝鮮總督府法務局法務課, 1936, 위의 책, 31쪽.

내선동일법제하에 통합될 날도 가까이에 있다고 사려되기에 이르렀다.[48]

판례조사회는 고등법원이 변화하는 현실에 신속한 대응력이 떨어진다는 점을 보완하는 중요한 기능을 하였다. 법원의 판례는 누적될 때 비로소 판례법과 같은 역할을 할 수 있다. 따라서 일정한 법조항이 판례를 통해 제도화되는 것을 기다리기 어려울 때, 판례조사회가 판례지침을 만들어 돌려봄으로써 빠른 시일 내에 소기의 성과를 거둘 수 있었으며, 반대로 판례를 바꿀 수도 있었다. 한마디로 일본법을 관습으로 포장하여(판례지침서) 고등법원에 돌리면, 고등법원은 판결을 통해 판례지침서를 실현시키고, 다시 고등법원의 판결을 하급심을 통해 민에게 전달하는 메커니즘을 구현하는 총본부 역할을 판례조사회가 했던 것이다. 조선총독부가 판례조사회를 둔 것도 이 때문이다. 1923년 5월 12일 사법관 회의 석상에서 요코타 고로(橫田五郎) 고등법원장이 재판소 감독관에게 행한 훈시는 판례조사회의 이러한 역할을 잘 드러낸다.

> 판례조사회에 대해 일언을 한다. 생각건대 법률에 관한 최고 법아의 의견은 실생활을 지도하고 이것을 조정하는 지침이어야만 하는 고로 그 의견에 서로 저촉되는 것 혹은 실생활에 적합하지 않은 것은 속히 이를 시정하고 또 항상 시세의 추이, 인심의 변전을 헤아려 적당한 변개를 가하기를 요한다. 대심원이 이전에 판례심사회를 둔 것은 실로 이 취지에서 나와 조선에서는 사법제도의 이혁(釐革) 이래 얼마

48 朝鮮總督府法務局法務課, 1936, 위의 책, 29-30쪽.

안 되어 그 사이에 고등법원의 판례는 아직 많지 않을지라도 그중에는 법률의 정신에 부합되지 않고 또는 다른 사회적 규범과의 조절을 결여한 것도 없지 않아 이에 고등법원에서도 지난번 판례조사회라는 것을 두어 다음의 방침하에 조사에 착수했다.

1. 법률 해석은 법문(法文)을 기초로 해도 반드시 그 정신을 천명하고 말절에 구애되는 폐를 피할 것
2. 법리(法理)는 이것을 존중하기를 요해도 도덕 및 경제상의 법칙 등 사회규율과의 조절을 보존하고 형식윤리의 연구에 흐르는 폐를 방지할 것
3. 민사재판과 형사재판과의 사이에 완전한 조화를 유지할 것
4. 조선에 있어서 특종의 관습은 이것을 존중하기를 요해도 현하의 과도기에서는 끊임없이 그 변천을 고찰하고 내지 법률과의 융합을 도모하는 데 유의할 것[49]

뿐만 아니라 판례조사회는 산하 재판소, 변호사회, 심지어는 지방의 유력 실업가 등에게 관습조사의 취지와 방침을 통보함으로써 이들을 관습 창출에 동원하고자 하였다. 아울러 『사법협회잡지(司法協會雜誌)』에 조사회의가 심의하고 결정한 사항을 기고함으로써 실제 재판에 반영되도록 했다. 판례조사회는 "이상 조사의 취지와 방침은 편의상 관내 각 재판소는 물론 모든 변호사회에도 이것을 통지함으로써 수시로 문제의 제공을 촉구하고, 또 관내 순시를 할 경우에 기회가 되는 대로 매번 지방의

49 「裁判所監督官에 對한 橫田高等法院長訓示(1923.5.12)」, 『司法協會雜誌』 2권 5호, 37쪽.

유력자, 실업가 등에게도 이것을 구연(口演) 선전함으로써 본회의 취지를 알리는 데 철저를 기하고 있다"[50]는 것이었다.

끝으로 주목되는 것은 조선사법협회이다. 일본의 법조회(法曹會)에 해당하는 것으로, 이 단체는 민사, 형사, 호적 등 일반 사법사무의 진보 및 회원의 친목 도모를 위해 1922년 8월 23일 설립된 재단법인이었다. 이 단체의 구성원들이 당시 현직에 있던 고위 법조인들로 이루어져 있다는 점, 사무소가 고등법원에 있었다는 점, 월간 『사법협회잡지』 및 『고등법원판결록(高等法院判決錄)』 등 법률관계 서적을 출판하였다는 점 등의 활동으로 미루어 단순한 친목단체로 보기는 어려우며, 관습 창출에 적극 일조하였을 것으로 보인다.

> 내지의 법조회에 해당되는 것으로 사법협회가 있다. 이 회는 민사, 형사, 비송사건, 등기, 호적, 행형(行刑), 그 외의 일반 사법사무의 진보 및 회원의 친목을 도모하기 위하여 1922년 8월 23일 설립되었던 재단법인이고, 사무소를 고등법원 내에 두어 고등법원장, 고등법원 검사장 및 법무국장을 이사로 하고, 이 중에 고등법원장을 회장으로, 경성복심법원장과 동 검사장을 감사로 하고 있다. 본회의 회원은 (중략) 법무국, 법원 및 형무소의 판임과 대우자(待遇者, 간수를 제외한다) 이상의 현직자를 정회원으로 하고, 본회에 공로가 있는 자 또는 학식 경험이 있는 자는 회장의 추천과 평의원회의 결의를 통해 명예회원에, 조선총독부 및 그 소속관서에 직을 받은 자 및 사법서사(司法書士)는 준회원이 될 수 있게 되었다. 본회는 설립 이후 (중략) 매월 1회

50 朝鮮總督府法務局法務課, 1936, 앞의 책, 32-33쪽.

사법협회잡지를 발행하고, 매년 1회 고등법원판결록을, 그 외 임시로 사법관계 도서, 잡지, 직원록 등을 발행하고 있다.[51]

이상을 통해 보면 고등법원과 판례조사회는 사실 그대로의 관습을 인정한다기보다는 오히려 관습을 선도해가는 역할을 하고 있었다. 다음과 같은 메커니즘이 있었다고 추정할 수 있다. 판례조사회가 판결 기준을 마련하면 고등법원이 판례를 통해 이를 실현하였고, 이어 하급법원이 고등법원의 판결을 선례로 삼아 동일한 판결을 반복하면 결국 일반 민은 판례에 따라 생각하고 행동한다는 것이다. 법이 관습을 창출하고, 관습법이 다시 법을 만든다는 논리는 이렇게 해서 가능해진다. 이처럼 조선총독부-판례조사회-고등법원-하급법원 등이 일체가 되어 일본의 가족법을 조선의 가족 관습으로 전환시키는 시스템을 구축해가고 있었던 것이다.

---

51 朝鮮總督府法務局法務課, 1936, 위의 책, 33-34쪽.

제3장
관습법과 친족 질서

앞에서 언급했듯이 조선총독부는 1912년 3월 조선민사령 제11조를 통해 조선인의 가족법, 즉 친족 및 상속에 관한 법제에 관습법을 채택하였다.[1] 그렇지만 1920년대에 들어 관습에 의존하던 조선의 친족법 및 상속법에 일본 민법을 의용하기 시작했다. 먼저 1921년 11월 14일 제령 제14호의 공포로 조선민사령 제11조를 1차 개정하였다. "조선인의 친족 및 상속에 관해서는 제1조의 법률에 의하지 않고 관습에 의한다. 단 친권, 후견, 보좌인(保佐人) 및 무능력자를 위해 두는 친족회에 관한 규정은 이 한에 있지 아니하다"는 규정으로, 그해 12월부터 적용하였다. 곧이어 조선민사령 제11조 2차 개정으로 조선인의 가족법에 일본 민법을 본격적으로 도입하기 시작하였다. 1922년 12월 7일 제령 제13호가 바로 그것으로 "조선인의 친족 및 상속에 관해서는 별단의 규정이 있는 것을 제한 외 제1조의 법률에 의하지 않고 관습에 의한다. 단 혼인 연령, 재판상 이혼, 인지, 친권, 후견, 보좌인, 친족회, 상속의 승인 및 분리에 관한 규정은 이 한에 있지 아니하다"고 개정하였다. 선언 이유는 다음과 같다.

> 당초 조선인의 능력, 친족 및 상속에 대하여서는 완전히 관습에 의한다고 정했던 것은 내선이 매우 사정이 다른 당시의 입법으로서는 참으로 지당한 조처라고 하지 않을 수 없지만, 이내 조선의 문화

---

1 "민사령에 있어서 내지법을 적용하는 사항은 반드시 특별법을 필요로 하지 않는다. 또 능력에 대해서는 내지법에 의하는 것도 굳이 막지는 않을지라도 친족 및 상속에서는 내지와 다른 관습이 있으므로 곧바로 내지법을 적용할 수 없는 사정이 있다. 또 억지로 내지법을 적용할 필요가 없기 때문에 장래 친족, 상속에 대해서는 조선인을 위한 특별한 법제를 필요로 하고, 따라서 호적에 대해서도 특별법을 둘 필요가 있다"(「總督府施設歷史調查書類(1915)」, 山本四郎 編, 1984, 앞의 문서, 291쪽).

는 장족의 발전 진보를 이루어 한편으로는 내선인(內鮮人)의 접촉 교섭에 촉구되어 능력, 친족 및 상속에 관한 관습도 자연히 변화를 받아 자연 중에 개변을 부득이 하게 되거나, 혹은 제도로서는 가장 빨리 부적당하게 된 것도 있고, 혹은 시세의 진운과 함께 발생했던 신사정(新事情)도 있어 완전히 관습에만 의존할 수 없게 되었다. 따라서 1921년 11월 제령 14호로써 능력 및 무능력자의 보호기관에 관한 사항은 민법의 규정에 의한 것으로 고치고, 동년 12월 1일부터 이것을 실시하였다. 다음으로 1922년 12월 제령 13호로써 혼인 연령, 재판상의 이혼, 인지, 친권, 후견, 보좌인, 친족회, 상속의 승인 및 재산의 분리에 관해서도 민법의 규정을 적용하기로 하고, 오히려 관습상으로는 혼인, 연조(緣組) 등 신분상의 법률행위는 대체로 사실을 기초로 하여 이것의 성립 및 효력을 인정했던 것이다. 그렇지만 그 사실에 대해 다툴 경우에 이것을 증명하는 것이 매우 곤란하여 사람의 중요한 신분관계를 확정하는 데 자못 위구를 느끼었기 때문에 분가, 절가재흥(絕家再興), 혼인, 협의상 이혼, 연조 및 협의상 이연(協議上離緣)은 이것을 부윤, 읍면장에게 신고하는 것에 의해 그 효력을 발생시키는 것으로 하고, 1923년 7월 1일부터 이것을 시행했던 것이다.[2]

위에서 보듯이 조선민사령 제11조 개정을 통해 가족법에 일본 민법의 일부 조항을 적용하기 시작한 것은 다음 두 가지 이유로 정리된다. 하나는 '시세의 진운과 함께 발생한 신사정'의 대두이다. 새로운 사정이란

---

2 朝鮮總督府法務局法務課, 1936, 앞의 책, 75-76쪽.

무엇일까. 그것은 바로 조선호적령의 공포와 함께 개인의 신분 변동과 관련된 민사법을 명확히 재정립해야만 한다는 당위성이 발생했다는 것을 의미했다. 조선호적령과 조선민사령 제11조 2차 개정은 거의 동시에 이루어졌고 1923년 7월 1일 동시 시행에 들어갔다. 통치의 객체인 호구를 정확히 하는 것은 정치의 기본이기 때문에 그 목적은 주로 사법(私法)상 가(家) 내외관계를 공증하는 것이었다.[3] 따라서 혼인 연령, 이혼, 인지 등 개인의 신분 변동과 직접적으로 관련을 가지고 있는 조항들이 일본 민법의 적용을 받게 되었다. 신분 변동은 기본적으로 사실주의가 아닌 '신고주의'를 채택하여 법적으로 신고를 결여한 개인의 신분은 있을 수가 없었고, 당연히 법의 보호도 받을 수 없었다. 명실공히 신분에 '법률주의'가 선포된 것이었다. 결국 호적 행정에서 개인의 신분 변화와 이동관계를 정확히 해야만 한다는 시대적 요구에 부응하여 이루어진 것이 바로 조선호적령과 조선민사령 2차 개정이었다.

또 다른 하나는 조선인의 친족 및 상속에 관한 관습이 자연적으로 변화했기 때문이라는 것이다. 그동안 일본 내지인과의 접촉·교류를 통해 조선인의 관습이 민법을 의용해도 좋을 만큼 변화했다는 설명이다. 그렇다면 조선민사령 제11조 개정에 대한 조선총독부의 평가와 같이 과연 조선의 관습이 자연적인 변화를 맞은 것일까. 이에 대한 답을 찾기 위해 몇 가지를 고찰해보아야 한다. 조선민사령 제11조 개정 이전 친족, 상속 관련 판결에서 이들 조항에 대해 관습법이 어떻게 운용되었는지, 관습법하에서 친족법 및 상속법에 '법제일원화' 원칙은 어떻게 추구되고 있었는지를 구체적 사례를 통해 추적하고자 한다. 특히 일본의 가족법 중 혼

3 野村調太郎, 1925, 앞의 책, 12쪽.

인 연령, 이혼, 입양(양자연조), 파양(이연)과 관련된 제도가 조선에 구축되는 과정을 분석할 것이다. 이를 통해 관습법에 작동하는 '관습'의 식민지 정치성을 드러내고자 한다.

1. 혼인 연령

가족을 구성하는 가장 기본 원리 중의 하나는 결혼, 즉 혼인이다. 혼인의 성립과 관련하여 조선민사령 제11조 2차 개정 항목에는 '혼인 연령'이 있었다. 혼인 성립이 가능한 연령은 조선의 관습에 따르는 것이 아니라 일본 민법의 적용을 받는다는 것이었다. 이 혼인 연령에 관해서는 이미 통감부시기부터 문제적인 것으로 논의되고 있었다. 통감부시기 한국 정부는 이미 조혼의 폐해를 지적하고 혼인 연령을 규정하였다.[4] 『관습조사보고서』 또한 조혼을 폐습으로 규정하면서도 조선의 일반적인 관습으로 정리하였다. "고래 조혼의 폐습이 있어 여자는 12, 13세에 시집가고 남자는 10세 전후에 장가가는 것이 적지 않다. 또 대부분의 지방에서는 여자가 남자보다 2~5세 연장인 것이 상례인 듯하다"[5]는 인식에 따라 1911년 8월 21일 자 고등법원 판결 또한 혼인 연령에 미치지 않은

4 「許婚年齡를定ᄒᆞᄂᆞᆫ件」(隆熙元年8月 詔勅), "최근 조혼의 폐가 국민의 병이 되는 것이 막심한 고로 지난해 금령이 있으나 아직 실시하지 않으니, 어찌 유사의 과오가 아니리오. 지금 유신의 시기를 맞아 풍속을 개량함이 가장 급무이다. (중략) 남자 만 17세 여자, 만 15세 이상으로 비로소 혼인을 허락하여 이를 따르고 어기지 못하게 하라(細谷定, 1915a, 앞의 책, 274쪽).

5 『慣習調査報告書』, 312쪽.

결혼을 인정하는 판결을 하였다.[6] 이는 "병합 이전에 이루어진 조칙 및 법령은 모두 무효로 한다"는 법령에 따라 구한국 정부에서 정한 혼인 연령을 일단 무효화시키는 동시에, 그들이 조선의 관습으로 인식한 조혼을 법적 효력을 가지는 관습으로 인정하였다는 것을 의미한다.

그렇지만 이러한 판결은 1년도 되지 않아 부정되었다. 조선민사령 제11조에도 불구하고 행정적인 수단을 통해 혼인 연령에 제재를 가하였기 때문이다. 혼인 연령에 이르지 않아 결혼한 사람, 즉 소위 조혼자의 민적 등재 거부가 바로 그것이었다. 병합 초기 민적사무를 담당하고 있던 경찰의 경무과장 통첩을 통해 이에 대한 규정을 하달하였기 때문이다. 1912년 6월 28일 '허혼 연령에 달하지 못한 자의 혼인신고처리 건', 1913년 1월 15일 '조혼자의 민적처리의 건'은 바로 그러한 예이다.

> 허혼 연령에 달하지 못한 자의 혼인신고처리 건
>
> 5월 30일 발행 경무휘보 제25호 질의해답란 질의 제57호에 대한 해답단서(解答但書) 중 조혼 금지에 관한 융희원년 8월 칙유(勅諭)는 효력이 없다는 뜻을 기재하였으나, 민적상의 처리에는 해당 칙유의 일정 연령에 미달한 자의 혼인신고는 이를 수리하지 않기로 결정하였으니 살펴 알기 바람.[7]

---

6 조선인 사이에 있어서는 당사자의 연령 여하에 구애되지 않고 혼인은 유효하다(1911년 8월 21일 고등법원 판결, 판결록 형 1권 161항). 이 건은 1907년에 남자 11세 여자 18세에 혼인을 하여 여자가 22세 때 다른 남자와 간통한 피고사건으로서 고등법원은 판시 이유에 의해 혼인의 성립을 인정하고 범죄의 성립을 시인하였다.

7 「許婚年齡에 달하지 못한 者의 婚姻申告處理件(1912.6.28)」, 警發 제241호 경무과장 통첩; 細谷定, 1915a, 앞의 책, 274쪽.

조혼자의 민적처리의 건

본월 1일 함남경수(咸南警收) 제11호 조회 조혼자의 민적처리에 관한 건을 받은 것에 의거하여 다음과 같이 처리할 것을 명에 의해 회답함.

다음에 기록한다.

1. 상당 연령에 도달하기까지는 동거인(同居人)으로 처리하고 입적 절차를 하지 말 것
2. 출생아가 있을 때는 이를 서자로 신고할 것[8]

혼인 연령에 대한 규율 작업은 1915년 4월 1일 민적사무를 경찰서에서 지방행정기관으로 이양한 후 더욱 분명해졌다. 조선총독부는 1915년 8월 7일 공포한 관통첩 제240호「민적사무 취급에 관한 건」을 통해 일정한 혼인 연령에 도달하지 않은 자들의 결혼을 법적 혼인으로 인정할 수 없다는 점을 공식적으로 선언했기 때문이다. 이 통첩 중 '혼인에 관한 사항' 제1항에는 "남자 17세 미만, 여자 15세 미만인 자의 혼인신고는 이를 수리치 말 것"[9]이라고 명문화되어 있었다. 이 혼인 연령은 일본 메이지 민법의 허혼 연령과 동일했다. 이후 1915년 강원도장관의 질의에 대한 법무장관의 회답 '민적사무 취급에 관한 건'(1915년 10월 12일 법 제188호 강원도장관 앞) 또한 조혼이 실질적인 불이익을 가져올 수 있다는 점을 지적하였다.

8 「早婚者의 民籍處理의 件(1913.1.15)」, 警改 제266호 경무과장 통첩; 細谷定, 1915a, 위의 책, 275쪽.

9 「民籍事務取扱ニ關スル件」(官通牒 제240호), 『官報』, 1915.8.7.

민적사무 취급에 관하여는 8월 7일 관통첩 제240호로써 통첩이 이번에도 있는바 전 통첩 다음에 기록하는 제8 혼인에 관한 사항 중 혼인신고서 수리 연령을 제한하는 일은 필경 조선인의 조혼의 폐를 교정하고자 하는 취지로 생각한다. 그러나 혼인의 식을 거행한 남녀 사이에 생긴 아이는 적출자 될 신분을 취득하여 가독상속은 서자에 대하여 우선권이 있는 것이 구관이다. 그럼에도 불구하고 혼인 연령에 달하지 아니하였기 때문에 신고를 아니하였다가 부부 사이에 일인이 사망하였기에 혼인신고를 하지 못함과 동시에 종래 서자로서 등록된 자를 적출자의 신분으로 정정할 길이 없다. 따라서 상속 그 외의 재산상의 분쟁을 양생할 우려가 없기 어려우니 앞의 경우에는 어떻게 취급함이 가한지 명시하심을 바란다 함.

1915년 9월 10일 지(地) 제1377호로써 앞 제목의 건 조회의 취지 남자 17세 미만, 여자 15세 미만인 자(者) 사이에 생긴 서자는 그 부모가 앞의 연령에 달하기 전 사망할 경우에 있어서는 적출자로 개정할 길이 없다고 사료하니 이에 회답함.[10]

허혼 연령에 도달하기 전에 결혼한 부부가 혼인신고를 하지 못한 상태에서 그들 부부 중 한쪽이 사망하고 그들 사이에 자식이 있을 경우, 그들 사이의 자식은 영원히 서자로 취급받을 수밖에 없다는 회답이었다. 조혼자라도 허혼 연령에 도달하여 혼인신고를 하고 나면 그들 자식은 혼인외자인 서자에서 적출자로 변경될 수 있었다. 하지만 한쪽이 사망하면 법적 혼인이 성립될 수 없었기 때문에 그들의 자식을 적출자로 변경

10 朝鮮總督府司法府法務課, 1917,『民籍例規集』, 57쪽.

시킬 수 없었다. 더욱이 이 때문에 재산상의 불이익을 받을 수도 있었다. 결국 혼인 연령을 규율하기 위한 노력은 조선민사령 제11조 규정과 별도로 행정기관이 일찌감치 진행하고 있었다고 할 수 있다.

민적 등재를 허락하지 않는 방식으로 교정한 노력의 성과인지 아니면 그 외의 다른 사회적 맥락이 존재해서인지는 좀 더 면밀한 조사가 필요하겠지만, 혼인 연령에 도달하지 않은 자들의 결혼은 감소하는 추세를 보였다. 당시 통계를 살펴보면 1912년 결혼 전체 총수는 12만 1,993건이다. 이들 중 처의 연령이 15세 미만인 경우는 2만 1,564명이어서, 전체 총수의 17.6%이다. 그 3년 후 1915년 결혼 총수는 17만 1,066건이고, 처의 연령이 15세 미만인 경우는 1만 1,664명이어서 전체 총수의 6.8%를 차지한다. 3년 사이에 결혼한 여성 중 혼인 연령 미달자가 현격하게 감소하였던 것이다.[11]

> 근시 당국의 지도가 주도되는 한편 기독교의 감화 등으로 인해 조혼자가 점차 감소하고 남자 15세 미만자로서 처를 취하는 것은 전혀 없기에 이르렀다. 또 민적 취급에서도 일정 연령에 도달하지 않은 혼인을 인정하지 않아 조혼 교정에 큰 힘이 있다.[12]

그럼에도 불구하고 1921년 8월 구관 및 제도조사위원회에서는 혼인 연령 미달자의 혼인, 즉 조혼이 여전히 개선되지 않고 있다는 조사 결과

11 善生永助, 1928, 「朝鮮の結婚離婚趨勢」, 『朝鮮』 152, 55-56쪽.

12 平安南道廳調査, 1917, 「風俗變遷の狀況」, 『朝鮮彙報』 2월호, 199쪽.

가 보고되었다.[13] 이에 '조혼 불허'라는 조선총독부의 방침은 더욱 강경하였다. 1921년 12월 15일 제3회 중추원회의에서는 이를 재차 확인하였다. 의장, 부의장, 고문 4명, 참의 등 60여 명이 출석한 가운데 자문안 제1안 심의에서 "남자는 만 17세, 여자는 만 15세에 이르지 않으면 혼인할 수 없다"는 규정을 두기로 전원일치 가결하였다.[14] 이러한 결정이 결국 조선민사령 제11조 2차 개정에 반영되어 혼인 연령의 민법 의용으로 이어졌던 것이다. 그 후 지방법원에서 한 문의에 법무국장은 '혼인 연령에 달하지 않은 자의 혼인은 전연 무효로 한다'는 회답을 하였다.[15]

그렇다면 조선총독부는 왜 '조혼'을 혼인으로 인정하지 않았으며, 혼인 연령을 정한 이유는 무엇일까. 조선총독부는 그것이 공공의 질서와 선량한 풍속에 반한다는 점을 이유로 들었다.

---

13 「舊慣及制度調査委員會決議 '婚姻에 關한 事項' 중 婚姻年齡」(1921년 8월 6일 및 17일 결의), 12-13쪽: "병합 후 1915년에 이르러 남 만 17세 이상 여 만 15세 이상의 혼인이 아니면 민적신고를 수리하지 않는다는 뜻의 통첩을 발해 그 연령에 달하지 않은 자는 실제 혼인을 해도 그 입적이 허락되지 않고 그 사이에 낳은 자식은 서자로 민적에 입적시켜도 관습은 의연히 개정되지 않았으며 고등법원에 있어서도 작년 연령에 제한이 없다는 취지의 판결을 한 것이 있을 뿐으로 이후 관습이 실제의 취급과 같이 개정되었다는 것을 인정하는 판례는 나오지 않았다."

14 朝鮮總督府中樞院, 1938, 앞의 책, 180-181쪽.

15 1924년 4월 28일 대구지방법원 금천지청 상석판사 문합, 동년 5월 6일 법무국장 회답. 『司法協會雜誌』 2권 5호 82항. "혼인 연령에 달하지 않은 자(처 1909년 12월 20일생)의 혼인계를 착오로 수리하여 이미 호적처리를 완료했을 때는 단지 취소를 청구하는 데 그치고 해당 혼인은 유효한가. 장차 해당 혼인은 전연무효로 하여 본년 2월 29일 함흥군 하 조양면장 문합에 대한 동년 2월 29일 함흥지방법원장 회답의 취지에 의해 호적정정의 수속을 해야만 하는가. 회답 후단 귀견대로이다."; 1924년 5월 19일 광주지방법원장 품사, 동년 6월 3일 법무국장 회답. 『司法協會雜誌』 3권 6호 45항. "혼인 연령에 달하지 않은 자의 혼인계를 잘못하여 수리 호적기재를 하였다는 것을 발견하였을 경우 당사자는 이미 혼인 연령에 달해 있어도 해 혼인은 무효로 취급해야만 하는가. 회답 귀견대로이다."

관습이라는 것은 공의 질서 또는 선량한 풍속에 반하지 않는 한도에서 인용되어야만 하고, 진실로 이것에 반하는 것은 종령 사실상 연출되고 있는 것일지라도, 바로 채택함으로써 관습이라 하여 법률상의 효력을 미칠 수 없다는 것은 본디 자명한 도리이다. (중략) 오인은 전에 나타낸 법령 및 조칙의 취지로부터 보아 "조혼은 선량한 풍속에 반한다"고 단언하기에 굳이 주저하지 않는다. (중략) 오인은 당국이 이전에 이 조혼 신고를 거부한 것은 진실로 시기에 적합한 조치로서 소위 풍속의 개량상 기여한 공적이 결코 적지 않다고 믿는다.[16]

'조혼'이 공공의 질서에 반한다는 것은 무슨 의미일까. 조혼은 근대의 국가전략이나 근대법의 원리와도 배치된다고 여겨졌기 때문이다. 첫째, 교육은 국민 만들기의 중요 도구였으며, 조선총독부 또한 교육을 동화의 중요한 수단으로 간주하고 있었다. 따라서 일찍 결혼하는 것은 근대국가의 교육 정책에 일대 장애가 될 수 있었다. 둘째, 조혼은 근대법의 원칙에도 위배되었다. 혼인은 사적 신분 변동을 초래하는 일종의 법적 계약행위이다. 이는 양 당사자의 자유로운 의사에 의해서 성립되어야 한다. 그러나 조혼은 부모의 일방적 의사에 의해서 결정된다. 조혼이 근대법의 정신에 배치된다는 이유도 여기에 있다. 셋째, 조혼이 혼인의 양 당사자가 혼인을 결정할 의사 및 행위능력이 전혀 없거나 부족한 가운데 이루어진다는 점 또한 문제였다. 혼인은 적어도 그것이 어떤 법적 효력을 지니는 행위라는 점을 혼인 당사자가 인지할 수 있을 때 이루어져야 하고 국가는 혼인의 법적 효력을 고지할 의무가 있었다. 교육의 장이

16 細谷定, 1915b, 「朝鮮人の早婚と慣習の效力」, 『朝鮮彙報』 5월호, 146쪽.

바로 그러한 역할을 할 수 있었다. 조혼에 대한 비판 담론에는 근대국가의 인구정치학이 작동되고 있었던 것이다.[17]

더욱이 '조혼' 규제에는 조선인의 인구를 조절하려는 조선총독부의 간접적인 노력도 담겨 있었다. 일본인으로 완전 동화되지 않은 조선인들의 증가는 식민통치에 부담이 되기 때문이다. 이 점은 내무성관리국 극비문서 「朝鮮及臺灣在住民政治處遇二關スル質疑應答」에서 확인된다. '조선 및 대만에 대한 인구 정책 여하'라는 질문에 대해 "언어 풍속 일상 생활에서 완전히 내지인화할 경우에는 이들의 증가를 우려할 필요가 없지만, 인구 증가의 억제는 실행하기 매우 어렵고 (중략) 조혼 풍습을 개선하고 결혼 연령을 적당히 인상하여 어느 정도 급격한 증세를 완화할 수 있다"는 답변을 하고 있다.[18] 결국 조혼 억제에는 혼인연령을 높여 조선인의 출산을 통제하려는 조선총독부의 식민주의 인구정치학 또한 작동하고 있었던 것이다.

2. 이혼

이혼은 부부관계를 해소하는 법적 용어이다. 이 용어는 병합을 전후하여 근대법 제도가 한국에 성립되면서 사용되기 시작하였다. 조선시

---

17 Yang-Hee Hong, 2016, "Dangerous Tradition: Chohon Discourses and Population Management in Colonial Korea," *Acta Koreana* 19(2).

18 內務省管理局, 1945, 「朝鮮及臺灣在住民政治處遇二關スル質疑應答」, 『本邦內政關係雜件/植民地關係』 제6권.

대에도 부부가 살다가 헤어지는 일이 없을 수 없었겠지만 특수한 상황만을 예외적으로 인정하고 이혼을 상설화된 제도로 운용하지는 않았던 듯하다. 그래서인지 관습조사를 담당하였던 사법관료들은 조선에는 이혼을 금하는 관습만 있을 뿐 이혼 관련 관습이 부재한다고 분석하였다. 『관습조사보고서』에는 조선시대 부부관계의 해소를 다음과 같이 설명하였다.

> 한국에는 처칠거삼불출(妻七去三不出)의 제도가 있다. 칠거(七去)는 ① 무자(無子) ② 음일(淫佚) ③ 불사구고(不事舅姑) ④ 다언(多言) ⑤ 절도(竊盜) ⑥ 투기(妬忌) ⑦ 악질(惡疾) 등으로 이 중 한 가지 사유라도 해당하는 경우에 이혼할 수 있는 것을 말한다. 삼불거는 ① 부모상을 치른 경우 ② 가난할 때 결혼하고, 뒤에 부귀하게 된 경우 ③ 처가 돌아갈 집이 없는 경우인데, 이 중 한 가지 사유라도 해당하면 가령 칠거의 원인이 있어도 이혼할 수 없는 것을 말한다. (중략) 조선의 습속에는 처가 부에 이혼을 요구하는 것은 도의에 반하는 것이므로 가령 남편에게 비행이 있더라도 처는 이혼 요구를 할 수 없다.
> 협의이혼을 인정하는지에 대해서는 『대명률』「호율(戶律)」 혼인편 출처조(出妻條)에 "만약 부부가 서로 사이가 좋지 않아 서로 이혼을 원하면 이에 해당되지 않는다"라는 규정이 있지만 관습상 협의이혼을 인정하지 않는다.
> 또 이혼에는 법률상 강제이혼이 있는데 이를 의절(義絶)이라 한다. 만약 의절 사유가 있는데도 이혼하지 않으면 처벌하고 의절시켰다. (중략) 이혼의 절차에 대해서는 종전에 관청에 신고하거나 관청의 허가를 받는 등의 절차가 필요 없었다.[19]

위의 글은 조선 사회에서 일상적으로 일어나는 관행들이기보다는 주로 조선시대에 읽히던 예서류에 나타나는 부부관계 해소와 관련된 내용이다. 예서류 이외에는 이혼과 관련하여 제도화된 관행들이 포착되지 않아서인지 이혼 관련 관습은 이러한 내용들로 정리되어 있다. 이것들이 현실에서 실제 얼마나 관철되고 있었는지는 달리 연구할 필요가 있다. 그럼에도 불구하고 예서류의 내용들은 조선시대 부부관계에 대한 주류 담론이었다는 점에서 어느 정도 의미를 가진다.

위 논의의 특징을 살펴보면 가장 먼저 주목되는 것은 부부관계의 비대칭성이다. '처칠거삼불출'이라는 혼인의 해소문제가 남편 일방이 처를 내치거나 혹은 내칠 수 없는 경우로 논의되었다는 점이다. 그 반대항이 없다는 점에서 혼인의 해소는 기본적으로 젠더 차별적이었다. 둘째, 따라서 이러한 구조에서 부부 사이의 합의이연은 기본적으로 봉쇄되어 있었다. 처칠출에 해당하면 남편의 일방적 결정으로 처를 내칠 수 있었다. 물론 처를 완전히 함부로 내쫓을 수 없게 하는 '삼불거'라는 일종의 안전장치를 두기는 했지만 부부관계의 해소권은 남편 쪽에만 있는 것이었다. 셋째, 혼인 당사자들의 의사와 무관하게 국가가 강제로 혼인관계를 단절시킬 수 있었다. 의절이 바로 그것이다. 의절 사유는 '남편이 처의 부모 등의 친족을 구타하거나 살해하는 경우, 처가 남편의 부모 등 친족에게 구타, 욕설, 살상행위를 하는 경우, 남편이나 처가 각자의 친족과 간통하는 경우, 부부가 서로를 살해하려는 경우'[20] 등으로, 이것은 일종의 강상(綱常)의 윤리를 위반한 경우였다.

---

19 『慣習調査報告書』, 323-326쪽.

20 『慣習調査報告書』, 323-326쪽.

이와 같이 남성 일방에 의해 혼인을 해제하거나 국가가 그것을 강제하는 체제에서 부부 합의에 의한 이혼은 존재하기 어려웠다. 그러니 당연히 논리적 귀결로서 재판상 이혼도 있을 수 없었다. 당사자 사이의 합의 실패 시에 법원, 즉 공권력에 개입을 요청하는 제도가 재판상 이혼이기 때문이다. 이에 근거하여 조선총독부는 조선에 이혼 관습은 없었던 것으로 인식하였다. "이혼은 혼인의 해제라 종래의 관습으로 이혼은 금하였다"[21]는 당시 조선의 민적과장이었던 호소야 사다무(細谷定)의 설명은 이를 지적한 것이다. 통감부시기부터 일본인 사법관료들은 조선 관습 조사를 수행하여 '조선에는 이혼 관습이 없다'는 결론을 도출하였다.

그러나 그들의 이러한 인식과 상관없이 근대 사법제도가 만들어지면서 조선 사회에는 이혼이 제도적으로 성립하기 시작하였다. 더욱이 한국병합 이후 조선총독부는 일본 민법에 규정된 이혼제도를 처음부터 제도적으로 용인하였다. 이혼을 '협의이혼'과 '재판상의 이혼'으로 나누어 시행하였기 때문이다. 당시 민사과장으로 재직하면서 조선의 민적사무와 관련된 저서를 쓴 일본인 관료의 설명은 그것을 보여준다.

> 이혼은 혼인의 해제라 종래의 관습으로 이혼은 금하였으나 지금은 이러한 금지를 하지 않는다. 이혼에는 협의상 이혼 및 재판상 이혼의 2종으로 나눌 수 있으니 전자는 쌍방의 협의에 기반하여 원만히 혼인관계를 해제하는 것이다. 후자는 그 협의 부조하여 공력(재판)에 의뢰하고, 그 판결에 따라 혼인관계를 해제하는 것이다.[22]

---

21 細谷定, 1915a, 앞의 책, 70-71쪽.

22 위와 같음.

1914년 3월 경성지방법원장의 문의에 대한 정무총감의 회답 또한 이혼제도라는 법적 전제 안에서 답변하고 있다. "조선에서는 협의이혼을 인정하는 관습이 존재하지 않고 따라서 협의이혼에 부모의 동의를 요하는지 아닌지에 대해서도 하등의 관습을 볼 수 없다"는 회답이 그것이다.[23] 이것은 1915년 4월 19일 정무총감의 회답으로 정리되었다. 경성복심법원 민사 제1부 재판장이 보낸 조회의 회답 또한 '협의이혼에는 남편 부모의 동의가 필요하고 처의 부모가 동의할 필요는 없다'는 것이 그 요지였다.[24] 이 회답들에서 주목할 것은 협의이혼에 부모의 동의가 필요한지 어떤지의 여부였지, 협의이혼 자체의 가능 여부가 아니었다는 점이다. 이것은 협의이혼이 이미 제도로서 전제되고 있다는 것을 의미한다. 전자의 회답은 조선 사회에서 협의이혼 관행이 없었기 때문에 부모 동의 여하는 확인 불가능하다는 것이었고, 후자의 회답은 조선총독부에서 관습에 대한 유권해석을 하여 시달한 것이다. 일본 민법에 규정된 개인의 신분 변동 관련 제도들은 호적 행정을 통해 시행되었고, 다만 이들 사안과 관련된 분쟁이 생길 경우에는 법원의 관습 해석에 따랐다. 이것이 당시의 관습법이었던 것이다.

재판상 이혼 또한 시행되고 있었다. 재판상 이혼을 가능하게 하는 이혼 사유 역시 1922년 조선민사령 개정 이전부터 내용적으로 일본 민법 조항을 상당 부분 가져다 사용한 듯하다. 구관조사위원회의 심사서에 게

---

23 「協議離婚二關スル件」, 1914년 3월 11일 경성지방법원장 조회, 동년 4월 9일 정무총감 회답. 朝鮮總督府中樞院, 1933, 『民事慣習回答彙集』, 177~178쪽. 이하 『民事慣習回答彙集』이라 한다.

24 「協議離婚二關スル件」, 1915년 4월 6일 경성복심법원 민사 제1부 재판장 조회, 동년 4월 19일 정무총감 회답. 『民事慣習回答彙集』, 228쪽.

재된 1908년부터 1921년 사이 이혼 사유의 대부분이 일본 민법의 이혼 사유 내용과 거의 비슷했기 때문이다. 조선총독부의 기관지 『조선』에 실린 기사 또한 법원에서 재판을 하는 경우 일본 민법이 재판에 많은 영향을 미치고 있다는 것을 드러낸다. 즉 "이혼을 해야만 하는 경우에는 민법 제813조에 이것이 규정되어 (중략) 조선에 있어서는 이러한 규정이 없기 때문에 (중략) 민법의 규정은 본디부터 이혼의 원인이라는 것을 막지 않아 재판소에서도 역시 현재 이것을 인용해왔다"[25]는 것이다. 다음은 일본 민법 제813조 규정이다.

> 민법 제813조 부부 일방은 아래의 경우에 한해 이혼 소송을 제기할 수 있다.
>
> 1. 배우자가 중혼을 했을 때
> 2. 처가 간통을 했을 때
> 3. 부가 간음죄로 인해 형에 처해졌을 때
> 4. 배우자가 위조, 뇌물, 외설, 절도, 강도, 사기취재, 장물에 관한 죄 혹은 형법 제175조, 제260조에 게재된 죄로 인해 경죄 이상의 형에 처해지고 또는 그 외의 죄로 인해 중금고 3년 이상의 형에 처해졌을 때
> 5. 배우자로부터 동거를 감당하지 못할 학대 또는 중대한 모욕을 받았을 때
> 6. 배우자로부터 악의로써 유기당하였을 때
> 7. 배우자의 직계존속으로부터 학대 또는 중대한 모욕을 받았을 때

---

25 司法府法務課, 1918, 「朝鮮人間の離婚訴訟」, 『朝鮮彙報』 2월호, 114쪽.

8. 배우자가 자기의 직계존속에 대해 학대를 하고 또는 중대한 모욕을 가했을 때
9. 배우자의 생사가 3년 이상 분명하지 않을 때
10. 서양자연조(壻養子緣組)의 경우에 파양하였을 때 또는 양자가 가녀와 혼인을 했을 경우에 있어서는 입양의 취소가 있었을 때[26]

이러한 이혼 소송을 제기할 수 있는 성문화된 사유는 위의 10개 조항이었지만, 규정 자체가 추상적인 부분도 존재했다. 특히 실제 사례에서 모욕이나 악의를 입증하고, 이에 대해 재판부가 해석하고 판단하는 것에 따라 결론이 달라질 소지는 다분했다. 그리고 〈표 1〉은 민사령 개정을 위한 참고자료로 '구관조사위원회'의 심사서에 수록된 것에 근거하여, 1908년부터 1921년까지 14년간의 이혼 원인을 유형화한 것이다.[27]

〈표 1〉에서 이혼 원인으로 열거된 사안들의 대부분이 일본 민법에 규정된 이혼청구 사유이다. 여기에서 부부 사이의 성문제와 관련하여 이혼 사유가 매우 비대칭적이고 불평등하다는 점이 시선을 끈다.[28] 더욱이 주목되는 경우는 남편의 학대 모욕이나 남편의 직계존속, 즉 시부모의 학대 혹은 모욕을 이유로 여성들이 이혼을 청구하였다는 점이다. 이러한 사례들은 기존 조선 사회에서 논의되거나 허용되지 않았던 여성의 이혼

---

26 馬場社, 1926,『朝鮮親族相續慣習法綜攬』, 大阪屋號書店, 188-189쪽.

27 善生永助, 1928, 앞의 글, 53-54쪽.

28 간통죄가 처에게만 해당되어 여성의 혼외관계는 이혼 사유가 되지만, 남성의 혼외관계는 간통죄 성립도 되지 않고 그 자체로 이혼 사유가 되지도 않는다. 남편의 경우에는 간음죄로 처벌받을 경우 이혼 사유가 된다.

〈표 1〉 이혼 원인 종별 건수

원인	건수	원인	건수
중혼	39	정신병	13
처의 간통	37	나병	10
남편의 간음죄	5	교접 불능	39
파렴치죄	363	성행 불량	39
학대 모욕	1,188	도벽	6
악의 유기	471	빈곤	14
직계존속으로부터 학대 모욕	41	기질 불합	4
직계존속에 대한 학대 모욕	103	파렴치죄 이외의 범죄	6
생사불명	253	처의 딸과 간음	1
남편이 형사피고인으로 구류	2	남편의 벽지 이주에 동행 안 함	1
남편의 불구 또는 병기	11	간통죄 징역 만기 출옥에 남편이 맞이하지 않음	1
혼인신고 제출 안 함	2	연자(連子)의 혼인을 남편이 돌보지 않음	1
합계 2,650			

청구권을 인정한 것이었다. 그동안 여성들이 감내하여야 하는 것으로 용인되었던 시부모나 남편의 폭력행위가 처벌을 받거나 이혼 사유로 인정되기 시작했다는 점에서 중요한 의미를 지닌다. 다음은 실제 조선고등법원에서 어떤 판결이 이루어졌는지를 정리한 내용이다.[29]

고등법원 1915년 7월 6일 판결
조선인 사이에서 남편이 처의 어머니를 구타하여 부상시키는 등 학대하는 경우, 처는 이것을 이유로 남편에게 이혼을 청구할 수 있다.

29 馬場社, 1926, 앞의 책, 190-191쪽.

고등법원 1921년 12월 23일 판결

조선인 사이에서 부부 일방이 배우자의 직계존속으로부터 학대를 받고 또는 중대한 모욕을 받을 경우에는 이를 이유로 다른 일방에 이혼을 청구할 수 있는 관습이다. 가령 처가 간통을 했을지라도 이것을 조사하느라 오랜 시간 극도로 자유를 구속하거나 또 신체에 상해를 입히는 것은 허락하지 않는다. 진실로 이러한 행위가 있으면 처는 이것을 이유로 이혼청구를 할 수 있고, 이 같은 경우 간통의 사실 유무는 심사 확정하기를 요하지 않는다.

남편이 처나 그의 존속에게 폭력을 행사한 경우, 그것이 설사 처가 잘못을 한 경우라도 용납되지 않을 뿐만 아니라 처의 이혼청구 사유가 된다는 판결이 조선민사령 제11조 2차 개정으로 '재판상 이혼'이 민법 적용 항목이 되기 이전부터 이루어지고 있었다. 실제 법원에서는 처의 간통 때문에 일어난 남편의 처에 대한 구타를 상해죄로 처벌하기도 하였다. 이러한 사례들에 비추어보면 '재판상 이혼'의 경우 이혼 판결에 일본 민법의 근대법적 특징이 주요한 기준점이 되었다고 볼 수 있다. 법원에서 일종의 '창설적 판결'을 하면 그러한 판례가 누적되어 일본 민법의 적용이라는 성문화 작업을 가능하게 했다고 할 수 있다. 조선의 친족 및 상속 관련 관습의 연구자이면서 판결 실무를 담당하였던 조선총독부 판사 노무라 초타로(野村調太郎)의 다음의 글은 이러한 수순을 잘 드러낸다.[30]

30 홍양희, 2009, 「조선총독부 판사, 노무라 초타로(野村調太郎)의 조선 사회 인식」, 『가족법연구』 23-1.

혼인관계에서도 과거 남편으로부터 거의 임의로 이혼당할 수 있었음에도 불구하고, 처에 의해 절대로 이혼을 할 수 없는 습속이 행해진 것과 같이, 다시 실로 이러한 이치에 기인한다 할 수 있다.그리고 혼인관계는 양친자관계(養親子關係)에 비해 사체(事體)가 중(重)하고 급(急)한 것이고, 사법제도의 정비와 동시에 종전 억압된 부녀는 민법의 규정에 준거하여 재판소에 이혼의 요구에 이르러, 재판소 역시 인도조리(人道條理)와 공평(公平)의 원칙에 따라 이 청구를 인용하고 '창설적 판결(創設的 判決)'로서 이혼의 선언을 해오고 있다. 다음으로 남편으로부터 이혼을 하려고 하는 경우에도 역시 재판소에 이것을 청구하기에 이르니, 협의로 인한 것 외, 재판에 의한 것 외의 이혼은 그 흔적이 끊겨 1922년 제령 제13호에 의한 민사령 개정 이전 이미 관행으로 재판상의 이혼의 제도를 확립하기에 이르렀던 것이다.[31]

노무라는 조선민사령 제11조 2차 개정 이전에 이미 '재판상의 이혼' 제도가 확립되어 있었다는 이야기를 한다. 그는 법원의 판결로 관습법 형성, 그 후 민사령 개정에 의한 성문법, 즉 일본 민법 적용으로 전환되는 과정을 설명한다. 이것은 조선에서 처가 이혼청구를 하는 관행이 존재하지 않는다는 관습 인식과 달리, 민법의 이혼 규정을 시행하였다는 것이다. 혼인관계는 "사체가 중하고 급한 것"이어서 기존 조선의 관행과 달리 사법제도가 정비되면서 바로 시행할 수밖에 없었고, 그리하여 "종전 억압받아 온 부녀는 민법의 규정에 준거하여" 이혼청구를 하게 되었다. 재판소 또한 "인도조리와 공평의 원칙"에 의해 '창설적 판결'을 하

31 野村調太郎, 1940a, 앞의 글, 32-33쪽.

였다는 것이다.

여기에서 그가 말하는 '창설적 판결'과 '인도조리와 공평의 원칙'이라는 문구에 주목할 필요가 있다. 조선에는 처가 제기하는 이혼 관습이 없다는 그들의 관습 인식에서 처가 청구한 이혼을 가능한 것으로 최초의 판결을 창설하고, 기존 '관습'도 없고 '판례'도 없는 상태에서 그들이 택할 수 있는 판결 원칙은 그들이 인간의 도리라고 여기는 '조리'와 '공평'이었다. 여기에서 그들의 사법적 지식, 즉 일본 민법의 이혼 사유가 가장 큰 준거가 될 것이라는 것은 거의 자명하다. 이렇듯 일본 민법의 이혼 유형 및 절차가 조선총독부 사법관료들의 이혼에 대한 관습 인식과 별도로 제도적으로 시행되고 있었다.

이러한 과정에서 중추원회의는 재판상 이혼에 민법을 직접 적용하기로 결정하였다. 1921년 8월 16일 중추원회의에서 관련 자문안건이 대다수의 찬성으로 가결되었기 때문이다. "부부는 협의로 이혼할 수 있고, 또한 민법 제813조의 원인이 있는 경우 일방이 이혼 소송을 제기할 수 있게 하여 재판소에 의해 이혼하는 규정을 둘 것"이란 원안이 채택되었던 것이다.[32] 중추원의 결정은 마침내 조선민사령 제11조 2차 개정으로 그 모습을 드러냈다. 일본 민법의 재판상 이혼 규정이 성문법으로 식민지 조선에 그대로 적용되게 된 것이었다. 이제 조선에서 이혼제도는 두 가지 유형으로 공식화되었다.

그러나 이것은 공식적 선포일 뿐 그 이전부터도 이혼은 이 두 유형으로 분류되고 통계화되었다. 1908년부터 1916년까지 이혼 유형에 대한 통계인 〈표 2〉에 따르면, 식민지 초기부터 이혼은 꾸준히 증가하였다.

---

32 朝鮮總督府中樞院, 1938, 앞의 책, 180-181쪽.

〈표 2〉 조선인의 이혼 유형별 건수[33]

유형＼연도	1908	1909	1910	1911	1912	1913	1914	1915	1916	계
협의이혼	불명	불명	3,869	5,596	9,019	9,871	8,918	7,915	9,668	54,856
부(夫)가 제기한 재판상의 이혼	-	-	1	1	2	3	3	7	9	26
처(妻)가 제기한 재판상의 이혼	-	1	9	24	37	41	55	73	84	324
계	불명	불명	3,879	5,621	9,058	9,915	8,976	7,995	9,761	55,206

협의이혼이 대다수를 차지하였고, 1910년부터 3년간은 증가 추세가 전년도에 비해 상당하였지만 그 후에는 비교적 완만해졌다. 재판상 이혼은 초기라서 그렇기도 하지만 그다지 많지는 않았다. 그렇지만 여기에서 눈에 띄는 부분은 이혼청구가 대부분 여성들에 의해 이루어지고 있다는 점이다. 위의 〈표 2〉는 다음 두 가지를 이야기한다고 해석할 수 있다. 하나는 이혼이 제도적으로 식민지 조선에 서서히 정착되어간다는 점이다. 다른 하나는 여성들이 이혼하고자 하는 강한 열망을 드러낸다는 것이다.

그렇다면 이혼 증가라는 조선 사회의 현실을 어떻게 볼 수 있을까. 실제 조선 사회에서 이혼하는 경우가 없었던 것은 아니었을 것이다. 다만 그것이 법제화된 것이 아니기 때문에 사회에 전면화되지 않고 일상에서 암묵적으로 이루어지는 것이 대부분이었을 것으로 추정된다. 부부쌍방의 개인적 합의에 의해 헤어지는 경우뿐 아니라 남편에 의해 일방적으로 버려지는 경우, 혹은 처의 가출로 인해 자연히 이혼관계가 성립되는 경우 등 다양한 방식으로 사실상의 부부관계가 해소되는 일이 존

33 司法府法務課, 1918, 앞의 글, 112쪽.

재하였을 것이다. 이런 점에서 보면 이혼의 제도적 허용이 그간 다양한 방식으로 존재해오던 조선 사회의 이혼 관행을 수면 위로 올라오게 만들었다 할 수 있다. 이것이 결국 이혼의 증가라는 사회적 현상을 만들었다고 할 수 있다.

그것은 두 가지 점에서 비롯되었다. 하나는 법제도를 통해 이혼이 사회적으로 포착 가능한 것이 되었다는 점이다. 그동안 은폐되어 계량화되지 않던 실질적 이혼이 법적으로 확인되어 통계화되면서 이것이 이혼 증가라는 현상으로 표출되었던 것이다. 다른 하나는 그동안 사회적으로 금기시되었던 이혼이 법적으로 가능해짐으로써 그것을 활용하는 자도 당연히 생겨났을 것이다. 특히 재판상 이혼청구가 주로 여성들에 의해 이루어지고 있다는 점이 이를 반증한다. 결혼한 여성이 남편이나 시부모로부터 정신적·물리적 부당행위를 당하더라도 그것을 인내하는 것이 '부덕(婦德)'이라는 담론이 주류를 점하던 사회에서, 당시 재판상 이혼은 여성들에게 삶의 패러다임이 바뀌었다는 것을 인식시키는 계기가 될 수 있었다. 학대가 이혼청구 사유가 된다는 제도는 학대당하는 여성들에게는 이혼이란 금기를 깰 수 있는 수단이 되었고, 이혼하고자 하는 내재된 욕망이 분출하는 토대가 될 수 있었다. 이러한 측면에서 이혼의 제도적 허용은 이혼을 사회화시키는 것이었다.

아울러 이혼제도는 일부일처제와 법률혼을 내재하고 있던 호적제도의 논리적 귀결이었다. 호적제도는 가족제도를 위한 토대였으며, 개인을 가족 단위로 재편성하고 가족에 법적 코드를 부여하는 것이었다. 따라서 이 호적을 통해 개인의 신분관계에 대한 분명한 확인이 요구되었다. 특히 법률혼주의를 채택한 일본에서 법적 부부와 사실상의 부부는 일치해야 했다. 만약 호적상의 부부와 실제 부부가 다른 경우가 많다면 국가

권력 차원에서 국민을 파악하고 관리하는 호적제도의 취지는 무색해지고 말기 때문이었다. 한마디로 이혼제도는 개인적 차원뿐만 아니라 국가적 차원에서도 필요한 것이었다. 모든 개인의 신분 이동 상황을 명확히 파악한다는 근대의 인구 관리 측면에서도 이혼의 제도화는 필요했던 것이다.

3. 양자 입양

양자연조, 즉 양자의 입양 또한 개인의 신분 변동과 밀접한 관련을 가지는 사항이었다. 식민지시기 운용된 양자 입양은 자신의 친자가 아닌 아이를 가(家)에 들여 법적 친자관계를 형성하는 단순한 의미만을 가진 것이 아니었다. 식민지 조선에서는 입양을 '입후(立後)', 즉 가의 계승자를 세우는 것으로 인식하였기 때문이다. 그러므로 양자 입양은 가를 계승할 남 자손이 존재하지 않는 경우에 한정하여 가능한 것이 되었다. 기존에 시행되었던 수양자나 시양자와 같은 관행들은 식민지 관습법의 영역으로 들어오지 못하였다.

식민지 관습법 체제에서 양자 입양과 관련하여 가장 큰 논란은 서자가 있는 집안에 양자 입양을 할지 말지에 관한 것이었다. 이 경우 일본의 관습조사관들이 양자 입양에 관한 관습으로 파악한 것은 다음 두 가지였다. 하나는 조선시대의 법전류에 등장하는 양자 관련 규정이다. 『관습조사보고서』에는 『경국대전』 「예전」 입후조(立後條)와 1894년 의안 '솔양(率養)하는 구전(舊典)을 신명(申明)하는 건', 『형법대전』 제582조를 근거로 "입양을 함에는 적자가 없을 뿐만 아니라 서자도 없을 것을 요한다"고 기술하고 있다. 다른 하나는 유교적 관행이다. 서자가 있더라도 양자를 입양하여 대를 잇게 하는 방식이다.

병합 초기에는 서자가 있더라도 적자가 없으면 양자를 입양하여 제사승계하는 것도 관습으로 인정했다. 경성복심법원의 조회(1912년 10월 8일) 및 광주지방법원 목포지청 판사의 조회(1914년 2월 6일)에 대한 정무총감의 회답이 그것이다. 종전에는 서자가 있더라도 양자 입양을 인정한다는 회답을 보내고 있기 때문이다.

> 법제에는 서자가 있는 자(者)의 양자를 인정하지 않고 또 예사(禮斜)를 받는 데는 적첩(嫡妾) 모두 자(子)가 없는 것이 이유인 것을 예(例)로 한다. 만일 서자가 있으면 이를 허락하지 않을지라도 예사를 받는 자(者)가 극히 적고 따라서 서자가 있음에도 불구하고 양자를 삼는 것이 왕왕 있을지라도 서자가 있는데 행한 양자 입양이 무효라는 것을 듣지 못했고 그리고 양자는 당연히 봉사자로 되고 이 점에 대해서는 예외가 없다.[34]

> 조선의 법제에서는 서자가 있는 자는 양자를 들일 수 없을지라도 실제에서는 서류(庶類)를 천시하는 것 때문에 가계(家系)를 중하게 여기는 자(者), 문벌(門閥)이 있는 자(者) 등은 서자가 있음에도 불구하고 양자를 삼고 있고 관습상 유효하다고 인정된다. 갑오개혁 후 이

---

34 경성복심법원 조회, 1912년 10월 8일 정무총감 회답. 馬場社, 1926, 앞의 책, 223-224쪽.

관습은 거의 혁신되었어도 아직 일부에서 행해져 반드시 이것을 무효로 볼 수 없는 상황이다.[35]

위의 정무총감 회답은 고등법원의 판결에도 그대로 반영되었다. 역시 서자가 있는 경우에도 양자를 선정할 수 있고, 양자 또한 적출자와 동일한 권리를 가지는 것이 조선의 관습이라 판결하였다. 서자가 있는 경우 양자 입양을 하지 않는다는 조선시대 법전 규정뿐 아니라 서류 천시 경향 때문에 서자가 있어도 양자를 입양하던 조선시대의 유교 관행까지 모두 관습으로 인정하여 관습법적 효력을 부여하였던 것이다. 그리하여 1915년 초까지는 서자가 있을 경우에는 양자 입양을 하지 않을 수도 있고, 입양을 할 수도 있어 이 두 관행이 모두 관습으로서 법적 인정을 받았다.

대전회통(大典會通) 예전(禮典) 입후조(立後條)에 처첩에게 모두 아들이 없는 자는 관에 고하고 동종의 지자(支子)로 후사를 삼는다(嫡妾俱無子者告官立同宗支子爲後)고 되어 있고, 그 보문(補文)에 사사로이 후사를 세우는 자는 죄를 논한다 운운(私自立後者論罪云云)이라 할지라도 앞의 규정은 실제로 행해지지 않고 그리고 적자가 없는 경우에 서자가 있을지라도 예사를 받아 양자를 하는 것을 막지 않는 것은 서인(庶人)과 종친국척(宗親國戚)을 불문하고 조선의 관습이다.[36]

35 광주지방법원 목포지청 판사 조회, 1914년 2월 6일 정무총감 회답. 馬場社, 1926, 위의 책, 223-224쪽.

36 1913년 5월 20일 고등법원 판결, 판결록 2권 200쪽.

> 조선인 사이에는 호주인 피상속인에 그 서출(庶出)인 남자가 있는 경우일지라도 다른 곳으로부터 양자를 하고 또 그 양자는 상속에 적출(嫡出)의 남자와 동일한 권리를 가지는 관습이 존재한다.[37]

그러나 조선시대의 여러 관행들을 모두 관습으로서 법적 효력을 부여하는 것은 문제의 소지가 다분했다. 무엇보다 먼저, 재산권 분쟁을 유발할 가능성이 많았다. 양자 입양은 사실상 호주상속과 직접적으로 연관되는 사안이었다. 호주상속은 반드시 전 호주의 재산상속을 수반하는 것이어서, 이는 그 집안의 재산권 문제이기도 했다. 아울러 여러 관행들에 법적 효력을 부여하는 것은 국가 통합 전략과도 배치되었다. 왜냐하면 근대법은 관습의 일원화를 추구할 수밖에 없고, 나아가 그것은 국가 통합에 핵심이기 때문이다. 따라서 항목별로 조선 관습의 단일한 구성과 일본 민법과의 조화는 법원의 관습법 운용에 주요한 원칙이었다.

이러한 문제는 일찌감치 1915년 8월 7일 관통첩 제240호 「민적사무 취급에 관한 건」으로 해결되었다.[38] 제10항의 '양자에 관한 사항'에는 "양자를 얻어야만 하는 자는 호주와 가족을 불문하고 기혼의 남자 중 실제 자손인 남자가 없는 경우에 한정한다"고 규정되어 있다. 남자인 서자가 있을 경우에는 양자 입양이 금지되었던 것이다. 이 관통첩 240호를 근거로 하여 관습 인정은 '서자가 있는 자는 양자를 얻을 수 없다'는 방향으로 일관되게 추진되었다.

1917년 3월 3일 경상북도지사 조회에 사법부장관은 "서자 아들(庶子男)이 있는 호주 사망의 경우는 해당 서자가 호주가 되고 양자 신고는 수

37 1915년 1월 29일 고등법원 판결, 판결록 3권 9쪽.

38 朝鮮總督府司法府法務課, 1917, 앞의 책, 38-39쪽.

리하지 않는다"고 회답했다.[39] 그리고 이어진 1917년 11월 27일 고등법원 판결은 이를 재차 확인했다. "종래 일부 사회 특히 명문세가의 사이에서 서출의 남자가 있음에도 불구하고 피상속인 사망 후 그 유처(遺妻) 등이 바로 타(他)로부터 양자를 삼아 이로써 가독을 상속시키는 사례가 없지 않으나 이것은 명문세가 각자가 행한 일개의 전단행위에 불과하고 관습적인 효력을 가지는 것은 아니다."[40] 1923년 7월 19일 경성지방법원장 조회에 대한 법무국장 회답[41] 역시 동일한 원칙을 천명하였다.

그렇다면 조선총독부는 왜 서자가 있을 경우에 양자 입양을 부정했을까. 서자가 있을 경우에 양자를 입양하는 것은 원칙적으로 인간은 법 앞에 평등하다는 근대법의 정신과 충돌하였다. 더욱이 법은 혼인외자를 불가피하게 인정하고 있다. 이를테면 법은 혼인외자의 법적 신분을 추인의 형태로 보장하고 있는 셈이다. 그럼에도 양자를 들인다는 것은 법의 행위를 한 개인의 자의에 의해서 부인하는 결과가 될 뿐만 아니라 법은 자기모순에 빠지게 된다. 혼외자가 있음에도 양자를 인정한다면 혈연상으로는 자식이라고 인정했으면서도 법적으로는 자식이 아니라고 하는 결과가 될 것이기 때문이다. 호적제도를 만든 이상 모든 인간은 호적 안에 기록되어야 한다. 그리고 호적에 기재된 이상 그에 따르는 법적 신분은 보장받아야 했던 것이다.

---

39 1917년 3월 3일 경상북도지사 문합, 동년 6월 5일 사법부장관 회답: 서자 아들이 있는 호주 사망의 경우는 해당 서자가 호주가 되고 양자 신고는 수리하지 않는다. 馬場社, 1926, 앞의 책, 221-222쪽.

40 1917년 11월 27일 고등법원 판결, 판결록 4권 1018쪽.

41 1923년 7월 19일 경성지방법원장 문합, 동년 8월 23일 법무국장 회답. 『司法協會雜誌』 2권 8호 38쪽: 庶子男이 있는 者는 養子를 얻을 수 없는가. 회답: 貴見대로이다. 馬場社, 1926, 앞의 책, 221-222쪽.

4. 파양

양자관계의 해소를 의미하는 파양 또한 개인의 신분 변동과 관련된 항목이었다. 관습조사 당시 담당자들은 이연, 즉 파양에 준하는 조선 관습의 존재를 인정하였다. '제139 파양에 관한 관습은 어떠한가'에 대한 『관습조사보고서』의 답변은 그것을 보여준다. 자신을 낳은 실제 부모가 후손이 없어 절가(絶家)를 하게 되거나, 양자가 불효하거나, 중죄를 범하거나, 낭비하는 경우 파양을 허용한다는 것이다.[42] 그렇다고 해서 파양이 일반적인 관행은 아니었다. 그들이 파악한 조선의 관습에 따르면 그러한 경우가 아니면 파양이 가능하지 않았다는 것을 의미하기 때문이다.

그러나 조선총독부의 이러한 관습 인식과 달리, 파양을 일본 민법에 준하는 방식으로 이원화하여 제도화하였다. '협의이연'과 '재판상 파양'이 그것이다. 이것은 병합 후 불과 5년 만에 공식적으로 도입되었다. 행정적으로 협의이연과 재판상 이연이 양자관계를 해소하는 제도로 1915년 8월 7일자 관통첩 제240호에 의해 규정되었기 때문이다. 사실상 그들이 조선의 관습이라고 인식하였던 관행과 달리, 이혼과 마찬가지로 파양 또한 협의이연을 인정하였다. 그리고 협의가 안 될 경우에는 재판을 통해 파양이 가능하게 되었다.

파양은 이혼만큼 많이 일어나는 사건이 아니어서 실제 식민지 조선에서 파양이 언제 처음 일어났는지는 확인하지 못하였지만 1915년경 이미 파양제도가 작동되고 있었다. 1915년 9월 9일 "파양은 당사자 사

---

42 『慣習調査報告書』, 335-336쪽.

이의 합의로 할 수 있다"는 정무총감 회답은 이를 반증한다. 경기도장관의 조회에 대한 정무총감의 답변은 총독부의 공식적 입장을 밝힌 것이었다.[43] 이후 이러한 입장은 유지되었다. 협의이연의 효력 발생 요건과 관련하여 공주지방법원의 문의에 대한 1916년 2월 16일 회답에서 정무총감은 "협의이혼이나 이연의 경우, 부모나 호주의 동의를 요하는 이외에 하등 관습상의 수속은 없다"고 답하였다.[44] 이러한 효력 발생 요건에 대한 문의는 당시 조선에 협의이연이 제도적으로 이미 시행된다는 전제에서 가능한 것이었다.

재판상 이연 역시 1915년 관통첩 제240호에서 그 시행이 명시되었다. 11번째 항목 '파양에 관한 사항' 중 3항에 "재판상 파양의 신고는 확정판결 등본을 첨부할 것"이라 적시했기 때문이다.[45] 이것은 협의가 되지 않으면 재판을 통해 양자관계를 해소하는 법제가 이미 성립되어 있다는 것을 의미했다. 이로써 그들이 인식한 파양 관련 조선의 관습은 행정상이나 재판상으로나 부정되었다. 이러한 조선총독부의 태도는 줄곧 유지되었고, 이는 1921년 10월 13일 구관 및 제도조사위원회의 결의에서도 확인된다.

> 종전에 양자는 양가(養家)에서만 이연할 수 있도록 인정하고 이를 파양이라고 칭해 실가(實家) 절사(絶嗣)의 경우에 한해 양자의 복귀를 허락하는 것이 성규(成規)이다. 근래에는 협의이연을 인정하고 또 양

43 1915년 9월 9일 정무총감 회답. 馬場社, 1926, 앞의 책, 300쪽.

44 공주지방법원 앞 1916년 2월 16일 정무총감 회답. 馬場社, 1926, 위의 책, 300쪽.

45 朝鮮總督府司法府法務課, 1917, 앞의 책, 39쪽.

자 또는 양자의 실가로부터 파양을 요구하는 자(者)가 있는 경향이 생겼다.[46]

조선민사령 제11조 2차 개정에 의해 파양의 방식은 법제도로서의 성격이 더욱 분명해졌다. 협의이연은 자신이 속한 지역의 행정기관에 신고하는 것으로 효력이 발생되었다. 재판상 이연은 1939년 11월 조선민사령 제11조 3차 개정에 의해 민법의 적용 대상이 되었지만, 이 또한 그 이전에 이미 시행되고 있었다. 1923년 7월 고등법원의 판결은 우선 파양을 재판으로 인정했다. "1922년 이래 파양을 구해야만 하는 사유가 있으면 당사자 일방에 의해 소(訴)로써 재판소에 파양 재판을 요구하고 여기에 대해 파양을 선고하는 판결이 있어 그 판결이 확정되면 파양의 효력이 생기게 되는 관습이 성립한다"[47]고 판결했던 것이다. 이처럼 법원은 그들이 행한 관습조사의 결과로서 조선의 관습에 대한 인식과 달리 재판을 통해 '조선의 관습'을 법으로 확정해가고 있었다. "사유가 있는 경우 이연하는 데는 양친의 양자에 대한 재판 외에 파양의 의사로써 족하다고 하는 관습은 이미 폐멸로 돌아간 것으로 한다"[48]는 판결문에서 그것이 확인된다. 따라서 재판상 이연의 관습법 적용은 그간 행정적으로 시행되는 제도를 재판부가 관습법을 통해 정착시키는 방식이었다.

---

46 「舊慣及制度調査委員會決議(1921.10.13)」, 『民事慣習回答彙集』, 附錄, 30쪽.

47 1923년 7월 13일 고등법원 판결, 판결록 10권 37쪽.

48 1923년 7월 13일 고등법원 판결, 판결록 10권 217쪽.

제4장
관습법과 상속 '관습'

가족법이 1912년 3월 공포된 조선민사령 제11조에 의해 관습법 적용을 받았던 것은 주지하는 바이다. "조선인의 친족 및 상속 관계에 대해서는 (중략) 현 상황에 현저한 변동을 주어 인민에게 생각지 못한 번거로운 누를 끼치는 해악을 피할 수 있다"[1]는 것이 그 이유였다.

그러나 조선총독부는 조선민사령 제11조를 3차에 걸쳐 개정하여 일본 민법의 적용 범위를 확대해나갔다.[2] 그 결과, 친족법 및 상속법은 관습법과 성문법이 적용되는 이원적인 구조를 가지게 되었다. 특히 상속법은 조선민사령 제11조 2차 개정 당시 '상속의 승인 및 재산의 분리'가 민법 적용 대상이 된 것을 제외하면 해방에 이르기까지 관습법의 적용을 받았다. 따라서 상속법 운용 방식은 관습법 적용 실태가 잘 드러나는 지점이다. 아울러 일상문화를 통해 조선총독부가 조선을 식민화하는 방식을 살피고, 조선 사회의 문화 변용 방식을 확인할 수 있다.

이 장에서는 상속과 관련된 식민지시기 관습법의 운용 원리를 분석하고자 한다. 구체적으로 조선 사회의 상속 관행들, 사법관료에 의한 상속 관습 인식, 상속 관습법, 일본 민법 등 네 가지 관계에 주목하여 상속 관련 '관습'이 만들어지는 과정을 추적하고자 한다.

이를 위해 먼저 『관습조사보고서』에 나타난 조선의 상속 관습이 일본의 민법체계에 따라 어떻게 정리되는지를 살펴볼 것이다. 아울러 이것이 일본 민법체계의 형식과 내용면에서 가진 차이를 주목할 것이다. 다

---

1 「朝鮮總督上奏犯罪卽決例, 民事爭訟調停ニ關スル件及辯護士規則ノ件」, 『公文類聚』 34편 21권, 1910.

2 1차 개정(1921년 11월 14일, 제령 제14호): 친권, 후견, 보좌인, 무능력자를 위해 설치되는 친족회에 민법 적용. 2차 개정(1922년 12월 7일, 제령 제13호): 혼인 연령, 재판상 이혼, 인지, 친족회에 관한 규정, 상속의 승인 및 재산의 분리에 일본 민법 적용. 3차 개정(1939년 12월): 이성양자, 서양자연조, 씨제도 등 민법 적용.

음으로 신분상속 중 제사상속이 폐기되어 호주상속과 일체화되는 과정을 알아본다. 끝으로 사망한 호주의 재산상속이 운용되는 원리를 추적한다. 이를 통해 관습법이 일본 민법이 담고 있는 가제도와 충돌되지 않는 선에서 작동되고 있다는 점을 확인할 수 있다. 조선총독부 사법관료들은 조선 사회에서 기능하던 여러 관행들을 선택적으로 차용하면서 일본 민법의 방향으로 '조선의 관습'을 재구성해가고 있었다.

1. 상속제도의 정립과 관습 인식

상속법이 관습법 적용을 받자 조선 사회에서 재산상속이 어떻게 이루어졌는지를 파악하는 것이 중요했다. 일차적 참고자료는 병합 이전 일본인 사법관료들이 행한 관습조사의 결과물인 『관습조사보고서』였다. 이 보고서는 일본 메이지 민법의 개념과 체계에 맞추어 조사된 조선의 관행들을 정리하는 방식을 취한 것이었다.[3] 때문에 사실상의 조선의 관행들을 그대로 조사했기보다는 일본 민법의 체계에 맞게 구성한 조사항목에 조선의 것들을 채워 넣은 것이었다.[4]

---

3 정긍식, 2000, 앞의 글, 43쪽.

4 일본 민법은 프랑스인 법학자인 보아소나드에 의해 입안되었지만 개인주의적 성격이 강하다는 이유로 폐안되었다. 다시 오랜 기간 동안 민법 논쟁을 거친 후, 1898년 메이지 민법이 공포되었다. 이 중 총칙, 물권, 채권 등 세 편은 1896년 4월 18일에, 친족편 및 상속편 두 편은 1898년 6월 21일에 각각 공포되었다. 민법기초위원이자 법제국장관이었던 우메 겐지로는 제124 제국의회 중의원에서 민법수정안 심의에 즈음하여 "친족, 상속 두 편은 특히 일본 고대의 법제를 시작으로 유신 이후의 관행,

가족과 관련된 조선시대의 관행은 일본 민법의 가족법 부분인 친족편과 상속편에 맞추어 친족과 상속으로 나누어 조사, 파악하여 그에 대한 내용을 담고 있었다. 뿐만 아니라 조사지를 채운 질문 역시 일본의 친족법과 상속법을 구성하고 있던 항목들로 채워져 있었다. 이 중 상속편의 경우에는 일본 민법 중 상속제도의 두 기둥인 '가독상속'과 '유산상속(遺産相續)'의 틀 안에서 질문지가 구성되었다. 조사 내용 또한 그것을 기준으로 조선의 관행 여부에 초점이 있었다. 즉 가독상속의 개시 원인은 어떠한가, 유산상속을 인정하는가 등이 그러한 예이다. 이러한 과정을 통하여 조선의 상속 관습은 다음과 같이 정리되었다.

> 한국에서의 상속은 제사상속, 재산상속과 호주상속의 세 종류가 있음은 이미 언급하였다. 그리고 ① 제사상속은 그 가(家)의 조상을 제사하는 자의 지위를 승계하는 것이다. 부자상전(父子相傳)하여 그 제사가 끊이지 않게 하는 것이다. (중략) ② 재산상속은 사망한 사람의 유산을 승계하는 것이다. 사망한 자가 제사자인 경우에는 제사상속과 동시에 이루어지고, 상속을 받는 자는 제사상속인에게만 한정되는 것이 아니고, 피상속인의 다른 비속(卑屬) 역시 그 일부를 승계받는 것이다. (중략) ③ 호주상속은 호주 지위의 승계이고, 제사상속을 하는 자는 동시에 호주 지위를 승계한다. 제사상속인이 없으면 피상속인의 어머니 또는 처가 일시적으로 호주가 되는 예가 있다.[5]

지령(指令) 등을 충분히 조사 참조하여 지극히 용의주도하게 입법했던 바인 일본적 성격의 법안"이라고 설명하고 조속히 가결하기를 촉구하였다고 한다. 福島正夫 編, 1981,『日本近代法制の形成』上, 日本評論社, 238-242쪽.

5 『慣習調査報告書』, 346-347쪽.

관습조사를 통해 조선의 상속 관련 관습을 제사상속, 호주상속, 재산상속 등 세 종류로 구별하였다. 이러한 인식은 병합 이후에도 조선의 상속 관습으로 인정되었다. "조선에서 인정된 상속에는 조선의 제사자의 지위를 승계하는 것과 일가의 호주의 지위를 승계하는 것과 피상속인에게 속한 재산을 승계하는 것의 3종이 있다"는[6] 1923년 1월 25일 '구관 및 제도조사위원회'의 결의 역시 『관습조사보고서』의 관습 인식과 일치점을 보여주고 있다.

그러나 이것은 조선 고유의 관행을 그대로 정리한 것이 아니라, 일본 민법에 규정된 상속제도에 기반하여 재구성된 것이었다. 그 이유는 세 가지로 볼 수 있는데 첫째, 조선에서 관습조사 자체가 일본 상속법에 기반하여 이루어진 것이고, '상속'이란 용어도 이 과정에서 일본의 사법관료들에 의해 처음 사용되기 시작한 것이기 때문이다. 따라서 제사상속, 호주상속, 재산상속 등의 분류 역시 일본 민법의 법률 용어에 근거하여 창출된 것이었다. 조선총독부의 일본인 사법관료들 또한 '상속'이 조선 사회의 용어가 아니며, 이것이 하나의 제도로 기능하지 않고 있다는 점을 인지하고 있었다.

> 조선에서는 종전에 상속이란 말을 사용하지 않았고 이것을 사용하게 된 것은 최근일지라도 금일에는 법령 및 재판상의 용어로서 일반에 인식되고 있을 뿐만 아니라 일상 담화 사이에서도 이것을 통용하기에 이르렀다. (중략) 3종의 상속에 대해 재래의 용어로 그 명칭을 나타낼 수 없고 또 민법에 사용된 가독상속 및 유산상속의 용어는 (중

---

6 『民事慣習回答彙集』, 42쪽.

략) 그 내용에서 조선에서 행해진 상속과 다소 다르기 때문에 민법의 용어를 바로 여기에 해당시킬 수 없다. 이 때문에 종래의 조사에서는 그 실질에 의해 제사자 지위의 승계를 제사상속, 호주 지위의 승계를 호주상속, 재산의 승계를 재산상속으로 칭해 재판소에서도 이같이 명칭을 사용하고 있다.[7]

상속제도는 식민지 조선에 일본 민법의 가족법 체계가 도입되면서 정립된 것이었다. 조선 사회에 존재하던 유사하지만 질적으로 다른 관행들이 일본인 관료들에 의해 상속제도 속으로 포획되어 재구성되었다는 표현이 정확할 것이다. 이 과정에서 이것을 담당하였던 관료들이 가진 사법 지식이 조선 사회의 관습을 읽고 이해하는 주요한 틀로 작용하였다.[8] 서양이 동양을 묘사하고 이해하는 방식에서 보듯이, 인간은 자신의 주위 환경이나 지배적인 사유체계를 통해 타자에 대한 지식을 생산한다는 것은 부정할 수 없기 때문이다.[9]

둘째, 법률 용어뿐만 아니라 형식과 내용 또한 일본 민법의 상속제도에 맞추어졌기 때문이다. 더욱이 처음 조선민사령안이 작성될 당시부터 그들은 향후 일본 민법으로 법제일원화를 염두에 두고 있었다. 관습법은

---

7 『民事慣習回答彙集』, 42-43쪽.

8 테렌스 레인저(Terence Ranger)의 연구에 의하면, 식민지 아프리카에서 그들의 전통과 관련이 있다고 여겼던 관습법은 모두 식민지 법제화의 산물이었다. Terence Ranger, "The Invention of Tradition in Colonial Africa," Eric Hobsbawm · Terence Ranger ed., *The Invention of Tradition*, London: Cambridge University Press, 1985; 테렌스 레인저, 「식민지 아프리카에서 전통의 발명」, 박지향·장문석 옮김, 2004, 『만들어진 전통』, 휴머니스트, 463-464쪽.

9 에드워드 사이드 지음, 박홍규 옮김, 2000, 앞의 책.

당분간이고, 향후 일본 민법을 직접 적용하겠다는 의지가 담겨 있었다. "조선인의 친족 및 상속 관계에 대해 장래에는 내지와 동일 법규하에 두어야만 한다"[10]는 것이 근본 원칙이었다. 조선총독부 사법부장관이었던 고쿠분 산카이(國分三亥)가 조선의 관습을 "시세의 추이에 따라 점차 그 일각으로부터 이를 붕괴시켜 일본의 관습으로 동화 일치시키기를 필요로 한다"고 한 것[11]도, 고등법원이 "조선인의 친족, 상속에 관한 사항에 대해 누누이 내지 민법에 준하여 판결을 내린"[12] 이유도 여기에 있었다.

셋째, 가족법을 일본 민법과 일원화하는 것에는 보다 큰 함의가 있었기 때문이다. 그들은 조선인을 일본 국민으로 통합하고자 하였다. 가족관습은 일상적 삶의 문제이고 일상의 문화와 깊은 관련을 가지기 때문에 관습법 및 가족법의 일치 통합이 궁극적으로 그것을 가능하게 할 수 있다는 논리이다. 고등법원의 판례지침은 이러한 전략의 핵심을 잘 드러낸다. "대체로 오랜 세월 동일한 법제하에 생활하면 자연히 국민 상호의 융합이 순치(馴致)되기 때문이다. 이것은 일찍이 '티보'씨에 의해 창도되어 결국 독일 연방이 채용하는 바가 되었던 근본 방침이고, 우리 내선 사이의 융합 또한 동일한 법규, 특히 관습에 관계되는 법규의 통일이 가장 긴요하다"[13]는 것이었다. 민법 통일이 관습의 동화를 가져와 국가 통합에 결정적 역할을 한다는 것이다. 독일 연방이 민법에서 법역통일을 하

---

10 「朝鮮總督上奏犯罪卽決例, 民事爭訟調停ニ關スル件及辯護士規則ノ件」, 『公文類聚』 34편 21권, 1910.

11 國分三亥, 1919, 앞의 글.

12 朝鮮總督府法務局法務課, 1936, 앞의 책, 30쪽.

13 朝鮮總督府法務局法務課, 1936, 위의 책, 30쪽.

여 통합의 기초를 마련하였듯이,[14] 조선총독부 역시 이러한 정책을 추구하였던 것이다. "조선을 내지의 연장으로서 마치 시코쿠, 규슈에서와 같이 순연한 제국의 일부로 (중략) 조선인을 동화 융합시켜 혼연한 제국의 일부로서 통치하는 데 힘을 다하고 시종일관하여 금일에 미쳤다"[15]는 사법부장관의 상주서 또한 조선총독부의 통치방침 그 자체였던 것이다.

물론 용어가 존재하지 않는다고 해서 유사한 관행이 없다고 할 수는 없다. 그렇지만 조선의 '제사승계'나 '재산 분배 및 승계' 등에 담겨 있는 기존의 관행을 재구조화하지 않고는 일본식의 근대 사법체제를 구축할 수 없었다. 일본식 상속제도가 정립된 이상, 조선의 관행들은 일본 민법의 상속제도의 틀 안에서만 기능할 수 있었다. 그리하여 일차적으로 조선의 관습으로 파악된 제사상속, 호주상속, 재산상속 등 세 종류의 상속은 신분상속과 재산상속의 두 종류로 재분류되었다. 그런 다음 호주상속 및 제사상속을 '가독상속'의 범주로, 재산상속을 '유산상속'의 범주로 재구조화하였다.

> 일본 법제에서 가독상속과 유산상속의 구별은 조선에서의 상속을 설명함에 적절한 분류가 아니다. 그렇지만 이 구별에 따라서 제사상속과 호주상속은 함께 가독상속의 범주로 설명하고 재산상속은 제사상속, 호주상속과 동시에 이루어지는지를 묻지 않고 모두 유산상속의 범주로 설명하고자 한다.[16]

---

14 郭潤直, 1972, 『大陸法』, 박영사, 54-59쪽.

15 國分三亥, 1919, 앞의 글.

16 『慣習調査報告書』, 347쪽.

이것은 일본의 가독 개념이 조선에서 상속제도의 중심 개념이 되고 있었다는 것을 의미했다.[17] 그렇다고 이러한 분류방식이나 그 내용이 일본 민법의 그것들과 완전 일치하지는 않았다. 먼저 분류방식과 관련하여 그 차이를 보면, 일본 상속법은 가독상속과 유산상속 두 가지로 나뉜다. 이에 비해 조선에서는 '제사상속'을 하나의 상속 관습으로 설정하였을 뿐만 아니라 가장 비중이 있는 것으로 규정하여, 조선 사회의 특수한 성격을 드러냈다. "조선에서의 상속은 호주상속과 재산상속 외에 제사상속이라는 것이 있다. 게다가 제사상속은 상속 가운데서 가장 중요한 지위를 차지"[18]한다고 인식하였기 때문이다.

더욱이 조선의 상속 관습과 일본의 민법 사이에는 내용적으로도 차이가 있었다. 일본의 상속제도가 가독상속과 유산상속으로 이분화되는 것과 달리, 조선에서는 호주상속, 재산상속, 제사상속으로 삼분할하고 용어 자체도 다르게 선택한 이유가 여기에 있다. 양자의 차이는 다음과 같이 설명되었다.

> 민법에 규정된 가독상속은 호주인 지위를 상속하는 것으로 이 점에서는 조선에서의 호주인 지위의 승계에 상당할지라도 가독상속에서는 호주인 지위를 승계함과 동시에 호주가 가진 전 재산을 아울러 승계하고 그 재산에 대해서는 달리 상속인이 없다. 그리고 조선에서의 호주상속도 역시 호주의 지위를 승계하는 동시에 호주가 가진 재산을 승계하는 것일지라도 (중략) 민법의 가독상속이 재산에 대해 전산

17 양현아, 2011, 앞의 책, 159-162쪽.

18 『慣習調査報告書』, 347쪽.

상속주의(全産相續主義)를 채택한 것에 대해 조선의 호주상속은 재산에 대해 분할상속주의(分割相續主義)에 의하기 때문에 완전히 이를 동일하게 볼 수 없다.[19]

민법에 규정된 유산상속은 재산의 상속인 점에서 조선의 재산상속과 동일하지만, 유산상속은 가족 사망의 경우에만 이를 인정하고, 호주 사망의 경우에는 이를 인정하지 않는다. 그런데 조선에서 재산상속은 가족 사망의 경우 외에 호주 사망인 경우에도 생기기 때문에 이 점에서 서로 다른 바가 있다. 특히 조선에서 재산상속은 피상속인 사망의 경우만 하는 것이 아니고, 호주의 경질 또는 지위를 떠나는 것으로 인해 재산상속이 개시되므로(여성 호주가 가에 양자를 입양하거나 또는 출가하는 경우) 그 두 가지를 구별할 필요가 있다.[20]

조선의 관습은 일본 민법과 다음 두 가지 점에서 내용적으로 차이가 있었다. 첫째, 일종의 신분상속인 일본의 가독상속은 '가독상속인'='호주상속인'이 사망한 호주의 호주 지위와 함께 모든 재산을 상속받았다. 이에 비해 조선의 호주상속인은 호주 지위를 상속받고, 재산은 그 가의 형제들이 공동으로 분할 상속받는 것이 그들이 인식한 조선의 관습이었다. 즉 조선에서는 호주상속인이 전 호주의 재산을 모두 상속받는 것이 아니라 그에게 형제들이 있을 경우에는 그들과 함께 전 호주의 재산을 분할하여 상속받는 것이었다.[21]

---

19 「舊慣及制度調査委員會決議(1923.1.25)」, 『民事慣習回答彙集』, 45-46쪽.

20 위의 글, 46-47쪽.

21 양현아, 2011, 앞의 책, 127-128쪽.

둘째, 일본에서 유산상속은 호주 사망 시에는 발생하지 않고, 호주의 가족이 사망한 경우에만 발생한다. 일본의 가독상속은 호주 지위의 승계와 동시에 모든 재산을 상속받는 제도이다. 반면 조선에서는 전 호주의 재산에 분할상속제를 관습으로 인식하였기 때문에 호주 혹은 그의 가족이 사망의 경우에도 재산상속의 문제가 발생하였다. 따라서 당시 일본의 사법관료들은 조선의 상속 관습이 관행적으로 어느 정도 일본과 차이가 있는 것으로 인식, 정리하였다.

2. 신분상속과 관습법

그렇다면 조선총독부의 사법관료들이 조선의 신분상속으로 인식한 호주상속과 제사상속은 어떠한 방식으로 운용되었는가. 이와 관련된 조선시대의 관행과 일본 민법의 관계성을 염두에 두면서 논의를 전개하고자 한다.

먼저 호주상속에 대해 살펴보면, 호주상속은 호주가 사망할 경우 발생하는 것으로, '호주'라는 법적 신분, 즉 '가' 내에서 '가장권'을 가진 호주 지위의 상속을 의미했다. 가를 주재하고, 가족을 지휘 통솔하는 권리를 지닌 호주는 가와 가족의 대표자인 법적 신분이었고,[22] 가가 존재하는 한 그 가에는 반드시 대표자인 호주가 존재해야만 했다. 호주제도는 일본식 호적제도의 이식에 의해 하나의 행정제도로서 성립된 것이기 때문

22 近見繁造, 1924, 앞의 책, 35쪽.

이다. 특히 호주의 지위는 일반적으로 그 가의 장남에게 그 지위가 계승되는 것으로 제도화되었다. 여기에는 호주에서 호주로 이어지면서 가(집안)가 영원히 계속된다는 가계계승의 원리가 담겨 있었다. 결국 호주제도에 내재된 승계의 원리를 상속으로 정의하여 '호주상속'이라는 용어를 만들어낸 것은 관습조사를 주도한 일본인 사법관료들이었다. 이렇게 보면, 호주상속은 조선에서 실천되던 관행도, 더욱이 관습도 아니었으며, 일본식 호적제도와 상속제도의 도입이라는 식민지 상황 속에서 일본인 사법관료들에 의해 '발명된 관습(invented custom)'이었던 것이다.

장남자인 호주를 통해 가를 계승한다는 원리를 가진 호주상속은 조선 사회의 제사승계의 원리와는 상당히 친화적이었다. 조선시대 제사 관련 관행은 '봉사(奉祀)'라는 용어로 표현되었고, 제사를 받드는 봉사권자를 통해 가를 계승하였다.[23] 이 관행을 일본인 사법관료들은 일본 민법의 상속 개념을 통해 '제사상속'이라는 용어로 정리하였다.

그런데 제사봉사가 가지고 있는 가계계승의 원리는 조선총독부 사법관료들에게 가장 고민되는 부분이었을 것으로 보인다. 제사상속은 일본 민법에는 없는 제도였을 뿐만 아니라 호주상속과도 사실상 중첩되는 개념이었기 때문이다. 제사상속이 조선의 관습으로 인정되었지만, 제사가 상속 대상으로서 가진 법률적 성격은 처음부터 모호하였다. 조선총독부 판사로서 조선의 관습을 꾸준히 연구해온 노무라 초타로는 일찍이 제사를 신분상속의 대상으로 삼는 것에 의구심을 나타내면서, 제사상속을

23 제사봉사는 조선시대의 전기와 후기에서 그 성격을 달리한다. 전기에는 부모에 대한 사후봉양의 의미가 크고, 모든 자녀가 돌아가면서 제사를 지내는 윤회봉사가 일반적이었다면, 후기에는 제사에 가계승의 원리가 담기고 장자봉사로 변화되었다(정긍식, 1996, 「조선초기 제사승계법제의 성립에 관한 연구」, 서울대 박사학위논문, 16-23쪽).

상속제도에서 배제하는 편이 오히려 합리적이라는 주장을 했다. 제사의 상속은 그다지 실익이 없을 뿐만 아니라 상속이 가진 법 원리에도 배치된다는 것이었다.[24]

그렇다면 당시 조선의 가족법 연구자를 대표하는 노무라가 제사상속의 제도화에 회의적이었던 이유는 무엇일까.[25] 그 이유는 첫째, 제사를 법적 권리의 대상으로 삼기 어렵다는 것이다. 왜냐하면 제사상속인이 가진 법률상의 권리가 거의 없기 때문이다.

> 제사상속을 단지 제사자 지위를 승계하는 것에 불과하다고 한다면, 이를 법률상 상속의 일종으로 취급하는 것은 어떠한 것인가. 오히려 (제사상속을) 법률상의 상속에서 제외해야만 하지 않을까. (중략) 설사 제사권이라는 일종의 권리를 인정한다 해도, 그것을 호주가 가진 여러 가지의 권리를 포괄하는 호주권과 동일시할 수 없다. 단일한 권리를 가지는 것으로써 법률상의 신분을 인정하고, 그것이 법률로 인한 주체의 변경을 상속한다고 믿기 위해서는 신분 또는 상속에 대한 재래의 개념을 고치지 않으면 안 된다. 이에 더하여 법률상 이것을 상속으로서 취급할 필요나 편리도 없다.[26]

둘째, 제사의 상속은 신분을 이전시키는 성격의 것이 아니라는 것이다. 제사승계는 유교의 관념에서 중요한 의미를 가진다. 종법의 혈통

24 野村調太郎, 1926b, 「祖先の祭祀と現行の法律 - 宗孫權の性質竝其の確認の訴に付て」, 『司法協會雜誌』 5권 4호, 17쪽.

25 노무라 초타로에 대한 연구는 홍양희, 2009, 앞의 글 참조.

26 野村調太郎, 1926b, 앞의 글, 15-16쪽.

주의에 따라 끊이지 않는 제사의 승계가 곧 집안을 이어가는 핵심적인 요소였기 때문이다. 노무라는 제사가 단지 부모나 조상에 대해 자손이 가지는 도의의 문제일 뿐 그것이 상속해야 하는 신분상의 지위는 아니라고 생각하였다. 따라서 제사의 상속은 법률의 영역이 아닌, 종중 내부의 문제로 넘기는 것이 보다 현실적이라고 주장하였다. 즉 법이 아닌 사적인 차원의 문제이므로 개인 또는 종중에 일임하는 것이 마땅하다는 주장이었다.

> 현재 우리 야마토민족(大和民族)도 조상제사를 중요하게 여기는 것은 결코 조선인에 뒤떨어지지 않고, 민족에도 계보(系譜), 제구(祭具) 및 분묘의 소유권은 가독상속의 특권에 속한다고까지 규정하고 있다. 그렇지만 제사상속인은 인정되지 않는다. 아니 이 사실은 인정하지만, 제사를 법률상 상속의 물체로 삼지는 않는다. 조선에서도 법률적으로는 오직 호주상속과 재산상속만을 인정하고, 제사상속은 각 종중 계보소에 맡기는 것이 마땅하지 않을까. (중략) 부언하고자 하는 것은 제사는 성질상 이전해야만 하는 것이 아니다. 즉 자손이 조상제사를 하는 것은 자신이 조상을 존숭하여 이를 하는 것이고, 선대(先代)를 대신하여 행하는 것은 아니다. 이것을 하는데 선대의 지위를 승계할 필요는 없다. 제사의 상속이라는 것은 생각할 수 없고, 그 승계, 즉 이전은 성질상 있을 수 없다. 오직 법률이 제사를 권리로서 인정할 때 비로소 그 승계의 관념을 용인할 수 있다.[27]

---

27 野村調太郎, 1926b, 위의 글, 16-18쪽.

셋째, 호주권과 재산권의 승계를 제사상속의 효력으로 본다면, 법적으로 제사승계는 호주상속과 재산상속을 하는 기준에 지나지 않는다는 것이다. 당시 호주상속이 명실상부하게 존재하는 이상, 제사상속인이 특정한 신분상의 권리를 가지기는 어렵기 때문이다.

> 제사자가 누구인지는 상속에 관하여 중요한 사실이다. 누가 호주로 되고, 누가 선대의 유산을 승계해야만 할지는 제사의 승계를 표준으로 하고 혹은 이것을 참작하여 결정하지 않으면 안 된다. 조선인의 사상에 의하면 제사승계가 일체의 상속에 기초가 되고, 호주 및 재산의 승계는 이에 종속되는 것에 불과한 것이다. 그러나 법률상에서 이것을 보면, 제사승계는 오직 호주상속과 재산상속에 있어 상속인을 정하는 표준이라는 사실로 취급하는 데 불과하다.[28]

제사상속인은 단지 제사를 상속받는 것에 그치지 않고, 호주의 지위를 동시에 상속받는 것이 일반적이었다. "조선에서는 호주의 사망 그 외의 사유로 인해 가에 호주가 없을 때는 그 가에서 조상의 제사자인 지위를 승계하는 자(남자에 한함)가 호주의 지위를 승계하고 만일 제사자인 지위를 승계할 자가 없을 때는 특별한 경우(차양자인 때)를 제외하고 그 가에 있는 여자 중에 가장 선순위에 있는 자가 호주의 지위를 승계한다"[29]는 중추원 회답은 그것을 보여준다. 즉 호주의 지위는 제사상속인이 함께 상속받았고, 이렇게 보면 제사상속인은 호주상속인을 정하는

---

28 野村調太郎, 1926b, 위의 글, 17쪽.

29 「家督及遺産相續順位二關スル件」, 1923년 4월 16일 간이보험국 조회, 동년 7월 21일 중추원 회답. 『民事慣習回答彙集』, 429쪽.

기준에 지나지 않았던 것이다.

종법에서 제사승계권은 집안의 대를 잇는다는 것을 의미했다. 그리고 당시 성립되어 있던 호적제도에 따라서 호주는 가의 대표자로서 가를 계승하였다. 가의 계승자 지위라는 점에서 보면 이 두 가지는 서로 중첩되는 것이었다. 실제 조선에서 호주상속인은 제사승계자의 순위에 따라 정해졌다. 제1순위는 적장자(嫡長子)이고, 만일 적장자가 미혼 상태에서 사망한 경우라면 차남 이하가 나이에 따라 호주상속인이 되었기 때문이다.

> 조선에서는 호주의 사망 기타의 사유로 인해 가에 호주가 없기에 이르렀을 때는 그 가에서 조상의 제사자인 지위를 승계하는 자가 호주의 지위를 승계하고 (중략) 일가의 제사는 호주가 하는 것을 본칙으로 삼는 근본 관념에서 보면 제사상속과 호주상속과는 본래 일체의 것이라고 이를 수 있다.[30]

그렇지만 조선에서 호주상속인을 정하는 기준이 제사상속인이라 하더라도 호주상속이 제사상속에 반드시 종속되거나 항상 일치하는 것도 아니었다. 사망한 호주가 아들이 없고 딸만 있는 경우가 있었기 때문이다. 이런 상황에서는 양자를 입양하지 않으면 제사승계자가 있을 수 없다. 남자만이 제사를 승계한다는 유교 규율이 여성이 제사상속인이 되는 것을 금지하기 때문이다. 이에 비해 호주제도는 행정제도이기도 해서 폐가가 되지 않고 가가 존재하는 한, 호주 지위의 상속은 반드시 이루어

---

30 「舊慣及制度調査委員會決議, '相續二關スル事項'(1923.1.25)」, 『民事慣習回答彙集』, 부록, 45쪽.

져야만 했다. 가에 여성만 있을 경우에는 모, 처, 딸의 나이 순서에 의해 호주상속을 했다.[31]

이렇듯 제사상속은 없어도 호주상속은 반드시 존재해야 했다. 이런 점에서 볼 때 제사상속은 오히려 호주상속에 흡수되고, 호주상속인을 정하는 기준 정도로 축소되어 결국 제사상속인의 법적 지위는 사실상 유명무실한 것과 다름없었다. 제사상속과 호주상속이 일반적으로 거의 동시에 집행된다는 점, 법적으로 제사상속은 없어도 호주상속은 반드시 있어야 한다는 점, 더욱이 호주의 법적 권한이 상당하다는 점 등에서 제사상속의 법률적 입지는 좁아질 수밖에 없었다. 이것이 제사상속이 법적 효력을 가지지 못하고 오히려 호주상속에 종속되는 결과를 초래한 이유이다.

아울러 호주상속인을 정하는 데 제사상속이라는 표준이 굳이 필요하지도 않았다. 법률적으로는 직계비속 장남자라는 표준이 더욱 일반적이 될 수 있기 때문이다. 따라서 제사상속이 일종의 신분상속으로서 가지는 법적 지위는 유명무실해질 수밖에 없었다. 이를 최종적으로 확인한 것은 1933년 3월 3일 고등법원의 판결이었다. 고등법원이 제사상속의 관념을 다음과 같이 정리하면서 이것이 가진 법률적 의의는 완전히 무효화되었다.

> 호주상속과 재산상속의 제도가 확립된 현재 이를 제외한 제사상속관념은 선대를 봉사하고 또 조상의 제사를 봉행(奉行)하는 도의상의 지위를 승계하는 데 불과하다.[32]

---

31 1922년 12월 1일 고등법원 판결, 판결록 9권 53쪽.

32 司法協會, 1937, 『朝鮮高等法院判例要旨類集』, 379쪽.

위의 고등법원의 판례는 명실공히 조선의 상속제도를 호주상속과 재산상속이라는 양대 기둥으로 재정립한 것이었다. 이로써 그동안 조선의 고유한 관습으로 논의되던 제사상속의 법률적 의의는 부정되었고, 제사상속은 개인적이고 사적인 도의 차원의 문제가 되었다. 사실상 이것은 고등법원의 공식적 선언에 불과한 것이고 제사상속은 처음부터 법률적 실효성을 가지기는 어려웠다. 제사상속의 폐지는 처음부터 시간문제였으며 예정된 것이나 다름없었다. 당시 조선총독부 판사 노무라의 주장 역시 조선인의 관념이 아닌 판사인 법률가가 바라보는 당대의 법적 실천의 문제를 이야기한 것이었다.

그럼에도 불구하고 조선총독부의 사법관료들은 조선에서 호주제도를 정착시키기 위해 제사상속의 관념을 계속 동원하였다. 이 양자가 남계혈통을 통한 가의 계승성과 강력한 가부장권을 공통의 자양분으로 삼고 있다는 점에서 서로가 서로를 지지해주는 역할을 할 수 있기 때문이다.

> 호주상속과 구별되는 제사상속은 단순한 제사관계에 그치고 거의 법률적 의미를 상실하였기 때문에, 이를 그대로 상속이라 해야 하는지는 의문이다. 다만 조선에서는 신분상속이 전술한 바와 같이 제사승계를 기본 관념으로 하므로 이를 떠나서 호주상속의 모든 관계를 이해한다는 것은 도저히 불가능하다.[33]

---

33 野村調太郎, 1939, 「朝鮮における親族相續慣習の實情と其の法律上の主要問題」, 『法律時報』 11권 9호, 18쪽.

메이지 일본이 발명한 호주제도, 그리고 호주 신분의 상속이 조선에서는 제사자의 승계관념을 통해 이해될 수 있다는 것이다. 호주제도가 그 입지를 확고히 하기 위해 제사상속의 관념에 연동될 필요가 있었던 이유이다. 조선 사회에서 호주제도는 제사상속의 관념을 내재한 채 가부장적 가족의 계승이 확보되는 것이기에, 전혀 이질적으로 느껴지기 어려웠다.[34] 그렇기 때문에 호주제도는 한국 사회에 정착하기 위한 전략으로 제사상속에 기대는 전술을 구사하는 것이 보다 유리하였다. 동시에 제사승계의 관념은 호주상속인을 정하는 표준으로 기능하면서 그 의미가 배가되었다. 식민지 사법관료들에 의해 처음 조선의 관습으로 정리되었던 제사상속과 호주상속이라는 두 가지 제도가 식민지 관습법 체제에서 얽히면서, 호주상속은 거의 제사상속과 동일시되는 효과가 나타났다. 그리고 마침내 호주상속제도 안으로 제사상속은 흡수, 용해되었다.

그렇지만 이 과정에서 주목되는 반전은 제사승계의 관념이 오히려 더욱 강력하게 부활했다는 점이다. 그 자체로서의 법적 지위를 상실하였을지라도 제사승계의 관념은 호주상속의 의미로 전화되면서 그 기능이 더욱 강화되고 확산되었다. 호주상속 안에서 핵심적인 관념으로 자리 잡으면서 강인한 생명력으로 살아 있었기 때문이었다. 이 두 관념은 서로를 굳건히 강화하였다. 호주상속은 제사상속에, 제사상속은 호주상속에 기대어, 결과적으로는 양반층에 주로 국한되어 있던 가계승 의식을 전 조선인에게 확산시키는 효과를 가져왔던 것이다.[35] 호주제도 철폐라는

34 양현아, 2011, 앞의 책, 163-164쪽. 양현아는 이를 '제사승계자와 호주 지위의 착종'이라고 설명한다.

35 호주제도와 종법의 차이에 대해서는 이 책 제1장과 홍양희, 2005a, 앞의 글, 188-198쪽 참조.

가족법개정운동에 한국의 유림 집단이 강력히 반발하는 역설 또한 여기에서 초래되었다 할 수 있다.

3. 재산상속과 관습법

일본인 사법관료들에 의해 조선의 상속 관습으로 인식된 '재산상속'은 사실상 가족법의 핵심 중 하나이다. 재산관계는 가족 사이의 분쟁이 첨예하게 일어나는 지점이었기 때문이다. 주지하듯이 관습조사를 담당하였던 일본인 사법관료들은 사망한 사람의 재산을 처리하는 문제에 대해서 일본 민법과 조선 사회의 관행이 일정한 차이를 가지는 것으로 인식하였다. "재산상속은 가족이 사망한 경우에 이를 인정할 뿐만 아니라, 호주가 사망한 경우에도 이를 역시 인정한다"고[36] 정리하였기 때문이다. 특히 사망한 전 호주의 재산 분배는 일본 민법과 달리 분할상속제를 채택한다는 점에서 상당한 차이를 인정한 것이기도 했다.

그렇다면 조선총독부가 관습법 체제하에서 조선에 시행한 재산상속상의 규정들은 어떠하였는가. 이를 조선시대의 관행, 특히 재산 분배에 대한 관념, 분배인, 분배분 등을 중심으로 검토하고자 한다.

우선 '재산상속' 개념 또한 일본인 사법관료들이 조선의 관습을 조사하는 과정에서 탄생하였다. 이 용어를 조선시대에는 거의 찾아볼 수 없을 뿐만 아니라, 재산을 나눈다는 의미의 '분재(分財)'라는 용어가 보다

36 『慣習調査報告書』, 354쪽.

일반적으로 쓰였다. 이것은 조선시대 재산의 분배를 기록한 분재기(分財記)를 통해 확인된다. 1510년부터 1885년까지 분재기를 분석한 연구를 살펴보면, 분재기에는 '상속'이라는 용어가 나타나지 않으며, 다만 재산 분배와 관련된 12종의 용어가 발견된다.[37] 통일된 용어의 부재는 당시 재산의 분배가 다양한 방식으로 시행되었고, 이것이 상속과 같은 법률행위도 아니었다는 것을 의미한다.

더욱이 상속이라는 용어는 기본적으로 재산을 받는다는 입장이 반영된 것이었다. 재산을 소유한 사람이 사망한 경우 그의 재산을 일정한 다른 사람이 이전받는 것을 의미한다. 당시 식민지 사법관료들은 "상속은 사후(死後)의 분급(分給)이고, 생전(生前)의 분급은 상속재산의 사전 분할(事前分割)"이라 하여,[38] 사후 분급이 상속의 기본 관념이라고 보았다. 이에 비해, 조선시대에 재산과 관련하여 주로 쓰인 '분재(分財)', '분집(分執)', '분깃[分衿]' 등의 용어는 재산의 소유자인 피상속인의 입장이 반영된 것이었다. 그리고 사후보다 오히려 생전에 재산을 이전하는 것과 관련된 용어가 더 많았고, 두 가지가 별다른 구분 없이 사용되었다.[39]

재산을 어떻게 나누는지에 대한 문서인 분재기 또한 항상적이거나 일률적이지도 않았다. 누구든지 반드시 작성해야만 하는 것도 아니었다. 주로 양반층에서 재산분쟁의 소지가 있을 것 같은 경우에 작성되었다.

---

37 최재석이 분석한 123통의 분재기에는 12종의 용어가 등장한다. 1) 분깃(分衿) 2) 분급(分給) 3) 깃급(衿給) 4) 허여(許與) 5) 허급(許給) 6) 분파(分派) 7) 깃득(衿得) 8) 분집(分執) 9) 분금(分襟) 10) 구별(區別) 11) 화회(和會) 12) 화의(和議) 등이다. 이 중에서 화회가 가장 많고, 다음으로 분금, 분급 순이다. 최재석, 1983, 『한국가족제도사연구』, 일지사, 511쪽.

38 朝鮮總督府中樞院調査課 編, 1936, 앞의 책, 7쪽.

39 문숙자, 2004, 『조선시대 재산상속과 가족』, 경인문화사, 2-3쪽.

분재기를 작성하는 특정 시기가 있는 것도 아니었다. 재산의 소유자인 부모 생전에 재산을 자녀에게 나눠주는가 하면, 부모 사망 후 형제자매가 모여 재산을 분할하기도 했다. 화회문기도 부모상이 끝난 후, 부모 3년상 이후, 3년상이 훨씬 지난 후 등 작성 시기가 일정하지 않았다. 한 연구에 의하면, 3년상이 끝나기 전에 재산 분배를 하는 것은 불효로 여겼기 때문에 주로 부모 3년상 이후의 재산 분배가 가장 일반적이었다.[40] 분재기 작성 또한 한 번에 그치지 않고, 누락 재산이 발견되면 다시 그것에 대한 분재기를 작성하기도 했다. 어떤 분재기에는 누락 재산이 생기면 다시 분재하라는 당부가 기재된 경우도 있었다.[41] 이렇듯 그동안 조선 사회에서는 다양한 형식으로 부모의 재산이 자식에게 이전되고 있었다.

자녀 사이의 재산 배분도 반드시 일률적이지만은 않았다. 『경국대전』에 '자녀균분제'를 규정한 이래, 분재기의 대부분이 봉사조(奉祀條)를 제하고 재산의 균분을 실천하고 있었다. 이것은 결혼한 딸에게도 예외가 아니었고, 사위 앞으로 재산을 분배하기도 하였다. 비록 재산의 균분 관행이 17세기 중엽 이후 차등화되기 시작했지만, 이 또한 반드시 일률적인 것은 아니었다. 장남우대, 남녀차별, 남자균분·여성차별의 사례가 혼용되어 나타났으며, 18세기 중엽으로 가면서 장남우대, 여성차별의 경향이 증가했다.[42]

그렇지만 재산 분할의 형태가 반드시 획일화된 강제성을 지닌 것은 아니었다. 집안에 따라 자신들의 상황에 맞게 조절하는 자율적인 측면을

40 문숙자, 2004, 위의 책, 29쪽.

41 최재석, 1983, 앞의 책, 515-518쪽.

42 최재석, 1983, 위의 책, 527-528쪽.

가졌으므로 국가에 의해 제도로 규율되지는 않았다. 결국 조선시대에는 개인의 재산에 대한 국가의 직접적인 파악 혹은 통제 의지가 그다지 크지 않았다고 할 수 있다.[43] 균분이 원칙이지만 여러 명분을 들어 예외로 처리하는 가능성이 항상 존재했고, 실제 재산소유자의 의사에 따라 분재 내용을 얼마든지 유동적으로 조절할 수 있었다.[44]

조선시대의 이러한 관행들은 식민지 법제화에 의해 '재산상속'이라는 정형화된 제도로 흡수되었다. 이 과정에서 일본 민법과는 달리 전 호주의 재산에 대한 조선의 관행은 그대로 인정받기보다는 일본 민법에 관철되고 있는 몇 가지 원리들의 통제권 안으로 흡수되었다. 재산상속에 관철되는 기본 원리는 다음 두 가지였다. 먼저 호적, 즉 '가적'을 기반으로 구성된 '가족'의 범주이다.[45] 1913년 5월 식민지 초기부터 정무총감은 호주가 사망한 경우 "그 유산은 상속 개시 당시 피상속인의 가적에 있는 제사상속인 및 그 외의 직계비속인 남자가 이것을 상속하는 것이 관습"이라는 회답을 한다.[46] 사망한 호주의 재산은 그의 호적에 입적되어 있는 아들이 상속받는 것이 조선의 관습이라는 것이다. 만일 사망한 여성 호주에게 결혼한 딸만 있을 경우에도 그 딸이 재산상속인이 되기 위해서는 그 가적의 출신이라는 것이 요구되었다.[47]

---

43 문숙자, 2004, 앞의 책, 12쪽.

44 문숙자, 2004, 위의 책, 15쪽.

45 이상욱, 1990, 「일제시대의 재산상속관습법」, 『법사학연구』 11, 85쪽; 양현아, 2000a, 앞의 글, 53-58쪽.

46 「遺産相續二關スル件」, 1913년 5월 23일 경성지방법원장 조회, 동년 5월 30일 정무총감 회답. 『民事慣習回答彙集』, 136-137쪽.

47 1922년 9월 22일 고등법원 판결, 판결록 9권 370쪽.

이는 호주가 아닌 가족원이 사망하여 이루어지는 재산상속에서도 마찬가지였다. 재산상속인을 가에 있는 자로 한정하고, 타가의 사람은 상속인이 될 수 없다고 판시하였기 때문이다. 1923년 평양복심법원의 판결 또한 가적이 재산상속의 기본 조건이었다. "모든 재산상속은 그 가에 있는 자에 한하고 타가에 있는 자가 재산상속인이 될 수 없는 것은 조선에서의 관습이다"[48]라고 판시하였다. 이 사례는 이혼 후 재혼한 어머니의 호적에 입적되어 있던 미혼의 딸이 사망한 후, 아버지가 딸의 유산에 대해 자신의 권리를 주장하면서 발생했다. 그 주장이 받아들여지지 않자 아버지는 한국의 관습에서 친권은 아버지가 어머니보다 우선된다는 점, 호적의 착오로 어머니의 호적에 입적되었다는 점, 딸이 어머니와 동거하지 않았다는 점 등을 이유로 제시하면서 상고하였지만, 판결을 뒤집지는 못했다.[49] 뒤이은 고등법원의 판결 역시 가적에 기반한 가족의 범주 안에서 재산상속이 이루어진다는 점을 재차 확인했다. "가족의 유산은 가적을 같이하는 직계비속에게 상속하는 것이 조선에서의 고래의 관습으로 ○○○의 유산은 그와 가적을 같이하는 피고에게 상속해야만 하는 것이 당연하다"[50]는 것이다.

다른 하나는 강력한 '호주권'이다. 사법관료들은 조선에서는 사망한 호주의 재산상속은 아들들이 공동상속하는 분할상속제를 채택하는 것으로, 일본 민법의 호주 단독상속과 다르게 조선의 관습을 해석하였다. 그렇지만 재산상속이 집행되는 방식은 사실상 호주 단독상속이나 마찬

48 1923년 12월 28일 평양복심법원 민공 제296호 판결.

49 정광현, 1967, 앞의 책, 285-287쪽.

50 1925년 12월 5일 고등법원 판결, 『司法協會雜誌』 5권 1호 49쪽.

가지였다. 일본 민법의 그것과 그다지 차이가 없었다. 왜냐하면 호주상속인이 일단 전 호주의 모든 재산을 상속하고 그 후에 자신과 공동상속인인 형제들에게 재산을 분배해주는 절차가 필요했기 때문이다. 1913년 6월 7일 고등법원장의 조회에 대해 6월 19일 정무총감은 "피상속인의 재산은 그 소유권이 일단 제사상속인에게 이전되고, 나머지의 상속인은 분배로 인해 비로소 그 소유권을 가진다"고 회답하였다.[51] 이것은 곧 이어 1913년 7월 1일 고등법원 판결로 이어졌다.

> 호주가 사망하고 적서(嫡庶)의 남자가 여러 명이 있는 경우에 그 유산 전부는 일단 제사상속인의 소유로 돌아가고 기타의 적남(嫡男)은 유산에 대해 제사상속인으로 하여금 상당 상속분의 분배를 하도록 하는 데 불과하고 그리고 그 유산에 대한 소유권은 상속 개시의 시에 당연 취득하는 것이 아니고 분배로 인해 이것을 취득하는 것은 조선인 사이에 있어서의 일반 관습이다.[52]

이러한 판결은 1917년 평양지방서기회의 결의에서 다시 확인된다. "호주가 사망하여 차남, 삼남의 승낙을 얻어서 상속분의 분배를 받고 상속에 의한 소유권 이전등기를 신청한 경우일지라도 일단 장남이 상속등기를 한 후가 아니면 이를 수리할 수 없다"[53]는 것이다. 이제 호주상속을 받은 장남 이외의 아들들이 재산을 상속받기 위해서는 두 가지의 단계

---

51 「遺産相續竝其ノ割合ニ關スル件」, 1913년 6월 7일 고등법원장 조회, 동년 6월 19일 정무총감 회답. 『民事慣習回答彙集』, 141쪽.

52 1913년 7월 1일 고등법원 판결, 판결록 2권 23쪽.

53 「平壤地方書記會決議(1917.9)」. 정광현, 1967, 앞의 책, 189쪽.

를 거쳐야 했다. 우선 호주상속인이 전 재산을 상속받는 것이 첫 번째 단계이다. 호주의 지위상속과 동시에 모든 상속재산의 소유권은 일차적으로 호주상속인에게 귀속되었다. 이것은 마치 일본의 가독상속과 마찬가지인 상속행위였다. 이어 두 번째 단계는 호주상속인이 상속받은 재산의 일부를 타 상속인들에게 분할해주는 과정이다. 즉 차남 이하에게 재산상속이 이루어지는 것은 이러한 두 단계를 거쳐야 비로소 완성되었다.

그렇다고 차남 이하의 재산상속인이 호주상속인에게 재산 분배를 곧바로 신청할 수 있는 것은 아니었다. 재산 분할을 요청하기 위해서는 일정한 필요조건이 있었으니, 그것은 바로 '분가'였다. 법원의 조회에 대해 정무총감은 "제사상속인에 대한 재산상속인의 유산분배청구권은 그 행사의 시기에 대해 관습상 종기의 정한이 없고 재산상속인이 분가를 하지 않으면 이를 청구할 수 없는 것이 관례이다"[54]라고 회답을 하였기 때문이다. 이러한 취지의 회답은 이후 계속 이어졌다.

1. 남 호주가 사망한 경우에 유산은 일단 장자가 전부 이를 승계한 후 차자(次子) 이하에 대해 분배하는 것으로 한다.
2. 유산의 분배를 받아야만 하는 자는 상속 개시 당시 피상속인의 가적에 있는 자(者)에 한정한다.
3. 유산의 분배는 차자 이하가 분가하는 경우에 한다.[55]

---

54 「遺産相續二關スル件」, 1917년 9월 18일 평양복심법원장 조회, 동년 10월 20일 조추발 제231호 정무총감 회답. 『民事慣習回答彙集』, 330쪽.

55 「遺産相續二關スル件」, 1919년 12월 17일 대구지방법원 민사부재판장 조회, 1920년 1월 19일 조추발 제15호 정무총감 회답. 『民事慣習回答彙集』, 368쪽.

결국 호주가 사망하여 발생되는 재산상속은 우선 호주상속인이 이를 모두 상속받은 후, 같은 호적에 입적되어 있는 차남 이하의 상속인이 분가를 하여 가적을 달리해야만 가능했다. 분가를 하지 않거나 할 수 없으면 상속재산의 소유권은 그들에게 이전될 수 없었다. 일본 민법의 가독상속제와 흡사한 원리가 식민지 조선의 재산상속에 관통되고 있었던 것이다. 더욱이 분가하면서 청구할 수 있는 재산 역시 일정한 비율을 정해 조선의 관습으로 선명하였다.

> 유산 분배는 재산상속인 1인만이 있을 때는 3분의 1을, 2인 이상일 때는 2분의 1을 그 인원수에 따라 평등하게 분배하는 것이 관례로서 제사상속인이 이것을 정하고, 가령 그 비율에 다소 차이가 있을지라도 이의(異議)를 제창하는 것은 없다.[56]

> 유산을 상속받아야 할 자(者)가 2인 이상이 있는 경우에는 적장자가 약 그 2분의 1을 상속하고, 그 외의 자가 그 잔여를 평등하게 상속하는 관습이고, 단지 서자는 적자에 비해 어느 정도의 비율을 감하는 것을 예로 한다.[57]

위에 보듯이 상속분의 상당 부분이 호주의 몫이란 점은 불변의 원칙이었다. 재산상속인이 총 두 명인 경우 호주상속인 장남이 3분의 2를, 차

---

56 「遺産相續ニ關スル件」, 1917년 9월 18일 평양복심법원장 조회, 동년 10월 20일 조추발 제231호 정무총감 회답. 『民事慣習回答彙集』, 330쪽.

57 「遺産相續ニ關スル件」, 1919년 12월 17일 대구지방법원 민사부재판장 조회, 1920년 1월 19일, 정무총감 회답. 『民事慣習回答彙集』, 369쪽.

남이 나머지 3분의 1을 받고, 재산상속인이 세 명 이상이면 호주상속인이 2분의 1을, 차남 이하들이 그 나머지를 균등 분배하여 받는 것, 이것이 식민지 법원이 인정한 한국의 관습이었다. 물론 실제적 분배는 그 집안의 상황이나 빈부에 따라 다소 차이가 있을 수는 있었으나 호주의 재산에 대한 일정 비율의 법정 상속분이 있어서 호주를 중심으로 분배가 이루어졌던 것이다.

더욱이 동산 혹은 부동산 등을 지정하여 청구할 수 없고 공유권(公有權)을 인정하는 관습은 없다 하여,[58] 재산의 분배를 결정하는 모든 권한이 호주에게 있었다. 만일 호주가 상속재산의 일부를 처분하여 상속분이 대폭 감소한 상태일지라도 분배 당시의 현존 재산이 분배 대상일 수밖에 없었다. 호주가 악의로 재산을 처분하여도 이를 제어할 제도적 장치는 존재하지 않았다. 상속재산의 소유권이 호주에게 있는 한, 처분권 또한 그에게 있었기 때문이다. 즉 호주가 사망하여 발생하는 재산상속은 공동상속인의 분가가 없는 한, 호주상속인이 모든 재산을 상속받는 결과를 가져왔다. 이에 호주의 재산은 사실상 호주에서 호주로만 계승되는 것이 당시에 판시된 관습이었다. "조선인 사이의 상속에 관해서는 대체에 있어서 관습법에 의하고 민법의 적용은 하지 않지만, 그래도 관습법의 추이가 있고, 또 민법의 타 규정과의 조화를 위해서도 다소 왜곡된 것도 꽤나 많은 수가 있기 때문"[59]이라는 고등법원 판사 기토 헤이치(喜頭兵一)의 논의 역시 이 점을 시사한다.

---

58 「遺産相續二關スル件」, 1919년 12월 17일 대구지방법원 민사부재판장 조회, 1920년 1월 19일 정무총감 회답. 『民事慣習回答彙集』, 368쪽.

59 朝鮮總督府中樞院調査課 編, 1936, 앞의 책, 2쪽.

결국 재산상속은 일본 가제도의 핵심을 차지하는 호주제도, 호주상속제도를 유지 강화하는 방식으로 관습을 만들어나가고 있었다. 사망한 호주의 재산에 대해, 처와 딸은 배제한 채 직계비속 남자 형제들의 공동상속, 즉 분할상속을 조선의 관습으로 이해하면서도 실제로는 일본의 가독상속의 원리를 차용하여 집행하였기 때문이다. 결국 식민지 관습법 체제에서 창출되는 관습이 법적 효력을 가지는 관습법으로 전환되기 위해서는 일본 민법이 구현하고 있는 가족제도의 원리와 충돌 없이 순방향으로 나갈 수 있어야 했다. 조선총독부의 사법관료들은 조선의 문화적 자원을 선택적으로 동원하면서 일본 민법의 방향으로 조선의 관습을 만들어가고 있었다. 이제 조선시대 일정한 자율성을 보장받으며 실천되던 다양한 관행들은 조선총독부와 법원이 판단하고 공식화하는 '관습', '관습법' 속으로 용해되었다.

제5장
씨제도의 성립과 '창씨개명'

이른바 '창씨개명'으로 명명되는 '씨(氏)'제도의 이식은 미나미 지로(南次郎)가 신임 조선총독으로 부임한 이듬해인 1937년 4월에 '사법법규개정조사위원회(司法法規改訂調査委員會)'를 설치함으로써 본격화되었다. 그로부터 2년 7개월 만인 1939년 11월 10일 두 건의 제령이 공포되었다. 하나는 제령 제19호「조선민사령 중 개정 건」이다. '씨'에 대한 규정은 조선의 관습에 따르지 않고 일본 민법에 따르며, 씨는 호주가 정한다는 것이 그 핵심 내용이었다. 다른 하나는 제령 제20호「조선인의 씨명(氏名)에 관한 건」이다. 이를 통해 일본의 역대 어휘(御諱) 또는 어명(御名)은 씨 또는 명(名)으로 사용할 수 없으며, 다른 사람의 성(姓)을 씨로 사용할 수 없다는 점을 적시하였다. 아울러 정당한 사유가 없는 한 씨명은 변경할 수 없었다. 1940년 2월 11일부터 실시된 이 법령들로 인해, 마침내 조선에 '성본(姓本)' 대신에 일본식 씨제도가 시행되기에 이르렀다.

씨제도가 시행되기 이전까지 조선총독부는 조선인의 성씨와 관련한 구체적인 정책을 시행하지는 않았다. 조선인들에게는 자신을 나타내는 일종의 표식으로 기존의 부계혈통을 나타내는 성과 이름의 합성어인 성명을 그대로 사용하도록 했기 때문이다. 성에는 본관이 명시되어 성본과 이름이 개인의 정체성을 나타내던 기존 조선 사회의 관행을 그대로 온존시켰던 것이다. 특히 하층민들 중에는 성이 없이 이름만으로 불리거나 혹은 성이 있어도 본관이 없는 경우도 상당수 존재하였다. 그러나 기존에 성이 없거나 성은 있더라도 본관이 없던 조선인들은 모두 성본 및 이름을 가져야만 했다. 왜냐하면 모든 조선인들이 자신이 속한 가를 나타내는 호적에 등재되어야만 했고, 여기에 등재되기 위해서는 성과 이름을 가져야 했기 때문이다. 호적에는 호주와 그의 가족의 성명과 호주와의 관계가 기재되어야 했으며, 성의 본관이 명시되어야만 했다.

일본 내지인과 조선인에게 영역을 달리하여 법을 적용하는 법역분리 정책, 그리고 그에 따른 호적분리 및 이적 금지 정책은 사실상 일본 내지인과 조선인을 구별하고 분리하여 통치하는 정책이었다. 그리하여 조선인이 내지인과 구별이 어려운 성명을 쓰는 것 또한 금지하였다. 이와 같은 규제는 일찍이 1916년 전라북도의 조회에 대해 행한 사법부의 회답에서 확인할 수 있다. 내지인 풍의 성으로 개칭한 조선인에 대해 원래의 성으로 다시 돌아가라는 의미의 복성(復姓) 조처를 하는 동시에, 부득이한 경우가 아니면 개성(改姓)할 수 없다는 것을 분명히 하였다.[1]

이러한 회답 내용을 통해 볼 때 식민지 조선에서 일본인 풍의 성으로 고치려고 하는 조선인들도 간혹 존재했다는 점을 알 수 있다. 그리고 그럼에도 불구하고 조선총독부는 정책적으로 이를 적극 저지하여 내지인과 조선인을 구별하려는 분리 원칙을 강하게 고수하고 있었다. 즉 조선인의 성명과 내지인의 씨명 사이에 차이를 두고, 그러한 구별을 유지하는 정책을 시행하였던 것이다.[2] 외관상 구별되지 않더라도, 이름만 보면 그들의 인종 구분이 가능할 수 있었던 것이다.

그렇다면 왜 조선총독부는 이러한 정책을 변경하여 이 시점에 조선인들의 '성명'을 전면적으로 일본식 '씨명'으로 바꾸려 하였는가. 조선인들의 혈통의식에 비추어볼 때 가장 큰 심리적 저항을 유발할 수 있음에

---

1 「朝鮮人改姓ニ關スル件」, 1916년 11월 2일 법 제420호 전라북도장관 앞, "大正5年 十月 二十五日 附全地 第3049號로써 首題의 件 照會의 趣旨 內地人式의 姓으로 改한 朝鮮人이 다시 復姓코자 함과 改姓은 부득이한 理由가 있는 경우에 限하여 許可함을 回答함"(朝鮮總督府司法府法務課, 1917, 앞의 책, 116-117쪽).

2 水野直樹, 2001, 「조선 식민지 지배와 이름의 '차이화'」, 『사회와 역사』 59.

도 불구하고 굳이 강행한 이유는 무엇일까. 대륙 침략을 본격화함에 따라 조선인을 군인으로 만들어 침략의 첨병으로 만들기 위한 사전 준비였을까. 징병제와 관련하여 보면 이러한 정책이 가진 이점은 분명하다. 조선인을 군인으로 징발할 경우, 군대 내부에서 내지인에 의한 외지인 차별을 우려하지 않을 수 없었다. 그 경우 전력 약화를 예상할 수 있기 때문이다. 즉 차별에 대한 조선인의 저항은 전투에 임해서 최선을 다하지 않거나 탈영하거나 심하면 무장 저항을 일으키는 형태로 나타날 수도 있었다. 따라서 일본식 씨를 쓴다면 조선인과 내지인은 외관상으로 구별되지 않기 때문에 조선인이 스스로 출신지를 밝히지만 않는다면 군대 내부에서 차별로 생길 수 있는 전력 손실을 막을 수 있었다. 1945년 3월 6일 자 내무성 기밀문서에 실린 다음의 문서는 그것을 보여준다. 이 문서에는 제국의회에서 식민통치와 관련하여 총독부에 질의하고 응답한 내용이 실려 있는데, 다음은 '창씨제도 실시 이유 및 그 결과(이점과 단점)는 어떠한가'라는 질문에 대한 조선총독부의 답변이다.

> 내선일체(內鮮一體) 황국신민화(皇國臣民化)의 진척도에 바탕해서, 명실공히 황국신민이 되려는 희망에 따라서 창씨(創氏)할 수 있는 길을 열어주었는데, 실시에 즈음하여 말단에서 다소 지나친 감이 없지는 않았지만 대다수는 희망에 따라 자진해서 창씨하고 황국신민으로서의 결의를 굳히며 현재는 내선융합일체상 좋은 결과를 가져오고 있다고 믿는다. 특히 징병제도가 실시된 오늘날 황군으로서 아무런 차별 없이 혼연일체가 되어 군무에 혼신을 쏟고 있는데, 만약 현재 군대 안에 김모, 이모 등이 섞여 있다고 생각하면 그 이폐(利弊)는 자명한 것이다.[3]

씨제도의 실시가 조선인을 제국주의 일본의 군인으로 차출하기 위한 사전 포석과도 같은 것이었다는 것을 드러낸다. 이것이 징병제와 관련이 있다는 점은 미나미 총독의 발언과 그의 브레인이었던 미타라이 다쓰오(御手洗辰雄)가 미나미 총독 사임 후에 쓴 「미나미 총독의 조선 통치(南總督の朝鮮統治)」나 패전 후에 쓴 『미나미 지로(南次郎)』에서도 재차 확인할 수 있다. 그에 따르면, 조선총독으로 부임한 미나미가 가장 먼저 결의한 조선 통치의 목표는 "첫 번째는 조선에 폐하가 행차하시도록 하는 것, 두 번째는 조선에 징병제도를 시행하는 것"이었다. 그는 그러한 것들의 실현을 "재임 중의 목표로 정했"고, 따라서 "재임기의 모든 정책은 모두 이를 지향했다"는 것이다. 다음의 인용문은 씨제도 실시가 징병제라는 현실적 동기에서 비롯된 것임을 보여주고 있다.

> 두 민족은 지리적 환경을 달리하였기 때문에 저절로 풍속 문물을 달리하였을지라도, 병합 이래 일시동인(一視同仁)의 인정으로 인해 내선융화통합(內鮮融和統合)하여 본래의 일체인 모습으로 환원되고 있는 것이다. 특히 이번 사변을 계기로 반도 민중이 제국이 견지하는 확고부동한 대륙 정책 중에 공동의 이상, 공동의 사명, 공동의 운명을 깨닫고, 황국신민으로서의 국민의식에 불타 진실로 내선일체라고 하는 사상동향과 생활태도를 공화진전(鞏化進展)해왔던 것이다. 그리하여 황국신민인 신념과 긍지를 포회한 반도인의 일부에서 법률상 내지인 방식의 씨를 칭하기를 희망하는 자가 생기기에 이르렀던 것은 이미 내가 알고 있는 바이지만 동조동근(同祖同根)인 내선 양 민

3 內務省管理局, 1945a, 앞의 글.

족이 혼연일체가 되려고 하는 마당에 개인의 칭호를 동일 형식에 의거하려는 요망이 대두하는 것은 질과 서로 표리를 이루는 형상에서도 내선일체의 구현이 고조에 달했던 것이라 하지 않을 수 없다.[4]

어떻든 징병령도, (중략) 그 꾀하는 바는 반도 전체를 황토(皇土)로 만들고 반도 민중을 나무랄 데 없는 황민(皇民)으로 만드는 것이었다. 미나미의 정치는 모두 이 목표하에 계획되고 추진되었으며 그 목적을 완전히 달성하였다.[5]

이른바 '창씨개명'은 대외 선전용으로도 필요했다. 즉 대외적으로 조선의 통치방식이 인도와 필리핀에서 행해지고 있는 영미의 자치화방식보다 우수하다는 점을 아시아인들에게 과시할 필요가 있었다. 제국주의 국가 간의 투쟁이 "동시에 해외 식민지를 무대로 하여 전개"되고 있었다는[6] 점은 알려진 바와 같다. 해외 식민지를 무대로 한다는 것은 열강 사이의 경쟁이 한편에서는 전쟁을 통해 식민지 팽창을 도모하면서, 다른 한편에서는 자신의 지배를 정당화하기 위한 논리를 마련하기 위해 노력을 경주하였다는 의미이다. 식민지 경영방식을 통한 경쟁 또한 후자의 일환이었다. 영국과 미국은 인도와 필리핀에서 각각 자치화 정책을 추진하고 있었다. 이는 장차 중국 대륙을 거쳐 전략적 물자가 풍부한 동남아

---

4 南總督, 1940, 「司法上における內鮮一體の俱現-內地人式氏の設定に就て」, 『氏制度の解說』, 朝鮮總督府法務局, 4-6쪽.

5 御手洗辰雄, 1942, 「緖言に代へて」, 『南總督の朝鮮統治』, 경성일보사; 宮田節子 著, 李熒娘 譯, 1997, 『朝鮮民衆과 「皇民化」政策』, 일조각, 64쪽 재인용.

6 西川長夫, 1995, 앞의 글, 10쪽.

로 진출하려는 일본의 입장에서 볼 때 신경이 쓰일 수밖에 없었다. 일찍이 일본이 아시아인들에게 자신의 제국주의적 침략성을 은폐하는 한편, 서양 제국주의와 대항하기 위해 만들어낸 논리 '아시아인을 위한 아시아'로 만들기 위해서 일본을 맹주로 아시아인이 대동단결하여 백인종의 침략을 물리쳐야 한다는 것이었기 때문이다. 삼국간섭 후 러일전쟁 사이에 일본에서 나온 동양평화론이 바로 그러한 것이었으며, 1930년대 이후의 '대동아' 논리 역시 같은 맥락이었다.[7] 일본은 아시아인들에게 일본이 제국주의 국가가 아니라 서구 침략자에 대항하는 해방자로 인식시켜야 했다.

> 동양인의 동양을 건설하기 위해서는 우리 제국이 동양문화의 종합적 파지자, 지도자라는 것을 의연히 선양하는 것이 긴요하다. 환언하면 가장 선명히 일본주의의 기치를 높이 올릴 것을 요하고, 법학계에서도 일대 혁신기에 직면했다는 것을 올바로 알지 않으면 안 된다. 이러한 시기에 때마침 내지에서는 우리나라의 독특한 순풍미속을 기조로 하여 국정과 시대에 적합시키기 위해 친족편 및 상속편의 개정이 행해지고, 반도에서도 동일지표하에 반도인의 친족 및 상속에 관한 전반적 성문입법의 업이 진행되어 순수일본법학의 건설을 보고 있는 것은 참으로 함께 기쁨을 감당하지 못할 바이다.[8]

---

7 入江昭, 1986, 『20世紀の戰爭と平和』, 東京大出版會; 이종국·조진구 옮김, 1999, 『20세기의 전쟁과 평화』, 을유문화사, 78-83쪽, 140-144쪽.

8 「雜報(南總督訓示)」, 『司法協會雜誌』 18권 8호, 1939, 103쪽.

동양인의 동양건설의 패자로 군림하려는 일본에게 동양 문화는 일본 문화의 파생물이자 사실상 일본 문화 그 자체여야 했다. 일본주의의 기치 아래 식민지 조선에서도 가족 관습법을 일본 민법으로 성문화하는 작업에 박차를 가하게 된 이유도 여기에 있다 하겠다. 조선민사령 제11조 3차 개정과 함께 씨제도의 실시는 이러한 급변하는 시대적 상황에서 비롯된 것이었다.

더욱이 전쟁 상황에서 조선에 대한 자국의 통치방식이 아시아인들에게 영국과 미국의 아시아 식민지 통치방식과 비교될 수 있다는 점을 의식하지 않을 수 없었다. 바꾸어 말하면 '일본의 동화 정책 대 영미의 자치화 정책'은 '황인종 대 백인종'의 대결 구도의 한 장면으로, 황인종과 백인종이 총칼 대신에 식민지 정책을 가지고 싸우는 전쟁과 다름없었다. 일본은 자신들의 식민지 정책이 영미의 그것보다 우월하며 관대하다는 점을 보여줄 필요성이 있었다. 조선이 바로 그 선전물이 될 수 있었는데 조선에 대해 영미식의 자치화 정책을 추진할 수는 없었다. 그렇다면 오히려 일본화 정책에 박차를 가해, 조선인을 일본인으로 통합시켜 일본 제국주의의 침략성을 감출 필요가 있었다. 1920년대에 나온 잡지에 실린 한 지식인의 토로는 이러한 일본의 고민을 시사하고 있다. "일본이 아시아의 맹주가 되기 위해서는 조선을 정복하고 있다고 인식하게 하는 것은 상책이 아니다. 독립자치는 불가능하므로 동화시켜야 한다." 그 방책으로 "조선인의 원적을 전부 일본 내지로 옮기고 조선인이 기류(寄留)하는 것처럼 고쳐 그들이 조선인이라는 증거를 전부 인멸시키는 것이다." 이를 위해서는 "조선인의 이름은 전부 일본 이름으로 바꾸어야 한다." 이것이 "조선 민족 동화의 근본책"이라는 것이다.[9]

그러나 씨제도의 실시는 징병제나 대외 선전물로서만 필요했던 것은 아니었다. 시대 상황에 부응한다는 대외적 요인뿐만 아니라, 대내적 요인도 가지고 있었기 때문이다. 가제도 이식과 민법 통합이 바로 그것이었다. 바꾸어 말하자면 씨제도는 가제도 이식과 민법 통합의 논리적 귀결이었다. 조선총독부는 이미 1919년과 1929년에도 씨제도 도입을 검토한 바 있었다. 이를 공포하기 위한 안을 만들었다는 조선총독부 법무국 민사과장 이와시마 하지메(岩島肇)의 증언이 이를 뒷받침한다.

> 법무국에 보관되어 있는 어떤 오래된 기록을 보면 1919년에 이미 한 차례 씨제도를 발포하는 안이 만들어졌습니다. (중략) 다시 1929년에 이르러 씨제도를 발포하는 안을 만들었습니다.[10]

그렇다면 이 무렵에 씨제도의 안을 마련했던 동기는 무엇이었을까. 그에 의하면 씨제도의 이식은 '가'관념의 확립에 있었다. 즉 씨제도 이식은 가제도 이식의 일환이었다. "'가'의 관념이 확립된 오늘날 그것을 표창(表彰)하는 칭호를 부여하는 것은 당연하다. 가족제도를 기초로 한 우리나라에서 '가'는 하나의 작은 나라이다. 나라 이름이 없는 나라는 생각할 수 없기 때문에 그런 의미에서 이 제도를 창설하기 훨씬 이전부터 씨제도가 고려되었다"[11]고 했는데 이는 조선총독부가 민사령 개정에 대한

---

9 中山啓라는 사람은 『일본 및 일본인』(1924년 9월호)에서 이같이 주장하고 있다(정운현 편역, 1994, 『創氏改名』, 학민사, 142쪽 재인용).

10 岩島肇, 1940, 「氏の制度に就て」, 『朝鮮講演』 104호, 12쪽; 宮田節子 著, 李熒娘 譯, 1997, 앞의 책.

11 岩島肇, 1939, 「'氏'制度に就て-一問一答」, 『總動員』 12월, 국민정신총동원연맹, 76쪽.

제국의회의 질문에 답한 것에서도 확인된다. "조선인과 내지인과는 그 언어, 풍속, 습관 등에서 아직 완전하게 융합되지 않은 금일, 조선인에게 내지인 방식의 씨를 인정하는 것은 시기상조가 아닌가"라는 질문에 대한 조선총독부의 답변, 즉 '법률상의 이유'는 다음과 같다.

> 가의 관념을 확립하여 1909년 민적법 발포, 1923년 조선호적령의 제정을 보았음에도 불구하고 가의 칭호인 씨의 제도가 없고 성(姓)의 제도만 존재하는 상태이기에 총독부에서도 일찍이 1919년 및 1929년 두 번에 걸쳐 씨제도의 시행을 도모하였을지라도 아직 가의 확립 후 시일이 얼마 안 되었기 때문에 시기상조라 하여 중지하였을지라도 현재에는 법률상 그 관념이 부동(不動)한 것이기 때문에 이에 칭호를 붙일 필요가 있는 바이다.[12]

요컨대 전쟁과 아울러 가의 관념을 확립하려는 것이 조선총독부가 씨제도를 실시한 이유였다. 아울러 씨제도 이식은 민법 통합의 논리적 귀결이기도 했다. 앞에서도 언급했듯이 조선총독부는 조선인을 일본 국민으로 전환시키기 위해서는 무엇보다도 조선과 일본의 민법 통일이 전제되어야 한다고 보았다. 조선인이 일본인과 동일한 국민임에도 불구하고 내지 민법과 다른 민사규정을 제정하는 것은 불편할 뿐만 아니라, 법규 통일의 취지에도 배치되기 때문이다. 이렇게 본다면 씨제도는 일본 민법을 조선에 이식하는 작업, 즉 민법 통합의 일환으로 시행된 조치였다고 하겠다.

---

12 朝鮮總督府法務局, 1940.1, 「昭和十四年制令第十九號朝鮮民事令中改正ノ件及昭和十四年制令第二十號朝鮮人ノ氏名ニ關スル件ニ關スル第七十五議會擬問擬答」.

> 내지의 민법과의 법규상 통일을 고려치 아니하는 것은 불가한 고로 총독부에서는 지금 신중히 연구조사 중에 있다. (중략) 동일한 국민으로 두 가지 형태의 민사규정을 두는 것은 취급상 불편이 많은 것은 물론 법규 통일의 취지에 반하는 바인 고로 신중히 연구조사를 요하는 바이다.[13]

이렇게 볼 때 씨제도는 조선인을 형식상 일본의 국민으로 전환시키는 데 있어서 중요한 법적 조치 중의 하나였다. 이로 인해 적어도 조선인을 일본 국민으로 만드는 형식적 작업만큼은 일단 어느 정도 마무리지을 수 있기 때문이다. 나아가 총독부의 입장에서 이는 형식은 물론 내용, 즉 조선인의 의식조차도 일본인으로 만들어줄 수 있는 장치로 간주되었다. 여기에는 다음과 같은 두 가지 이유가 있었다.

첫째, 씨명은 조선으로 하여금 중국 모방 정신으로부터 벗어나게 해줄 수 있다는 것이다. 총독부에 따르면 일본은 "자기중심을 잊어버리지 않고 지나를 모방"했지만, 조선은 "자기를 잊어버리고 지나를 흉내냈다. 지금까지 조선인의 성명은 대부분 지나인 것으로 이번에 자기 이름을 댈 수 있도록 허락한 것은 예부터 전해온 지나적인 것에 대한 하나의 반성"이며 "조선 본래의 것으로 돌아가는 제일의 길"이라는 것이다.[14]

둘째, 씨제도의 이식 배경에는 일본 고래로부터 전해오는 언령사상도 작용했다. 도요타 구니오(豊田國夫)의 『일본인의 언령사상』에 따르면

---

13 「緊急ᄒᆞᆫ民法上의 能力問題-滿腔의 贊意ᄅᆞᆯ 表ᄒᆞᆷ, 原法務局民事課長談」, 『每日申報』, 1921.5.28.

14 綠旗日本文化研究所, 1940.3, 「氏設定の社會性とその理想精神」, 『氏設定の眞精神とその手續』, 綠旗聯盟.

언령사상은 다음과 같이 정의되었다. "고대인에게 있어 말은 단순한 매개부호가 아니라 오히려 인간과 사물 사이에서 절실한 관계를 가진 생물로 느끼고 있었던 것이다. 즉 말은 사물과 일체를 이루는 것"이었다. 따라서 일본인에게는 "조선인은 일본인은 아니지만 일본적인 이름을 붙이면 일본인이 될 것이라는 신념"이 있었으며, 이를 위해서는 조선식 이름을 추방하고 일본풍의 이름으로 바꾸고 읽는 것이 요구되었다. 홋카이도의 아이누족에 대한 창씨개명(1876)이나, 오키나와에서의 일본화 움직임도 모두 언령사상에 대한 일본인의 신념이 심리적 배경으로 작용했다는 것이다.[15]

씨제도 시행의 또 다른 목적은 조선인과 일본인 간에 '혈(血)의 통합'을 기하자는 데 있었다. 경성제국대학의 법학교수이자 사법개정조사위원회의 위원이었던 야스다 미키타(安田幹太)는 민법 통합의 중요한 목적이 혈의 통합이며, 이를 위해서는 다른 성을 지닌 자나 사위를 양자로 들이지 않는 조선의 제도를 폐지하고, 내지인 방식의 씨제도를 새롭게 만들어야 한다고 주장했다. "이성불양(異姓不養) 원칙의 철폐, 서양자제도의 도입, 내지인 방식의 씨제도 설정 등에 의해 내선혈(內鮮血)의 융합이 촉진될 것이며, 참된 내선일체를 실현하는 기초가 될 수 있다", "조선민사령의 개정을 통한 내선 민사 법규의 통일이 정치상 극히 중대한 의의를 가지고 있다"는 것이었다.[16]

특히 내지인과 조선인 사이의 혈의 통합을 위해서는 이들 사이의 결혼이 중요한 방편이 될 수 있었다.[17] "내선인의 통혼은 내선융화의 진체

15 정운현 편역, 1994, 앞의 책, 139-141쪽.

16 安田幹太, 1940, 앞의 글.

17 내선결혼에 대한 자세한 사항에 대해서는 이정선, 2017, 『동화와 배제: 일제의 동화

로 각하의 급무"[18]라는 것이다. 그리하여 이들 사이의 통혼을 가능하게 할 수 있는 법적 조처가 점차 이루어지고 있었다. 양자 간의 결혼이 가능하려면 적어도 두 가지의 '결혼에 대한 법제상의 장애'가 제거되어야만 했기 때문이다. 하나는 호적제도의 완비이다. 사법부장관 고쿠분 산카이가 제기한 총독의 시정방침에 대한 의견은 당시에도 여전히 내선인 사이에 결혼을 하는 데 여러 장애들이 존재하기 때문에, 장벽이 되고 있는 법제, 특히 호적제도와 조선민사령의 개정 완비가 필요하다는 점을 역설하고 있었다.

> 동화는 급하게 이루어지는 것이 아니므로 급거에 동화를 강제하는 책(策)은 힘으로 하는 것이니 이를 피하기를 요한다. 동화 정책의 하나의 방법으로 가장 효과가 있는 것은 내선인의 결혼에 있다. 그리고 풍속 습관이 다른 양자를 결합시킬 수 있게 그 목적을 달성하기 위해서는 혼인을 용이하게 하는 것이 필요한 것은 물론이기 때문에 우선 결혼에 대한 법제상의 장해를 제거하는 것이 급무이다. 먼저 공통법(共通法)이 시행되었을지라도 상호 입적에 관한 제3조의 규정은 조선에서 민적법 불비로 아직 실시를 보지 못했기 때문에 내선인의 결혼에 대한 장애는 아직 일소되지 못하였다. 그러므로 속히 민사령 개정을 요하는 것은 현하에 있어서 긴요한 일이다.[19]

정책과 내선결혼』, 역사비평사 참조.

18 「緊急호民法上의 能力問題-習慣을 尊重홀뿐 不便호 制度는 當然히 改廢, 橫田法務局長談」, 『每日申報』, 1921.5.29.

19 國分三亥, 1919, 앞의 글.

서로 생활방식이나 풍속이 다른 조선인과 내지인 사이에 결혼을 가능하게 만들기 위해서는 이에 장벽이 되는 법제를 제거 및 보완할 것이 요구되었다. 조선인과 일본인의 가 사이의 상호 입적의 길을 열어준 공통법 제3조는 조선의 호적제도가 갖추어지지 않을 경우 작동되기 어렵기 때문이다. 민적법과 조선민사령 개정은 바로 이 때문에도 필요하였다. 바꾸어 말하면 일본의 호적제도와 민법이 이식되지 않으면 조선인과 일본인 사이의 결혼은 불가능하다는 것이다. 공통법이 시행된 1918년 이후임에도 불구하고 호적제도의 완비가 이루어지지 않아 내선통혼이 어려운 상황이므로 하루속히 호적제도의 완비와 동시에 조선민사령의 개정까지 촉구하고 있었던 것이다.

씨제도의 도입은 호적제도의 이식과 더불어 내지인과 조선인 사이의 결혼을 위해서도 필요하다는 것이다. 그렇다면 왜 조선총독부는 씨제도의 도입이 혈의 통합이라는 결과를 낳으리라고 전망했는가. 총독부 법무국장 미야모토 하지메는 한 강연에서 이미 과거에 씨제도를 통해 한반도에서 건너온 사람들이 일본인으로 변했다는 것을 역사적 근거로 제시했다. "조선인은 제국신민화할 수 있는 소질이 있다." 왜냐하면 반도인이 내지인 방식의 씨를 칭하는 것은 새로운 것이 아니기 때문이다. 과거에 내지로 도항한 무수한 백제인, 신라인, 고려인은 허락을 받아 내지인 방식의 씨를 칭했던바, 그리하여 내지인 방식의 씨를 칭했던 무수한 반도인은 야마토민족(大和民族)에 혼화 융합하고, 금일 조금도 그 후예가 남아 있지 않다. 마찬가지로 이러한 논리는 지금의 조선인에게도 적용될 수 있는 것이다. 이와 같이 하면 전 반도인이 가까운 장래에 황국신민화가 되는 날이 온다는 주장이었다.[20]

"내선인 사이의 결혼, 내선인 사이의 입양 등과 함께 씨명의 사용으로 사법 영역에 있어서 내선일체를 구현할 수 있는 길이 완전히 열렸다" 는 요지의 미나미 총독의 다음과 같은 발언 역시 씨제도 이식에 대한 기대가 어느 정도인지 알려준다.

> 사법(司法)의 영역에서 내선일체의 구현에 대해서는 1) 씨명(氏名)의 공통 2) 내선통혼(內鮮通婚) 3) 내선연조(內鮮緣組)의 세 항목을 들 수 있지만 '명(名)'에 대해서는 1937년 이래 반도인도 내지인과 같은 '이름'을 붙일 수 있게 되어 있고, 내선통혼이 해가 갈수록 격증하여 반도인이 내지인의 양자가 된 숫자도 해마다 점차 증가하는 것은 현저한 사실이어서, 이번 민사령 개정으로 인해, 전술했듯이 반도인도 내지인 방식의 '씨'를 붙일 수 있고, 또 이성(異姓)인 자(者)도 양자가 될 수 있다. 따라서 내지인도 반도인의 양자가 될 수 있기 때문에 전술했던 세 항목이 전부 실현을 보니 이에 사법상에서 내선일체 구현의 길은 바로 완전하게 열렸던 것이다.[21]

〈표 1〉은 1924~1943년 사이에 내지인과 조선인 사이의 이적 상황을 나타낸다. 내선인 사이의 혼인이 수치상으로는 미미한 수준이었지만, 증가 추세에 있었다. 이 중 결혼하여 내지의 여성이 조선의 가로 들어오는 경우가 가장 많았다. 그리고 조선의 가에서 내지의 가로 이적은 혼인, 입부혼인(入夫婚姻), 양자입양, 서양자입양 등의 사유로 이루어지고 있으

---

20 宮本元, 1940, 「壻養子, 異姓養子及氏制度に關する朝鮮民事令の改正」, 『朝鮮』 298, 28쪽.

21 南總督, 1940, 앞의 글. 4-6쪽.

〈표 1〉 내선인 사이의 가출입 현황[22]

	연도	혼인	입부혼인	양자입양	서양자 입양	이혼	파양	인지	친족 입적	計
조선가(朝鮮家) ↓ 내지가(內地家)	1924	2	3	3	3	0	0	1	0	12
	1926	0	11	5	3	0	0	0	0	19
	1928	3	5	10	4	0	0	0	0	22
	1930	0	9	16	1	3	0	0	1	30
	1932	7	22	27	8	9	0	1	0	74
	1934	18	37	72	14	13	0	5	7	166
	1936	29	55	53	10	20	4	4	24	199
	1938	40	115	94	30	27	11	11	38	366
	1939	53	135	108	14	19	0	11	19	359
	1940	50	108	108	30	18	0	6	38	358
	1941	94	139	122	72	34	1	21	36	519
	1942	103	184	152	63	21	0	12	29	564
	1943	100	155	153	71	24	3	10	69	585
	연도	혼인	입부혼인	양자입양	서양자 입양	이혼	파양	인지	친족 입적	計
내지가 ↓ 조선가	1924	29	0	0	0	0	2	0	0	31
	1926	40	0	0	0	0	1	4	0	45
	1928	59	0	0	0	0	1	5	0	65
	1930	87	0	0	0	0	12	14	0	113
	1932	109	0	0	0	0	9	10	1	129
	1934	240	0	0	0	0	14	20	0	274
	1936	207	1	1	0	0	8	24	1	242
	1938	340	0	0	0	8	11	41	5	405
	1939	271	0	0	0	10	12	35	9	337
	1940	310	0	3	0	14	15	37	0	379
	1941	467	0	3	0	9	18	106	2	605
	1942	421	0	6	0	17	17	49	4	514
	1943	533	1	9	1	13	11	125	26	719

출처: 『思想彙報』 23호; 『本邦內政關係雜件/植民地關係』 3권.

며, 조금씩 증가하고 있었다. 특히 이 자료에서 주목되는 것은 입부혼인, 양자입양, 서양자입양에 의해 조선의 가로 이적하는 일본인 남성이 거의 없다는 것이다. 그 이유는 내지인과 조선인 사이의 양자 입양 관행의 차이도 있겠지만, 무엇보다 공통법 제3조 3항의 내지인 남성의 이적 제한 규정 때문이었던 것으로 보인다. 공통법 제3조 3항은 병역상의 이유 때문에 내지인 남성에게 이법지역(異法地域)의 가로 이적하는 것을 제한하고 있었다.

결론적으로 씨제도 도입은 결혼이라는 방식을 통해 조선인과 일본인의 혈의 통합을 가능케 하는 법적 장치를 마련했다는 점에서도 그 의미를 가지는 것이었다.

---

22 〈표 1〉은 다음의 자료를 기반으로 작성되었다. 1924년부터 1938년까지는 1940년 6월 발행 『思想彙報』 23호를, 1939년부터 1943년까지는 1944년 외무성 기록인 「朝鮮人及臺灣人, 內地移籍法律案關係の3」, 『本邦內政關係雜纂/植民地關係』 3권을 참고하였다.

소결:
가족 관습법과 식민지 정치성

관습의 확정에 대해서는 신중한 고려를 요한다. 원래 관습은 고정적인 것이 아니라 사회의 진보 발달에 수반하여 추이 변전되는 본질을 가지는 것이어서 특정사항에 대해 박인방증(博引旁證)하여 구관을 천착(穿鑿)하여도 구관이라고 해서 바로 이것을 채용하지 말고, 마땅히 그 변전 추이를 참작하고 과연 제도로서 현재의 시세에 순응하는지를 거듭 생각한 후에 이것의 채부을 결정하기를 요하니, 각위(各位)는 깊이 이상의 취지를 헤아려 살피고 부하 직원과 함께 연구를 소홀히 하지 않음으로써 예의(銳意) 개정의 성과를 거두기를 바란다.[1]

위의 글은 마츠테라 다케오(松寺竹雄) 법무국장이 사법관료들에게 관습법 운용과 관련하여 행한 주의사항이다. 그 핵심 내용은 '관습'이 가진 '가변성'과 궁극적으로는 '관습법'이 가진 '정치성'이다. 사법관료들에게 현재 그것이 조선의 관습인지 아닌지에 대한 심리의 엄격성을 고지하기보다는, 당시 상황에서 그것에 법적 효력을 부여할 수 있는지 없는지의 여부에 더 많은 주의를 기울이라는 것이었다. 자세하고 꼼꼼히 살펴보고, 아무리 사방팔방에서 증명해주는 조선의 습속이라도 이에 바로 관습으로서 법적 효력을 부여할 것이 아니라, 그것이 조선총독부의 통치 상황과 부합하는지 않는지에 보다 주의를 기울어야 한다는 것이었다.

그렇다면 조선총독부가 가족법에 관습법을 채택한 이유는 무엇인가. 관습법은 성문법에 비하면 법의 운용이 다소 불편할 수 있다. 관습은 시세에 따라 변화하기에 법적 생활의 안전성을 결여할 수 있다. 조선의 관습을 인정하겠다는 의지가 있으면 조선의 관습에 기초하여 성문화한 가

1 「松寺法務局長主意事項」, 『司法協會雜誌』 2권 5호, 1923, 25-26쪽.

족법을 편찬할 수도 있었다. 전술하였듯이 통감부시기 우메 겐지로는 조선의 민법 편찬을 추진하고 있었다. 아니면 처음부터 그들이 이상으로 추구하였던 법제일원화에 따라 일본의 민법을 바로 적용할 수도 있었다. 그런데도 굳이 관습법을 채택하였던 것이다. 그 이유는 다음과 같이 다섯 가지로 살펴볼 수 있다. 여기에서 관습법이 가진 식민지적 성격이 드러난다. 관습법은 오히려 조선총독부의 조선 통치에 적극 활용될 수 있었다. 관습법이 조선의 가족 관행들을 새로운 '관습'으로 창출할 수 있는 창구로 기능할 수 있기 때문이었다. 일본 정부 및 조선총독부의 관료들이 가진 관습법에 대한 인식이나, 실제로 관습법이 운용되는 방식을 보면 그것이 가진 식민지 정치성이 분명해진다.

첫째, 일본 민법에 규정된 친족법 및 상속법을 즉시 적용할 경우에 초래될 조선인의 저항을 예방하자는 것이다. 이것이 조선총독부가 일본 민법을 곧바로 적용하지 않은 이유이다. "풍속 습관은 본디 각 민족이 그 생활이상을 달성하기 위해 적정하고 타당하다고 인정되는 것을 채용해 왔는데 갑자기 전통적 형식을 법제의 힘으로 하루아침에 변혁하는 것은 헛되이 민심을 동요시키고 반발을 초래하는 데 지나지 않아, 한일병합 당초에 조선민사령에서 조선인의 친족, 상속에 관해서는 원칙으로서 조선 재래의 관습에 의한다는 뜻을 규정한 소이이다"[2]는 것이다. 특히 조선은 일본이 병합한 타 지역의 사람들에 비해 가장 문명화된 문화를 가지고 있었고, 가족제도와 관련하여 상당한 문화를 발달시키고 있었다.

둘째, 관습법의 채택은 오히려 조선 특유의 관행이 성문법화되어 고

---

2 「朝鮮總督府內臨時職員設置制中ヲ改正ス(親族相續其ノ他事項ニ付テノ法令制定事務等ノ爲職員增員)」, 『公文類聚』 63편 36권, 1939; 「朝鮮民事令中ヲ改正ス(壻養子制度創設及之ト關係スル規定)」, 『公文類聚』 63편 100권, 1939.

착되는 것을 예방할 수 있다는 것이다. 관습법은 조선의 관습 그 자체를 존중하기 위한 것이기보다는 일본의 법 형식과 상이한 관행이 민법의 형식으로 조선인에게 완전히 뿌리내리는 것을 막으면서, 장차 일본 민법으로 귀일되게 하는 중요 도구가 될 수 있었다. 성문화하기 어려운 조선의 관행을 일본 민법의 방향으로 전환시키는 장치가 바로 관습법이었던 것이다. 관습을 "존중한 결과 그 관습을 고정시키는 것 역시 피하지 않으면 안 된다"[3]는 조선총독부 사법부장관의 글 또한 그러한 의미를 내포하고 있었다. 1921년 당시 민사령 개정을 위해 조선총독부 민사과장으로서 일본에 건너가 내각 법제국과 의견을 조율하였던 하라 세이테이(原正鼎)의 회고 또한 일본 정부의 입장을 보여준다.

> 당시 법제국은 민사 법규 특히 친족, 상속 법규 등에 관해서는 국내통일주의(國內統一主義)를 이상적으로 견지하고 민법과 특이한 관습을 고정화하여 성문화하는 것에 극력 반대하여 관습은 관습으로서 상관없이 존치하고 오히려 그 추이성을 유도하여 국내법에 통합 귀일하게 해야 한다고 했던 것이다.[4]

셋째, 관습법은 일본 민법의 친족법과 상속법을 자연스럽게 도입할 수 있는 시간을 확보하기 위한 전략으로서 의미를 가진다는 것이다. 갑자기 일본의 가족법을 조선에 적용할 경우 조선인의 반발을 초래할 우려가 있기 때문에, 이에 대한 과도적 조치로 관습법이 채택되었다고 할

---

3 國分三亥, 1919, 앞의 글.

4 原正鼎, 1943, 「戶籍令制定當時の回顧」, 『戶籍』 3권 7호, 朝鮮戶籍協會.

수 있다. 정책 당국이 일본과 조선 사이에 존재하는 가족 관습의 현격한 차이를 관습법 적용의 이유로 제시하기는 하였지만, 그렇다고 이것이 그 차이의 지속적 방치를 의미하지는 않았다. 조선민사령 공포 당시부터 궁극적으로 일본 가족법으로의 법제일원화는 예상된 상황이었기 때문이다. 그러하다면 일본 근대법 원리와 충돌하는 조선 특유의 관행들은 관습법으로 인정되기 어려웠다. 이렇게 보면, 관습법은 일본과 조선 사이에 존재하는 가족 관련 관행들의 차이를 좁히는 데 필요한 시간을 확보하기 위한 일종의 수단이기도 했던 것이다.

> 돌연 전통적 형식을 법제의 힘으로 하루아침에 변혁을 가하는 것은 헛되이 민심을 동요시켜 반발을 초래하는 데 불과해 일한병합(日韓併合) 당초에 조선민사령에서 조선인의 친족, 상속에 관해서는 원칙으로서 조선 재래의 관습에 의한다는 뜻을 규정한 이유이다. 그러나 공히 내선일체를 구현하는 데는 개인생활의 토대인 친족, 상속에 관한 법제를 내선일원화하여 가정생활 나아가서는 단체생활의 일원화를 도모하는 것보다 급한 것이 없다.[5]

> 총독부 법무국장 요코타 고로(横田五郎) 씨는 (중략) 조선은 고래의 습관으로 조선인 남자는 타가(他家)에 양자로 갈 수 없으므로 이 양자제도를 제정할 필요가 있으나 단지 지금 곧바로 재래의 습관을 타파하고 신제도를 실시하는 것은 헛되이 감정을 해할 뿐이다. 이는 기

---

5 「朝鮮總督府內臨時職員設置制中ヲ改正ス(親族相續其ノ他事項ニ付テノ法令制定事務等ノ爲職員增員)」, 『公文類聚』 63편 36권, 1939.

회를 기다려 제정할 예정이며 기타 조선 통치상 내지와 조선의 법률 관계를 통일하는 것이 가장 중요한 문제이므로 법제국은 이의 통일에 노력하는 중이라 운운.[6]

넷째, 성문법에 비해 불분명하다는 관습법의 단점이 오히려 장점으로 활용될 수 있다는 점이다. "항상 사회적 감정의 반영이어야만 함에도 불구하고, 그 구체적 내용에서는 매우 불명확하다는 것은 관습법의 가장 큰 결점"이었지만,[7] '불명확하다'는 그 점을 이용해 일본 가족법 조항을 자연스럽게 도입할 수 있기 때문이다. 1922년 고등법원 판결을 통해 재판상의 파양을 관습법으로 선언한다든지, 1939년 조선민사령 개정을 통해 일본 민법을 적용하는 데 이용했던 논리가 바로 관습의 불명확성이었다.

재판상의 이연에 대해서는 대체로 민법에 정한 바와 같은 관습이 생기게 되었다는 것은 인정할 수 있을지라도, 관습의 성질상 그 청구원인이 되는 사유의 여하는 매우 막연함을 면하지 못한다. 또 제척기간(除斥期間) 그 외 청구권의 소멸에 관해서는 의거해야만 하는 관습은 없고, 매우 불합리하기 때문에 이번 개정을 보기에 이르렀다. 이후부터는 오로지 민법 제866조 이상의 규정에 의하지 않으면 안 된다.[8]

---

6 「內鮮通婚法令勅令發布在邇乎, 橫田法務局長談」, 『每日申報』, 1921.5.22.

7 喜頭兵一, 1935, 앞의 책, 1-2쪽.

8 野村調太郎, 1940a, 앞의 글, 33쪽.

다섯째, 법원이 '창설적 판결'에 의한 입법행위를 할 수 있다는 점은 관습법의 가장 중요한 장점이었다. 이 경우 사회의 변화에 부응한다는 명분으로 기존의 관습법을 폐기하고, 일본 가족법의 내용으로 교체할 수 있었다. 즉 법원이 일본 가족법의 내용을 관습법으로 판결하고, 이러한 판례의 누적을 통해 궁극에 가서는 '관습의 변화'를 이유로 민법을 직접 적용하는 방식이었다. 요컨대 창설적 판결을 통해 "법이 사회적 감정과 합치되어 사람들 사이에 상식으로서 자연스럽게 행해지는 효과"를 기대하였던 것이다.[9] 다음의 조선총독부 문서 역시 그것을 확인해준다.

> 관습 중에는 시세의 진운에 따르지 않는 것도 존재하기 때문에 사법부는 일찍이 재판례를 통해 조선인의 친족, 상속에 관한 관습을 점차 민법의 친족 및 상속에 근접하도록 노력하고 기운이 익기를 기다려 그 경우 조선민사령을 개정하여 민법에 의하기로 정하고 시종일관 앞의 태도를 견지하여 금일에 미쳤다. 그리고 다년간에 걸친 재판소의 노력은 점차 결실을 맺어 조선 민중 사이에 법제일원화의 소리가 나기에 이르렀기 때문에 내선법제일원화(內鮮法制一元化)의 지표하에 사법법규개정조사위원회에서 예의 친족, 상속에 관한 전반적인 성문화를 기도하고 착착 그 업이 진전되어간다.[10]

위의 문서는 사법부가 판결을 수단으로 하여 조선의 가족 관련 관습을 일본의 친족법 및 상속법으로 변화시키기 위해 적극 개입하였다는

---

9 喜頭兵一, 1935, 앞의 책, 1-2쪽.

10 「朝鮮總督府內臨時職員設置制中ヲ改正ス(親族相續其ノ他事項ニ付テノ法令制定事務等ノ爲職員增員)」, 『公文類聚』 63편 36권, 1939.

것을 보여준다. 앞에서도 언급했지만 조선인 판사 최병주의 글 또한 재판이 조선인의 관습 창출에 어떤 역할을 했는지를 잘 보여준다. "반도에 있어서도 가 및 호주라는 용어는 현행 민사령 제11조 제2항 및 호적령 시행 전후로 구별하지 않고 사용되고 있다. 입법자가 앞의 양 법령 시행에 의해 조선의 가를 민법상의 가와 동일한 성질인 것으로 간주하려고 하고, 재판관이 민법상의 호주관념을 조선의 관습으로 끌어들이려고 노력하고 있는 것은 의문이 없을 것"[11]이라는 지적이다. 입법자는 법령으로, 재판관은 판결로 일본 민법의 가와 호주관념을 조선의 관습과 동일시하려는 노력을 하고 있다는 것이다.

무엇보다 관습법의 최대 장점은 일본의 친족법 및 상속법을 완급을 조절하면서 순차적으로 도입할 수 있다는 점이었다. "원래 관습은 고정적인 것이 아니라 사회의 진보 발달에 수반하여 추이 변전되는 것이 본질"이기 때문이다.[12] 즉 관습이 변화하였다는 이유로 일본 민법의 법조항을 순차적으로 도입할 수 있었다. 당시 정책자들은 관습의 이러한 특징을 장점으로 인식하고 있었으며, 그것의 변화 과정에 주목하여 관습법을 변경하여야 한다는 입장을 취하고 있었다.

> 법이 극히 사회적 감정과 합치되고, 각인 사이의 상식으로서 자연스럽게 행해지는 것이 사회생활의 규범으로서 법의 이상이지 않으면 안 되기 때문이다. 관습법은 사회의 필요에 응하여 서서히 진전하고, 시대와 함께 추이한다는 점에서, 또한 제정법의 고정적인 것에 우월

11 崔丙柱, 1938, 앞의 글, 35-37쪽.

12 「松寺法務局長主意事項」, 『司法協會雜誌』 2권 5호, 1923, 25-26쪽.

하다는 것도 인정되지 않으면 안 된다.[13]

관습법이 제도의 급격한 변화를 조절할 목적으로 인정한 "예외적 장치"였다는 조선총독부 민사과장이었던 하라 세이테이의 설명 또한 이를 의미했다.[14] 민사령 제11조가 정치적·사회적 고려였다는 조선총독부의 법무국장이었던 미야모토 하지메의 지적에서도 그것을 알 수 있다. 즉 그들은 조선인의 친족 및 상속에 관해 법적 효력을 인정했던 관습조차도 상당 부분은 고쳐지거나 방기되어야 했지만, 당시 사회 현실에 비추어 불가피하게 받아들였다는 것이다.

> 일한병합 당초에 즈음하여 조선민사령(1912년 3월 18일 제령 제7호) 제11조에 "제1조의 법률 중 능력, 친족 및 상속에 관한 규정은 조선인에게 이를 적용하지 않는다. 조선인에 관한 전항의 사항에 대해서는 관습에 의한다"는 규정을 두었던 이유의 하나는 서상(敍上)의 정치적·사회적 이유에 비춘 바가 있었던 것에 다름 아니다. 순수한 법률적 입장으로부터 말하면 관습 자체가 합리적이고, 또 법적으로 정비되어 체계적이어서 이것으로 충분하다고 인정되어서는 안 된다. 환언하면 반도인의 친족 및 상속에 관해 당시 사회제도 및 민도민정(民度民情) 자체에 비추어서 법적인 효력을 인정했던 관습 중에는 도저히 이것을 유지하기 어려워 조만간 정비되고 혹은 버려야만 할 인자(因子)를 다수 포함하고 있는 바이다. 그러나 이들 사업에 착수하

13 喜頭兵一, 1935, 앞의 책, 1-2쪽.

14 原正鼎, 1921, 「民事令改正趣旨」, 『朝鮮』 82, 55쪽.

여 이룬 전제로서는 이론적 토론과 연구 전에 반도인 사이에 어떠한 관습이 행해지고 있었는지를 조사·섭렵하는 것이 긴요하고 또 전술한 정치적·사회적 이유에도 제약을 받고 있었던 것으로 점차 사업의 완수를 기하고 있다.[15]

결국 조선적 관행의 법적 승인은 처음부터 폐기를 전제로 한 잠정적 수용이었다. "조선인의 친족 및 상속에 관해 법적인 효력을 인정했던 관습 중에는 조만간 정비되고 혹은 폐기해야만 할 것들이 다수 포함되어 있다"는 법무국장 미야모토의 또 다른 지적에서도 그것을 알 수 있다. 이 점은 민사과장 하라의 말을 통해서도 재차 확인된다. "능력, 친족 및 상속에 관한 사항에 대하여 관습에 의한다는 민사령 제11조가 결코 헛되이 구관을 존중하고 종래 구관을 고정 부동한 것으로서 이것에 준거한다고 하는 취지가 아니라는 것은 명백하다"는 것이다. 그들의 표현을 빌자면 "진실로 부득이하게 나온" "과도적 입법"이었다.

관습이란 것은 원래 결정되어 고정 부동성을 가지는 것이 아니라, 오히려 사회 사정의 변천에 응해, 시세의 추이에 수반하여, 점차 발달 이동하는 성질을 가진다는 것은 굳이 식자(識者)의 변(辯)을 기다릴 것도 없는 바로서, 우리는 이 의미에서 관습은 하나의 법제로서, 일면 매우 미묘한 작용과 중요한 가치를 가지는 것이라고 믿는다. 그리고 민사령이 전기와 같은, 제11조에 있어서 능력, 친족 및 상속에 관한 사항에 대하여 관습에 의해야만 한다고 했던 율의(律意) 또한 오

15 宮本元, 1940, 앞의 글, 3-4쪽(이 글은 법무국장이었던 미야모토 하지메가 도쿄제국대학 법리연구회에서 행한 강연 요지이다).

로지 여기에 있어, 결코 헛되이 구관을 존중하고 종래 구관을 고정 부동한 것으로서 이것에 준거한다고 하는 취지가 아니라는 것은 명백하다고 할 수 있다.[16]

무릇 법규의 통일은 조선과 내지에서 필요할 뿐만 아니라 내지와 조선 사이에서도 역시 사정이 허하는 한 이것을 통일할 필요가 있기 때문에 내지의 민사 법규를 가지고 조선에 시행하기에 적당한 것은 가능한 이것에 의하기로 하고 조선의 풍속, 습관, 교통, 민도 등 내지와 다른 결과 동일하게 규율하지 못하는 사항에 대해서는 실체상, 아울러 수속상 조선민사령 기타의 법령에 대해서 특별한 법령을 두어 조선의 실정에 조화하도록 힘썼던 것이다. 그 후 시세의 진운에 수반하여 이것이 개폐를 요하는 것이 있고.[17]

대체로 관습에 의한 부분이 있는 것도 이것을 처음부터 관습을 고정화하려고 하는 취지가 아니고 전면적 법제일원화는 전반적 입법의 제에 이를 제정할 것에 불과하고 과도적 입법으로서 진실로 부득이하게 나온 것이다.[18]

이렇게 본다면 관습법은 일본의 성문화된 가족법으로 전환하기 위한 하나의 방편이었다. 즉 일단 수용하여 법적 관습으로 만든 뒤, 일본 내지

16 原正鼎, 1921, 앞의 글, 55-56쪽.

17 「雜報(1927년 7월 14일 제1회 司法法規改正調査委員會委員長 告辭)」, 『司法協會雜誌』 6권 7호, 1927, 92쪽.

18 「朝鮮民事令中ヲ改正ス(壻養子制度創設及之ト關係スル規定)」, 『公文類聚』 63편 100권, 1939.

의 제도로 보완 또는 교체하기 위한 것이었다. 이 경우 관습법은 두 가지의 효과를 동시에 기대할 수 있었다. 한편으로 조선의 관습을 폐기시키면서 다른 한편에서는 일본 가족법의 이식 통로를 확보할 수 있었다. "관습은 하나의 법제로서 일면 매우 미묘한 작용과 중요한 가치를 가지는 것이라고 믿는다"는 총독부 관리의 말이야말로 관습법이 일종의 민법 도입 장치였다는 것을 단적으로 드러낸다.

이러한 실례는 재판상의 파양이 관습법을 거쳐 성문화되는 과정에서도 확인된다. 조선총독부 판사이자 조선 가족법 연구자인 노무라 초타로는 그 과정을 다음과 같이 설명했다.[19] 이를 편의상 세 단계로 나누어 소개하면 다음과 같다.

첫 번째는 조선의 관습을 관습법으로 인정하는 한편, 동시에 조선에는 없는 제도를 도입하는 단계이다. 병합 후 판례를 통해 일방적 의사 표현에 의한 파양을 조선의 관습으로 인정한 것이 전자의 예였고, 재판상의 이연의 도입이 바로 후자의 예였다. 이로써 양친은 양자의 낭비벽, 불효, 중죄 등을 이유로 재판 없이 일방적인 의사 표시만으로 양친자관계를 해소할 수 있었다. 그렇지만 일방적 의사 표시에 의한 파양이 법리에 맞기 때문에 관습법으로 인정한 것은 아니었다. 강자가 일방의 의사 표시로 양친자관계의 해소를 시도할 경우 약자는 전혀 법적 대항을 할 수 없기 때문이다. 이에 대한 조선인의 관행, 법제도의 미비 등으로 용인할 수밖에 없었다는 것이다.

이어 관습법으로 인정했던 조선의 관습을 그대로 두고, 그것의 불합리한 점을 시정할 수 있는 새로운 대항 제도를 법원의 창설적 판결로써

---

19 野村調太郎, 1940a, 앞의 글, 31-33쪽.

관습법화하는 두 번째 단계가 뒤따른다는 것이다. 바로 일방적 의사 표시에 의한 파양의 문제점을 시정하기 위해 재판상의 파양을 창설적 판례(1922)로 인정한 것이 바로 그 과정이었다. 재판상의 파양을 판례를 통해 관습법화함으로써 일방적 의사 표시에 의한 파양을 사실상 사문화시켰던 것이다. 왜냐하면 재판상의 이혼제도를 창설적 판결을 통해 조선에 정착시킨 결과, 이혼 수단으로 협의이혼과 재판상의 이혼이 자리잡게 되었다는 점을 주목한 것이다. 즉 재판상의 이혼제도가 그러한 효과를 초래했다면 재판상의 파양 또한 동일한 효과를 노릴 수 있다는 것이다. 이에 법원은 1922년 재판상의 파양을 창설적 판결로서 인정했으며, 이는 다시 1923년 고등법원 판결을 통해서 재차 확인됨으로써 이후 재판상의 파양은 법제도로서 정착되었다는 것이다.

끝으로 판례를 통해 조선의 관습법으로 정착시킨 제도를 일본 민법으로 교체함으로써 그동안 인정해왔던 관습법을 용도 폐기하는 조치가 마지막 단계라는 것이다. 재판상 파양에 민법 적용을 선언한 조선민사령 제11조 3차 개정(1939)이 바로 그것이다. 요컨대 재판상의 파양에 대한 일본 민법 규정을 먼저 판례의 형태로 조선에 도입하고 그러한 판례를 거듭 확인한 후, 민사령 개정이라는 절차를 통해 내지 민법으로 대체한다는 것이다. 관습법은 재판부가 기존의 관행과 별개로, 새로운 관습을 창출하는 매우 유용한 도구였던 것이다.

이상에서 보면, 관습법은 일본 정부와 조선총독부가 추구한 관습 통합의 성패를 결정하는 정책이었다. 관습법이 가진 장점(유연성)과 단점(불명확성)이 이를 채택한 이유였다. 조선의 가족 관습을 일본 내지의 가족법으로 맞추어 가려는 조선총독부의 입장에서 관습의 장단점은 사실상 그들에게 관습 해석이라는 '자유재량권'을 부여한 것이었다. 민법을 곧바로 적용할 경우 초래될 수 있는 조선인과의 갈등을 피하면서, 관습의 변화를 이유로 자연스럽게 일본 민법의 내용을 관습으로 판결할 수 있었다. 조선총독부가 조선민사령 제11조 개정을 통해 일본 민법의 적용 범위를 확대해나가는 과정에서 '조선의 관습이 변화하였음'을 전가의 보도처럼 들먹이는 이유가 여기에 있다. 그러나 위의 사례에서 드러나듯이 '변화했다는 조선의 관습'은 대체로 조선에서 실천되던 관행이 아니라, 일본 가족법의 내용과 일치하는 것이었다.

그럼에도 불구하고 조선총독부가 친족, 상속 부문에 일본의 민법을 적용하고자 한 노력이 그대로 관철될 수 있었던 것은 아니었다. 왜냐하면 조선총독부는 1945년 시점에도 조선의 관습은 일본의 민법과 상당한 차이를 가지고 있다고 판단하고 있었기 때문이다. 즉 조선의 관습을 동화시키고자 하는 조선총독부와 법원의 노력은 그만큼 어려움이 따르는 일이었다. 실제 당시 조선총독부가 조사한 조선의 관습과 일본 민법의 차이는 여전히 상당했다. 조선총독부에서 작성한 문서에는 이러한 차이를 상세하게 조사하여 도표화하고 있을 뿐만 아니라,[20] 그 주요한 특징을 설명하고 있다. 그 내용을 살펴보면 다음과 같다.

> 1) 친족 관습에 관해서는 친족의 범위에 대한 민법의 규정과 의미를 달리할 뿐만 아니라, 호주의 가족에 대한 복적거절(復籍拒絶) 및 이적, 입부혼인, 은거(隱居), 폐가(廢家), 일가창립(一家創立) 등의 제도가 없고, 더욱이 양자제도에 대해서는 ① 이성불양 ② 동성불취(同姓不娶) ③ 사후양자제도(死後養子制度) 등이 있어 민법의 규

20 內務省管理局, 1944b, 「朝鮮人及臺灣人ノ內地移籍法律案關係」, 『本邦內政關係雜件/植民地關係』 3권, 外務省外交史料館.

정과 다르다.

2) 상속 관습에 관해서는 종래 제사상속, 재산상속 및 호주상속의 관념이 존재하였을지라도 재판은 법률상 제사상속을 인정하지 않기에 이르러(1933년 3월 3일 고등법원 민사부 판결 참조) 현행 상속제도는 호주상속 및 재산상속의 2종일지라도 민법의 가독상속 및 유산상속의 관념과는 현저히 의미를 달리한다. 즉 호주상속은 호주인 지위를 승계함과 동시에 재산상속인으로서 전 호주에 속한 재산상의 권리 의무를 승계하기 때문에 민법의 가독상속인에 대비할 수 있을지라도 아직 민법과 비교해 현저하게 다른 점은 ① 상속순위에 대해 남계주의로서 따라서 여자의 지위가 낮다는 점 ② 기혼, 미혼의 구별이 판연하다는 점 ③ 유산의 승계는 제사자인 경우에도 항상 분배주의라는 점[그중에서도 제사자인 자(子)는 분배율이 많아 통상 유산의 2/3 내지 1/2이 된다] 등이다.

또 조선의 재산상속과 민법의 유산상속을 대비하면 어느 것도 재산의 상속이라는 점에서는 동일하지만, 민법에서의 유산상속은 가족 사망의 경우만으로 호주 사망의 경우에는 인정되지 않고(이 경우는 가독상속), 조선에서 재산상속은 가족이 사망한 경우 외에 호주가 사망한 경우에도 생긴다. 특히 조선에서의 재산상속은 피상속인 사망의 경우뿐만 아니라 호주의 경질 또는 그 지위를 떠나는 것으로 인해 재산상속이 개시되고 있고(여 호주가 그 가에 양자를 들이거나 또는 출가하는 경우), 그 명칭에 대해서도 둘을 구별할 필요가 있다.[21]

---

21 內務省管理局, 1945b,「朝鮮及台灣在住民政治處遇調査會二回總會ニ於ケル會議要錄」,『本邦內政關係雜件/植民地關係』5권, 外務省外交史料館.

일본 내지와 조선 사이의 관습 차이를 설명한 위의 글에서 특이한 점을 발견할 수 있다. 그것은 이성불양이 민법의 규정과 다르다고 한 점이다. 왜냐하면 1939년에 조선민사령의 개정을 통해 이성불양의 원칙을 철폐하고 일본 민법을 의용하기로 결정되었기 때문이다. 이 점에서 민법을 의용하더라도 이성불양의 원칙은 여전히 조선인들의 삶을 굳건히 규정하는 하나의 원칙이었던 것이다. 이는 조선이 해방되기 얼마 전인 1945년 조선총독부의 극비문서에서도 확인할 수 있다. "조선 및 대만의 친족, 상속 제도를 내지의 그것과 일치시킬 의사가 없는가, 또 이것의 실행은 용이한가"라는 질문에 대한 답은 그러한 예이다.

> 답
>
> 대만에서는 판례 등에서 현재까지 이미 내지의 친족, 상속 제도에 합치되는 방침을 지켜왔고 때문에 이를 일치시키기가 용이하다. 조선에서는 아직 앞의 지경에 도달하지 못하였을지라도 방침으로서는 가능한 속히 내지와 일치시킨다는 방침이고, 또 이것의 실현은 곤란한 것이라고 인정되지는 않는다.[22]

위의 문서에 의하면, 시종일관 관습법을 채택하고 있었던 대만은 일본의 친족법·상속법에 준하여 판결을 내릴 수 있을 정도로 관습이 변화하였다. 이에 비해 조선의 경우에는 일본 민법을 완전히 도입할 정도로 변화되지 않았다는 것이다. 그 이유는 대만 사회와 비교해 조선의 문화적 통합력이 강했다는 점, 동화 정책의 실행 기간에 차이가 있었다는 점

22 內務省管理局, 1945a, 앞의 글, 外務省外交史料館.

으로 추론해볼 수 있다.

요컨대 조선총독부는 조선인의 관습을 통일시킨다는 명분하에 조선을 일본의 법적 체계에 일치시키는 법적 동화를 도모하였다. 관습법은 조선의 사실상의 관습을 따르기 위한 것이기보다는 일본 민법상의 가족제도를 '관습'의 이름으로 조선에 들여오기 위한 장치였다. 일본 정부와 조선총독부의 '법제일원화' 방침에 맞추어 법원은 이를 재판지침으로 삼아 판결하여 조선인들에게 일본 가족법의 원리에 친숙하게 만든 후, 관습의 변화를 이유로 일본 가족법을 적용하겠다는 것이다. 이것은 개인의 실생활과 관련된 가족관계 법규를 변화시켜 일본과의 문화 통합을 추구하기 위한 것이었다. 그러나 친족법 및 상속법의 법제일원화는 쉬운 작업이 아니었으며, 해방이 될 때까지도 일본 민법과의 괴리는 상당 부분 잔존하였다. 그리하여 친족, 상속에 관한 사항들은 일본 민법, 조선총독부에 의해 인정받은 관습, 조선의 다양한 관행 등이 얽혀 있는 복잡성을 띠고 있었다. 해방 후 한국인의 손에 넘겨진 가족제도는 바로 이러한 성격을 지닌 것이었다.

제2부
식민지 가족법과 젠더

제2부에서는 식민지시기 가족법에서 젠더 질서가 구축되는 방식에 초점을 맞추어 논의를 진행한다. 젠더문제의 핵심으로서 여성이 역사적으로 어떻게 '보이지 않는 존재'가 되었는지를 알기 위해서는 여성에 관한 법률과 국가권력 사이에 어떠한 관계가 있었는지를 묻지 않을 수 없기 때문이다. 식민지 조선에서 조선총독부가 시행한 가족 관습법을 통해 젠더관계가 재구성되고, 결국 그것이 어떠한 식민지적 효과를 만들어냈는지를 추적하는 이유가 여기에 있다. 이것이 바로 제2부에서 다룰 주제이다.

제1장
가족 '관습' 인식과 젠더 질서

한국 사회에서 조선시대의 여성, 특히 처는 남편에게 절대 복종하는 어진 아내의 모습으로 정형화되어 있다. 더욱이 대부분의 사람들은 그 시대 여성들이 내실에 기거하면서 가정 내적인 일에 종사하고, 바깥 출입도 않을 뿐더러 외부 일에는 더더욱 관여하지 않았다고 생각한다. 조선시대 여성들에게 유교적 생활규범을 가르치는 『내훈서』의 내용이나, 안채와 사랑 등 생활공간을 분리하는 가옥 구조는 이 같은 인식을 뒷받침하기도 한다. 유교가 조선시대의 정치원리로 기능하기 시작한 이래 조선에서는 여성과 남성을 이원적으로 사고하는 유교 도덕에 입각하여 가부장권이 발휘되는 사회였다.

그럼에도 불구하고 외부 출입을 거의 하지 않고 내실에만 머물며 살아갈 수 있는 여성이 과연 얼마나 될까. 조선시대를 살았던 여성들의 삶을 볼 때 이러한 삶은 대부분 여성들에게 적용될 수 없는 것이었다. 양반층에 속하지 않는 여성은 부엌일은 물론 논일, 밭일을 마다할 수 없었다. 이를테면 대부분의 여성은 집안일을 하는 동시에 농민으로서의 정체성 또한 가지고 있었다. 이러한 조건에서 『내훈서』의 내용과 같은 여성의 이미지는 양인이나 천인 여성에게 호소력을 가지기 어려웠다. 유교적 예제에 입각한 『내훈서』의 여성 규범은 사실상 양반 여성에게만 한정된 담론이었다. 더욱이 양반 계층의 여성들에게조차 『내훈서』의 이러한 내용이 그토록 경직되게 운용되고 매끄럽게 작동되었는지도 사실상 의문이다.[1]

---

1 조선시대, 특히 '조선후기=유교사회'라는 일반론에 문제를 제기하는 조선시대 연구자는 정지영이다. "조선후기를 유교화의 시대로 설명할 경우, 그 시대를 유교라는 이념의 영향이 지배하는 통합체로 보게 만들 수 있다"는 점에서, "이는 다층적인 시공간 속에 복수적으로 존재한 비유교적 삶들을 보지 못하게 하고 지배이념의 영향력

그렇다면 식민지 조선에서 여성과 남성이라는 성별 범주가 어떠한 방식으로 구조화되고, 그들 사이의 위계는 어떻게 재구성되었을까. 이러한 논의를 위해 조선총독부가 발행한 『관습조사보고서』와 식민지시기 가족법이 구축되는 과정에 주목해야만 한다. 『관습조사보고서』에 묘사되어 있는 조선시대 여성의 모습은 사실상 조선시대 『내훈서』의 내용과 거의 일치하기 때문이다. 아울러 가족법에 관습법을 채택한 상황에서 관습은 우선적으로 통감부 법전조사국이 실시한 관습조사를 토대로 발행된 『관습조사보고서』를 통해 파악되었기 때문이다. 특히 관습법 체제 안에서 일본 민법의 친족 및 상속 법규가 식민지 조선에 단계적으로 채택되는 과정과 이들 법규에 내재된 젠더관계에 보다 주목할 필요가 있다.

이 장에서는 일본인 사법관료들에 의해 조선의 관습이 인식되고, 그들에 의해 조선의 '관습'이 재구성되는 과정을 젠더문제에 초점을 맞추어 논의하고자 한다. 먼저 관습을 조사하고 『관습조사보고서』를 만든 식민지 사법관료가 관습을 인식하는 지식체계를 분석할 것이다. 관습조사자가 일본인 법률가들이었다는 점과 그들이 조선을 유교의 나라로 간주했다는 점에 주목한다. 두 요소가 상호 복합적으로 작용하여 친족 및 상속 관습과 그에 내재된 젠더관계가 생산되었기 때문이다. 한국 가족법의 근대적 기원을 밝히는 이 작업은 성별이 사회를 이원화하는 과정 및 구조를 질문하는 동시에, 일제의 식민지 지배 정책 안에 작동하는 젠더 정치학의 문제를 성찰하는 것이기도 하다.

을 지나치게 강력한 것으로 보는 것이기에 문제가 있다"는 것이다. 정지영, 2015, 앞의 책, 25쪽.

1. 일본인 사법관료의 가족 '관습' 인식

처음 한국의 가족 관련 관습을 조사하여 보고서를 작성한 것은 통감부시기 한국에 파견되었던 일본인 법률가들이었다. 그렇다면 일본 근대법의 훈련을 받은 그들이 가족 관습을 조사, 파악하는 데는 구체적으로 어떠한 요인이 작용하였을까. 그리고 그들이 조선의 가족 관습을 이해하는 주요한 인식 틀은 무엇이었을까. 그들의 지식체계를 통해 이를 살펴보고자 한다.

우선 먼저 살펴볼 것은 사법관료들이 가진 근대법적 지식, 특히 일본 민법이다. 전반적인 민상사 관련 관습 및 제도의 조사를 목적으로 구성된 법전조사국은 소수의 한국인만이 위원으로 참여했을 뿐 전원이 거의 일본인 법률가들이었다.[2] 특히 관습조사를 주도한 우메 겐지로와 그 측근들이 관습조사원들의 대부분을 차지하였다.[3] 한국의 민상사 관습을

2 '법전조사국관제'는 1907년 12월 23일 칙령 제61호로 공포되어 1908년 1월 1일부터 시행되었다. 우메 겐지로가 고문으로, 구라토미 유자부로(倉富勇三郎)가 위원장으로 취임하였다. 법전조사국은 위원회와 관습조사팀으로 구성되었다. 전자가 법전 편찬에서 입안 과정 분야를 담당하였다면, 후자는 관습조사가 그 임무였다. 우메는 관습조사를 토대로 한국의 민상법통일법전을 제정할 예정이었다. 그는 특히 일본에서도 민상법통일법전을 만들어야 한다는 견해를 가지고 있었다. 이런 점에서 보면 한국은 우메가 자신의 법률관을 시행하는 일종의 시험장이기도 했다(梅謙次郎, 1909, 「韓國の法律制度に就て」 上·下, 『東京經濟雜誌』 60권 1512호·1514호; 梅謙次郎, 1910a, 「韓國の合邦論と立法事業」, 『國際法雜誌』 8권 9호, 740쪽.

3 전임사무관 오다 미키지로(小田幹治郎)와 조사원 가와사키 만조(川崎万藏)가 법정대학 출신이고, 조사원 히라키 간타로(平木勘太郎)는 부동산법조사회 시절 우메 밑에서 근무하였던 사람으로, 모두 그의 측근이었다(李英美, 2002a, 「朝鮮統監府における法務輔佐官制度と慣習調査事業-梅謙次郎と小田幹治郎を中心に(三)」, 『法學志林』 99권

조사하기 위해 우메가 작성한 『관습조사문제』에는 총 206개의 관습조사 문항이 담겨 있었다. 이 문항의 민법편은 메이지 민법의 편별 구성 그대로였다. 일본 민법의 구성원리들을 중심 개념으로 삼아 만들어진 질문지, 그리고 조사 내용 또한 일본의 법조항에 근거하여 조선의 관행 여부에 초점이 있었다.[4] 이는 이후 간행된 『관습조사보고서』의 편별 구성 및 질문 내용과 거의 일치하였다. 각각의 조사 항목에 일본인 조사위원들이 파악한 관습 내용을 정리한 것이 바로 『관습조사보고서』였다.[5]

이같이 일본 근대법의 개념과 체계에 맞추어 조선의 관행들을 조사, 설명하는 방식을 채택하였다는 점에서 그것은 당대의 관행들을 있는 그대로 조사한 것은 아니었다. 이를 일본 근대법에 발 딛고 있는 질문자의 지식과 경험에서 비롯되었다고 해석하는 이유도 여기에 있다.[6] 이런 점

2호, 230쪽). 그의 제자로서 당시 관습조사를 담당했던 가와사키의 회고에 의하면 전속조사원 5인이 모두 법정대학 출신이었다고 한다(川崎万藏, 1951, 「梅謙次郎先生の思い出-朝鮮に於ける梅博士」, 『法學志林』 49권 1호, 100쪽).

4 법전조사국, 1908, 『慣習調査問題』. 총 206개의 문항으로 제1편 민법, 제2편 상법으로 구성되었다. 민법편은 1장 총칙, 2장 물권, 3장 채권, 4장 친족, 5장 상속으로 나누어졌다. 이러한 편별 구성은 일본 메이지 민법을 그대로 채용한 것이었다(정긍식, 2000, 앞의 글, 42-43쪽).

5 우메 사후 『관습조사보고서』의 실질적 편찬자는 오다 미키지로로 추정된다. 우메의 의발(衣鉢)을 이어받았다고 평가받는 오다가 법전조사국의 유일한 전임사무관으로 관습조사사무 전반을 관할하였다는 점, 병합 후에도 취조국과 참사관실, 중추원의 사무관 및 서기관으로 근무하면서 관습조사사업을 지속적으로 수행하였다는 점, 조선 구관의 권위자로 평가받던 인물이었다는 점 등이 그것을 반증한다(李英美, 2002b, 「朝鮮統監府における法務輔佐官制度と慣習調査事業-梅謙次郎と小田幹治郎を中心に(五)」, 『法學志林』 99권 4호, 132-140쪽). 이는 가와사키의 회고에서도 확인된다(川崎万藏, 1951, 앞의 글, 101쪽).

6 윤대성, 1992, 「일제의 한국관습조사사업에 관한 연구」, 『재산법연구』 9권 1호, 338-339쪽; 양현아, 2000a, 앞의 글.

에서 식민지 사법관료들이 훈련받은 근대법 지식은 그들이 한국 사회를 바라보는 하나의 창이었다. 어떠한 지식도 그 주체의 사유체계로부터 자유로운 상태에서 생산되기는 어렵기 때문이다. 이것은 관습조사사업을 주도한 우메 겐지로가 한국 사회를 이해하는 것에서 확연히 드러난다. 우메의 '한국관'은 식민주의자의 모습 그 자체였다.[7]

> 한인(韓人)들은 국민으로서 생각해도 또한 개인으로서 생각해도 품성, 기능, 취미, 이상, 풍습 심히 열등하다. 이를 일본인에 비하여 매우 현격한 것은 물론, 지나인에 비해도 크게 열등하다. (중략) 금일 같은 한인은 한인 본래의 진면목이 아니고, 타락하고 쇠미하여 열등한 인종이 아닌 열등한 인종이 되어, 그 원인을 연구하면 둘, 셋에 그치지 않을지라도, 악정(惡政)의 결과와 조혼과 온돌상의 결과이지 않을까 추측된다. 고로 먼저 조혼의 폐, 온돌의 제도를 금하여, 그들의 사회 개선을 도모하고 그들의 지능을 계발하여 생산을 도와주면 한인종(韓人種)의 개선, 반드시 기하기 어렵지 않다. 그럴지라도 그들이 장래 과연 일본인과 같은 정도로 나아가고, 또 구미 백인과 같은 지위로 나아갈지, 나는 아직 단언할 수 없고, 말하자면 금일의 타락된 한인종의 개조 사업이 본래 많은 시일을 요하는 것이다.

우메에게 한국인은 일본인과 서구인은 물론, 중국인보다도 열등한 듯했다. 악정과 조혼 및 온돌과 같은 습속을 그 원인으로 지목하였다. 따라서 조선 사회의 개혁은 선택이 아닌 당위였다. 개혁을 위한 모델은 일

7 梅謙次郎, 1908, 「名士の韓國觀」, 『朝鮮』 1권 6호, 15쪽.

본이나 서구의 문명 사회였다. 그는 사실상 서구 중심의 문명론적 사고를 하는 지식인이었고, 그런 점에서 전형적인 '일본판 오리엔탈리스트'였다.

이러한 그의 사고는 인종주의적 편견으로 이어졌다. 국가학회에서 행한 1907년 10월 24일 강연의 '한국에 대한 견문담'은 그러한 인식을 드러낸다.[8] 그동안 친구에게 한국에 대한 많은 이야기를 들었지만 직접 가보니 "예상보다도 심하여 능히 망국(亡國)이라고 할 만한 형용"이었다든지, "조선인의 대다수는 후두(後頭)가 평평하고 일본인 등은 대체로 조금 쑥 나와 있는데 (중략) (크게 웃음) (중략) 후두부가 평평한 자는 대개 지력(智力)이 떨어지고, 나쁘게 말하면 바보가 많다"는 이야기를 하고 있어, 당시 일본인들이 한국인에 대해 가지고 있던 멸시관을 그대로 받아들이고 있었다. 나아가 조선인은 "진실한 애국심은 없고 아울러 국이라는 관념에 집착하여 있기 때문에 (중략) 장래 진정한 애국심이 나오기를 조선국을 위해 희망하지만 매우 곤란하다고 생각한다"고 하여,[9] 일본인들이 당시 한국인에게 가지고 있던 생물학적 인종주의와 문명론적 우월감을 장착하고 있었다.

일본의 사법성법률학교를 졸업하고, 프랑스의 리옹대학에서 박사학위를 취득한 그는 민법 논쟁에서 단행파의 기수이자,[10] 민법 제정에 참여

---

8 이 강연 내용은 「韓國ノ話」라는 제목으로 『國家學會雜誌』 21권 12호에 게재되었다.

9 梅謙次郎, 1907, 「韓國ノ話」, 『國家學會雜誌』 21권 12호, 1440쪽, 1447쪽, 1463쪽.

10 프랑스 법학자 보아소나드가 입안한 민법 초안이 개인주의적 성격이 강하다는 비판을 받자, 이를 둘러싸고 '단행파'와 '연기파' 사이에 민법전 논쟁이 치열하게 전개되었다. 우메는 단행파의 기수로서 민법기초위원이자 법제국장관으로 참여하였다. 그 결과 1898년 메이지 민법이 공포되었다(福島正夫 편, 1981, 앞의 책, 242쪽).

한 ‘법학 엘리트 중의 엘리트’였다.[11] 이러한 경력의 소유자인 그에게 한국의 사법제도는 비합리적일 뿐만 아니라 비문명 그 자체였다. 1910년 5월 이토 히로부미 추도회에서 행한 그의 강연은 한국 사법제도에 대한 그의 인식을 보여준다.

> 재판소가 하는 재판이라는 것 (중략) 제군이 믿을 수 없는 상태입니다. 우선 형사에 대해 말하면 지방관리 등이 재판관을 동시에 겸하고 (중략) 감옥이 어떤지를 말하면 일본인은 직접 가서 그것을 보지 않으면 도저히 상상할 수 없습니다. 아주 더러운 건물을 돼지우리라고 하는데, 돼지우리도 때로는 이보다 청결한 건물일 것이라 생각합니다. (중략) 민사에서도 사법권의 독립도 없고 또 재판관은 법률 지식도 없으며 공평하게 재판하려는 생각도 없습니다. 그러므로 재판은 대개 불공평합니다. 특히 심각한 것은 갑을 사이에 소송이 일어나 처음에는 갑이 승소합니다. 을이 어떤 유력자에 운동을 하고 다시 또 심의한 결과 이번에는 을이 승소합니다.[12]

근대법 학자 우메는 조선의 사법 관련 제도를 다음과 같이 보았다. 첫째, 행정권과 사법권의 분리가 되어 있지 않았다. 둘째, 같은 사건에 대한 판결이 권력자의 개입으로 인해 판결 내용이 바뀌는 등 운용이 불합리했다. 셋째, 법률 지식이 없는 재판관이 판결을 하고, 재판의 공정성

---

11 向井健, 1974, 「梅謙次郎」, 潮見俊隆 · 利谷信義 編著, 『日本の法學者』, 日本評論社, 95쪽.

12 梅謙次郎, 1910b, 「伊藤公と立法事業」, 『國家學會雜誌』 24권 7호, 971-972쪽.

에 대한 의식이 없었다. 넷째, 수감자의 인권은 생각할 수 없을 정도로 감옥은 돼지우리보다 더 불결하고 비참하였다. 따라서 우메에게 있어, 이토 히로부미를 위시하여 한국에서 수행되는 한국 사법개혁은 조선인을 "도탄(塗炭)의 고(苦)"에서 구원한다는 정신의 발로였다.[13] 그가 구상한 민법전은 다음과 같은 것이었다.

> 민법도 제정할 필요가 있습니다. 그 이유의 하나는 어떤 나라든지 민법이 있고 한국도 있습니다. 그러나 성문으로는 없기 때문에 이것을 성문법으로 하지 않으면 안 됩니다. 또 종래 관습으로 나쁜 것은 고쳐야만 합니다. 그 이유의 둘은 영사재판권을 철회시키기 위해서는 문명국의 법전류를 만들 필요가 있습니다. (중략) 새로 기초해야 하는 민법은 완전히 한인만을 위한 것입니다.[14]

한국에서 그의 개혁 입법은 서구 문명국의 민법과 유사한 성문법의 제정이었다. 프랑스와 독일 등 대륙법 체계에서 교육받은 민법학자로서 메이지 민법 제정에 적극 참여한 그의 지식과 경험은 한국의 사법개혁에 그대로 반영되었다. 대륙법 계열의 성문법을 선호하고, 조약 개정을 위해 일본이 서구 근대법을 모델로 삼아 법전 편찬에 착수했듯이, 한국에서도 영사재판권 철회를 목표로 문명국의 법전과 같은 것을 편찬하려 하였던 것이다.

이러한 의식세계를 고려할 때, 우메가 작성한 206개의 관습조사 문

---

13 梅謙次郎, 1910b, 위의 글, 977쪽.

14 梅謙次郎, 1909, 「韓國の法律制度に就て」 下, 『東京經濟雜誌』 60권 1514호, 10쪽.

항은 일본 민법의 법률 용어로 만들어지는 것이 당연했다. 물론 그는 범례를 두어 "명칭의 다수는 일본과 한국이 동일치 않으나 정확히 조사함에는 일본의 명칭을 기초로 함이 편하다고 믿는다. 고로 본편 중에는 일본 명칭을 고용한다. 그러나 조사원은 한국의 명칭을 조사하고 그 의의도 역시 정확히 조사하기를 요한다"[15]고 하였지만, 그것은 처음부터 불가능했다. 법전은 근대법 지식에 기반하여 편찬될 수밖에 없을 것이고, 조사 문항 또한 일본 민법을 모델 삼아 구성될 수밖에 없었기 때문이다.

여기에서 가장 중요한 사실 중의 하나는 일본 민법에 규정된 가족법이 지극히 불평등한 젠더관계에 기반하고 있다는 점이다. 메이지 민법의 가족제도는 남성 가장의 강력한 가부장권에 기반하여 장자 단독상속, 조상제사의 의무를 특징으로 한다. 여성의 권리는 가장권에 흡수되어 기혼 여성은 법적 무능력자로 간주되었다. 극도로 불평등한 여성과 남성의 관계가 일본 가족법을 관통하는 핵심원리 중의 하나였던 것이다. 이에 조선의 가족 관련 관습조사가 불균등한 젠더체계에 입각하여 이루어지는 것은 자명하였다 할 수 있다.

다른 하나는 관습조사를 한 사법관료들이 가지고 있던 조선에 대한 사전 지식이 그들이 조선의 관습을 인식하는 데 영향을 주었다는 점이다. 특히 '유교'는 그들이 조선의 관습을 파악하는 데 작용한 또 하나의 창이었다. 유교가 일본인 정책자나 지식인들이 조선을 이해하는 지적 자산이었기 때문이다. "주종(主從), 부자(夫子), 남녀의 관계를 보아도 유교는 그 본국 지나보다도 오히려 조선에서 원만하게 발달"[16]하였다는

---

15 法典調査局, 1908, 「凡例」, 『慣習調査問題』.

16 「朝鮮教育と總督」, 『教育時論』, 1911.3.25, 238쪽.

초대 총독 데라우치 마사타케의 지적, "유교는 조선의 국교(國敎)라고 할 정도의 것",[17] "동국에는 수천 년 래, 유교 도덕이 행해져"[18]왔다거나, "유교는 종래 조선에서 행해져왔던 것"[19] 등의 언급은 일본의 정책가나 지식인이 조선 사회를 이해하고 정책을 수립하는 데 유교가 차지하는 비중을 가늠케 한다.

이것은 일본인 사법관료들도 예외가 아니었다. 실지조사를 보완하기 위한 전적조사가 유교적 예제를 기록한 예서류를 광범위하게 수집하고 재편찬하는 데 집중되었다는 사실이 그것을 반증한다. 다음의 참사관실의 관습조사에 대한 방침은 유교 관련 서적이 친족 및 상속 관련 관습을 파악하는 중요한 자료였다는 것을 보여준다.

> 조선에서 친족, 상속 등에 관한 관습은 유가의 예를 기본으로 이루어진 것이 극히 많다. 이러한 것들의 관계를 밝히지 않으면 관습의 진상을 살피기 어렵기 때문에, 관습조사는 단지 지방에서 현실의 관행을 아는 것만으로는 요점을 얻기 어렵다. 이것의 근거가 되는 전적의 조사를 필요로 하기 때문에, 주로 중국 및 조선에서의 예의와 아울러 법제에 관한 전적을 섭렵 발췌하여 조사의 자료를 제공한다.[20]

그렇다면 유교적인 예제가 조선의 가족과 관련된 관습으로 적극 채택된 이유는 무엇인가. 일본인들이 인식하듯이 실제로 유교가 모든 조선

---

17 「社說: 朝鮮의 宗教」, 『讀賣新聞』, 1910.9.3.

18 「社說: 朝鮮教育に就て」, 『教育時論』, 1911.11.25, 254쪽.

19 木場貞長, 「朝鮮教育の要旨」, 『教育時論』, 1910.9.15, 194-195쪽.

20 朝鮮總督府中樞院, 1938, 앞의 책, 38-39쪽.

인의 생활을 규율한 보편적이고 통일적인 가족원리였기 때문일까. 물론 유교는 조선인들의 삶의 상당 부분을 지배하였던 생활윤리였다. 실제 실지조사에 동원된 한국인들이 육전(六典)이나 주자가례(朱子家禮)에 입각하여 답변한 것도 이러한 이유이다.[21] 더욱이 조사 대상으로 동원된 조선인들이 그 지역의 유력자 중심으로 선정된 것도 하나의 이유가 될 것이다.

그렇지만 양반 중심의 유교적 가족원리가 일반 민들에게까지 실천되었다고 보기는 어렵다. 더욱이 전근대 신분제 사회에서 전 인민에게 관철되는 통일적인 도덕 규율이 만들어지는 것 또한 그 가능성이 적다. 지역이나 가문, 특히 신분에 따라 실천 관행은 다양할 수밖에 없기 때문이다. 따라서 일본인 사법관료들이 조선인의 관습이란 것을 파악하는 일이 그리 용이하지는 않았을 것이다. 그들이 조선의 관습이 불명확하다고 인식한 것 또한 이 때문이다. 바로 이러한 통일적인 관습조사의 어려움은 전적조사에 의한 유교의 가족규범을 조선의 관습으로 이해하는 중요한 원인이 되었을 것이다.

법전이나 유교적 가족의례가 조선의 관습으로 적극 채택되는 것에는 그 나름의 유용성도 한몫을 하였다. 법으로서의 관습은 조선 전체에 적용되는 것이다. 문서화된 유교는 그야말로 통일적으로 관습을 파악하는 데 상당한 장점이 있었다. 법 운용의 기술적인 면에서는 하나로 통일된 관습이 필요하기도 했다. 더욱이 유교는 일본의 조선 통치에 상당한 유용성을 가지고 있다고 이해되었다. 당시 일본의 정책자들은 이 점 또한 의식하고 있었기에 이를 적극 이용하고자 하였다.

---

21 淺見倫太郎, 1921.8, 앞의 글, 35쪽.

다행히도 조선은 유교의 나라이다. 그런 데다 일본은 유교의 정신에 서양의 새 문명의 의복을 입힌 나라이다. 그러므로 일본이 조선을 동화하는 것은 서양 나라들이 이교의 영토를 통치하고 동화하는 곤란에 비한다면 참으로 쉬운 일이라고 할 수 있다.[22]

뿐만 아니라 더욱 중요한 것은 일본 민법에서 구현되고 있는 일본의 가족제도 역시 유교의 언어로 이루어졌다는 점이다. 일본의 법학 엘리트들 역시 유교관념을 동원하여 메이지 민법의 '가제도'를 만들었기 때문이다. 부모에 대한 효, 조상숭배, 남존여비 등의 유교 도덕은 일본의 가족제도에 관철되어 있는 주요 원리들이었다. 나아가 이와 같은 가족 도덕은 국가를 하나의 가족 집단으로 관념화하고, 그로부터 천황이나 국가에 대한 충성심을 이끌어내는 가족국가관을 성립시키는 주요 기제로 작용하였다.[23] 더욱이 여성과 남성으로 이원화된 젠더관계에 입각한 일본 민법의 가족제도는 유교의 가족 및 젠더체계와 거의 충돌하는 지점이 없었다. 이에 유교는 조선의 관습을 인식하고 구성하는 데 적극적으로 동원된 주요한 자원이 될 수 있었다.

이러한 인식체계에 의해 구축된 조선의 '관습', 즉 『관습조사보고서』의 내용은 일본인 판사의 눈에도 조선의 '있는 그대로의 관습' 그 자체는 아니었다. 아사미 린타로는 『관습조사보고서』의 관습 내용을 보면, "일

---

22 이 글은 조선 통치와 관련된 담화로 하야시 다다스의 논의이다. 여기에는 林董, 竹越與三郎, 目賀田種太郎, 松田正久 등이 참석했으며, 이들은 한국의 병합에 직·간접적으로 관련된 인물들이다. 담화의 주제는 동화 정책이었다. 「併合後の朝鮮統治問題談」, 『太陽』, 1910.10.1; 姜東鎭, 1982, 앞의 책, 83쪽.

23 牟田和惠, 1996b, 앞의 책, 81-84쪽.

본의 민법을 조선에 그대로 시행해도 될 정도로 민법과 거의 동일하다"고 조소에 찬 비판을 하였다.[24] 당시의 관습을 일본인 관료 및 학자들이 그들의 시각에서 이해하고 판단한 '조선의 관습'이었다는 평가가 가능한 것 또한 여기에서 기인한다. 서양 제국이 동양을 재구성하고, 영국 제국이 아프리카의 관습을 발명하였듯이 식민지 조선의 관습은 일본 제국에 의해 재구성된 '조선의 관습'이었던 것이다.

그렇다면 당시 조선의 '관습'은 구체적으로 어떻게 그려졌으며, 여기에서 여성과 남성 사이의 관계성은 어떻게 재구성되었는가. 이를 구체적인 관습 내용, 특히 가족법의 핵심 주제인 호주권과 재산권에 대한 관행을 통해 검토하고자 한다.

2. 호주권의 법제화와 젠더

일본 가족제도의 핵심이 '호주제도'라는 것은 주지하는 바이다. 가장을 의미하는 법적 지위로서 호주는 사실상 남성중심적이고 남녀차별이 노골적으로 관철된 제도이다. 조선 사회에도 이전부터 '호주'와 '가장'이라는 용어가 존재하였지만, 일본식 호주제도와 전혀 다른 실천성을 가지는 개념이었다. 앞에서도 지적하였듯이 조선시대의 '호주'는 '가장' 개념이 아니었을 뿐만 아니라, 국역 담당 주체의 의미를 가지기 때문이다. 가족제도와는 무관한 개념이었기에, 호주의 대표성 혹은 권한은 가족의 내

24 淺見倫太郎, 1921, 앞의 글, 34쪽.

적 범주 안에서 발휘되는 것이 아니었다.[25] 조선 사회의 가장 개념 또한 연장자 남성이 한집에 거주하는 사람들에게 가지는 가부장권으로서 제도적 개념은 아니었다.[26]

호주제도는 일본에서 행정법인 호적법과 사법(私法)인 민법, 이 두 법을 통해 규율되고 완성되었다. 이러한 일본식 호주제도는 한국에서도 두 가지 경로를 통해 제도화되기 시작하였다. 행정제도로서의 호주제도가 1909년 민적법을 통해 병합 이전부터 이미 시행되고 있었다면, 호주제도의 실질적 내용은 일본 민법 적용이 아닌 관습법을 통해 채워나가는 정책이 수립되었다. 여기에서 일본인 사법관료들이 조사, 정리한 조선의 관습은 호주를 중심으로 한 가족제도를 조선에 구축하는 데 적극 이용되었다. 그들은 일본 가족제도의 기초인 '가장', 즉 '호주' 개념을 중심으로 조선의 관습을 조사하였다. "호주와 가족은 동일한 성씨를 사용하는가", "호주는 가족을 부양할 의무가 있는가", "호주는 가족의 거소를 지정할 수 있는가", "호주는 가족에 대해 앞 2문 외의 권리가 있는가" 등의 조사 문항은 주로 호주의 권리·의무와 관련된 것들이었다.

그 결과물인 『관습조사보고서』에 나타난 호주권 관련 관습 내용은 조선총독부의 회답과 법원의 판결을 통해 거의 대부분이 법적 효력이 있는 관습법으로 인정받았다 해도 과언이 아니었다.[27] 그리하여 호주는

25 홍양희, 2006a, 앞의 글, 111쪽.

26 崔丙柱, 1938, 앞의 글, 35-36쪽; 朴秉濠, 1976, 앞의 글, 70-74쪽.

27 『관습조사보고서』의 호주권 관련 내용에서 은거, 이성양자, 서양자연조를 통한 호주상속이 조선에서는 인정되지 않은 점, 호주의 유산이 공동 분할상속이라는 점에 일본 민법과 차이가 있다. 이 중 이성양자와 서양자연조는 1939년 조선민사령 제11조 3차 개정으로 일본 민법의 적용 대상이 된다. 은거제도는 끝까지 도입되지 않았다.

가장으로서 제반의 권리와 의무를 가지고 강력한 권한을 발휘하는 법적 신분이 되었다. 대외적으로 자신의 가를 대표하는 동시에, 대내적으로는 가족을 통할하는 권리를 지닌 법적 존재였던 것이다. 이러한 가족 법제에서 모든 가족관계는 호주권 안으로 흡수되어갔으며, 가족원 개인은 호주와의 관계를 통해 그 법적 신분을 확인받을 수 있었다.[28]

이 과정에서 주목할 것은 호주제도가 조선의 '전통'과 '관습'으로 재구성되고 있다는 점이다. "입법자가 조선의 가를 민법상의 가와 동일한 성질인 것으로 간주하려 하고, 재판관이 민법상의 호주관념을 조선의 관습으로 끌어들이려고 노력하고 있다"는 조선인 판사의 논의는 그러한 당시의 상황을 반영한다.[29] 더욱이 이것을 가능하게 만든 것은 호주제도에 내재되어 있던 가계승의 원리였다. 호주상속을 통해 그 가가 영원히 계속된다는 논리가 바로 그것이다. 그리고 조선에는 봉사권자를 통해 가를 계승한다는 유교의 친족 질서가 이미 존재하고 있었다. 종법의 관념에서 봉사권자는 가문의 대를 잇는다는 의미를 가지고 있었기 때문이다. 따라서 호주상속은 일본인 사법관료들이 사실상 '조선 특유의, 가장 중요한 관습'으로 인식하였던 제사상속과 상당 부분 중첩되는 것이어서 이와 친화력을 가지고 있었다. 그리하여 봉사권자의 승계를 제사상속이라는 용어로 정리하고, 호주상속을 제사상속과 거의 내용적으로 일치시켜 갔다.

---

28 "가족제도는 호주권(戶主權)을 기본으로 하고, 가(家)는 호주의 권력에 의해 통일되며, 가족 모두는 마찬가지로 호주의 권력에 복종하고, 부권(夫權), 친권(親權) 등은 모두 호주권 중에 흡수되어 그 존재를 인정치 않는다. 그러므로 가는 호주에 의해 대표되고, 법률상 특별한 지위를 인정한다"(野村調太郎, 1925, 앞의 책, 1-2쪽).

29 崔丙柱, 1938, 앞의 글, 35쪽.

> 한국에서 상속은 제사상속을 주로 하고 제사를 상속하는 자가 호주가 되는 것을 원칙으로 한다. 다만 제사상속을 할 자가 없는 경우에 망호주의 처 또는 어머니가 호주가 되는 것에 지나지 않는다. 망호주의 처 또는 어머니가 호주가 되는 외에 호주만의 상속은 없으며 (중략) 제사상속을 해야만 하는 자는 피상속인의 적장자이고, 적장자가 없으면 서자가 승적하고, 남자가 전혀 없으면 남계혈족 중 자항렬자(子行列者)를 입양하여 상속을 하게 한다.[30]

호주상속과 제사상속의 일체화는 관습 관련 행정부서의 결의나 회답 등을 통해 확인되었다. "일가의 제사는 호주가 이를 행하는 것을 본칙으로 하는 근본 관념으로부터 보면 제사상속과 호주상속은 본래 일체(一體)의 것"[31]이란 구관 및 제도조사위원회의 결의, 중추원의 회답 등이 이를 재차 확인하였다. "조선에서는 호주의 사망 그 외의 사유로 인해 가에 호주가 없을 때는 그 가에서 조상의 제사자인 지위를 승계하는 자(남자에 한함)가 호주의 지위를 승계"한다는 것이다.[32] 결국에는 앞에서도 논의했듯이 1933년 고등법원의 판결로 제사상속은 호주상속과 일원화되었다.[33]

호주상속인을 정하는 표준을 제사봉사자로 삼은 것은 한국과 일본의 가부장제가 만나는 지점이기도 했다.[34] "남계혈통을 친족의 기초"로 보

---

30 『慣習調査報告書』, 302쪽.

31 「舊慣及制度調査委員會決議(1923.1.25)」, 『民事慣習回答彙集』.

32 「家督及遺産相續順位二關スル件」, 1923년 7월 21일 중추원 회답. 『民事慣習回答彙集』, 429쪽.

33 司法協會, 1937, 앞의 책, 379쪽.

34 野村調太郎, 1939, 앞의 글, 18쪽.

아,[35] 가는 부계혈통을 통해 지속적으로 이어진다는 종법의 원리를 통해 호주상속을 이해하였기 때문이다. 남자만이 제사승계를 할 수 있다는 유교적 관념에 비추어보면, 여성은 봉사자가 될 수 없었다. 제사봉사자가 호주상속인이 된다는 것은 일본 민법과 마찬가지로 여성을 호주상속인의 지위에서 원칙적으로 배제시키는 결과가 되었다. 이러한 관습 해석을 통한 호주제도의 실천은 식민지 조선에서 거의 아무런 저항도 수반하지 않으면서 일본식 근대 가부장제를 정착시키는 효과를 가져왔다.

다만 호주제도는 한편으로는 행정제도이기도 했기 때문에 호적이 존재하는 한 호주는 항상 존재해야 했다. 그렇기 때문에 가에 호주가 될 남성이 없는 경우에는 일시적으로 여성의 호주상속을 인정하였다. 조선의 가계계승자 개념이 '호주권'으로 통합·흡수됨으로써, 여성의 호주상속은 가의 계승자를 의미하는 것이 아니라 임시적이고 과도적인 상속자로 정리되었다. "일가의 계통은 제사상속인에 의하여 연속되고 호주인 자라도 여자는 가계의 세대에 넣지 않는다"고 보았기 때문이다.[36] 즉 여성의 호주상속은 가계의 계승이 확보되지 않는다는 점에서, 양자 입양이나 기타의 사유로 그 가에 남자가 생기지 못하면 절가(絶家)가 되는 것이 그 논리적 귀결이었다. 집안에 호주상속을 할 남자가 없는 경우 절가되는 것이 조선의 관습이라 인식한 결과였다. 이것이 '집안의 대를 이을 아들을 낳아야 한다'는 남아선호관념이 일반에 보편화되는 토대로 작용하기도 하였다.[37]

---

35 『慣習調査報告書』, 297쪽.

36 『慣習調査報告書』, 347쪽.

37 탈식민 이후 한국에서 모든 가족은 반드시 아들이 있어야 한다는 강박을 가지게 되었다. 식민지시기를 통해 이루어진 일본의 호주제도와 조선의 가계계승제도의 착종

여성이 호주상속인에서 근본적으로 배제됨으로써, 조선 사회의 '적서차별'도 젠더 차별 앞에서는 그다지 힘을 발휘하지 못하였다. 서자인 아들은 적자인 딸에 앞서 호주상속인이 되기 때문이다. 가족제도 안에서 딸은 아무런 권리도 가지지 못하여 혼외자인 서자만도 못한 존재가 되었던 것이다. "남녀 간에는 여자의 상속을 인정하지 않기 때문에 선후의 문제가 생기지 않는다. 적자와 서자 사이에는 적자가 서자에 우선하고, 또 적녀(嫡女)와 서남(庶男) 사이에서도 여자의 상속을 인정하지 않기 때문에 선후의 문제가 생기지 않는다"는[38] 것이 당시 인정된 조선의 관습이었다. 따라서 조선 사회의 적자와 서자 사이에 존재하는 차별적인 관계도 남성과 여성이라는 성별 범주에 의해 압도되었다.

대부분의 여성들이 접근할 수 없는 호주 지위는 모든 남성에게는 거의 예외가 없이 획득 가능한 것이었다. 결혼한 남성들은 분가만 하면, 누구든지 호주가 될 수 있었기 때문이다. 가계승자로서 법정추정 상속인 장남이 아닌, 차남 이하의 남성은 혼인 후 분가하는 것이 조선의 관습으로 인정되었다. "장자상속 원칙을 택하는 한국에서는 차남 이하의 남자는 반드시 분가해야 하는 것이다. 그 시기는 반드시 일정하지 않지만 적어도 성혼 후이어야 하고 (중략) 분가하는 경우에는 분가자의 처자와 직계비속과 그 처는 함께 그 분가에 입적한다"는 것이다.[39] 이것은 1923년 구관 및 제도조사위원회 결의에서도 확인된다. "장손의 장남자가 아닌

으로 인해, 한국 사회의 모든 소가족은 마치 계승되어야 할 계통을 가진 것처럼 되어 버렸고, 현대사회를 살아가는 모든 가정은 '대'를 이어야 한다는 당위성을 진 것처럼 되었다(양현아, 1999, 위의 글, 231쪽).

38 『慣習調査報告書』, 350-351쪽.

39 『慣習調査報告書』, 302쪽.

남자는 조만간 분가해야만 한다"고 하면서 "분가를 하기 위해서는 기혼자일 것을 필요로 하고 미혼자의 분가를 인정하지 않는다"[40]고 보았다. 결국 호주제도는 남성과 여성이라는 성별에 따라서 '호주가 될 수 있는 자'와 '호주가 될 수 없는 자'로 사회를 이원화하는 결과를 초래하였던 것이다.

나아가 호주권이 조선의 관습으로 제도화되자 호주인 아버지 및 남편의 유산에 대한 여성의 권리는 거의 배제되었다. 그러나 조선시대의 관행으로는 남편이 먼저 사망한 경우, 처는 집안 재산에 대해 재산권을 행사하였다.[41] 부모 사후에 이루어지는 재산 분배도 작성 시기가 일정하지는 않지만 대체적으로 부모가 모두 사망한 이후에 이루어졌다고 한다.[42] 이러한 사실은 부모가 모두 사망하기 전까지는 자녀에게 재산이 분배되지 않을 수도 있다는 것을 반증하고, 따라서 유부(遺夫) 혹은 유처(遺妻)가 자신의 남편이나 처가 남긴 재산에 대해 일정한 권한을 가지고 있었다는 것을 의미한다.

아울러 부모의 유산에 대해 딸 역시 아들과 마찬가지로 권리를 가지고 있었다. 분재기에 아들과 딸 사이의 재산 분할이 반드시 일률적이지는 않지만, 대부분의 분재기가 제사분을 제하고는 기혼과 미혼의 딸을 포함하여 모든 자녀에게 균분상속을 하고 있었다. 물론 유교 질서가 점차 확산되는 조선후기로 갈수록 이것에도 변화가 나타나고, 딸보다 아

---

40 「舊慣及制度調査委員會決議, '家ニ關スル事項(1921년 12월 1일 및 12월 5일 결의)'」, 『民事慣習回答彙集』.

41 장병인, 2003, 「조선시대와 일제시대 여성의 법적 지위 비교」, 『호서사학』 36집, 221쪽.

42 부모 3년상 이후 재산을 분할하는 것이 가장 일반적이었다 한다. 그전의 재산 분배를 불효로 간주하고 이를 억제하였기 때문이라는 것이다(문숙자, 2004, 앞의 책, 29쪽).

들, 차남보다 장남을 우대하는 경향이 현저해지기는 한다.[43] 그렇다고 이것은 남녀차별을 제도화한 것도, 재산 분배에서 딸들을 완전히 배제한 것도 아니었다.[44] 이렇듯 조선시대의 관행은 상대적으로 느슨하고 유연한 젠더관계에 기반해 있었다.

반면 재산상속과 관련하여 『관습조사보고서』는 『경국대전』의 '제자녀균분(諸子女均分)', 즉 '모든 자녀가 균등하게 나눈다'는 내용을 소개하면서 근래의 관습은 이와 다르다고 파악하였다.[45] 이러한 인식에 의해 일본식 호주권이 조선의 관습으로 법제화되는 과정에서 일률적이고 확고하게 이원적인 젠더 질서가 재구축되고 있었다.[46] 조선 사회의 기존 관행과 달리, 처이든 딸이든 여성에게는 남편 혹은 아버지인 호주의 재산에 대한 권리가 없었기 때문이다. 가적에 의한 '가족'의 경계와 성별에 따른 '젠더' 경계가 상속권자를 정하는 표준이 되었기 때문이다.[47]

> 재산상속인이 되는 자는 호주(여 호주 제외)가 사망한 경우에는 제사상속인이 되는 제사자와 그 아우이고, 여자는 재산상속인이 아니다.

---

43 최재석, 1983, 앞의 책, 527-528쪽.

44 다산 정약용은 『목민심서』「형전」, '聽訟'(하)에서 남녀균분상속법을 무시하고 장자를 우대하여야 함을 역설하고 있다. 정경과 대신들은 그 가문을 유지하기 위해 균분상속이 아닌 장자를 우대하여 그 가세를 유지하여야 한다는 것이다(정긍식, 2003, 「종법적 제사승계와 가족의 변화」, 김필동·지승종 외, 『한국사회사연구』, 나남출판, 61-62쪽). 조선후기에는 분재기가 거의 없어 재산 분배의 실태를 알기 어려우나, 다산의 주장을 통해 역으로 그 실태를 추론할 수 있지 않을까 한다. 다산의 장자 우대 역설은 오히려 당시에도 그만큼 균분의 습속이 상당히 남아 있었다는 것을 반증한다.

45 『慣習調査報告書』, 356쪽.

46 사망한 남성이 호주가 아니고 호주의 가족인 경우에는 재산상속인에 대한 관습 내용이 다르다. 자세한 내용은 홍양희, 2007, 앞의 글, 103-108쪽 참조.

47 양현아, 2011, 앞의 책 참조.

> 또한 재산상속인은 재가자(在家者)에 한하고 타가에 있는 자는 재산상속인이 될 수 없다. 그리고 제사상속인 또는 제사자의 아우가 두 명 이상이면 동시에 재산상속인이 되고 그들 사이에 연령이 많고 적은 것은 상관이 없다.[48]

호주 사망 시 재산은 봉사자와 가적을 같이하는 남자 형제에게 공동상속하는 것이 사법관료들이 인식한 조선의 관습이었다. 이것은 동일 가적, 즉 호주의 호적에 입적되어 있는 그의 아들만이 재산을 상속받을 수 있다는 것이었다.[49] 여기에서 성별이 여성인 경우, 즉 그것이 호주의 처이든 결혼한 딸이든 미혼의 딸이든, 그들에게는 재산을 상속받을 아무런 권리가 없었다. 남편의 재산 형성에 직접적인 기여를 한 처조차도 재산상의 권리를 전혀 보장받지 못하였던 것이다. 법원의 이러한 관습 해석에 따라 식민지 조선에서 호주의 사망으로 발생하는 재산상속에서 여성이라는 성별은 완전히 배제되었다. 이런 점에서 볼 때, 부계혈통으로 면면히 이어가는 가계승이 호주상속을 통해 제도화되는 과정은 여성과 남성이라는 차별적인 범주가 재생산되는 과정이기도 했다.[50]

---

48 『慣習調査報告書』, 355쪽.

49 이 내용은 일본 민법과 차이를 보이는 내용이다. 가독상속은 호주상속과 동시에 호주의 모든 재산을 단독상속한다. 이에 비해 조선에서는 호주와 그의 남자 형제들이 공동상속하는 것으로 관습이 해석되었다. 참고로, 우메는 일본 민법의 가독상속에 비판적이었다. 그는 1903년 4월 한 강연에서 가독상속을 분할상속으로 개정해야 한다고 주장하였다. 이 강연은 1903년 『법률경제』 22호에 「民法相續法に就きて」이라는 제목으로 게재되었다(岡孝·江戸惠子, 1985, 「梅謙次郎著書及び論文目錄-その書誌學的硏究」, 『法學志林』 82권 3·4호, 187쪽).

50 양현아, 2011, 앞의 책 참조.

3. 가족 관습과 젠더

1) 친족 관습과 젠더관계

식민지 조선에 제도화된 가족법상 여성들은 호주와의 관계에 의해 모, 처 또는 여(딸)라는 법적 지위로 명명되었다. 아울러 이들은 모자(母子), 부처(夫妻), 그리고 부녀(父女)라는 혈연관계에 따라 친족법 및 상속법의 규제를 받았다. 여성들은 결혼 이전에는 대체로 호주권과 부권(父權), 그 이후에는 호주권과 부권(夫權)이라는 중첩된 권력의 통제하에 있었다. 특히 결혼과 동시에 획득하는 처에 대한 남편의 권한, 즉 부권(夫權)은 상당한 것이었다. 먼저, 결혼한 여성은 독립적인 법률행위의 주체가 될 수 없었다. 1921년 조선민사령 제11조의 1차 개정(제령 제14호)에 의해 '능력' 조항에 일본 민법이 적용되어 처는 미성년자, 금치산자, 준금치산자 등과 함께 4대 법률행위 무능력자 중 하나가 되었다. 이것은 일본 민법 적용으로 성문법화한 것일 뿐, 관습법 체제에서도 이미 판결은 동일하게 이루어지고 있었다. 『관습조사보고서』 단계에서부터 일본의 사법관료들이 남편이 있는 여성을 법률행위 무능력자로 인식하고 있었기 때문이다.

> 한국에서 처는 남편에 절대적인 복종을 해야 한다. 그리고 처에 대한 부권(夫權)은 매우 강력하여 처의 행위능력은 극단적으로 제한되어 거의 모든 일은 남편의 허가를 받지 않으면 안 된다. (중략) 한국 여자는 대개 내실에 칩거하여 군이 사람과 만나는 일을 피한다. 남녀가

자리를 함께하지 않는 습속은 지금도 마찬가지여서 여자가 거주하는 방인 내방과 남자의 객실인 사랑은 엄격히 구별된다. 여자가 가정 안의 일로 바깥에 간여하는 것은 가장 배척받는 것이었다.[51]

『관습조사보고서』에 등장하는 조선의 기혼여성은 다음과 같은 특징을 가지고 있었다. 첫째, 부권(夫權)이 강력하여 처는 남편에 대해 절대적으로 복종한다는 것이다. 따라서 처의 행위능력은 극단적으로 제한을 받았고, 아주 사소한 행위가 아니면 독단으로 법률행위를 할 수 없다. 둘째, 여성과 남성은 거주 공간을 달리한다는 것이다. 대개 여성은 내실에 기거하며 남성과 자리를 함께하지 않고, 외부 출입도 거의 하지 않는다. 그렇기 때문에 셋째, 처는 거의 외부 활동을 하지 않는다는 것이다. 하류사회의 여성들에 한하여 외부 활동을 하는데, 이는 여자의 영업을 천하게 여기는 조선 사회의 관습 때문이라는 것이다. 이 같은 인식에 기반하여 조선의 기혼여성은 법률행위 '무능력자'로 조선의 '관습'이 정리되었다.

그러나 이것은 사실상 일본인 사법관료들의 지식체계 안에서 만들어진 상이었다. 왜냐하면 조선시대 여성이 법률행위를 제도적으로 제한받지는 않았기 때문이다. 오히려 여성들의 소송권이 모든 신분에 걸쳐 다양하게 행사되기도 하였다. 기존 연구에 의하면 규장각에 소장된 고문서에는 여성이 소송 주체인 문건이 다수 발견된다. 이러한 사실에 비추어 볼 때, 식민지 이전의 조선 사회에서 일상적으로 여성이 독자적인 소송권을 행사하는 데 법적 제한은 거의 없었다고 할 수 있다.[52] 조선시대 역

51 『慣習調査報告書』, 101쪽.

52 장병인, 2003, 앞의 글, 223-224쪽.

시 가부장 사회라는 점에서 여성들보다는 남성들의 외부 활동이 많았다는 것은 자명하다. 그리고 자연히 남성들이 보다 많은 법률행위의 주체로 기능하였겠지만, 그렇다고 해서 기혼여성의 법률행위가 굳이 전면 금지된 사회도 아니었던 것이다.

그럼에도 불구하고 부부관계에 대한 이러한 불균형한 사고는 처에 대한 부권, 즉 남편의 권한 정도를 묻는 것으로 이어졌다. 『관습조사보고서』의 "남편은 처에 대하여 어떤 권리를 갖는가"라는 질문이 그것이다. 그리고 이에 대한 답변 '남편이 아내에게 가진 법적 권한'은 다음과 같이 정리되었다.

> 한국에서는 남편의 권력이 강대하여 처의 행위능력은 현저히 제한을 받는다. 처가 법률행위를 하기 위해서는 반드시 남편의 허가를 받아야 한다. (중략) 남편은 처에게 거소를 지정하고 특히 동거를 강요할 권리가 있다. (중략) 남편의 처에 대한 권리는 남편이 호주인 경우와 가족인 경우에 따라 전혀 차이가 없다.[53]

『관습조사보고서』에서는 남편의 처에 대한 강력한 가부장적 권력을 강조하고 있다. 조선에서 남편은 처에 막강한 권한을 가지기 때문에 기혼여성의 법적 행위능력 또한 상당히 제한적이라는 것이다. 그런데 여기서 주목되는 또 하나의 사실은 『관습조사보고서』의 조사 문항 어디에도 처권(妻權), 즉 처의 남편에 대한 권한 혹은 권리에 대한 언급이 없다는 것이다. 이것은 그들에게 궁금한 것은 조선 사회에서 남편의 아내에

53 『慣習調査報告書』, 322쪽.

대한 권한뿐이었다는 것을 의미한다. 그 반대의 경우로서 아내의 남편에 대한 권한이나 권리는 처음부터 아예 관심도 없었고, 그리하여 조사 대상도 아니었다. 일본의 가족법이 강력한 가부장권에 기반한다는 점에서 처권은 애당초 용어의 성립 자체가 불가능하였을 뿐만 아니라, 논의의 대상도 되지 않았다.

부부 사이에 존재하는 이러한 비대칭적 관계는 이혼 관습을 인식하는 데도 그대로 관통되었다. 일정한 사유가 있을 경우, 남성 일방이 결혼 관계를 해소하거나 아니면 국가가 이를 강제하는 경우를 제외하면 이혼과 관련된 관습은 존재하지 않는다고 판단하였기 때문이다. '처칠출삼불거'와 강상의 윤리 위반 시에 행해지는 '의절'이 부부관계의 해소와 관련된 조선의 관행적 규율이라고 판단하였던 것이다. 여성은 이혼을 요구할 수 있는 아무런 경우의 수를 가지지 못하였다는 것이 그들이 파악한 조선의 관습이었다. "한국의 습속에는 처가 부에게 이혼을 요구하는 것은 도의(道義)에 반하는 것이므로 비록 부에게 비행이 있어도 처는 이혼을 요구할 수 없다. 따라서 처의 친정 부모, 호주 등도 그러한 권리를 갖지 않는다"는 것이다.[54]

그러나 조선 사회의 규율이 그렇게 경직되게 운영된 것은 아니었다. 처칠출(妻七出)은 조선시대 여성 훈육서인 『내훈서』의 내용일 뿐 이것이 곧바로 이혼으로 연결되는 것은 아니었기 때문이다. 물론 '불효'와 '간음'은 거의 처출(妻出)로 이어졌다. 하지만 그 외의 무자(無子), 투기, 악질, 다언(多言), 절도 등에 대해서는 상당히 유연성을 가지고 있었다. 무자와 다언의 경우 이혼 사례가 거의 없고, 그 나머지도 크게 문제가 되는

54 『慣習調査報告書』, 323-324쪽.

경우로만 한정되었다.[55] 조선전기의 사례이기는 하지만, 이는 조선후기 까지도 그러하였을 것으로 보인다. 조선후기에 양자를 통한 입후가 광범위하게 이루어졌다는 것은 무자가 이혼 사유로 거의 기능하지 않았다는 것을 보여준다.

그렇다고 그들이 인식한 이혼 관련 관습이 조선에서 그대로 시행되지는 않았다. 그들의 인식과 달리 조선총독부는 처음부터 일본 민법상의 규정을 제도적으로 용인하였기 때문이다. 특히 재판상 이혼청구 사유를 명시한 일본 민법 제813조에서 배우자 사이의 성(sexuality) 관련 규정은 젠더 불평등이 첨예하게 드러나는 대목이었다. 간통죄 성립은 여성 일방, 즉 결혼한 여성인 처에게만 해당되었기 때문이다. 간통죄는 "유부(有夫)의 부(婦)가 간통(姦通)한 때는 2년 이하의 징역에 처하고 그 상간자(相姦者) 역시 같다"는 형법 제183조에 의해 성립되었다. 이로 인해 기혼여성의 혼외관계는 범죄로서 형사처벌을 받음과 동시에 이혼 사유가 되었다. 간통죄는 부권(夫權) 침해에 대한 법적 제재를 의미했던 것이다.

이에 비해 기혼남성의 성은 '처권(妻權)'과는 아무 관련이 없이 남성 독자의 것이었다. 기혼남성이 첩을 두거나 미혼여성 혹은 과부와 혼외관계가 있더라도, 형사법적으로 문제가 되지 않았다. 뿐만 아니라 곧바로 이혼의 사유가 되지도 않았다. 기혼여성과의 상간만이 간통죄 처벌을 받았기 때문이다. 이것은 타인, 즉 상간자 여성의 남편이 가진 권리를 침해한 것에 대한 제재의 의미였던 것이다. 따라서 기혼남성의 사실상의 중혼, 축첩, 성매수 등은 형사처벌의 대상도, 이혼 사유도 아니었다. 결국 배우자에 대한 정조 의무는 여성 일방에게만 적용되는 것으로 젠더 불

55 장병인, 1997, 『조선전기 혼인제와 성차별』, 일지사, 225-264쪽.

평등의 극치를 보여준다.

부모가 미성년 자녀에 가지는 친권 또한 지극히 아버지인 남성을 중심으로 인식되었다. 친권 행사의 일차적인 주체가 '아버지'였기 때문이다. "친권은 부가 있으면 부가 행사하고 부가 없으면 모가 행사하는 것이 상례"라고 보았다.[56] 따라서 어머니가 자신의 자녀에 대해 친권을 행사하는 것은 아버지의 부재나 친권을 행사할 수 없는 상황일 경우로 한정되었다.

더욱이 아버지의 부재 시에 행사할 수 있었던 어머니의 친권조차도 아버지의 그것에 비해서는 상당히 제한적인 것으로 인식되었다. 특히 아버지와 달리 어머니의 재혼은 친권의 영원한 상실을 의미했다. 친권 행사는 동일가적에 있을 때만 가능했기 때문이다. "부나 모가 친권을 행사함에는 재가(在家)하는 경우만으로써 비재가자(非在家者)는 친권을 행사할 수 없다"[57]는 것이 그들이 파악한 관습이었던 것이다. 재혼을 하면 당시 호적제도의 규정에 따라 여성은 재혼한 남편의 호적에 입적되기 때문이다. 뿐만 아니라 만일 타가에 입적하였다가 후일 다시 복적(復籍)하여 친자와 동일가적에 있어도 이는 마찬가지였다. 법원의 조회에 대해 정무총감은 "재가한 자는 관습상 어떠한 경우에 있어서도 선부(先夫)의 자(子)의 친권자 또는 후견인이 될 수 없다"는 회답을 하였기 때문이다.[58] 이러한 관습 내용은 사실상 일본 민법의 내용과도 일치하는 것이었고,

---

56 『慣習調査報告書』, 337쪽.

57 위와 같음.

58 「親權ニ關スル件」, 1919년 2월 26일 평양복심법원장 조회, 6월 3일 정무총감 회답; 「再嫁シタル者ノ親權行使ニ關スル件」, 1922년 5월 10일 대구복심법원 형사 제1부 조회, 동년 6월 26일 정무총감 회답.

마침내 1921년 조선민사령 제11조의 개정에 의해 일본 민법의 직접 적용으로 제도화되었다.[59]

나아가 과부인 어머니가 현저하게 불법적인 행위를 하고, 호주인 자식의 재산을 위태롭게 할 경우에는 친족의 협의를 통해 어머니의 친권을 제한하였다. 아버지와 달리 어머니의 친권에는 일정한 단서가 붙었던 것이다. 이는 "과부인 어머니가 현저한 불행적(不行蹟)을 하고 그리하여 호주인 아들의 재산을 위태롭게 할 때는 문중회의에서 그 관리를 제한하고 친족 중에서 관리자를 선정할 수 있는 것이 관례이다"라는 정무총감의 회답에서도 확인된다.[60]

이렇게 보면 식민지시기 친족법은 남성과 여성 사이의 차별을 법으로 제도화하는 과정이었다. 이러한 불평등은 일본과 조선만의 것은 아니었다. 또 일본 민법의 특징만도 아니었다. 결혼한 여성을 법률행위 무능력자로 규정하거나 여성의 남편에 대한 종속 등은 대부분의 근대 민법전의 공통 내용이었기 때문이다. 유럽이나 북미 법률에서도 남편의 권위는 절대적이었고, 아내는 종속관계에 있는 유부녀로 묘사되었다. 프랑스의 나폴레옹 법전에서도 남편은 법적으로 가정의 대표자이고, 남편의 허락 없이 자신의 재산을 처분하는 것은 여성에게 불법이었다.[61] 프랑스와 마찬가지로 일본 민법에서도 여성의 권리는 가장권에 흡수되었으며, 여

59 이는 후술할 친권문제 부분에서 자세히 설명할 것이다.

60 「寡婦ノ再嫁及親權喪失二關スル件」, 1917년 4월 23일 광주지방법원 장흥지청 조회, 동년 5월 24일 정무총감 회답; 「親權喪失二關スル件」, 1917년 11월 13일 대구복심법원 민사 제1부 재판장 조회, 동년 12월 7일 정무총감 회답.

61 Merry E. Wiesner-Hanks, 2001, *Gender in History*, Hoboken: Blackwell Publishing; 위즈너 행크스, 메리, 노영순 역, 2006, 『젠더의 역사』, 역사비평사, 145-146쪽.

성은 법적 무능력자가 되었다.[62]

이러한 사실을 통해 『관습조사보고서』의 관습 내용이 조선의 실질적인 사회적 관행들보다 경직되게 파악되었음을 알 수 있으며 이들 사이에 존재하는 간극이 어디에서 발생하는지도 추론해볼 수 있다. 결국 일본식 가족법을 구성하는 데 유교의 젠더규범이 '조선관습'이라는 이름으로 동원되었다고 보는 것이 타당할 것이다. 일본 민법의 가족법을 염두에 두고 있던 일본인 사법관료들에 의해 조선의 관행들이 일본 가족법의 개념으로 재구성되어 조선의 '관습'으로 창출되었다는 해석이 더욱 설득력을 얻는 이유이다.

2) 재산상속법상의 젠더관계

가족법에서 중요한 문제 중의 하나는 사망한 가족이 남긴 유산의 분배이다. 이와 관련된 조선 사회의 관행들 또한 식민지 관습법 체제에서 재편되었다. 우선적으로 일본인 사법관료들은 '재산상속'이라는 용어로 이를 정리한 후 조선의 관행을 조사하였다. 이를 통해 『관습조사보고서』에 재산상속은 다음과 같이 정리되었다. "재산상속은 가족이 사망한 경우에 이를 인정할 뿐만 아니라, 호주가 사망한 경우에도 이를 역시 인정한다. (중략) 호주가 사망한 경우에는 호주가 남자이면 그 유산은 제사상속인이 이를 승계하고 또 그 외에 제사자의 아우도 그 유산의 일부를 분배받는 것"이다.[63]

---

62 西川裕子, 2000, 앞의 책, 195쪽.

63 『慣習調査報告書』, 354-355쪽.

앞 장에서도 논의했듯이, 일본인 사법관료들이 정리한 조선의 재산상속은 일본 민법과 내용적으로 상이하였다. 일본은 가독상속이기 때문에 유산상속은 호주 사망 시에는 발생하지 않고, 가족 사망의 경우에만 생긴다. 반면 식민지 조선에서는 호주 및 가족 사망의 경우 모두 재산상속이 개시된다는 점에서 차이가 있다.[64] 가독상속은 호주상속인이 호주 지위와 함께 재산까지 모두 상속받기 때문에 호주 사망의 경우에는 따로 유산상속 문제가 발생하지 않는다.[65] 이에 비해 조선의 호주상속인은 전 호주의 재산을 단독이 아닌 공동상속으로 받는 관습법이 형성되었기 때문에 호주상속에도 유산상속의 문제가 발생하였다. 조선의 재산상속 관행이 일본 민법과 차이를 가진다고 인식한 것이었다.[66]

그렇다면 호주 사망 혹은 가족 사망의 경우 재산은 누구에게 어떻게 상속되는가. 그리고 여기에서 남성과 여성이라는 성별은 어떠한 차이를 만들어내는가.

우선적으로 이야기할 것은 사망자의 가족법상의 신분이 '호주'인지 '가족원'인지에 따라 다르게 적용되었다는 점이다. 호주 사망의 경우에는 앞에서도 언급하였듯이 호주상속인과 그와 가적을 같이하는 남자 형제들이 공동상속하는 것이 조선의 관습으로 인정되었다. 호주의 재산은 그의 아들 형제들만이 상속인이 될 수 있어서 호주의 처와 기혼의 딸은 물론 미혼의 딸도 상속에서 배제되었다. 호주의 재산은 가산이고, 가산

64 「舊慣及制度調査委員會決議(1923.1.25)」, 『民事慣習回答彙集』, 부록, 46-47쪽.

65 이 강연은 1903년 『법률경제』 22호에 「民法相續法に就きて」이라는 제목으로 게재되었다(岡孝·江戶惠子, 1985, 앞의 글, 187쪽).

66 호주 사망 시에 발생하는 재산상속은 분가하기 전까지 호주상속인에게 전 호주의 모든 재산이 상속되었다.

은 남성 호주로만 이어진다는 계승주의가 얼마나 크게 작동하고 있었는지를 알 수 있다.

가족이 사망한 경우에도 대부분 여성들은 일차적인 상속인이 아니었다. 가족이 사망하여 개시되는 재산상속은 정말 수많은 경우의 수가 존재한다. 사망한 가족원이 누구이고, 그리고 그와 혈연관계에 있는 사람들이 누구인지에 따라 다양한 사례가 만들어지기 때문이다. 모든 사례를 확인하는 것은 불가능하기에 여기에서는 가족생활의 기본인 '결혼한 부부'를 하나의 단위로 삼아, 그들 사이에 발생할 수 있는 사례를 중심으로 재산상속이 이루어지는 방식을 살피고자 한다.

먼저, 사망한 가족원이 기혼남성인 경우이다. 이에 대해 『관습조사보고서』는 다음과 같이 조선의 관습을 정리하였다.

> 가족 사망의 경우에는 그 가족이 기혼남이면 그의 장남이 제사자가 되는 동시에 그의 유산을 승계한다. 또 차남 이하의 아들이 있으면 같은 순위자가 분배받는 것은 호주 사망의 경우와 재산상속에 다른 점이 없다. 그렇지만 그 사망한 가족에게 아들이 없는 경우에는 그 사망자가 장남이면 그 유산은 아버지가 이를 승계하고 차남 이하의 중자이면 그 처가 승계한다.[67]

사망한 가족원이 호주의 장남인지, 차남 이하인지, 그리고 그에게 아들이 존재하는지에 따라 재산의 상속방식이 달랐다. 차례로 검토하면, 먼저 사망 가족원이 기혼남성이고 아들이 있을 경우에는 그가 호주

67 『慣習調查報告書』, 355쪽.

의 장남이든 차남이든 상관없이 그의 아들만이 공동으로 유산상속을 받았다. 이것은 호주가 사망했을 때 발생하는 재산상속과 마찬가지였다. 따라서 사망한 자가 호주이든 가족원이든 그에게 아들이 있으면 남겨진 처와 딸들은 재산상속에서 배제되었다.

다음으로, 사망한 기혼남성에게 아들이 없는 경우에는 망자가 장남인지 차남인지에 따라 상속인이 달라졌다. 사망자가 장남이면 그 유산은 아버지가 승계하는 반면, 차남 이하이면 그의 처가 유산을 승계하였다. 남편이 장남인 여성은 사망한 남편의 재산조차 상속받을 권리가 박탈되었던 것이다. 사망한 남편의 재산을 상속받을 수 있는 경우는 단지 사망한 가족이 차남 이하이면서 아들이 없어야만 가능한 것이 식민지 관습법이었기 때문이다. 이 경우에도 딸은 상속 대상에서 완전히 제외되었다. 조선총독부의 이 같은 관습 인식은 일정 기간 법적 효력을 가지고 있었다. 1924년 11월 23일에도 사법협회에서는 이와 동일한 내용을 결의로 채택하고 있었기 때문이다.[68]

그러나 이와 같은 관습 인식은 사법협회의 결의나 고등법원의 판례 등을 통해 '관습'이라는 명목하에 두 차례에 걸쳐 변경되었다. 처음의 변화는 아들이 없이 사망한 기혼남성이 장남인지 차남인지에 따라 유산이 다르게 상속되던 것을 장남, 차남 상관없이 일원화하였다. 1925년 평양지방법원의 조회에 "가족 사망하고 처 및 딸이 있을 경우 그 유산은 처에 상속한다"는 정무총감 회답이 있은 후,[69] 고등법원은 같은 판결을 하

---

68 「朝鮮人ノ遺産相續ニ關スル件」(1924년 11월 22일 결의): 사망한 가족에 아들이 경우, 사망자가 장남이면 그 유산은 아버지가 상속하고, 차남 이하일 때는 처가 상속한다. 그리고 처는 실가에 복적하였더라도 유산상속을 할 수 있다. 사법협회, 1932, 『司法協會決議回答輯錄』, 307-308쪽.

69 「家族死亡ノ場合ニ於ケル遺産相續ニ關スル件」, 1925년 평양지방법원 민사재판장

였다. "조선에서 가족인 부(夫)가 장자와 중자인지를 불문하고 아들 없이 사망한 때 그 유산은 처가 상속해야만 하는 것이 관습으로, 부(父)가 처에 우선하여 상속해야만 하는 것이 아니다",[70] "가족인 기혼남성의 사망으로 인해 유처가 유산상속을 할 때는 사망한 자가 호주의 장남인지 아닌지에 구애받지 않고 사망한 자의 유산을 승계한다"[71]는 것이었다. 이후 동일한 관습 내용이 1933년 1월[72]과 5월의 사법협회의 회답에서도 확인된다.[73]

그렇지만 이에 대한 관습 해석을 둘러싸고 법학관료들 사이에서는 법리 논쟁이 있었다. 특히 1933년 5월 사법협회는 "가족인 장남에게 상속인인 아들이 없이 가에 아버지인 호주, 장남의 처 및 3명의 딸이 있는 경우이다. 장남이 사망하였을 때 세 딸이 공동상속해야 한다는 설과 장남의 유처에게 상속해야만 한다는 설이 있다. 판례는 후설에 의하고 있다"는 회답을 하고 있다. 이 회답을 볼 때, 사망한 기혼남성에게 아들이 없을 때 그의 유산은 그 당시까지 유처가 상속받았다는 점을 알 수 있다. 그리고 상속인을 처로 할지 딸로 할지를 가지고 이견이 존재하였던 것이다.

이들 사이의 논쟁은 이후 사법협회의 회답과 결의로 이어졌고, 또 한 차례 관습법이 변경되었다. 이를 통해 가족원이 사망한 경우의 유산상

조회, 정무총감 회답. 『民事慣習回答彙集』, 242-243쪽.

70 1926년 10월 26일 고등법원 판결. 사법협회, 1943, 『朝鮮高等法院判例要旨類集』, 379쪽.

71 1927년 10월 7일 고등법원 판결. 사법협회, 1943, 위의 책, 379쪽.

72 「遺産相續ノ順位」(1933.1). 사법협회, 1938, 『司法協會雜誌』 12권 1호, 232쪽.

73 「家族タル長男ノ死亡ト遺産相續人」(1933.5). 사법협회, 1938, 『司法協會雜誌』 12권 5호, 233쪽.

속은 직계비속이 재산을 공동으로 상속받는 것으로 최종 결론이 내려졌다. 사법협회는 1934년 5월 "가족원인 차남이 사망한 경우, 아들 1인 딸 2인, 혹은 유처 중 사망한 자의 유산은 직계비속인 아들과 딸 3인에게 공동상속하는 관습이 있다"는 회답을 하였다.[74] 그 후 1935년 11월 25일 사법협회는 가족원인 장남의 유산 역시 직계비속의 공동상속이라는 것을 골자로 다음과 같은 결의를 채택하였다.

> 결의
>
> 가족인 장남 사망의 경우 유산상속은 직계비속인 자녀가 공동상속한다. 단 남녀를 불문하고 적서는 2 대 1 비율의 상속분에 복종하는 것을 현행 조선의 관습으로 한다.
>
> 이유
>
> 가족인 장남이 사망한 경우는 유산에 대한 오직 재산상속의 개시이고 조금도 가족제도적인 색채를 수반하는 것이 아닌 고로 유산상속은 직계비속의 공동상속에 의한다. 그리고 상속분은 평등을 원칙으로 할지라도 적서에는 2 대 1의 비율로 한다.[75]

사법협회의 이 같은 결의에 의해, 가족원 신분의 장남과 차남의 유산은 직계비속 아들딸 공동상속, 상속분은 남녀균등, 서자는 적자의 2분의 1을 상속분으로 받는 것이 관습법으로 변경되었다. 호주가 아닌 가족의

---

74 「家族タル次男死亡ノ場合ニ於ケル遺産相續人」(1934.5). 사법협회, 1938, 『司法協會雜誌』 13권 5호, 237쪽.

75 「家族タル長男ノ遺産相續人」(1935.11.25). 사법협회, 1938, 『司法協會雜誌』 14권 12호, 242-243쪽.

유산은 가산이 아니기 때문이라는 것이다. 이는 이듬해인 1936년 12월 "유산은 가에 있든지 없든지를 불문하고 사망한 남성의 직계비속인 남녀가 공동상속한다"는 사법협회의 회답을 통해 재차 확인된다.[76] 이로 인해 아버지가 호주가 아닌 경우에는 미혼의 딸은 물론 기혼의 딸도 아버지의 유산을 상속받을 수 있었다.

그러나 이에 반해 배우자인 처의 상속권은 일차 대상에서 제외되었다. 결국 남편의 유산이 얼마이든지, 그리고 재산에 대한 기여 정도와 상관없이 남편 재산에 대한 처의 재산상 권리는 아무것도 존재하지 않았다. 이러한 관습법 해석은 사실상 일본 민법이 규정하고 있는 '가족 사망 시에 발생하는 유산상속의 순위'와 정확히 일치하였다.[77]

다음은 결혼한 여성, 즉 처의 사망으로 인한 유산상속의 문제이다. 『관습조사보고서』는 이와 관련하여 "처의 유산은 남편이 이를 승계하고, 과부의 유산은 아들이 있으면 아들이, 아들이 없으면 호주가 이를 승계한다"고 하여,[78] 처의 재산은 일차적으로 남편에게 귀속되었는데 이것이 조선총독부가 인정한 조선의 관습이었다. 이러한 관습 해석은 처가 사망한 남편의 재산을 거의 상속받을 수 없었던 것과는 극명히 대조된다.

그러나 이 또한 가족인 기혼남성의 사망 사례와 마찬가지로, 두 차례의 관습법의 변경이 있었다. 1932년 사법협회는 "조선인 처가 사망하고

---

76 「長男, 次男以下ノ男子ノ遺産相續人」(1936.12). 사법협회, 『司法協會雜誌』 15권 12호, 248쪽.

77 일본 민법에서 가족원 사망의 경우 유산상속의 제1순위는 장유, 남녀, 적서 등을 모두 포괄하여 직계비속, 제2순위 배우자, 제3순위 직계존속이다. 상속분은 적자 균등이고, 서자는 적자의 2분의 1이다.

78 『慣習調査報告書』, 356쪽.

가에 호주인 남편, 직계비속인 아들과 딸이 각 1인이 있는 경우 처의 유산은 직계비속인 아들이 이를 승계하는 것으로 한다"는 결의를 하였기 때문이다.[79] "현시의 일반 사회관념은 처 사망의 경우에도 남편 사망의 경우와 마찬가지로 아들은 배우자에 우선하여 상속인이 되어 유산을 승계하기에 이른 것이 현저하기 때문에 본건에 대한 현시의 관습은 아들이 아버지 및 자매에 우선하여 어머니의 상속인이 되어 유산을 승계하는 것으로 해석하는 것이 정당하다"[80]는 것이었다. 그러나 딸은 1순위에서 배제되었다.

나아가 이것은 바로 다음 해인 1933년 3월 22일 사법협회의 회답에 의해 정정되었다. '가족원인 처가 사망했을 경우, 장녀 및 서자의 상속분'에 대한 회답으로, 처의 사망도 가족인 기혼남성 사망의 경우와 동일하게 관습을 변경하였다. 직계비속 아들딸이 공동으로 상속하는 것이 관습법으로 정립되었던 것이다.

> 조선에서 장남이 아닌 가족의 유산은 그 직계비속을 제1순위로 하여 이를 상속하는 것이 관습이다. 또 직계비속 중에는 인족(姻族)을 포함하지 않을지라도 아들딸을 묻지 않고 양자, 계자, 서자 등의 준혈족을 포함시키는 것은 1930년 2월 15일의 결의에서도 인정한 것이다. 그리고 직계비속이 여러 명 있는 경우에는 공동하여 상속하는 것으로 해석한다. 상속분에 대해 관습의 취지가 반드시 명확하지 않더라도 본건의 경우 피상속인과 상속인과의 관계를 고려하여 주

---

79 「朝鮮人妻ノ遺産相續」(1932.1.22). 사법협회, 1932, 『司法協會雜誌』 11권 2호, 41쪽.

80 「朝鮮人妻ノ遺産相續」(1932.1.22). 사법협회, 1932, 위의 책, 42쪽.

문(主文)의 차등을 인정한다. 1932년 1월 22일 결의(제11권 2호 소재) 중에서 이와 저촉되는 부분은 본 결의로 인해 정정하는 것으로 한다.[81]

호주 사망과 달리 가족 사망의 경우에는 이러한 변경 과정을 거쳐 일본 민법과 동일한 방향으로 재산상속의 순위가 정리되었다. 그리하여 일차적으로는 직계비속의 아들과 딸이 공동상속하는 것이 관습법으로 인정받았다. 즉 가족인 기혼남성의 경우에는 아들 → 유처 → 직계비속 아들딸 공동, 기혼여성의 경우에는 남편 → 아들 → 직계비속 아들딸 공동으로 유산상속의 1순위가 변경된 것이다. 조선총독부는 두 차례에 걸친 관습법 변경을 통하여, 일본의 유산상속과 일치되는 방향으로 관습을 재창출하고 있었던 것이다.

그러나 『관습조사보고서』에서 파악한 재산 관련 관습 인식이나 통치 과정에서 일본의 유산상속과 같은 방향으로 변경된 관습법도 조선에서 실천되던 사실상의 관행 그 자체는 아니었다. 여기에서 특히 주목되는 것은 재산상속과 관련된 『관습조사보고서』의 젠더인식은 조선시대의 관행도 아니었고 일본 민법의 내용도 아니었다는 점이다. 그렇다고 이것이 그대로 조선의 관습으로 인정받는 것도 아니었다. 관습 인정은 일본 민법의 방향으로 조정되고 있었기 때문이다. 그리고 이러한 제반 과정에는 조선 사회에 대해 그들이 가지고 있던 사전 인식, 즉 유교적 규율이 강고하게 실천되는 부계 중심의 사회라는 점과 그들이 법률가로서 훈련받은

81 「家族タル妻死亡ノ場合ニ於ケル長女, 庶子男ノ相續分」(1933.3.22). 사법협회, 1933, 『司法協會雜誌』 12권 4호, 70쪽.

전문 지식 등이 교차 작동되고 있었다.

더욱이 재산상속의 법제화는 조선시대의 재산 분배 개념에 전환기적 의미를 가지는 것이었다. 하나는 부모의 재산이 자녀에게 이전되는 것에 대한 기본 관념의 변화이다. 조선 사회에서는 부모가 자녀들에게 재산을 분배해준다는 분재관념이 일반적이었다. 관습조사를 담당하였던 일본인 사법관료 또한 상속이 조선에서 새로운 관행이라는 것을 명확히 인식하고 있었다.[82] 일본 민법에서 상속은 사망자의 재산을 주로 후손이 이어받는다는 의미로,[83] 개인의 사망으로 인해 발생하는 법률 개념이었다. 이에 비해 조선 사회에서는 주로 재산을 소유한 주체의 입장에서 재산을 나누어준다는 의미를 가지고 있었고, 이것은 사망 전이나 사망 후를 그다지 구별하여 사용하지 않았다.[84] 따라서 상속제도는 일본의 가족법 체계가 식민지 조선에 이식되면서 재정립된 것이었다.

다른 하나는 여성이 분배 혹은 상속의 대상으로부터 거의 전면 배제되다시피 하였다는 점이다. 조선시대의 관행을 보면, 자녀에게 재산을 분재하는 경우에도 여성은 재산의 주체로서 많은 권한을 가졌다. 『경북지방고문서집성』에 있는 세종 11년부터 순조 27년 사이의 「허여문기(許與文記)」와 세종 29년부터 정조 7년 사이의 「별급문기(別給文記)」에서 이러한 사실이 확인된다. 전자의 문기 62건 중 38건, 후자의 문기 107건 중 54건에는 과부인 어머니와 할머니 등 여성들이 재산 분배의 주체로

---

82 「舊慣及制度調査委員會決議」, 42-43쪽. 이 내용은 朝鮮總督府中樞院에서 1933년 발행한 『民事慣習回答彙集』에 부록으로 실려 있다.

83 朝鮮總督府中樞院, 1938, 앞의 책, 7쪽.

84 문숙자, 2004, 앞의 책, 2-3쪽.

등장하고 있다.[85] 이들 문건을 통해 남편이 먼저 사망한 여성들은 남편이 남긴 집안의 재산에 대한 권한을 가지고, 자신이 직접 이를 자녀들에게 분배해주는 등 재산권 행사의 주체였다는 것을 알 수 있다. 조선시대에는 처가 남편의 유산에 대해 재산권을 행사하였던 것이다. 남편의 재산상속에서 처의 권한을 완전히 박탈하였던 식민지 조선의 관습법과 대조를 이루는 지점이다.

아울러 자녀의 재산상속분에 대해서는 젠더가 주요한 변수로 작동하게 되었다는 점이다. 조선시대에는 다양한 형식으로 부모의 재산이 자식에게 이전되었고, 더욱이 이것이 획일화된 것도 아니었다. 지역이나 집안 사정에 따라 자율적 실천성을 발휘하고 있었기 때문이다.[86] 이제 조선 사회의 자율적이며 다양한 재산 분배 관련 관행들은 식민지 법제도를 통해 정형화·공식화되어갔다. 그리고 이 과정에서 남편이나 아버지의 유산에 대한 처와 딸의 상속권은 거의 완전히 박탈되었다. 특히 이들 남성이 주로 호주인 경우가 대부분이어서, 처는 물론 딸이 그의 유산을 상속받을 확률은 거의 없었다. 결국 관습조사와 이의 법제화는 신분과 성별에 의해 복잡하게 얽혀 있던 조선 사회를 가족관계를 중심으로 성별에 의해 이원화된 사회로 전환시키는 결정적 역할을 하였다.

---

85 장병인, 2003, 앞의 글, 221쪽.

86 문숙자, 2004, 앞의 책, 15쪽.

제2장

일부일처 법률혼과 혼인 규제

식민지시기 조선은 가족제도가 재편되는 시기였다. '가족'은 호적과 관련된 법령 및 민사 관계 법령에 의해 제도적으로 새로운 국면을 맞이하였다. 가족 구성의 기본이라 할 수 있는 부부관계의 성립 및 그 관계성 또한 이 시기를 통해 전면 재구성되었다. 이 장에서는 부부관계의 성립과 관련된 혼인법, 특히 '일부일처 법률혼'이 성립되는 과정과 이에 대한 통제 규칙이 작동되는 방식을 분석하고자 한다. 일부일처 법률혼의 성립은 동시에 이를 위반한 사람들에 대한 일정한 제재를 의미하기도 하였다. 특히 혼인생활은 부부 사이의 성(Sexuality) 문제, 즉 성적인 충실성 문제가 가장 핵심적인 위치를 점한다. 따라서 이에 대한 위반을 어떻게 문제시하는지, 그리고 성별에 따라 그 내용이 얼마나 차별적인지에 대한 분석은 그 사회가 구성되는 성격을 가늠하게 한다.

식민지 조선에서 혼인계약에 대한 위반이 법적인 제재를 받는 방식은 두 가지로 대별된다. 하나가 민법, 즉 가족법상 불이익을 주는 간접적인 방식이라면, 다른 하나는 형법에 의한 처벌이라는 직접적인 징벌의 형태이다. 전자는 이혼의 사유나 혼인외자에 대한 사회적 낙인의 형태였고, 후자는 간통죄라는 형사처벌의 방식이었다. 후술하겠지만 이러한 위반에 대한 징벌은 온전히 '여성'에게만 가해지는 차별적인 것이었다. 이 글에서는 이러한 혼인통제 법규를 통해 당시 운용된 가족법에 의해 만들어진 법적 관계들이 남성과 여성이라는 성별관계에 어떻게 개입하였으며, 그것이 식민지 조선에서 일으킨 파장들은 무엇이었는지를 고찰하고자 한다.

1. 혼인의 근대적 재편과 일부일처 법률혼

혼인은 일반적으로 성인 남녀가 부부로 결합하는 하나의 사회 문화적 행위이다. 특히 근대사회에서 혼인은 국가의 기초 단위로서의 가족 구성에 중요한 의미를 가진다. 혼인을 승인하고 규제하는 방식 또한 그 공동체가 위치하고 있는 시대의 사회 문화적 성격에 따라 다양한 형태를 띠는 역사적 성격을 가지기 때문이다. "혼인은 이성을 법적으로 안전하게 획득하는 단지 하나의 수단"이라고 정의하기도 하듯이,[1] 혼인 성립에서의 '안전'의 의미는 그 사회가 허용하는 결혼의 인정 수준이 존재한다는 것을 의미한다.

주지하듯이 한국의 근대 혼인법은 식민지시기 조선총독부가 그 기초를 만들었다. 특히 가족 구성의 핵심이자 일종의 계약행위인 혼인과 이것의 해소인 이혼은 개인의 신분법상으로도 매우 중요하다. 그렇기에 조선민사령 제11조 개정으로 1923년 7월부터 신분 변동과 관련된 주요 항목이 일본 민법의 직접 적용 대상이 되었지만, 민사령 개정 이전부터 혼인법의 제도화 작업은 진행되고 있었다. 먼저 조선에 근대적 민사법을 만들기 위해 통감부시기부터 일본인 관료들이 관습조사사업을 시작하면서 조선인의 혼인과 관련된 여러 관행들이 조사되었다. 『관습조사보고서』에 정리된 조선인의 혼인과 관련된 관행들에 대한 질문은 다음과 같은 것들이었다. 사실상 이 질문들은 일본의 사법관료들이 혼인과 관련된 법을 만들기 위해 어떠한 문제들을 궁금해하였는지를 드러낸다.

1　栗生武夫, 1930, 『婚姻法の近代化』, 弘文堂.

제130 혼인의 요건은 어떠한가

예컨대 연령의 제한이 없는가? 재혼을 허용하는가? 이를 허용한다면 전혼(前婚) 해소 후 일정 기간을 요하지 않는가? 상간자는 혼인을 할 수 있는가? 친족 간의 혼인은 금지하는가? 만약 그렇다면 어떠한 친족 간에 이를 금지하는가? 인척·양자관계로 인한 친족 등은 이혼·파양 후라도 혼인을 금지하는가, 않는가? 혼인을 함에 부모의 동의를 요하는가, 않는가? 만약 동의가 필요하다면 연령에 관계없이 필요한가? 부모와 가를 달리하는 경우에도 필요한가? 부모가 없는 자는 미성년자라도 자유로이 혼인을 할 수 있는가, 아니면 후견인, 친족회 등의 동의를 요하는가? 본인의 의사에도 불구하고 부모, 호주 등의 의사로 혼인을 시키는 예가 있는가? 혼인 성립의 시기는 어떠한가? 예컨대 이를 관청에 신고하는 것 등의 절차가 없는가? 만약 이것이 있다면 혼인은 신고 시에 성립하는가? 아니면 관습상 의식을 거행하는 때 또는 다른 때에 성립하는가? 누가 신고하는가?[2]

위의 질문 내용을 정리하면 크게 두 가지 문제로 나눌 수 있다. 하나는 혼인의 성립 요건 및 금지와 관련된 문제들이다. 구체적으로 결혼 가능 연령, 친인척 사이의 혼인 가부 및 상간자들 사이의 혼인 가부, 혼인 시 부모 혹은 호주의 동의 여부 등이 그러한 문제들이었다. 다른 하나는 혼인을 확인하고 승인하는 방식과 관련된 문제들이다. 이것은 결혼이 사회적으로 인정받는 형식에 대한 질문이었다.

---

2 『慣習調査報告書』, 311-312쪽.

이들 질문에 대한 답변은 『관습조사보고서』에 다음과 같이 정리되었다. 첫째, 혼인 연령에 관해서이다. 보고서의 내용에 의하면, 조선에서는 1894년 조혼을 금지하고 남자 20세, 여자 16세로 혼인을 허하라는 의안을 상정한 이래, 1907년 남자 만 17세, 여자 만 15세로 혼인을 허락한다는 조칙이 내려졌다. 그렇지만 정부의 방침에도 불구하고 여자는 12, 13세에 시집가고 남자는 10세를 전후하여 장가가는 예가 적지 않아, 조선에는 조혼의 폐습이 여전하다는 것이다. 둘째, 재혼의 가능 여부였다. 조선에서는 전반적으로 재혼이 드물다는 것이 그들이 파악한 관습이었다. 남자는 축첩을 하는 풍습이 있어 재혼하는 사람들이 적고, 여성의 경우에는 재혼을 천시하는 경향 때문에 중류 이상의 여성들은 절대 재혼을 하지 않는다는 것이다. 셋째, 금혼의 범위에 관해서이다. 남계혈족뿐만 아니라 여계혈족이나 인족 사이에 결혼을 금할 뿐만 아니라, 상간자 사이에는 결혼을 금한다는 것이다. 넷째, 결혼 당사자들의 혼인 의사에 관한 것이다. 대부분의 결혼은 당사자들의 의견과 관계없이 조부나 부의 의견에 따라 이루어진다고 하였다.[3] 마지막으로 혼인의 성립 문제이다. 조선에서는 혼인의 예식을 거행하는 것과 함께 혼인이 성립한다는 것이다. 종전에는 관청에 신고하는 절차는 없고 민적법 시행 후에 신고해야 했지만, 그것이 혼인 성립의 요건은 아니라는 것이었다.[4]

이러한 보고서의 조사 내용들은 1912년 3월 가족법에 관습법을 채택한 이래 조선 관습에 대한 참고자료로서의 기능을 수행하였다. 그렇지만 보고서의 관습 내용이 그대로 관습으로 인정받은 것은 아니었다. 일

3 『慣習調査報告書』, 312-315쪽.

4 『慣習調査報告書』, 318-319쪽.

본 민법을 직접 적용하도록 조선민사령 제11조를 개정하기 이전부터 행정 관청장의 회답이나 관의 통첩 등을 통해 부정되는 사안도 존재하였기 때문이다. 사실상 조선에서 가족 법규는 민사 관습법과 행정기관의 명령이나 통첩이라는 이원적인 구조 안에서 작동되고 있었고, 혼인과 관련된 사안들 또한 마찬가지였다.

『관습조사보고서』의 혼인 관습 중 가장 먼저 폐기된 것은 일찍부터 폐습으로 지적된 '혼인 연령' 문제이다. 1911년 8월 21일 고등법원이 "조선인 사이에서는 당사자의 연령에 관계없이 혼인은 유효하다"는 판결을 하여 남자 만 17세, 여자 만 15세에 달하지 않은 자라도 혼인을 인정받았다. 그러나 이 판결은 1912년 3월 가족 관습법을 천명한 조선민사령이 공포된 지 얼마 되지 않아 부정되었다. 민적사무를 관장하고 있던 경무과에서 1912년 6월 28일 내린 경무과장의 통첩이 혼인 연령에 도달하지 못한 자들의 혼인신고 수리를 금지하였기 때문이다.[5]

특히 조선총독부가 1915년 8월 7일 내린 관통첩 제240호 '민적사무취급에 관한 건'은 가족 법규와 관련하여 전환적 의미를 가진다 할 수 있다. 동시에 이 행정 통첩은 가족 법규가 식민지 조선에서 작동하는 이원적인 구조를 전면적으로 드러내는 것이기도 했다. 기존의 민적 관련 법규였던 '민적법'이 소략하기 때문에 여러 가지 미비점이 있다는 것을 이유로 마련된 이 통첩은 일종의 호적사무 관련 행정지침이었다. 이 중

---

5 서구 교회법에서는 여자 12세, 남자 14세면 결혼이 가능했지만, 근대법에서는 전반적으로 허혼 연령이 높게 설정되었다. 근대법에서는 성적인 성숙뿐만 아니라, 경제적인 능력도 참작하였기 때문이다. 프랑스는 여자 15세, 남자 18세, 독일은 여자 16세, 남자 21세, 스위스는 여자 18세, 남자 20세를 혼인 가능 연령으로 정했다. 일본은 프랑스에 가장 근접한 여자 15세, 남자 17세로 정하였다(栗生武夫, 1930, 앞의 책, 16-17쪽).

제8항과 제19항은 혼인의 성립과 관련된 호적의 사무처리에 관한 것이었다.[6]

제8항 혼인에 관한 사항

(1) 남자 17세 미만, 여자 15세 미만인 자의 혼인신고는 이를 수리하지 말 것

(2) 남편 또는 처를 가진 자가 거듭 행하는 혼인신고는 이를 수리하지 말 것

(3) 남편의 사망 후 재가는 혼가를 떠난 후에 하지 않으면 그 신고를 수리하지 말 것

(4) 조선인 여자가 혼인으로 인해 내지인의 가로 들어갈 경우에는 그 뜻을 민적의 사유란에 기재하고 민적에서 이를 제외시킬 것

(5) 조선인이 내지인을 처로 삼을 경우는 혼인에 따른 입적의 취급을 할 것

제19항 첩에 관한 사항

(1) 첩의 입적신고는 수리하지 말 것. 단 이미 수리한 것은 종전대로 취급할 것

위의 관통첩에서 혼인과 관련하여 두 가지 원칙을 읽어낼 수 있다. 하나는 혼인 성립을 위해서는 '신고'라는 행정 절차를 필요로 한다는 점이다. 민적을 관리하는 행정기관에 혼인신고를 하고 처가 남편이 속한

6 「民籍事務取扱ニ關スル件」(官通牒 제240호), 『官報』, 1915.8.7.

가의 호적에 입적하는 과정을 통해 혼인의 결과로서의 부부관계가 성립되는 것이었다. 다른 하나는 혼인을 통제하는 '금지'의 원리가 작동하고 있다는 점이다. 국가에서 공인하지 않는 혼인은 민적신고를 수리하지 않음으로써 혼인 성립을 인정하지 않는 방식의 규제였던 것이다. 대표적인 금혼 규정으로는 혼인 연령, 중혼 등이 명시되었다. 이에 따라 사실상의 중혼관계라고 할 수 있는 첩의 존재 또한 부정되었다. 관통첩 공포 시점에 이미 남편의 호적에 첩으로 등재된 경우는 그대로 두지만, 첩은 앞으로 남편의 호적에 입적될 수 없다는 것이 명문화되었기 때문이다.

혼인통제 규정 중 허혼 연령과 함께 식민지 조선에서 가장 주목되는 것은 '첩'의 문제였다. 이것은 첩이 광범위하게 존재하였던 동아시아 사회의 문화를 반영하는 것이기도 했다. 이들 사회에서 '첩'은 가족 구조의 최저층에 위치하였지만, 사회적으로 그들은 자신의 위치를 일정 부분 인정받는 존재였다. 조선 사회에서 남성들의 축첩은 당연시되었고, 첩은 양반들이 자신의 위세를 과시하는 수단이기도 했다.[7] 더욱이 하층의 여성들에게 양반의 첩은 같은 계층 남성과의 결혼생활보다 선호되기도 하였다. 평생을 험한 일하면서 천시당하거나 배곯고 사는 인생보다는 부유한 양반의 첩으로 사는 것이 무엇으로 보나 낫다고 여겼기 때문이었다.[8] 첩은 "제2의 부부관계"이자 "삶의 또 다른 동반자"로서,[9] 그들 또한 조선

7 정지영, 2004, 「조선 후기 첩과 가족 질서」, 『사회와 역사』 65, 9-16쪽.

8 이성임, 2003a, 「조선중기 양반의 성관념과 그 표출 양상」, 『조선시대 사회의 모습』, 집문당, 455쪽.

9 문숙자, 2009, 『68년의 나날들, 조선의 일상사: 무관 노상추의 일기와 조선후기의 삶』, 너머북스, 74-76쪽; 문숙자, 2006, 「조선후기 양반의 일상과 가족 내외의 남녀관계-노상추의 〈일기〉(1763-1829)를 중심으로」, 『고문서연구』 28, 224-226쪽.

시대 가족 구조 안에 공식적으로 포섭된 존재였다.

식민지 초기 지방재판소의 조회에 대해, 조선총독부가 "부첩(夫妾) 사이의 권리 의무는 대략 부처(夫妻) 사이의 권리 의무와 같다"고[10] 회답한 것 또한 여기에서 기인한다. 조선민사령 제11조 '조선인의 친족 및 상속에 관해서는 조선의 관습에 따른다'는 조항에 따라 조선 사회에 존재하던 첩 또한 처에 준하는 관계, 즉 남편의 가족 구성원으로 인정을 하고 있었다. 더욱이 1915년 8월 7일 관통첩 제240호가 공시된 이후에도 한동안 이러한 관계를 묵인하여 일부일처 법률혼이 어느 정도는 유연성을 가지고 운영되었다.

1923년 7월부터 조선호적령의 시행 이전까지는 사실혼 또한 일정 부분 법률의 보호를 받았다.[11] 예컨대 혼인신고를 하지 않은 상태에서 부부 일방이 사망하더라도 그들 사이의 아이는 적출자가 될 수 있었다. 1917년 평양지방법원 및 부산지방법원의 조회에 대한 정무총감 회답 '혼인의 성립에 관한 건'이 그것을 보여준다. "조선인 사이에서는 통상 혼인식을 거행함으로써 혼인이 성립한 것으로 한다", "혼인 성립을 위해서는 부모의 동의 외에 통상 혼인식을 거행하는 것으로 한다"고 적시하여,[12] 혼인식을 거행한 사실상의 혼인은 신고하지 않았더라도 법적으로 인정을 하였던 것이다.

---

10 「妾二關スル件」, 1911년 11월 27일 평양지방재판소 신의주지부 재판장 조회, 1912년 3월 26일 調發 제472호 취조국장관 회답. 『民事慣習回答彙集』, 82-83쪽.

11 近見繁造, 1924, 앞의 책, 333쪽.

12 「婚姻ノ成立二關スル件」, 1917년 6월 12일 144호 정무총감 회답; 「婚姻ノ成立二關スル件」, 6월 12일 145호 정무총감 회답. 『民事慣習回答彙集』, 317-319쪽.

행정 통첩에 명시된 일부일처 법률혼과 조선민사령 제11조의 관습법 규정, 즉 개인의 신분과 관련된 법규의 이러한 이원적인 관계는 1922년 12월 조선총독부에 의해 마침내 일원적으로 정리되었다. 1922년 12월 18일 공포한 「조선호적령」과 12월 7일 공포한 「조선민사령」 제11조 2차 개정을 통해 조선인의 신분 변동에 법률적 신고주의가 거듭 천명되었기 때문이다. 아울러 개인의 신분 변동과 관련된 혼인 연령, 혼인 외 출생아에 대한 인지, 재판상의 이혼 등이 일본 민법을 직접 적용하는 방향으로 개정되었다. 1923년 7월부터 동시 시행된 일련의 조치들은 사실상 첩제와의 절연을 의미하였다. 식민지 조선에서 '일부일처 법률혼'이 명실상부한 법 원칙으로 천명되었던 것이다.

이러한 혼인에 대한 법적 규제와 그 기본 내용들은 근대 일본에서 일부일처 법률혼이 제도화되는 과정을 답습한 것이기도 했다.[13] 1868년 메이지유신으로 서구적 근대화를 추진하던 일본은 사회의 제반 사항을 새로운 제도로 변모시켜나갔다. 인구를 정확하게 포착하고 관리하는 것은 근대국가의 가장 기초적인 사업이었고, 새로운 호적제도를 근간으로 하여 만들어진 가족제도가 그러한 기능을 수행하였다. 특히 메이지정부는 개인의 신분 변동 사항을 국가적 규제를 통해 통제하기 시작하였다. 먼저 1875년 태정관 포고를 통해 "혼인과 양자양녀의 입양 혹은 이혼과 파양 (중략) 쌍방의 호적에 등기하지 않는 한 효력이 없는 것으로 간주"한다고 선언하였다.[14] 개인의 신분 변동에 신고주의를 채택하면 국가는 여러 가지 정치적 효과를 가질 수 있었다. 신고주의는 한편으로는 실질

13 홍양희, 2014b, 앞의 글, 220-224쪽.

14 山中永之佑, 1988, 『日本近代國家の形成と'家'制度』, 日本評論社, 113-114쪽.

적으로 개인의 신분 변동 상황을 분명하게 포착할 수 있다. 그리고 다른 한편에서는 신분 변동과 관련된 사안에 일종의 통제의 규칙을 작동시킬 수 있었다.

혼인 규제 중 가장 핵심적인 것은 근대법적 원리인 '조혼' 금지와 함께 '일부일처'였다. 첩제는 사실상의 이중혼이라 할 수 있기 때문에, 서구 근대법에서는 기독교 사상과 여성의 인권 차원에서 문제시되었다. 그런 이유로 첩제가 널리 시행되고 있었던 동아시아 사회에서 근대법적 실천은 첩제와 절연해야만 했고, 이것이 하나의 새로운 과제이기도 했다.

동아시아에서 가장 먼저 첩을 제도적으로 폐지한 것은 일본이었다. 첩제 폐지의 공식적 시발이 된 것은 일본이 근대 형법을 만들기 위해 기초한 1878년 신형법 초안이었다. 친족이나 간통 관련 규정에서 기존의 '처첩(妻妾)' 용어가 사라지고 배우자는 '부(婦)' 혹은 '처(妻)'로만 쓰이기 시작하였다. 이후 첩의 신분을 나타내는 규정은 어디에도 존재하지 않았다고 한다.[15] 1879년 3월 법제국 의안은 첩제 폐지의 정치적 배경을 다음과 같이 명시하였다.

> 남자가 처첩을 아울러 맞아들이는 것은 본방의 습속으로서, 종래 법률에 공인된 것일지라도 한 남자가 이부(二婦) 혹은 수부(數婦)를 가지는 것은 정처(正妻)의 권리를 방해하고, 일가의 불화를 양성하는 기반으로, 천리에 어긋나고 인정에 반하는 것이 심하다고 할 수 있다. 구미 각국의 율을 보니, 일부양부(一夫兩婦)를 인정하지 않

---

15 高柳眞三, 1987, 『明治前期家族法の新裝』, 有斐閣, 255쪽.

는다. 중국의 제도 역시 첩을 친족의 범위에 넣지 않아, 후일 외국과 조약 개정상에서 우리나라 체류의 외국인을 일본 형법으로 처리해야 할 때, 이와 같은 위리반정(違理反情)의 풍습에 얽매여 체맹 각국의 법률에는 공인되지 않는 것을 우리 법률에서만 공인하는 것은 외국인이 믿고 따르는 문제와도 관련된다. 또 형법 초안 중에 이중혼(二重婚)을 금지·처벌한다는 조항도 그런 취지이다. 나아가 처와 첩의 명칭을 달리할지라도 실은 남편에 대한 의무 직무는 동일한 것에 대해, 만일 첩을 공인할 경우는 이중혼을 금지하는 정신과 모순되고 첩을 친족의 대열에 넣을 때는 (중략) 친족이 서로 얽혀 후일 민법상에서 혼인법, 재산 분배법 등이 설립될 때 여러 가지 어려운 문제를 발생시킬 것은 필연이다. 지금 (중략) 법률을 개정하기에 좋은 시기이니 이런 악습(惡習)은 아울러 신법에는 공인하지 않는 것이 지당하다.[16]

태정관의 자문 "형법 초안 중 첩의 명칭을 폐지할지 말지"에 대한 의안은 축첩을 이중혼과 동일시하면서 일종의 악습으로 비판하였다. 그들은 이를 다음 세 가지 측면에서 악습으로 규정하였다. 먼저, 축첩은 '천리(天理)'와 '인정(人情)'에 반한다고 하였다. 하늘의 이치와 인간의 기본 감정을 무시하는 첩제는 처의 권리를 침해할 뿐만 아니라 나아가 가정에 불화를 양산하는 원인이라는 것이다. 인권과 사회 안정이라는 점에서 축첩에 접근하고 있었다. 다음으로, 친족법 제정의 어려움을 호소하였다. 친족 범주에 첩을 넣어 법 제정이 이루어질 경우 상당히 복잡한 문제들이 발생할 수 있다는 점이 지적되었다. 아울러, 국제 사회와의 교류

16 高柳眞三, 1987, 앞의 책, 256쪽 재인용.

를 위해서도 이는 폐지되어야만 했다. 서구와 맺은 불평등 조약이 개정된 후에는 일본에서 생활하는 외국인들에게도 일본법을 적용해야만 하는데, 이 경우 첩제는 국제 사회의 기준에 맞지 않아 외국인들과 분란의 소지가 다분했기 때문이다. 즉 국내적인 필요와 함께 국외적인 요인에 의해서도 첩제의 폐지는 추동되고 있었다.

사실상 이러한 논의는 서구 문명을 일본 근대화의 모델로 삼았던 일본의 문명개화론자들에 의해 적극 주창되고 있었다. 후쿠자와 유키치(福澤諭吉), 모리 아리노리(森有礼) 등 일본의 지식인들은 일찍이 일부다처제나 축첩제도의 야만성을 신랄하게 비판하였다. 특히 모리는 메이지 초기 계몽 잡지인 『메이로쿠 잡지(明六雜誌)』에 총 5회에 걸쳐 '처첩론(妻妾論)'을 발표하였다.[17] 이 논설에서 그는 첩제도 때문에 "국가의 대본(大本)이 서지 않고, 풍속을 해치고 개명(開明)을 방해한다"고 비판하였다. 따라서 "야만의 습속"인 축첩제도를 폐지하고, 남녀동등권에 입각한 "혼인의 율법"을 만들어야 한다는 점을 강력히 설파하였다.

결국 첩제 폐지 관련 논의들은 그 결실을 맺었다. 1879년 6월 태정관이 형법에 친족 및 배우자 관련 규정에서 '첩'을 배제하라는 지령을 내린 이래, 1882년 1월 1일부터 시행된 메이지 형법에는 이러한 원칙이 관철되었다.[18] 이후 만들어진 메이지 민법전에도 이 원칙은 그대로 이어져 일본에서 첩제도는 공식적으로 막을 내렸다.

---

17 『明六雜誌』 8호(1874.5), 11호(1874.6), 15호(1874.8), 20호(1874.11), 27호(1875.2)에 게재.

18 高柳眞三, 1987, 앞의 책, 257-258쪽.

축첩 폐지는 관통첩이나 조선호적령, 조선민사령 제11조의 개정 등의 과정을 통해 식민지 조선에서도 법제적으로는 절대적 원칙이 되어갔다. 이로써 조선 사회에서 실천되고 있던 또 하나의 '부처관계'였던 첩제는 법적으로 성립 불가능하게 되었다. 첩은 이제 더 이상 가족 내부의 공식적인 일원이 아니었다. 일부일처 법률혼에 의해 법적 혼인 외의 모든 남녀관계는 단지 '내연'관계일 뿐이고, 도덕적으로는 지탄의 대상인 '불륜'관계일 수밖에 없었다.

2. 혼인 외 성에 대한 간접적 징벌, '사생자'

일부일처 법률혼이 법적 원칙이 된다는 것은 이에 대한 위반행위는 통제의 대상이 된다는 것을 의미했다. 특히 이를 위반한 자들에게는 일종의 '징벌'이 가해지기도 했다. 그렇다면 이들에게 가해진 법적 제재에는 어떠한 것이 있고, 그러한 징벌이 의미하는 바는 무엇인가. 국가가 법을 위반한 개인에게 가하는 법적 제재에는 보통 형사범죄로 직접 처벌하는 방식이 있고, 다른 한편에서는 간접적으로 일상의 삶에서 사회적 불이익을 가하여 징벌의 기능을 수행하는 방식도 있다. 후자와 관련하여 가장 주목할 수 있는 것이 혼인 외의 관계에서 출생한 아이에 대한 것이다. 여기에서는 식민지 가족법에 의해 '혼외자'에 '사생자/사생아'라는 일종의 법적이고 사회적인 낙인이 만들어지는 과정과 그것이 가진 정치적 의미를 고찰하고자 한다.

1) 혼인 외 출생아의 법적 명칭, 사생자

일부일처 법률혼이 공식화되자 호적에 입적된 법적 부부관계가 아닌 남녀관계는 모두 '내연'관계가 되었다. 나아가 이들 관계를 통해 아이가 출생할 경우 그들의 자녀는 '사생자', '사생아'로 칭해졌다. '사생자'는 일본 호적법과 민법에서 혼인 외 출생아를 지칭하는 법적 범주였다. 이 용어는 메이지 일본의 법제에서 특유하게 만들어진 혼외자의 법적 신분이었고, 일본인 사법관료의 조선 관습조사 또한 이러한 용례에 기반하여 이루어졌다. 이를 조사하기 위한 관습조사 문항과 그에 대한 결과는 다음과 같이 정리되었다.

제136 사생자에 관한 관습은 어떠한가

사생자의 부모는 어떻게 결정하는가? 아버지가 인지한 자(서자)와 그렇지 않은 자 사이에 구별이 있는가? 또 첩자(妾子)와 다른 사생자 사이에 구별이 있는가? 만약 사생자 인지의 절차가 있다면 그 절차는 어떠한가? 예컨대 관청에 신고하는 것 등이 있는가? (중략) 서자는 그 부모의 혼인으로 적출자로 되는 예가 있는가, 만약 그렇다면 첩자와 다른 서자 사이에 구별이 없는가?[19]

한국에서 법제·관습 모두 축첩을 인정하므로, 혼인외자는 수가 아주 많아 이들을 적출자와 비교하면 놀라운 비율을 보인다. 그리고 첩자는 아버지의 인지 없이 당연히 서자가 되고, 다른 사생자는 부의 인

19 『慣習調査報告書』, 327쪽.

지 후에 비로소 서자가 되는 것이다. 그렇지만 서자인 점에서는 구별이 없다. 부가 인지하지 않은 사생자에 대해서는 간통으로 출생한 간생자(姦生子)라고 부르는 외에 일반적인 칭호가 없다. (중략) 부를 알지 못하는 사생자를 인정하는 예는 없다. 사실 부를 알지 못하는 경우라도 모가 부를 지정하여 그 성을 쓰게 하는 것은 기술하였다. 사생자의 인지에 대해서는 일정한 절차가 없고 다만 그 부가 자진하여 인지를 하거나 또는 그 모의 신청으로 이를 인지할 뿐이다. 이를 관청에 신고하는 등의 관습은 원래 있지 아니하다. (중략) 서자는 함부로 적자로 될 수 없다.[20]

사생자, 사생아라는 용어는 다음 장 '친자관계' 부분에서 자세히 서술하겠지만, 근대 일본이 가족제도를 정립해가는 과정에서 만들어진 것이었다. 그렇기 때문에 조선의 관습을 조사하였던 일본인 사법관료들의 보고서에도 조선에는 그러한 관행은 존재하지 않는다고 정리되었다. 실제 조선 사회에서 아버지가 부재하는 아이들에 대한 차별의 시선은 존재하였을지라도 이들을 달리 지칭하는 용례는 거의 나타나지 않는다. 『조선왕조실록』에서도 거의 찾기 어려웠던 이 용어가 공식적으로 등장한 것은 통감부가 설치되고 일본의 지배권이 강력해진 한말이기 때문이다.[21] 1907년 8월 『황성신문』에 당시 법부대신이었던 조중응이 '몰래

20 『慣習調査報告書』, 327-329쪽.

21 『光海實錄』 권 66, 1621년 6월 19일에는 「지평 유활이 파직을 청하다」 기사에 "果是于埠所私生子者"라는 문장이 있다. 여기에서 사생자의 의미는 사통에 의해 아이를 낳았다는 것으로 역시 범주적 용어가 아니라 할 수 있다(한국역사정보통합시스템: db.history.go.kr/).

결혼한 사람들'의 자녀는 무성자(無姓子), 즉 성이 없는 자를 '사생자'라 한다고 언급한 기사가 실렸다.[22] 이후 이것이 본격적으로 공식 문서에 등장한 것은 1908년 우메 겐지로가 조선의 관습을 조사하기 위해 작성한 조사 문항에서였다. 그리고 이에 대한 결과물이 바로 위의 『관습조사보고서』의 내용이었다.[23]

나아가 이 용어는 일본식 호적제도가 식민지 조선에 완비되어가면서 호적이라는 공적 문서에 하나의 법적 신분으로 명시되었다. 특히 1915년 8월 관통첩 제240호 「민적사무에 관한 건」을 통해 보다 명확한 법적 신분으로 공시되었다. 적법한 혼인관계에서 출생한 적출자 외에 혼인 외자의 경우 "첩이 낳은 자(子)는 서자라 하고 무부부녀(無夫婦女)가 낳은 자(子)는 사생자로 취급한다"는 지침을 밝혔기 때문이다.[24] 출생아의 신분법적 지위는 이제 '적출자', '서자', '사생자'의 세 종류로 범주화되었던 것이다. 다시 말해 법적 부부 사이에서 출생한 아이가 적출자라면, 그것이 아닌 남녀관계에서 출생한 아이는 사생자였고, 이들 중 아버지의 인지를 받아 그의 호적에 올라간 아이는 서자가 되는 구조였다. 결국 법적 신분으로서 사생아는 비정상적이고 부적절한 남녀관계를 나타내는 '내연' 및 '불륜' 관계의 산물이라는 것을 명시적으로 나타내는 것이었다.

이들이 사생아라는 지위에서 벗어날 수 있는 길은 단 두 가지였다. 하나는 혼외관계였던 부모가 향후 법적 부부가 된다면 그 아이는 적출

---

22 『황성신문』, 1907.8.22.

23 우메 겐지로의 관습조사사업은 이영미의 일련의 논문들에 자세히 소개되어 있다. 이 논문들은 한국에서 다음의 책으로 출간되었다. 이영미 저, 김혜정 역, 2011, 『한국의 사법제도와 우메 겐지로』, 일조각.

24 「民籍事務取扱ニ關スル件」(官通牒 제240호), 『官報』, 1915.8.7.

자로 전환될 수 있었다. "실부모가 혼인을 한 후, 그 부모가 사생자 인지계를 하면 그 사생자는 적출자가 된다"는 것이다.[25] 보다 일반적인 다른 하나는 아버지로부터 '인지'를 받는 절차가 있었다. 이 경우 아이는 아버지의 호적에 입적할 수 있었고 '서자'라는 법적 신분을 획득하였다. 그렇지 못할 경우에는 아버지가 없는 아이, 즉 '사생자'로 어머니의 호적에 입적될 수밖에 없었다. 이러한 법률 구조에서 사생자는 '아버지 없이' 태어나서 '아버지가 없는', 그리하여 '부계혈통이 부재'한 존재를 의미했다.

2) 부계혈통 부재의 의미

이른바 '사생아'로 태어난 출생아 중에는 인지를 받아 아버지의 호적에 '서자'로 입적되는 이들이 있었다. 이들은 사생아를 벗어나긴 하였지만 동아시아 사회에서 첩의 자식을 의미하는, 또 다른 차별적 범주의 명칭을 획득하였다. 그런데 여기서 하나의 의문이 든다. 일부일처 법률혼, 즉 첩의 존재를 부정하는 근대법에서 첩제의 귀결이자 유산인 '서자'란 용어를 굳이 법적 신분으로 사용하는 아이러니를 연출하는 이유는 무엇인가. 사실상 첩제가 성행하고 있던 과거 일본과 조선에서 첩의 소생은 처음부터 서자였지 사생아가 아니었다. 첩의 사회적 위치 또한 공인되었으며 서자는 준적출자였다. 첩과 서자가 사회적으로 차별받기는 하였지만 그렇다고 해서 그들이 부정되는 존재는 아니었기 때문이다.[26]

---

25 近見繁造, 1924, 앞의 책, 329쪽.

26 角田幸吉, 1936, 「明治初中期の私生子法」, 『法學之林』 38-5, 79쪽; 이성임, 2008,

이에 대해 일본의 법학자들은 당시 신랄하게 문제를 제기하기도 하였다.[27] 부부관계의 경우는 결혼한 남성에게 모든 여성은 '처'와 '처가 아닌 여성'으로 이원화된 것에 비해, 자식의 경우에는 적출자, 사생자, 그리고 서자 등의 세 가지 범주로 나뉘는 비대칭성을 가지고 있었기 때문이다. 이를 두고 당시 일본인 법학자는 일본이 구미의 법률을 본보기로 삼아 첩의 존재를 부정하면서도 자식에 대해서는 "폴리가미(polygamy)적 사상을 탈각하지 못하였다"고 꼬집었다.[28] 서구에서는 혼외관계에서 출생한 아이는 일괄적으로 '혼인 외 출생자'로 지칭될 뿐이었다. 첩을 인정하지 않는 사회에서 이것은 당연한 것이었다. 더욱이 아버지의 인지를 받더라도 이는 마찬가지였다. '인지를 받은 혼인 외 출생자'에 지나지 않았기 때문이다. "서양의 입법례에서는 사생자는 인지되어도 (중략) 부자간에 부양관계는 생길지언정 법률상 친족관계는 생기지 않는데", 이는 "모노가미(monogamy)를 주장하는 민법의 당연한 태도"라는 것이다.[29] 이것은 일본에 존재하는 첩 및 그들의 출생자들의 문제를 인정할 수밖에 없는 당대의 현실이었기 때문으로 보인다.

이러한 현실타협적인 정책은 식민지 조선에서도 거의 마찬가지였다. 첩의 자식인 경우에는 인지하지 않고 '서자 출생계'로 출생신고를 곧바로 하면 되었기 때문이다. 수속의 번잡함을 피하자는 것이 그 이유

「조선시대 양반의 축첩현상과 경제적 부담」, 『고문서연구』 33, 328쪽.

27 홍양희, 2014b, 앞의 글, 214-215쪽.

28 中川善之助, 1936, 『妻妾論』, 중앙공론사, 59-61쪽.

29 프랑스, 영국, 독일 등의 국가에서는 인지를 해도 혼외자는 영원히 혼외자이지 적출자나 서자가 되지 않았다(近見繁造, 1924, 앞의 책, 354-356쪽; 中川善之助, 1936, 위의 책, 60쪽).

였다는 점 또한 여전히 만연하고 있던 첩의 존재를 반증하는 것이기도 하다.[30]

더욱이 인지 절차는 철저히 남성중심주의를 드러내는 지점이었다. 서자 입적에 아버지의 인지와 아울러 호주의 동의만이 필요할 뿐, 처의 동의는 필요하지 않았기 때문이다.[31] 남편의 혼외자식을 받아들여야 하는 처의 입장 및 인권에 대한 고려는 전혀 안중에 없었다. 이것은 일본의 메이지 민법이 얼마나 극단적으로 남성 위주의 가부장제도를 구현하고 있는지를 단적으로 드러내는 대목이다. 이러한 일방성은 그 집안의 '핏줄'이라는 것으로 그 정당성을 확보하였다. 그리고 여기서 핏줄이라는 것은 당연히 아버지의 혈통, 즉 '부계혈통'이었다. 이것이 바로 서자가 아버지의 호적에 올라가는 이유였다. 그리고 동시에 일본 민법의 '가' 구성원리가 기본적으로 부계혈통에 기반해 있다는 것을 의미했다.

그렇지만 세상의 모든 아버지가 서자 인지를 해주는 것은 아니었다. 그럴 경우 이를 강제할 수 있는 길은 사생자 인지를 청구하는 소송뿐이었다. 그리고 이 재판의 판결에서 변하지 않는 기본 원칙은 '부계혈통'이었다.[32] 재판에서 승소하기 위해서는 이 혈통을 '증명'하는 것뿐이었다. 일본에서는 일찍이 1912년에 혈통주의 판결 원칙이 천명되었고, 1934년 일본의 사생자 인지청구 소송의 판결은 1912년의 판례를 근거로 이를 재차 확인하였다.

---

30 「朝鮮戶籍令」(朝鮮總督府令 第154條) 第70條, 『官報』, 1922.12.18.

31 '호주의 동의'라는 단서 조항이 있었지만, 사실상 결혼한 남성들 대부분 '호주'라는 점에서 그다지 의미가 없었다.

32 홍양희, 2014b, 앞의 글, 215-216쪽.

> 갑남을녀(甲男乙女)의 정교로 인해 출생했다고 하여 갑남(甲男)에게 인지를 청구하는 데는 단지 갑남을녀 사이에 정교가 있었다는 것을 증명하는 것으로 충분하지 않고, 을녀(乙女)가 회태할 당시 갑 이외의 남자와는 정교관계가 없었다는 것, 즉 갑남과의 정교가 회태의 유일한 원인이라는 사실을 증명하기를 요한다. 이를 증명하지 못하면 그 청구는 배척된다. 이것은 당원의 판례(1912년 제86호 4월 5일 판결)가 이미 존재하는 바이다.[33]

인지청구 소송에서 승소하기 위해서는 피고 남성과 아이 사이에 '절대적 혈연관계'가 입증되어야 했다. 입증은 아이를 출산한 여성의 '성(sexuality)'과 관련되었다. 아버지를 대상으로 인지를 청구하기 위해서는, 아이를 출산한 여성이 임신할 당시 소송 대상인 피고인 남성과 유일하게 성관계를 가졌다는 것이 입증되어야만 했다. 그래야만 그 남성과 아이의 '사실상의 혈연'관계가 증명될 수 있다는 것이다. 이러한 절대적 혈연주의의 원칙은 상대주의를 취하는 방식과 대비된다. 독일에서는 임신 당시 아이 어머니와 성관계가 있어 아버지일 가능성이 있는 남성을 아버지로 인정하고 있기 때문이다. 후자가 혈통보다는 아이 부양 의무에 초점이 있었던 반면, 일본법은 '부계혈통 절대주의'가 그 원칙이었다.[34]

이것은 사실상 모계혈통의 완전한 '무시'를 의미했다. 어머니의 존재는 출생자의 법적 신분과 아무런 관련이 없기 때문이다. "사생자를 그 실

---

33 1934년 6월 20일 대심원 판결. 中川善之助, 1942, 「私生子法に於ける父の觀念」, 『法學』 11-3, 208쪽 재인용.

34 위와 같음.

부가 인지하면 그 자식은 아버지의 서자가 된다. 그렇지만 어머니에 대해서는 사생자이다. 아무리 어머니가 인지를 하여도 서자라고는 하지 않는다"는 것이다.[35] 가족 구성에서 혈통 절대주의는 젠더 중립적인 것이 아니라, 한쪽 성에만 국한된 것이었다. 여성의 성에 대한 확실한 통제를 전제로 부계혈통만을 확보하는 데 온 관심이 집중되어 있는 것이었다.[36] 따라서 어머니가 존재하더라도 아버지가 확보되지 않은 아이는 혈통이 부재한, 그리하여 근본이 없는 비정상인이 되었다. 아이 어머니의 '혈통'을 무시하고, 아버지의 것만이 극단적으로 강조되었던 것이다. 근대 일본이 만들어 식민지 조선에 시행한 가족법은 제도적으로 '애비 없는 자식'이라는 낙인을 만들었던 것이다.

3) '사생아' 낙인, 그 자체의 균열

자식에게 어머니의 혈통을 지우고, 아버지의 것만을 강조하는 법 원칙에 의해 아버지가 없는 사람들에게는 일종의 '낙인'이 찍혔다. 이를 지울 수 없었던 이들은 사생아 혹은 사생자라는 꼬리표를 평생 안고 살아가야 했다. 이들은 사회에서 천시되는 위치에 자리 잡은 존재들이었다. "사생자라는 이름 앞에서 죄도 없는 많은 사람들이 (중략) 불평스러운 세상을 저주하는 (중략) 이가 그 얼마나 많습니까"라고 하듯이,[37] '사생아'라는 명칭 그 자체만으로 이들은 타인의 시선으로부터 자유로울 수 없

35 近見繁造, 1924, 앞의 책, 338쪽.

36 이것은 해방 후 한국의 '전통'인 양, 한국 가족법에 그대로 반영되었다. 양현아, 2011, 앞의 책, 406쪽.

37 「저주스러운 명칭, "사생자"를 고치자」, 『조선중앙일보』, 1934.8.29.

었다. 그들이 가장 손쉽게 할 수 있는 것은 오직 자신의 부모를 원망하는 것뿐이었다.

> 이러한 인간을 누가 만들어 놓았느냐? 청춘의 피가 끓어 도회지에 올라온 나를 이러한 불의와 타락의 구렁텅이로 쳐밀은 사람이 누구냐? 그것은 여자도 아니다. 술도 아니다. 도회지에서 꿈틀거리는 흡혈귀도 아니다. 이 세계에 오직 한 사람밖에 없다. 아버지다. 아버지다! 20년 동안을 그리워하던 아버지는 두 번 다시 떠올라 올 수 없는 깊은 구덩이 속으로 자기 아들을 떠밀어 넣었다. 나의 아들에 대한 아버지의 최후의 선물이 이것이었다. 나는 사생아다! 이 세상의 다른 사람과 같이 태어났으면서도 나의 머리에 얹어진 사생아라는 문자는 나의 일생을 통해서 한때도 떠날 수 없는 굳세고 차디찬 쇠사슬이다. (중략) 나는 사생아다. 이 보기만 하고 듣기만 해도 지긋지긋한 문자는 영구히 나의 성명 위에서 사라질 때가 없을 것이다. (중략) 지금의 나는 아버지를 저주하면서 알콜이 나의 심장을 파열시킬 날을 하염없이 기다리고 있을 뿐이다.[38]

잡지 『별건곤』에 게재된 「어느 사생아의 고백」이란 위의 수기는 '사생아'란 명칭이 그들의 삶을 얼마나 옥죄는지를 토로한다. 부모가 혼인신고를 하지 않은 상태에서 태어난 그는 출생신고 전에 아버지가 병으로 사망하여 '사생아'가 된 경우이다. 사실상의 부부 사이에서 태어난 그이지만 부모가 혼인신고를 할 수 없는 상태가 되어 "더러운 법률상 대

---

38 최병화, 1933, 「咀呪 바든 貞童(어느 私生兒의 告白)」, 『별건곤』 62.

우"를 받게 되었던 것이다.[39] 그가 할 수 있는 일은 세상에 '부재하는' 아버지를 원망하는 일뿐이었다. 그 원망의 화살은 동시에 '존재하는' 어머니로도 향했다.

> 사생자 된 그 당사자가 '나는 사생자다'라는 것을 남이 알게 되면 어머니에 대한 애착과 신뢰의 마음이 일시에 없어질 뿐만 아니라 도리어 미움의 마음이 생기고 또 분노의 마음으로 변하는 때도 있습니다.[40]

당시 사회 분위기에서 사생아는 여성의 '불건전하고 위험한 성'의 상징이었다. 사생아를 출산한 여성은 "타락한 여자들"이라는 인식이 강했기 때문이다.[41] 특히 "남의 집으로 시집 들어가야 할 계집애들에겐 사생아라는 명목은 전과자라는 것보다도 더 불리한 것"이었다.[42] 여성의 '처녀성'에 대한 논의가 담론적 우위를 점하는 사회에서 그들은 불결한 관계의 산물이 되었다. 그의 어머니와 불륜의 씨앗인 사생아를 바라보는 사회적 시선은 경멸과 저주로 가득 찬 것이었다.

이들 존재의 '비정상성'은 결국 존재의 불안정성으로 전화되었다. 많은 사생아들이 유기되고 있었기 때문이다. 1937년 일 년간 경성부에서만 백 명이 넘는 아이들이 버려졌다고 한다. "경성부 호적과의 작년 1년

---

39 「婦人의 法律常識」, 『별건곤』 27, 1930, 84쪽.

40 「「사생자(私生子)」라는 명칭을 「모생자(母生子)」로 고치자는 운동」, 『동아일보』, 1935.3.1.

41 나혜석, 1936, 「倫敦救世軍托兒所를 尋訪하고」, 『삼천리』 8-4.

42 이태준, 1940, 『청춘무성』, 박문서관.

동안 출생아 총수는 1만 7,852명인데 그중 적출자는 1만 7,229명, 서자 358명, 사생자 124명, 임의 인지 30명, 기아 111명으로 623명은 세상에 나온 날부터 사회의 질시를 받는 불행아"라는 보도에서 알 수 있다.[43] 아울러 서자와 사생아, 즉 혼외자 출생의 증가를 간과할 수 없는 사회문제로 지적하였다. 버려지는 아이가 경성부에서만 100명이 넘는다면, 통계되지 않은 숫자와 전국의 것을 합하면 그 수가 훨씬 증가할 것이다.

심지어 이들은 태어나자마자 자신의 부모나 주변 인물들에 의해 살해당하는 경우도 꽤나 있었다. 사생아 살해 기사가 자주 신문에 실렸고, "사생아 살해의 범죄가 법정에 많이 제출"되고 있었다.[44] 대개가 결혼하지 않은 여성이나 과부 혹은 부적절한 관계를 가진 자들이 출산한 아이들이었다. 재혼한 지 이십여 일 만에 아이를 출산하자 아이를 죽이고 그 시신을 나병환자에게 몰래 팔아버린 여성이 있는가 하면,[45] 소위 "윤락녀"가 아이를 낳자 그녀의 어머니가 아이를 죽인 경우,[46] 16세의 소녀가 낳은 아이를 죽여 암매장한 경우,[47] 불륜관계인 남녀가 공모하여 출산한 아이를 죽인 사건[48] 등이 보도된 살해사건들이었다. 당시 사람들의 이목을 끌었던 사건 중 「애욕의 살인공판, 방청석은 눈물판」이란 제목의 기사는 내지인 여성과 조선인 남성의 사랑이 끝내 출생아를 살해한 경로를 상세히 다루었다. 이 젊은 남녀의 사건 공판에는 수백 명이 이른 아침

---

43 「生活? 亂倫? 棄兒가 激增」, 『동아일보』, 1938.11.20.

44 「'사생자'란 관념」, 『동아일보』, 1931.3.29.

45 「私生兒를 壓殺하야 라병자에 시체밀매」, 『동아일보』, 1925.8.15.

46 「淪落女의 私生兒를 其母가 窒息慘殺」, 『동아일보』, 1926.2.10.

47 「私生兒를 斫殺」, 『동아일보』, 1926.6.17.

48 「姦夫姦婦가 사생아를 壓殺」, 『시대일보』, 1924.9.10.

부터 밀물같이 밀려와 법정이 방청객으로 입추의 여지가 없이 들어찼다고 한다.[49]

사생아가 살해되거나 유기되는 이유는 거의 비슷했다. 대체로 아이를 양육하지 못할 정도의 궁핍한 생활 혹은 사회적으로 공인되기 어려운 관계에서 비롯된 출산인 경우였다.[50] 미혼여성이 "불의의 사생아"를 낳고 유기한 "남대문 통로변의 애화",[51] 오랜 기간 유랑하는 "남편과 생이별"하고 "불의의 관계를 맺은 결과로 생겨난" 아이를 유기한 여성의 사연[52] 등 '부적절한 관계'로 아이를 출산한 여성들이 자신 앞에 놓일 사회적·경제적 곤란에서 벗어나기 위해 행한 일들이었다. 자신의 삶을 비관하고 생을 마감하는 비극도 간간이 연출되었다.[53]

그리하여 '사생자'라는 명칭이 주는 법적 낙인은 마침내 자기 균열로 돌아왔다. 세간에서 "사생아의 명칭과 관념"의 타파를 주장하기 시작했기 때문이다.[54] 일본에서는 1920년대부터 이에 대한 사회적 차별이 사회문제로 가시화되었고, 개선 움직임이 나타났다. 1925년 1월 21일 개최된 '임시법제심사위원회' 회의에서 "사생자 명칭의 폐지" 문제가 제기되었다. 사생자라는 명칭이 "매우 온당하지 않아 그 명칭을 가진 자에게 현저한 고통을 가하여" "인도에 반하는 혐의"가 있다는 것이었다.[55]

---

49 「愛慾의 殺人公判 傍聽席은 눈물판」, 『매일신보』, 1929.4.6.

50 「生活? 亂倫? 棄兒가 激增」, 『동아일보』, 1938.11.20.

51 「處女의 私生兒를 産婆가 共謀코 遺棄」, 『매일신보』, 1926.12.7.

52 「不義의 씨, 사생아 遺棄」, 『동아일보』, 1933.12.11.

53 「蹂躪의 半生, 사생아 두고 음독한 여자」, 『중외일보』, 1927.5.20.

54 「'사생자'란 관념」, 『동아일보』, 1931.3.29.

55 村上一博, 1996, 「明治·大正期の私生子認知請求」, 『明治大學社會科學研究紀要』 35-1, 81쪽, 83쪽.

1925년 '국제부인해방동맹대회'에서도 "내연의 처와 사생아의 법률상 정신상의 보호를 정부에 요구"하자는 결의를 만장일치로 가결시키기도 하였다.[56]

조선에서도 "저주스러운 명칭"이 가진 비애를 없애기 위해 "관습과 법을 개혁하라"는 주장들이 생겨났다.[57] 『동아일보』는 당시 일본 내지에서 "이 듣기 싫은 말"을 하루빨리 없애버리고 '사생자'를 '모생자'로 고치자는 논의가 일고 있다는 소식을 전하기도 했다.[58] 특히 사생자란 용어가 문제화되고, 이것이 그들의 인권문제로 나아갔다. 아무 죄도 없이 태어난 삶 그 자체가 원죄가 되어 사회적·법률적으로 부당한 대우를 받는 것에 대한 문제 제기였다. 그들의 삶을 불행하게 만드는 악습을 타파하고, 법제적으로 모든 차별이 철폐되어야 한다는 주장이었다.[59]

그런데 조선에서 이것이 회자되는 방식은 새삼 우리의 시선을 끈다. '사생아' 차별이 '봉건의 유풍', '악습'으로 지목되고 있었기 때문이다. 조선시대 서자 차별을 다룬 유명한 소설 『홍길동전』을 예시로, 그것이 꽤나 오래된 유산으로 논의되고 있었다. 특히 여성들에게만 정조를 강제하는 조선 사회의 "봉건적 윤리관념"과 이에 깊게 뿌리박은 "남성지배 사회의 횡포"로 표현되었다.[60]

---

56 「內縁妻와 私生兒 법률보호를 정부에 요구 國際婦人同盟決議」, 『매일신보』, 1926.6.5; 「사생아의 상속권과 법률상 정신상 보호를 결의」, 『동아일보』, 1926.6.6.

57 「서자 사생자의 비애, 습관과 법을 개혁하라」, 『동아일보』, 1932.10.19.

58 「「사생자(私生子)」라는 명칭을 「모생자(母生子)」로 고치자는 운동」, 『동아일보』, 1935.3.1.

59 「서자 사생자의 비애, 습관과 법을 개혁하라」, 『동아일보』, 1932.10.19.

60 「'사생자'란 관념」, 『동아일보』, 1931.3.29.

조선처럼 적서의 구별이 준엄한 사회는 없다. 서자(사생아는 말할 것도 없이)는 친부형에 대하여 호부호형을 못 하고, 가독상속(봉제사)을 못하여 마치 노예와 같았다. 이것은 천륜과 인정을 무시한 것으로, 이 악습 때문에 비분이 뼈에 사무치는 일생을 보낸 이가 어찌 전설의 홍길동뿐이랴. 세상 일과와 시대가 창상(滄桑)의 변을 당한 금일에도 이 악습은 세인의 감정에 깊이 뿌리를 박아 용이하게 빠지지 아니하는 것은 통탄할 일이다.[61]

사생아 살해의 범죄가 법정에 많이 제출되는 것은 조선인의 봉건적 윤리관념이 낳은 비극으로 독자의 일고를 촉구하는 바이다. 정조관념을 여성만에게 강제하고 일부다처를 묵인하고 있는 조선의 혼인제도는 봉건의 유풍인 동시에 또 자본주의 사회에도 거의 공통한 현상으로 나타나는 것이다. 그 도덕관념이 모성애의 잔혹한 유린으로 살해라는 범죄에까지 이르게 하는 것은 확실히 봉건적 사조의 깊은 뿌리라고 아니 볼 수 없다.[62]

앞의 논의는 서자 혹은 사생아 천시가 "일부일부주의(一夫一婦主義)의 가정사상"에서 나왔다고 하면서도,[63] 이를 조선시대의 적서차별과 동일선상에서 비판하는 모순을 보인다. 후자 또한 여성에 대한 성 통제가 자본주의 사회에 공통적이라 분석하면서도 사생아 살해를 "조선인의 봉

61 「서자 사생자의 비애, 습관과 법을 개혁하라」, 『동아일보』, 1932.10.19.

62 「'사생자'란 관념」, 『동아일보』, 1931.3.29.

63 「서자 사생자의 비애, 습관과 법을 개혁하라」, 『동아일보』, 1932.10.19.

건적 윤리관념이 낳은 비극"이라고 이해한다.[64] 이러한 사고는 사생아제도를 비판하는 방식이 당대의 현실에서 실천되고 있는 부조리한 현상을 과거의 것으로 이해하면서 '관습' 비판의 일환으로 행해진다는 점에 특이성이 있다. 일본의 식민지 법제정책, 그로 인해 탄생한 '사생자'라는 법률적 범주, 그리고 거기에 존재하는 차별의 문제가 조선 사회 기왕의 적서차별이나 여성에 대한 성 통제라는 관념과 얽히면서, 일본의 법률과 조선의 관념이 혼재되고 뒤섞이는 현상으로 나타나고 있었다. '문명화'의 사명을 띠고 실행된 일부일처 법률혼주의, 그것의 위반에 대한 반작용으로 탄생한 '사생자' 개념이 기존 사회의 적서차별에 비견되는 '비문명적'인 것으로 다시 소환되어 제거되어야만 할 '악습'으로 재구성되는 역설이 연출되었던 것이다.

결국 '사생자' 명칭은 일부일처 법률혼을 위반한 존재에 대한 단순한 언어적 표현에 그치는 것이 아니라, '선을 넘은 자'들에 가해진 사회적 '형벌'과도 같았다."[65] 그렇지만 혼인 외적 관계에 대한 법적 징벌은 사실상 여성과 출생아에게만 가해지는 것이었다. 사생아라 낙인찍힌 아이와 함께, '사생아를 낳았다'는 오욕을 안고 살아가야 하는 것은 여성이었기 때문이다.

---

64 「'사생자'란 관념」, 『동아일보』, 1931.3.29.

65 홍양희, 2014b, 앞의 글.

3. 혼인 외 성에 대한 직접적 징벌, '간통죄'

근대 일부일처제의 가장 중요한 특징의 하나는 '성'문제이다. 성은 부부만의 은밀한 것이 되고, 부부 쌍방은 원칙적으로 정조를 지키는 것이 서로에 대한 의무이자 존중의 의미가 되었다. 그리하여 결혼한 남녀의 혼외 성관계는 부적절하고 비도덕적인 것이며, '불륜'이자 '내연'이었다. 각각의 국가는 이에 대한 통제의 규칙들을 만들었는데, 규칙이 어떠한 내용을 가지느냐 하는 것은 사실상 그 국가가 가지고 있는 사회의 성격과 남녀관계의 실질적 내용을 확인할 수 있는 지표가 되기도 한다. 여기에서는 부부 사이의 성 통제 규율이 어떻게 작동하고 있었는지를 주로 '간통'문제에 초점을 맞추어 논의하고자 한다.

1) 일부일처 법률혼과 성 통제

부부는 기본적으로 혼인생활이라는 공동생활을 의무로 한다. 특별한 사유가 없는 한 동거 의무를 가지며, "혼인적 공동생활의 의무라는 추상적 어구에는 정조 의무도 포함된다."[66] 부부 사이의 정조 의무에 대한 규제의 내용, 즉 부부 모두에게 정조가 법적 의무인가 아니면 차별적으로 적용되는가, 그리고 이를 위반한 이들에게 가해지는 징벌은 어떠한 형태를 취하는가 등 해당 사회에서 이러한 성 통제 규칙이 작동하는 방식, 나아가 젠더관계의 구성방식은 그 사회의 성격을 가늠하게 한다.

---

66 栗生武夫, 1930, 앞의 책, 90-91쪽.

상당 부분 일본법의 영향 아래에 있던 식민지 조선에서 부부 사이의 정조 의무를 위반한 이들에 대한 통제는 두 가지 방면에서 그 규칙이 작동되었다. 하나가 민사 관련 규정을 통해 재판상의 이혼 사유가 되는 간접적인 통제방식이라면, 다른 하나는 형법에 의한 형사처벌이라는 직접적인 징벌방식이었다. 특히 부부 사이의 정조 의무를 위반한 '간통'행위는 이혼을 허용하는 거의 모든 나라들에서 이혼 원인으로 인정되고 있었다. 당시 간통행위에 대한 입법의 대체적인 경향은 다음과 같았다.

> 근대의 법률도 부부의 간통을 평등하게 취급하고 처의 간통이 이혼 원인이 되듯이, 남편의 그것도 이혼 원인이 된다고 본다. 다만 한동안 프랑스 법은 남편의 간통을 처의 그것과 구별하고, 처의 간통은 곧바로 이혼의 원인이 되지만, 남편의 그것은 정황 특히 중한 경우(남편이 간부를 부부 공동의 주소에 데려오는 경우)에 한하여, 이혼 원인이 되는 데 지나지 않았다. 그렇지만 1884년 7월 27일 법률로 이 불평등을 제거하고, 남편의 간통도 곧바로 이혼의 원인이 되는 것으로 보기에 이르렀다. 지금 벨기에, 스페인 등이 개정 이전 프랑스의 불평등주의에 의한다. 일본에서는 극단으로 처의 간통의 경우에 남편은 곧바로 이혼할 수 있지만 남편의 간통의 경우에는 그것이 간음의 죄에 해당되고, 따라서 남편이 처형을 받았다는 특별한 경우를 제외하면 이혼할 수 없다(민법 제813조 2호·3호, 형법 제177조 및 제183조). 개정 요강도 처의 간통은 곧바로 이혼 원인이 되지만 [제16의 1의 (1)], 남편의 간통은 '현저한 불행적'이라고 인정되는 경우 외, 이혼의 원인이 되지 않는다고 한다[제16의 1의 (2)].[67]

당시 근대법을 채택한 국가, 그리고 이혼을 제도적으로 인정하는 국가에서 간통행위가 이혼의 원인이 된다는 것은 의문의 여지가 없었다. 부부 사이의 '성적 불충실'은 부부가 애정으로 함께 만들어가야만 하는 가족 공동체, 즉 '근대 가족'의 이상을 파괴하는 행위였기 때문이다. 그럼에도 불구하고 간통법이 서구에서도 근대법 초기에는 남편과 처 사이에 공평하게 운용되지는 않았다. 특히 '인권'이라는 근대적 이상을 가장 선두에서 구현했다고 하는 프랑스에서도 이 법은 초기에는 남편에게 편파적 혜택을 주는 방식으로 운용되다가 1884년이 되어서야 비로소 부부에게 평등하게 적용되는 이혼 원인이 되었다. 그렇지만 유럽의 몇몇 나라에서는 당시에도 간통법은 여전히 남편에게 유리하게 적용되고 있었다. 일본 민법에서 간통이 이혼 원인이 되는 방식은 극단적일 정도로 남녀불평등을 구현하는 법제도를 채택하고 있다는 점이 주목된다.[68] 왜냐하면 일본 민법에서 부부가 제기할 수 있는 이혼 사유를 적시한 제813조 중에는 "처가 간통을 했을 때"라고 규정하고 있기 때문이다. 다시 말해 여성의 간통만이 곧바로 이혼의 원인이 되는 것이어서, 남편의 간

---

67 栗生武夫, 1930, 앞의 책, 158-159쪽.

68 다시 한번 기술하면, 일본 민법 제813조의 이혼 사유는 다음과 같다. "부부 일방은 아래의 경우에 한해 이혼 소송을 제기할 수 있다. 1. 배우자가 중혼을 했을 때 2. 처가 간통을 했을 때 3. 부가 간음죄로 인해 형에 처해졌을 때 4. 배우자가 위조, 뇌물, 외설, 절도, 강도, 사기취재, 장물에 관한 죄 혹은 형법 제175조, 제260조에 게재된 죄로 인해 경죄 이상의 형에 처해지고 또는 그 외의 죄로 인해 중금고 3년 이상의 형에 처해졌을 때 5. 배우자로부터 동거를 감당하지 못할 학대 또는 중대한 모욕을 받았을 때 6. 배우자로부터 악의로서 유기당하였을 때 7. 배우자의 직계존속으로부터 학대 또는 중대한 모욕을 받았을 때 8. 배우자가 자기의 직계존속에 대해 학대를 하고 또는 중대한 모욕을 가했을 때 9. 배우자의 생사가 3년 이상 분명하지 않을 때 10. 서양자연조의 경우에 있어서 이연하였을 때 또는 양자가 가녀와 혼인을 했을 경우에 있어서는 연조의 취소가 있었을 때"이다. 馬場社, 1926, 앞의 책, 188-189쪽.

통은 그 자체로 이혼의 원인이 되지 않았다. 다만 남편의 경우에는 제3항의 규정대로 간음죄, 즉 성과 관련된 범죄를 저질러 형사처벌을 받은 경우에 한정하여 처가 이혼을 청구할 수 있었다. 이에 비추어볼 때, 혼인법상의 성 통제가 당시 일본의 법제도 안에서는 남성에게 그다지 유효하게 작동되는 것이 아니었다.

이와 같은 일본 민법에서 이혼 원인으로서의 간통 규정은 식민지 조선에 거의 그대로 적용되었다. 1922년 「조선민사령」 제11조의 2차 개정으로 일본 민법의 재판상의 이혼 사유가 식민지 조선에 적용되었기 때문이다. 더욱이 일본 민법 적용 이전부터도 재판에서 이러한 이혼 사유는 조선 관습의 명목으로 동일하게 적용되었다. 사실상 이 부분은 일본의 가부장제와 한국의 가부장제가 전혀 충돌하지 않는 지점, 아니 거의 정확히 일치하는 지점이었기 때문에, 일본 민법의 적용이 이상한 것도 아니었다.

다른 한편, 부부 사이의 성 통제 장치는 이혼 사유라는 간접적 통제뿐만 아니라 형법상의 범죄행위로 취급되었다. 정조 의무의 위반에 대한 법적 제재는 식민지 조선에서 일본 형법의 적용을 받았기 때문이다. 조선총독부가 1912년 3월 18일 제령 제11호로 「조선형사령」을 공포하고 4월 1일부터 시행에 들어갔기 때문이다.[69] 「조선형사령」 제1조에는 "형사에 관한 사항은 이 영 기타 법령에 특별한 규정이 있는 경우를 제외하고 다음의 법률에 의한다"고 규정하여 일본 형법의 직접 적용을 천명하였다. 이로써 식민지 조선의 '성' 관련 범죄도 일본과 동일한 방식으로 규율되기 시작하였다.

---

69 「朝鮮刑事令」(制令 第11號), 『官報』, 1912.3.18.

당시 일본 형법에서 성 관련 범죄는 '제22장 외설간음 및 중혼의 죄' 부분이었다. 여기에서 부부 사이의 성과 관련된 조항은 바로 제183조의 '간통죄'와 제184조의 '중혼죄'였다.[70] 제184조에는 "배우자가 있는 자가 거듭 혼인을 한 경우에는 2년 이상의 징역에 처한다. 혼인한 상대자 또한 같다"고 명시되었다. 남편이든 처이든 배우자가 있는 사람이 이중 삼중으로 결혼할 경우에는 범죄행위로 처벌하겠다는 규정이었으며, 이는 일부일처제를 강력하게 천명한 것이기도 했다. 그런데 중혼죄는 호적 관련 규정들이 정리되어가면서 사실상 성립하기 어려웠다. 1915년 8월 관통첩 제240호, 1922년 12월 「조선호적령」 등에 의해 이중으로 혼인 신고를 할 수 없었기 때문이다. 일부일처 법률혼이 뜻하는 바는 아무리 자타 공인의 부부생활을 하더라도 혼인신고를 하지 않으면 부부로 인정받을 수 없다는 것이었다. 간혹 행정상의 오류로 인해 신고된 경우가 존재할 수도 있었으나 이것이 그다지 일반적이지는 않았다.

이에 비해 간통죄 조항은 상당히 많은 논란의 소지를 가지고 있었다. 실제 법제가 만들어지고 시행되는 과정에서도 법학자들 사이에서 항상 논쟁의 중심에 있었다. 형법 제183조 간통죄 조항은 다음과 같다.

> 제183조 유부(有夫)의 부(婦)가 간통한 때는 2년 이하의 징역에 처함. 그 상간한 자 또한 같다. 전항의 죄는 본부(本夫)의 고소를 기다려 논할 것. 단 본부가 간통을 종용(慫慂)한 때는 고소의 효(效)가 없을 것.

70 제22장은 형법 제174조부터 제184조까지이다. 李覺鍾, 1913, 『주해형법전서』, 광동서국, 136-141쪽. 이 책은 당시 조선에 시행된 일본 형법을 해설한 것으로, 다음의 책에 영인본으로 실려 있다. 이 글에서는 다음의 책에 실린 영인본을 이용하였다. 허재영 엮음, 2013, 『경찰학·주해형법전서』, 경진.

이 조항에서 가장 눈길을 끄는 것은 기혼여성의 혼외관계만이 '간통'으로 규정된다는 점이다. "유부(有夫)의 부(婦)", 즉 남편 있는 여성의 간통 및 그녀와의 상간행위가 범죄로 형사처벌의 대상이 된다는 것이었다. "간부(姦婦)는 반드시 유부(有夫)의 처(妻)이기 때문에 그 간부가 과부이거나 또는 법률상 남편이 없는 자 혹은 첩 등은 본 조항의 죄로 논하지 않는다"는 것이다.[71] 이 조항은 남편 있는 여성만이 처벌 대상이 되고 남편의 혼외관계는 범죄로 구성되지 않는다는 것인데 남성과 여성 사이의 법적 형평성이라는 점에서 상당히 문제적이었다. 간통죄 조항이 가진 비대칭적이고 불평등한 젠더관계는 시행되는 내내 남녀동권의 차원에서 많은 비판을 받았고, 지속적인 논란의 대상이 되었다.

이 범죄 규정의 또 다른 특징은 '친고죄'라는 점이다. 보통의 형사범죄는 행위 사실 그 자체로 범죄가 구성되는 데 반해, 간통죄는 고소를 해야지만 비로소 성립되는 범죄였던 것이다. 혼외 성관계를 범죄로 규정하면서도 여기에 친고 조항을 넣은 것은 이것이 '피해자의 명예'와 관련된다고 보았기 때문이다.[72] 여기에서 간통죄의 유일한 피해자로 이해되는 것은 혼외관계를 가진 여성의 남편뿐이었다. 만일 혼인생활을 하고 있는 두 남녀가 혼외의 관계를 가졌다고 가정한다면, 간통범죄의 성립을 위해서는 여성의 남편이 고소를 해야만 했다. 피해자로서 범죄 고소의 주체는 기혼여성의 남편뿐이었다.

남편의 고소가 있으면 간통범은 행위자인 두 남녀가 되었다. 피의자

---

71 李覺鍾, 1913, 위의 책, 140-141쪽.

72 특히 강간이나 간통과 같은 성범죄는 피해자가 "자신의 신상에 오욕"이 세상에 유포되어 더욱더 "명예를 훼손당하는 이중의 피해"를 당할 수 있다는 점에서 비롯되었다 한다(李覺鍾, 1913, 위의 책, 141쪽).

인 여성이 남편에 대한 정조 의무를 저버린 것이 범죄라면, 피의자 남성은 남편의 처에 대한 권리, 즉 타인의 권리를 침해한 것에 대한 범죄였다. 이러한 점은 혼외관계를 맺은 남성이 자신의 처에게 정조의 의무를 저버린 것에 아무런 법적 책임을 지지 않는 것과 완전히 대비된다. 혼외관계를 가진 남성의 처는 피해자의 범주에 들지도 않았고, 아무런 고려 대상이 되지 않았다. 혼인생활을 하는 부부 사이의 성적 의무는 지극히 비대칭적인 구조를 가지고 있었다. 이를 바탕으로 한 입법 원칙은 사실상 혼인한 여성의 성적 결정권이 남편의 권리라는 관점에서 접근하고 있다는 것을 의미했다. 따라서 타인의 권리를 침해한 혼외관계의 여성과 남성은 범죄행위자가 되는 것이었다.[73]

결국 일본 형법의 간통죄 규정은 일부일처 법률혼을 위반한 여성들만을 대상으로 한 것이었다. 이것은 결혼생활을 하고 있는 모든 여성의 성은 국가의 통제 관리 체제 안으로 포섭되었다는 것을 의미했다. 간통범죄는 통제의 원칙을 지키지 않은 여성과 그 공모자에게 가해지는 징벌이었던 것이다. 과거 여성의 정조가 주로 전근대사회의 위계적 신분질서를 유지하기 위해 주로 상층 여성들의 성을 통제하던 것과 달리, 이제는 법적 혼인관계를 유지하고 있는 모든 여성들을 대상으로 확장되었던 것이다.[74] 결국 식민지 조선에 시행된 일본 형법의 간통죄 규정은 일부일처 법률혼이라는 법규정을 전제로 하지만, 이에 대한 위반의 징벌은

---

73 고소 외에 간통죄 성립 조건은 다음과 같다. 1) 실질적인 성관계. 포옹 혹은 입맞춤과 같은 행위는 범죄 성립의 요건이 아니었다. 2) 본인의 자발적 행위. 범죄 성립은 타인의 강요, 즉 폭행이나 협박 혹은 의식불명의 상태에 의하지 않아야 한다(李覺鍾, 1913, 위의 책, 140-141쪽).

74 소현숙, 2017, 앞의 책.

직접적으로 여성에게만 가해졌다. 그런 점에서 이 규정은 젠더 불평등의 극치를 보여주는 동시에 근대 일본이 구현한 가부장제의 민낯을 적나라하게 드러내고 있었다.

2) 간통죄와 혼인생활의 안정성

일본 형법의 간통죄 규정은 당시 서구의 타국들에 비추어보아도 특이한 사례에 속한다. 일부일처제의 유지를 위한 성 통제 규칙이면서도 "남녀 사이에 극단적인 불평등"을 내재한 입법례이기 때문이다.[75] '남녀동권'의 차원에서 법 제정 당시부터 지속적인 논란이 있었던 것도 그러한 이유이다.

그렇다면 법학자들도 부당함을 제기하였던 이러한 규정이 입법화될 수 있었던 것은 어디에서 기인하는가.[76] 여성의 혼외관계만을 처벌하는 간통죄 규정은 가, 즉 집안 '혈통의 혼란을 방지'한다는 명분을 통해 옹

---

75 그들이 형법을 제정하기 위해 참고한 서구의 간통 규정은 대략 다음 세 가지였다. 1) 영국-범죄로 처벌하지 않는다. 2) 독일-쌍벌주의이다. 부부 쌍방에게 범죄로 규정한다. 3) 프랑스-남성에게 유리한 쌍벌주의이다. 혼외관계의 부부를 같이 벌하지만, 남편의 경우는 범죄 성립이나 처벌 규정이 처보다 유리하다. 일본은 프랑스와 독일 형법의 영향을 받았음에도 전혀 다른 규정을 만들었다(瀧川幸辰, 1937, 『刑法雜筆』, 文友堂書店).

76 프랑스 법학자인 보아소나드에 의해 입안된 1882년 구형법이 범죄에 대처하기에 너무 관대하다는 비판에서 개정된 1908년 형법은 독일 형법의 영향을 받은 것이다. 독일 형법은 국가의 형벌 권력이 강했고, 인권보다는 사회 방위를 우선시하였다. 법 개정 시에도 차별적인 법규정은 부조리하고, 독일과 같이 남녀를 모두 평등하게 처벌해야 한다는 주장이 제기되었다(오영근·최종식, 1999, 「일본 개정형법 가안에 관한 일고찰」, 『형사정책연구』 37; 瀧川幸辰, 1937, 위의 책, 136-137쪽).

호되었다.[77] 심지어 "가의 존속을 위해 남편의 혼외관계는 묵인해야 하는 사정이 있다"는 논의로까지 나아갔다. "아내의 정조는 가의 혈통 혼란을 방지하기 위해 지켜져야 하지만, 남편의 경우에는 그런 걱정이 따르지 않는다. 따라서 남편에게 유리한 지위를 인정해도 좋다"는 논리였다.[78] 뿐만 아니라 남성은 혼외관계를 할지라도 혼인생활 및 가정생활을 깨지 않고 유지한다는 근거 불명의 논리까지 동원되었다. 반면 여성의 혼외관계는 자식의 혈통에 불안감을 줄 뿐만 아니라 혼인과 가정의 평화를 망가뜨린다는 것이 일본 형법에서 여성의 혼외관계만을 단죄하는 법규를 수용한 이유였다.[79]

일본 형법에 의한 여성의 성 통제는 지극히 공적인 형태를 취하는 것이었다.[80] 가족 질서를 유지, 온존시키기 위한 국가적 통제의 대상이라는 점에서, 여성의 성은 단순히 개인의 도덕과 규범의 문제가 아니었다. 가제도와 친족 융화는 사회 질서이고, 이것의 파괴는 공공의 질서를 무너뜨리는 범죄행위였다.

이러한 합리화에도 불구하고, 남녀동등권이라는 시대적 조류와 역행하는 일본 형법의 간통죄 규정은 지속적인 개정 논의의 대상이었다. 1925년 법 개정을 위해 마련된 '임시법제심사위원회'에서도 간통죄 개정 논의가 이루어졌다. 국가적 통합력을 강화하기 위해 마련된 이 위원회에서는 '국체본의(國体本意)', '순풍미속' 등이 강조되고, 이에 부합되지

77 이하의 논의는 홍양희, 2017c, 앞의 글, 37-43쪽.

78 瀧川幸辰, 1937, 앞의 책, 143쪽.

79 瀧川幸辰, 1937, 위의 책, 136-137쪽.

80 한봉석, 2014, 「정조담론의 근대적 형성과 법제화-1945년 이전 조일(朝日) 양국의 비교를 중심으로」, 『인문과학』 55집, 200-201쪽.

않는 법규를 개정하고자 하였다.[81] 여기에서도 법제심의회 위원들은 일본 고유의 것으로 '가의 혈통성'을 강하게 주장하면서 간통죄에 대한 논의를 하였다. 특히 '가국일체(家國一體)' 사상에 투철했던 호즈미 야쓰카(穗積八束)[82]의 사상을 이어받은 하나이 다쿠조(花井卓藏)의 발언은 상당히 인상적이었다. "부의 혈통, 가의 주인의 혈통, 이것이 혈통입니다. 처는 결코 혈통자가 아닙니다"[83]는 발언을 한 그는 가의 부계혈통성을 강조하며 여성의 간통죄 처벌을 정당화하였다.

여기에서 가의 혈통성을 주장하면서도 간통죄 폐지를 주장하는 구라토미 유자부로(倉富勇三郞)의 견해가 특히 주목된다. 1926년 10월 15일 '임시법제심의회 자문 제4호 위원회 제3회 총회'에서 그는 다음과 같이 자신의 의견을 피력하였다.

> 일본같이 조상교를 받들고 가족제도에 의해 세워진 나라에서는 조상을 상하고 가명(家名)을 상하게 하는 행위를 하는 것으로 (중략) 조상을 욕보이는 재판 기록으로 가족의 일원인 타가에서 들어온 자 때문에 혈통성에 의심이 생긴다. 이로 인해 조상의 명예를 더럽히고 자손의 명예를 더럽힌다. 허물을 죄 없는 조상, 죄 없는 자손에 미치게 하는 것은 조상교, 가족제도의 관념이 허락하지 않는 바이다. (중략) 저들을 이혼시켜 가족 명부에서 베어내고, 가족의 일원인 자격을 박탈

---

81 依田精一, 2004,『家族思想と家族法の歴史』, 吉川弘文館, 115-116쪽.

82 1890년 프랑스 법학자 보아소나드가 민법 초안을 만들었을 때, 그 유명한「민법이 나와 충효가 망한다」는 논문을 써, 민법전 논쟁을 일으킨 장본인이다. 연기파의 거두로서 1898년 메이지 민법을 완성하는 데 큰 역할을 하였다.

83 「臨時法制審議會 제23회 速記錄(1925.5.2)」. 依田精一, 2004, 앞의 책, 116쪽 재인용.

> 해야 한다. 형에 처해 전과자가 되어도 의연히 가족의 일원이고, 조상도 자손도 불명예이다. 형법의 제재가 강하든 약하든 조상과 자손은 영구히 불명예를 입는 것이다.[84]

구라토미의 논의는 가족의 혈통성 보장을 위해 간통죄의 비형벌화를 주장하는 독특성을 가진다. 간통죄의 비형벌화를 주장하는 경우는 대체로 개인의 성문제에 국가가 직접 개입하고 범죄화하는 것에 비판적이다. 이에 비해, '가국일체'를 모토로 하는 일본 사회에서 가의 혈통성 보장은 국가의 여성에 대한 강력한 성 통제로 귀결되는 논리 구조를 가진다. 그런데 구라토미는 오히려 가에 타가의 여성이 들어와 간통죄로 처벌받는 것 자체를 집안의 수치이자 불명예로 간주한다. 형벌화하여 집안에 수치스러운 재판기록을 남기느니 차라리 바로 이혼시켜 가족으로부터 배제해버리자는 논리였던 것이다.

더욱이 남녀동권의 입장에서 혼외관계를 한 부부 쌍방 처벌을 주장하는 경우에도 '혈통'이 강조되었다. 일본에서 간통죄 폐지가 결정된 1946년 '임시법제위원회' 이후 개최된 제90회 제국의회 귀족원위원회에서는 간통죄를 '피의 순결'이라는 관점에서 접근하고 있다. 부부 사이의 정조를 지키는 것이 "혈의 순결, 일본 국민의 순결을 유지하는 데 가장 중요한 것"이고, "혈의 순결이라는 의미에서 적극적으로 정조의 의무가 쌍방에 있다는 규정을 하는 것이 매우 필요"[85]하다는 것이다. 여성만의 범죄화 혹은 남녀 모두 비범죄화, 아니면 남녀 모두 범죄화 등 간통죄

84 林弘正, 2013, 『改正刑法假案成立過程研究』, 成文堂, 169쪽.

85 林弘正, 2013, 116쪽.

에 대한 의견은 다를지라도 그것이 추구하는 지향 자체는 모두 동일한 지점을 향하고 있었다. 이것은 당대의 일본인들이 가의 혈통을 유지·보존하는 것에 얼마나 강박적이었는지를 드러낸다.

결국 간통죄는 남녀 모두를 형사처벌하는 것으로 결론이 났고, 이는 1940년 '개정형법 가안'에 반영되었지만, 일본의 패전으로 입법화되지는 못하였다. 식민지 조선에 전해진 '개정형법 가안'의 간통죄 규정에 대한 조선인들의 반응 또한 흥미롭다. 반응은 두 가지로 나뉘는데, 하나는 여성의 인격 존중과 여권 신장이라는 점에서 환영하는 것이었다.[86] 반면 다른 하나는 남성들에게도 간통죄를 적용하는 것의 부당함을 주장하였다.

> 일방의 필요에 의하여 타의 불필요를 강요함은 그야말로 불합리의 극한 바이요 악평등이 심한 것이다. 여성으로서 성적 요구에 관한 대상의 제한을 필요로 하게 되는 이유는 성적 요구의 근본 목적이 자손 번식을 도모하기 위함에 있다는 생물학적 원칙에 의한 바이다. 남자가 성적관계에 재하야 쾌락을 느끼며 따라서 충족을 욕구하게 됨은 다만 자손 번식을 계도하려 하는 본능을 용이하게 발휘하게 하기 위하여 하늘의 배제(配劑)가 적당하고 올바르게 한 것이다.[87]
> 여성으로서의 성적 방종이 잉태를 불능케 함은 학술상이나 실험상에 의하여 너무나 명료한 바이다. 여성으로서는 이와 같은 필요에 의하여 정조를 요하게 되는 바이다. 하등 이런 필요가 없는 남자에 대하여 동일의 제한을 강요할 이유 어디에 있다 할 것이냐. 근시(近視)

86 「改正刑法의 女權擴張 男子姦通罪認定」, 『매일신보』, 1931.1.18.

87 「性的關係의 刑法改正說」, 『매일신보』, 1931.1.25.

인 사람에게는 근시경이 필요하다. 그러나 정시(正視)인 사람에 대해 평등 일률을 이유로 근시경의 사용을 강요하는 것은 너무나 무리가 심한 바이다. 여성에만 간통죄가 구성된다는 것은 결코 여성을 구속하기 위한 것이 아니고, 여성의 정조를 보호하기 위한 것이다. 즉 정조는 여성으로서 생명에 필적하는 중차대한 것이다. 그를 유린하고 오욕하는 자에 대해 극도의 제재를 가하는 동시에 자연히 그 더러워진 것에 대하여도 제재를 가하지 않을 수 없는 것이다. 남자 본위 또는 전제에 기반한 것이라는 견해는 너무 피상이 심한 것이다. 남녀동권은 물론 당연한 바이며 또 그를 실현함이 정의의 명하는 바일 것이다. 그러나 이와 같은 조치로 평등을 도모하는 것과 같이 생각하는 것은 너무나 사고가 얕고 망동이 심한 바일 것이다.[88]

위의 기사들은 남성에게도 간통죄를 적용하는 것의 부당성을 설파하고 있다. 여성에게만 필요한 것을 남성에게 동일하게 적용하는 것은 남녀동권이 아닌 형식적 평등에 불과하다는 논리이다. 이러한 논조는 남성에 대한 간통죄 적용의 부당성을 설파하는 것이지만, 실질적으로 당대 사회의 여성의 '성'에 대한 이해를 드러낸다. 당대의 담론이 설파하는 여성의 성은 '정조'였다. 여성의 정조는 보호되어야만 하고, '생명'과도 같은 절대성을 부여받았다. 그러므로 그것의 훼손은 법적 제재의 대상이라는 것이다. 여성의 성은 '출산', 특히 가의 계승자인 아이를 생산하는 도구적 의미를 가지는 것이기 때문이다.

당시 여성에게 정조와 출산은 그 자체로 독립적으로 존재하는 것이

88 위의 글.

아니라, 서로의 의미에 기대어 사회적으로 요구되는 여성의 성 담론을 완성하였다. 여성의 몸을 통한 혈통의 교란에 대한 두려움은 정조를 담론화하는 동시에 직접적으로 여성의 성을 통제하는 형법이라는 규칙을 만들어냈던 것이다. 결국 혼인생활이나 가정생활의 평화라는 것이 가진 궁극의 목적은 가의 혈통의 순수성을 보존한다는 명분으로 이어졌다. 이러한 논리는 국가로 이어져 일본 민족의 정체성을 구성하는 데 혈통성이 동원되기도 하였다.

그러나 일본이나 조선 사회에서 간통법은 혼인생활의 평화를 유지 온존시키기보다는 오히려 역설적인 상황을 도출하였다.[89] 가장 많은 경우는 간통죄가 '사기'의 수단이 되기도 하였다. 혼외관계가 형법의 적용을 받는 범죄라는 사실을 악용하여 돈을 갈취하는 일들이 일어났기 때문이다.[90] 심지어는 아내의 성을 돈벌이 수단으로 삼는 남편들도 있었다. 자신의 처와 관계를 맺게 하고 이를 빌미로 협박하여 돈을 갈취하는 경우가 있었다.[91] 자신의 처가 타인과 혼외관계를 가진 것을 알고 간통죄로 고소하겠다고 협박하여 돈을 요구하는 경우도 생겨났다. 심지어 한 남성은 자신의 처를 타인에게 팔고 호적이 정리되기도 전에 미리 돈을 요구하다 주지 않자 간통죄로 고소한 사건도 있었다.

> 최○택은 안○익의 처 조○담을 상대로 이혼 소송을 대구지방법원에 제기하자 조○담도 최○택을 걸어 이혼 소송을 하였는데 두 사건에서 모두 조○담이 승소를 하였다. 그 내용은 최○택과 조○담은

---

89 홍양희, 2017c, 앞의 글, 43-49쪽.

90 「密通事實을 奇貨삼아 姦夫姦婦를 脅迫」, 『매일신보』, 1929.7.24.

91 「제 계집가지고 美人計를 써」, 『매일신보』, 1930.6.30.

1908년 결혼하여 살아오다가 1923년 3월에 이르러 최○택은 조○담을 지금의 조○담 남편인 전기 안○익에게 금 60원에 팔아서 30원은 그때에 받고 나머지 30원은 언제든지 호적수속을 마칠 때 받는다는 계약을 하고 아직 호적상 수속을 받지 않고 지나오던 중 ○택은 돈 쓸 일이 있어 나머지 30원을 달라니까 수속 마치면 주겠다 한즉 좌우간 속히 주지 않는다고 호적에는 아직 내 계집이라고 작년 9월 2일 ○담을 상대로 남편인 안○익과의 간통죄로 고소를 제기하는 동시에 법률의 수속상 부득이 민사로 이혼 소송을 제기하였는데 이에 ○담은 호적수속을 해달라는 이혼 소송을 도로 제기한 것으로 ○택은 결국 민형사 모두 패소한바 되고 30원도 오히려 찾아먹기 어렵게 되었다.[92]

이러한 사례들은 간통죄가 실천되는 방식이 얼마나 불량하였는지를 가늠하게 한다. 이 같은 현상은 일본에서도 마찬가지였다. 간통죄 조항이 가진 내재적 모순 때문이었다. 일본의 법학자나 정책자들 또한 이를 이미 예상하고 있었다. 간통죄의 폐지를 주장한 구라토미는 간통죄로 고소한 후 취하하는 경우가 많은데, 그것은 "절조를 대가로 매매하는 것"이고, 심지어 "그 매매에 대해 국가의 재판권이 항상 이용당하는 것"이라 강하게 비판하였다. 그리고 그 원인이 "간통죄를 형법상의 범죄"로 만든 것에 있다고 주장하였다.[93] 나아가 한 형법학자는 혼외관계의 범죄 구성과 친고 조항 사이에 존재하는 모순을 지적한다.

---

92 「제계집을 팔아먹거 간통죄로 고소」, 『동아일보』, 1927.2.2.

93 林弘正, 2013, 앞의 책.

> 간통이 사회제도인 혼인의 파괴이고 성도덕의 순결을 어지럽히는 것으로 인해 사회의 질서를 침해하는 것이라면 국가의 직권 소추는 근본적으로 옳다. (중략) 간통이 혼인의 성실 의무의 침해에 불과한 것이라면 고소는 의미가 없다. 국가가 개인 사이의 혼인의 성실 의무에 간섭하는 것은 적어도 실제적이지 않다. 간통에 대해서는 제일 먼저 배우자의 혼인감정을 존중할 필요가 있다. 혼인이라는 내부관계에 직권이 간섭하는 것은 배우자에게 극히 불유쾌한 것이다.

위의 논의는 '간통'이 사회 질서를 파괴하는 범죄행위인지 아니면 혼인 중 성실 의무 위반행위인지 법률적 차원에서 그 행위의 성격이 애매모호하다는 것이다. 전자의 경우라면 형사법에 의해 처벌받는 것이 당연하고, 후자라면 민사법에 의해 규율되는 것이 타당하기 때문이다. 그런데 간통죄는 범죄라고 하면서 곧바로 범죄 구성이 되는 것이 아니라 남편의 고소가 있어야만 된다는 점에서 모순이고 문제적이라는 것이다. "고소의 99%, 아니 100%는 추한 복수, 비열한 질투심"에서 비롯된 것이고 "이혼과 고소를 간통 소추의 조건"으로 만들었기 때문에, 이 "양자의 결합으로부터 여러 가지 곤란이 발생"한다는 것이다.[94] 결국 일부일처 법률혼의 위배가 혼인 및 가정생활의 평화, 가의 혈통 보존 등의 가치를 절대화하면서 여성에게만 간통죄를 적용시킨 것은 사실상 시대착오적이고 남녀차별이라는 근본적인 문제를 가지고 있었다. 일본 형법에 따라 식민지 조선에서 시행된 간통죄 처벌 규정은 그들이 의도한 바와 전혀 다른, 오히려 온갖 악행들이 난무하는 악결과를 초래하였던 것이다.

---

94 瀧川幸辰, 1937, 앞의 책, 138쪽.

제3장

친자관계와 부계혈통성

서구 근대법에서 가족은 기본적으로 부부 중심으로 논의된다. 그렇지만 일본에 의해 식민지 조선에 이식되기 시작한 가족법이 구현하고 있는 가족은 사실상 친자관계에 큰 비중이 있었다. 메이지 이후 근대 일본에서 가족 구성이 '친자 중심'과 '부부 중심'이라는 복본위의 관계로 이루어졌다고 이해되는 것도 여기에서 기인한다. 특히 친자 중심의 가족이라는 것은 부모에서 자식으로 이어지는 계승적 관계에 무게중심이 있으며, 이것은 근대 일본이 제도화한 가족제도의 가장 큰 특징 중의 하나라고 할 수 있다. 친자관계를 중심축으로 삼는 이러한 가족제도는 법을 통해 식민지 조선 사회에도 조선 관습의 이름으로 시행되었다.

이 장에서는 식민지시기 가족법에 의해 친자관계가 어떻게 구조화되었는지를 분석하고자 한다. 구체적으로 부모와 자식 사이의 관계성은 어떠한 방식으로 질서화되었는지, 부모가 미성년 자녀에게 가지는 친권이 부모에 따라 어떠한 차이를 가지는지, 차이가 있다면 그것이 가진 의미는 무엇인지 등을 살펴보고자 한다.

1. 출생아의 법적 신분과 부계혈통

1) 출생아의 법적 신분

식민지 조선에 일본 방식의 호적제도가 구축되어가는 한편, 가족관계를 규율하는 법규에 일본 민법의 친족 및 상속 법규에 나타나는 용어 및 개념들이 사용되기 시작하였다. 호적과 친족 및 상속 관련법에서

'출생아'의 법적 신분 또한 재구조화되어 제도화되었다. 특히 경찰서에서 담당했던 민적사무를 1915년 4월 1일 지방행정기관으로 이관한 이후, 1915년 8월 7일 정무총감이 각 도의 장관에게 보낸 관통첩 제240호 「민적사무 취급에 관한 건」은 태어난 아이를 호적에 어떠한 신분으로 기재하는지에 대한 길잡이 역할을 하였다. 이 통첩은 당시 식민지 조선의 상황에서 획기적인 것이었다. 조선인의 신분과 관련된 호적사무에 대한 규정을 제시한 행정 통첩은 친족 관련 사무의 상당 부분을 일본 민법의 개념이나 내용으로 명문화하고 있었기 때문이다. 출생 아이의 법적 지위에 관한 내용은 다음과 같았다.

4. 출생에 관한 사항

(1) 적출자는 출생 순서에 의해 장남(녀) 이남(녀)라 기재한다. 서자가 있더라도 적출자의 순위에는 영향을 주지 않는다.

(2) 첩이 낳은 자(子)는 서자라 하고 남편이 없는 부녀가 낳은 자는 사생자로 취급한다.

(3) 남자 17세 미만, 여자 15세 미만인 자(者) 사이에서 태어난 아이는 그 남녀가 혼인의 식을 거행한 경우라도 서자로 취급한다.

(4) 전항의 경우에, 서자의 부모가 후일 혼인신고를 하면 서자의 신위(身位)를 적출자로 고치고 출생별 기타 관계 사항을 정정한다.

(5) 사생자는 어머니의 민적에 등록하고 아버지의 난을 공란으로 한다.

(6) 사생자에 대하여 인지의 신고가 있을 때에는 아버지가 속한 가(家)의 민적에 서자로 등록하고, 어머니의 난에는 어머니의 성명을 기입하고 그 사유를 사유란에 기재한다.

(7) 전항의 등록을 한 경우 입적 통지를 받은 때는 해당 사생자의 사유란에 그 사유를 기재하고, 어머니의 가의 민적에서 이를 삭제한다.

(8) 서자 또는 사생자의 신위란에는 서자 남(여) 또는 사생자 남(여)라 기재하고 장남 장녀라 기재함이 불가하다.[1]

위에서 보듯이 출생아의 법적 지위는 적출자, 서자, 사생자로 나누어졌다. 적출자는 혼인한 법적 부부 사이에서 태어난 자들을 지칭하는 용어로 이들은 태어난 순위와 성별에 의해 장녀, 차녀, 장남, 차남 등으로 민적에 기재되었다. 다음으로 첩의 자식은 과거와 마찬가지로 자동적으로 서자로 기입되었다. 그 밖에 사생자로 명명되는 이들이 있었다. 이들은 법적 남편이 없는 상태의 여성이 출산한 아이를 지칭했고, 최종적으로 아버지가 없는 아이를 이르는 용어였다. 당시 법률 구조에서는 법적인 부부 사이가 아닌 남녀 사이에서 태어난 아이들은 기본적으로 사생자였다. "미혼의 아가씨 또는 과부가 낳은 아이가 사생자라는 것은 당연하다. 첩이 낳은 아이 역시 사생자"라는 것이다. 즉 "남편과 처의 관계가 아닌 남녀 사이에서 만들어진 아이를 총칭하는 것"이 사생자라는 명칭이었다.[2] 사생아 중 아버지가 법적으로 인지를 해주는 경우 아버지의 호적에 서자로 입적될 수 있었다. 결국 사생아들 중 아버지를 확보한 경우에는 '서자'가 되고, 끝까지 아버지를 가질 수 없어 어머니의 호적에 입적되는 아이는 '사생자'가 되는 구조였던 것이다.

---

1 「民籍事務取扱ニ關スル件」(官通牒 제240호), 『官報』, 1915.8.7.

2 近見繁造, 1924, 앞의 책, 352쪽.

출생자와 관련된 이러한 법률 용어들은 식민지 조선에 호적제도가 확립되면서 법적 신분을 나타내는 가족법 용어이자 행정상의 용어로 자리를 잡아갔다. 더욱이 1923년 7월부터 시행된 「조선호적령」 및 「조선민사령」 제11조 2차 개정으로 이것은 단순히 개념적 용어를 넘어 일본 민법의 직접 적용을 받게 되었다. 관습법을 적용하던 가족법의 일부 조항에 일본 민법을 직접 차용하도록 했기 때문이다. 사생자 인지 조항 또한 조선민사령 제11조 2차 개정으로 민법의 적용 대상이 되었다. 이 중 '사생자'라는 개념은 근대 일본이 일부일처 법률혼을 제도화하면서 만들어낸 일본 친족법상의 법률 용어로서, 조선에서도 생소한 개념이었다.

그럼에도 불구하고 관습조사와 식민지 법제화가 진행되면서 사생자 개념은 식민지 조선의 가족 '관습'으로 재구성되고 있었다.[3] 특히 사생아 개념은 근대 일본이 가족법을 통해 구현하고자 한 친자관계, 나아가 일본 가부장제의 특질을 그보다 더 잘 드러내는 것은 없다고 할 수 있다. 이것이 일본 가족법의 부계혈통 절대주의의 진수를 보여주기 때문이다. 자식은 반드시 아버지의 가에 입적하는 것이 하나의 원칙이자 정상성을 획득한 결과였다. 메이지 민법 제733조 '자(子)의 입적' 규정이 바로 그것이다. "자는 부(父)의 가(家)에 들어간다. 부를 알지 못하는 자는 모의 가로 들어간다. 부모를 모두 알지 못하는 자는 일가를 창립한다"[4]고 명시하고 있다. 일본 민법의 입적 규정은 자녀는 일차적으로 아버지의 혈통이라는 것을 반영하고 있었다.

이와 같은 근대 일본의 가족 구성의 원칙, 즉 부계혈통 중심주의는

3 홍양희, 2014b, 앞의 글, 210-211쪽.

4 和田干城, 1923, 『(改正)日本民法講義』, 精華堂,

조선의 관습조사 과정에서부터 자연스럽게 조선의 관습으로 이어졌다. 부계혈통을 통해 대대손손 집안을 계승시킨다는 조선의 지배적인 정치문화 이데올로기인 유교관념이 일본 가족법에 관통하고 있는 부계혈통주의와 상당한 친연성을 가지고 있었다. 따라서 『관습조사보고서』 또한 부계혈통을 친족 구조의 중심으로 보면서 조선의 출생자와 관련된 관습을 정리하였다. 아래는 자식의 입적과 관련된 질문과 답변이다.

> 제111 자(子)가 입적하여야 할 가(家)는 어떠한가
>
> 예컨대 자는 부가(父家)에 입적하는가? 부를 알지 못하면 모가(母家)에 입적해야 하는가? 부모를 모두 알지 못하면 일가(一家)를 창립하는가? (중략) 가족의 서자와 사생자는 호주의 동의 없이 부가 또는 모가에 입적할 수 있는가? 호주의 동의가 있어야 한다면 서자가 부가에 입적할 수 없는 경우에는 모가에 입적해야 하는가? 또 부가·모가에 입적할 수 없는 사생자는 일가를 창립하는가?[5]
>
> 남계혈통을 친족의 기초로 하는 한국에서 자(子)는 반드시 부가에 입적해야 하는 것으로, (중략) 아버지를 알지 못하는 자가 모가에 입적해야 하는지의 여부는 한국의 풍속상 인지 거부를 수치로 여기고, 또 부가 분명하지 않더라도 그 모가 지정한 자가 대개 인지를 하므로 부를 알지 못하는 자가 입적할 가에 대한 확실한 관습은 없다. 사실상 부의 인지를 받을 수 없는 경우 모가에 입적할 수밖에 없을 것이다. (중략) 가족의 서자는 호주의 동의 유무에 불구하고 당연히 부가에

5 『慣習調査報告書』, 297쪽.

입적하는 것으로 호주가 입적을 거부할 권리가 없다. (중략) 사생자가 일가를 창립하는 관습은 없다.[6]

『관습조사보고서』는 조선에서는 "남계혈통을 친족의 기초"로 한다고 관습을 규정하고 있다. 자녀는 아버지의 호적으로, 즉 아버지가 속한 가적으로 입적하는 것이 가장 정상적이고 당연한 것이었다. 물론 조선 사회는 과거부터 당대에 이르기까지 가부장 중심의 사회였고, 조선후기로 가면서 양반 사회에서는 부계혈통의 계승원리, 즉 유교의 집안 계승의 원리가 실천되고 있었다는 점은 주지의 사실이다. 그렇기 때문에 행정적 조치들을 통한 식민지 법제화 과정이 커다란 충돌을 만들지 않고 비교적 순탄하게 진행될 수 있었을 것이다. 일본 민법에 관철되어 있는 부계 계승성이 가진 유교와의 친연성, 그것을 토대로 일본 가족법의 원리를 조선의 관습으로 재구성하기가 용이하였던 것이다.

그렇지만 출생아의 법적 신분 등록에 부계혈통주의가 관철된다는 것은 한편으로는 기존의 조선 사회에 작동되고 있던 삶의 패러다임이 변화되었다는 것을 의미했다. 조선후기로 갈수록 양반 집안에서 '혈통의 계승'은 부계화가 명확하였지만, 그렇다고 해서 어머니의 혈통이 완전히 도외시되지는 않았다. 양반 사회에서는 어머니의 집안 또한 중요한 위치를 점하고 있었다. 더욱이 천한 신분인 경우 출생아의 신분 결정에 어머니의 신분이 기준이 되었다. 극단적 부계혈통 중심주의는 조선시대의 관행이 아니었고, 부계혈통뿐만 아니라 모계혈통 또한 자식의 정체성을 확인하는 데 핵심적이었던 것이다. 아버지가 아무리 양반이라도 천한 여성

---

6 『慣習調査報告書』, 297-298쪽.

의 아이는 종모법(從母法)에 따라 어머니의 천한 신분을 계승하였기 때문이다. 더욱이 여성 노비의 성은 양반 남성들의 자의에 지배될 가능성이 농후하였다.[7] 거의 항상 임신 및 출산의 개연성에 노출되었던 그들이 아이를 출산하면, 대다수의 경우 아버지와 상관없이 '천한' 어머니의 피를 받은 '천한' 종이 되었다. 그리고 그 출생아의 소유권은 어머니인 비(婢)의 주인에게 있었다.[8] 즉 기존의 조선 사회는 부계혈통이라는 키워드로만 설명하기는 어려운 복잡성을 가지고 있었다. 부계와 모계에 더해 전근대사회의 신분적 위계관계가 얽혀 있었기 때문이다.

2) 부계혈통의 정상성과 아버지 찾기

가족제도가 부계혈통 중심으로 재구조화되자, 사생자들은 아버지를 찾아 그의 호적에 올라 '성(姓)'을 확보하는 길이 최선으로 여겨졌다. 하나의 삶의 전략으로서 그들은 자신의 아버지를 찾아나서야만 했다. '인지'를 거부하고 자신의 '혈육'임을 부정하는 비정한 아버지들도 꽤나 존재하였기 때문이다. 법제적으로 인지는 아버지만이 가능한 것이어서 실부(實父)가 자발적으로 인지를 해주지 않으면 다른 길을 찾아야 했다. 그 유일한 방법은 바로 '인지청구 소송'뿐이었다. 인지청구는 아버지가 없는 아이들이 할 수 있는 유일한 법적 행위이자 최후의 보루였다. 여성들 또한 자녀를 도외시하는 상대 남성들을 상대로 인지청구 소송을 진행하

---

7 이영훈, 2000, 「노비의 혼인과 부부생활」, 『조선시대 생활사』 2, 102-104쪽.

8 이성임, 2003b, 「16세기 양반관료의 外情 - 유희춘의 ≪미암일기≫를 중심으로」, 『고문서연구』 23, 49-50쪽. 실제로 오희문의 아들 오윤겸은 평강현감 시절 타인의 여종을 첩으로 삼았는데, 그의 속신(束身)이 어려워 되돌려 보냈다 한다.

였다. 이를 둘러싼 소란들이 1920년대와 1930년대 신문지상을 채우고 있던 이유도 여기에 있다.

당시 언론에 오르내린 몇 가지 사례를 살펴보면, 우선 결혼하지 않은 상태에서 아이를 출산한 경우이다. "처녀에게 피소된 대구 장 부호(張富豪)"의 이야기는 세간의 이목을 끌었던 소송 중 하나였다.[9] 1925년 9월 대구의 한 여성이 생후 90일 정도인 아들의 법정대리인으로 백만장자 남성을 상대로 '친자관계 확인 및 사생자 인지수속 이행 청구 소송'을 대구지방법원에 제기하였다. 결혼을 약속하고 사주단자까지 오고 갔음에도 남성이 일방적으로 결혼 약속을 파기하였다 한다.[10] 더욱이 자신의 아이조차 부정하며 도외시하자, 그를 상대로 "사생자 인지 및 정조 유린의 손해배상청구 소송"을 제기하였던 것이다.[11] 그녀는 중등학교를 졸업한 소위 '배운 여성'이었고, 피소된 남성은 "경일은행(慶一銀行) 두취"인 유명 인사여서, 더욱 세간의 주목을 받았다.[12] 2년여에 걸친 소송은 여성의 승소로 귀결되었는데, 판결에 불복한 남성이 항소하였다 한다.[13]

다른 한편, 인지청구 소송을 행하는 기생도 출현하였다. 더군다나 소송 대상이 모 교회의 장로여서 사람들에게 "새로운 화제"가 되었다. 특히 기생과 장로의 어울리지 않는 관계, 그리고 그들이 만들어내는 불협화음은 사람들의 관심을 끌기에 최적이었다. 「미기(美妓)의 품속에서 넋잃

9 「前後辯論十八會에 結局은 敗訴-법정에서 사생자를 안어」, 『동아일보』, 1926.12.31.

10 「處女를 玩弄한 色魔富豪醜狀」, 『매일신보』, 1925.9.28.

11 소현숙, 2012, 「정조유린 담론의 역설: 1920-30년대 정조유린위자료청구소송과 정조담론」, 『역사문제연구』 28, 199-200쪽.

12 「前後辯論十八會에 結局은 敗訴-법정에서 사생자를 안어」, 『동아일보』, 1926.12.31.

13 「血統不明튼 私生兒 張氏아들로 判决, 대구부호와 처녀간의 소송」, 『매일신보』, 1927.3.30.

은 기독 제자」라는 제목에서부터 '기생과 정분 나서', '사생아까지 낳고', '체면 보려다가 피소'라는 부제에 이르기까지 당시 언론은 관음증적 시선을 가득 담아 상세하게 보도하였다.

> 현세를 죄악시장으로 여기는 신성한 기독교의 장로로 기생의 몸에 씨를 받고서 다시금 그 책임을 감수치 않다가 신의주지방법원에 피고로 고소된 일이 있었다. 피고는 (중략) 장게암(가명)이라는 기독교 장로이며 원고는 신의주부 운정정 2번지 최○화(24)라는 기명을 가진 최○원인데 (중략) 장로는 육의 도시에 인생의 새로운 자극을 발견하자 그의 교직도 돌아볼 여유 없이, 그러나 극비리에 ○화의 화방(花房)을 봉접(蜂蝶) 처럼 왕래하기 4개월 5개월에 이르러 선남의 씨가 죄녀의 배에 박힌 것을 깨닫게 되었다! (중략) 그에게는 비로소 외부에 대한 체면이 문제이었나니 (중략) ○화로 하여금 기생 휴업시키고 생활비를 달마다 지출하여 왔으며 열 달 만에 딸을 낳자 최○일(崔○逸)이라는 이름으로 ○화의 민적에 올리게 하고 유모까지 얻게 하였던 것이다. (중략) 못 믿을손 장로의 굳은 언약- 그 후 얼마 아니하여 생활비의 지출은 불경기의 핑계로 넘겨갈 뿐이라 (중략) 다시금 기생의 영업을 시작하지 않을 수 없었다. (중략) 경성으로 간다고 떠난 후 무소식 상태이었던 것이다. (중략) ○화의 애정은 원한으로 돌아가서 마침내 소송을 제기하기에 이르렀는데 출두를 명하였지만 장 장로는 돌연히도 세평과 체면에 큰 공포를 일으켰음인지 출정치 않고 (중략) 사건의 전개는 자못 흥미를 자아낼 뿐이라 한다.[14]

14 「美妓의 품속에서 넉일흔 基督弟子」, 『매일신보』, 1932.3.11.

화류계의 기생과 '신성한 야소교' 장로의 만남, 더욱이 도덕성이 생명과도 같은 종교계 인사가 기생과의 관계로도 모자라, 자신의 체면만을 생각하여 자식도 몰라라 하는 행동, 그리고 끝내 감춘 종적, 이들 사이의 논란은 당대 사람들의 호기심을 잔뜩 자극했다. 민사소송인데도, 피고도 없는 증인 심문에 방청객이 법정 가득 자리를 잡은 이유이다.[15] 소송은 신의주지방법원 재판장에 의해 원고 승소 판결로 막이 내렸다 한다.[16]

이 소송은 두 가지 점에서 기존의 한국 사회와 식민지 가족법이 조우하는 지점이기도 했다. 하나는 '남성 문화'와 '기독교 문화'의 충돌 지점이었다. 당시 한국 기독교는 교단을 불문하고 축첩을 절대 금지하였다. 이를 부도덕한 행위로 간주하고 단호하게 처벌하였다. 기왕의 첩살이의 청산은 기독교 신앙인의 도덕적 표준이자 회심의 징표로 여겨졌다.[17] 그렇지만 그들 중 일부는 여전히 첩을 두거나 기생과의 유희를 몰래 즐기기도 했다. 유수한 장로파 기독교도가 첩을 얻어 살던 중, 원고가 태어나자 이 일이 세상에 알려지면 창피하다고 서자 등록도 하지 않고 생활하다 사망하자, 자식이 인지를 청구한 사건도 있었다. 1933년 2월 21일 경성지방법원에 제기된 소장에 의하면, 그는 3년상을 치르고 나서야 소송을 제기하였다.[18]

---

15 「기생이 목사상대로 사생자인지청구」, 『매일신보』, 1932.3.24.

16 「기생과 목사간의 사생자인지소송」, 『매일신보』, 1932.4.6; 「妓生이 勝訴, 私生兒認知訴」, 『동아일보』, 1932.4.2.

17 감리교에서는 1894년 선교사들의 만장일치로 축첩자의 입교를 불허하였다. 장로교도 오랜 논쟁 후 1897년 축첩자의 입교를 금지하였다. 축첩을 일종의 간음행위로 간주하였기 때문이다. 옥성득, 2002, 「초기 한국교회의 일부다처제 논쟁」, 『한국기독교와 역사』 16; 이숙진, 2010, 「초기 기독교의 혼인담론」, 『한국기독교와 역사』 32.

18 「父親의 名譽 때문에 私生子된 아들」, 『매일신보』, 1933.2.23.

다른 하나 주목되는 것은 기생이 인지청구의 주체라는 점이다.[19] 부계혈통 일방주의는 기생들로 하여금 아이의 아버지를 찾게 만들었던 것이다. 그들이 처할 사회적·경제적인 곤란성에서 비롯된 삶의 전략이었던 것이다. 기존의 관행상, 기생에게서 태어난 소위 '천산(賤産)'은 대개 어머니의 신분을 계승하였다. 기생이 되거나 혹은 노비가 되거나, 어머니와 비슷한 사회적 신분으로 살았다. 이들은 굳이 아버지를 찾아나서는 일이 많지 않았으며, 기생과 그의 소생은 그와 무관하게 전혀 다른 공동체의 존재로 삶을 영위하였다.[20] 이에 비해 기생이 관리와의 인연으로 자식을 낳고 아이 아버지와 지속적인 관계로 변화된 경우도 있었으므로, 단지 일의적으로 규정하기 어려운 복잡성을 가지고 있었다.[21]

이외에도 자식을 거부하는 아버지를 대상으로 한 다양한 사연을 가진 인지청구 소송들이 있었다. 결혼 후 '동거하면 신명에 해롭다'는 점사를 믿어 처를 내쫓고 자식도 입적시키지 않는 아버지를 대상으로 자식이 소송을 제기한 사건도 있었다.[22] 어떤 경우에는 동거하다 출산한 아이를 외면하는 아버지를 대상으로 자식이 송사를 제기하기도 하였다.[23]

그러나 인지청구가 그리 만만한 것은 아니었다. '혈연'관계의 입증에 상당한 어려움이 있었기 때문이다. 사실상 아버지가 인정하지 않으면 이

19 '남도 기생 이소향' 또한 전북도의원이자 중추원 학의인 백만장자를 대상으로 소송을 제기하기도 하였다. 「백만장자를 상대로 사생자인지제소」, 『조선중앙일보』, 1935.1.17.

20 문숙자, 2006, 앞의 글, 226-229쪽; 이성임, 2003b, 앞의 글, 33쪽.

21 문숙자, 2009, 앞의 책, 79-81쪽.

22 「아버지 찾는 애닯은 소송」, 『매일신보』, 1932.11.29.

23 「사생자 확인하라고 아비 걸어 재판」, 『동아일보』, 1928.8.31.

를 입증하는 것은 어려운 일이었다. 많은 시간과 금전, 그리고 노력이 필요했기 때문이다. 특히 전형적인 '혈연 절대주의'를 채택하고 있는 일본 민법상 인지 소송에서 승소하기 위해서는 아이가 피고인 남성과 절대적인 혈연관계라는 것을 입증해야 했다. 일본 민법의 운용상 피고인 남성은 아이 임신 당시 여성이 '여러 남자와 관계가 있었다'는 '다자관계자(多者關係者)'라거나 '부정(不貞)한 사람'이라는 항변을 할 수 있었다. 그러면 여성은 자신이 임신할 당시에 '다른 남자와 성적인 관계가 전혀 없었다'는 것을 증명해야만 한다. '극도로 고도의 증명'이 요구되었다.[24] 혈연 상대주의를 택하는 독일에서는 아이 임신 당시 여성과 성관계가 있어 아버지일 가능성이 있는 남성을 아버지로 인정하는데 이 경우와 대별된다. 상대주의가 '진실의 혈통'을 찾기보다는 아이의 부양을 위한 의무를 지우는 것에 초점이 있던 것과 달리, 일본은 반드시 '혈연의 아버지'를 요구하는 '혈연 절대주의' 원칙을 택하고 있기 때문이었다.[25]

이러한 법제의 영향 때문인지 당시에는 친자관계를 판별할 수 있는 유사 '과학'이 언론에 소개되기도 하였다. "미국 과학의 놀랄 만한", "의학상의 발달"로 평가되는 '혈액 감별법'이 그것이었다.[26] 또한 아들을 인정하지 않는 아버지에게 청구한 인지 소송에서 '부자의 혈액 감정'이 이루어져 법조계의 큰 주목을 받기도 하였다. 재판소의 촉탁에 의해 혈액 감정을 한 의사는 미국에서 돌아온 혈액 감정 전문가였다 한다.[27] 1920년대 처음 도입된 혈액형 분류 방식이 "최첨단의 의학 논의

24 村上一博, 1996, 앞의 글, 84-85쪽.

25 中川善之助, 1942, 앞의 글, 208쪽.

26 「사생아의 실부판정법」, 『동아일보』, 1921.3.25.

27 「사생자인지문제로 부자의 혈액감정」, 『매일신보』, 1923.7.8.

로 간주"된 이래,[28] 급기야 1930년대에는 '누구의 아이인지는 피를 보아 안다'[29]고 하는 명제가 성립될 정도가 되었다. 그리하여 경성고등법원에서 '혈액형'으로 부자관계를 판정한 유명한 재판이 생기기도 하였다. 이 사건은 당시「내 아버지는 당신」,「혈액형으로 판단」이란 제목 아래,「과학의 승리」로 대서특필되었다.[30]

> 친자관계가 있느냐 없느냐 하는 윤기(倫氣)문제를 가지고 (중략) 법원까지 끌고 가서 귀가 서로 틀리고 성격이 다르니 내 아들이 아니라는 등 골육상쟁을 계속하여 승패 번복하던 삼신도 모를 수수께끼같이 어렵고도 엽기적 흥미가 진진한 윤기문제를 현대 법의학이 혈액형에 의하여 최후 판정한 진 판결이 나왔다. (중략) 경성제대 교수 구니후사 지소(國房二三)에게 의뢰한 혈액 감정 결과에 의하면 원피고 간에는 AB형 혈액 등 현대의학이 공감하는 혈액이어서 (중략) 원피고 간에 천륜관계 있음을 증명하고 있음으로 (중략) 원피고 간에는 친자관계가 있다고 최후심판을 내리어 특히 최근에 와서 불의(不義)의 씨가 많은데 그 불의의 '죄 없는 아들'들이 누구의 아들들이냐는 어려운 문제를 혈액형에 의하여 정한다는 것을 사생자 인지의 비결(秘訣)로 삼았다.[31]

---

28 정준영, 2012,「피의 인종주의와 식민지의학: 경성제대 법의학교실의 혈액형인류학」,『의사학』21-3.

29 「누구의 아인지를 피를 보아 안다」,『조선중앙일보』, 1934.11.9.

30 「과학의 승리: "내아버지는 당신", 혈액형으로 판단」,『매일신보』, 1939.9.28.

31 「"귀가안닮았다"고 父子關係를 否認, 法醫學은 血液型으로 天倫을 證明」,『동아일보』, 1939.9.28.

이러한 사건들은 가족제도와 관련하여 조선인의 삶의 패러다임이 변화하였다는 것을 보여준다. 신문을 장식했던 기사의 대부분이 세상 사람들의 호기심을 자극하는 일종의 스캔들 같은 것이었지만, 스캔들이 된다는 것 자체가 당대인들의 인식 변화를 반영한다고 볼 수 있다. '부재하는' 아버지를 찾아 나선 사람들의 이야기가 흥미를 유발하는 얘깃거리가 되고 있었다. '부계혈통주의'가 바야흐로 만인에 보편성을 획득하는 순간이었다.

이제 어머니의 존재와 무관하게 아버지를 확보하지 못하면 '혈통이 없는' 인간이 되었다. 이것이 '비정상적'인 인간이라는 '결핍'을 생산하는 식민지 가족제도의 부계혈통주의의 실체였다. 동시에 기존의 조선 사회가 '전근대 신분관계'와 '젠더'가 얽혀 차별적인 구조를 형성하고 있었다면, 이러한 가족제도의 실천으로 이제 사회의 차별적 구조는 젠더관계를 준거로 삼아 재편되어가고 있었던 것이다.

2. 부모의 자녀에 대한 권리, '친권'

출생아의 법률적 지위가 부계혈통에 의해 규정되는 법 구조는 미성년 자녀에 대한 부모의 권리이자 의무인 '친권'에도 영향을 미쳤다. 그렇다면 식민지시기 친권이 어떠한 방식으로 정리되었는가.[32] 우선 『관습조사보고서』의 내용을 보면, 보고서의 조사 문항 중 제140번~145번까

32 홍양희, 2018, 앞의 글, 127-139쪽.

지가 '친권'에 관한 질문이었을 정도로 조사 비중이 상당하였다는 것을 알 수 있다. 이 질문은 "제140 친권을 인정하는가", "제141 친권자는 자(子)에 대하여 어떠한 권리를 갖는가", "제142 친권자는 자의 재산을 관리하는가, 아닌가", "제143 친권에 복종하는 여자에게 부(夫)가 있는 경우에 부(夫)의 권리와 친권은 어떻게 조화하는가", "제144 친권자는 자를 대리하여 호주권과 친권을 행사하는가", "제145 친권 상실의 원인은 어떠한가" 등이었다. 이 중에서 질문 제140은 조선에 친권 관련 관습이 존재하는지의 여부에 대한 것이었다. 이에 대한 질문과 답변의 대략은 다음과 같다.

제140 친권을 인정하는가

또는 호주권 외에 친권을 인정하는가? 만약 이를 인정한다면 부가 행사하여야 하는가? 부가 없으면 모가 하여야 하는가? 또 친족회의 의견에 따르는 등은 없는가? 또 가에 있지 않는 부모도 친권을 행사하는 예가 있는가? 또 자의 연령과 관계없이 행사하는가?

한국의 풍속에는 자식은 절대적으로 어버이의 명령에 복종하는 것이다. 어버이는 자식을 교육하고 그 직업을 선정하거나 거소를 지정하고 감호·징계를 한다. 또 재산을 관리하고 재산상의 행위에 대해 자를 대표하는 관습이므로 친권을 인정하는 것은 애당초 말할 것이 없다. (중략) 친권은 부가 있으면 부가 행사하고 부가 없으면 모가 행사하는 것이 상례이다. 부가 행사하는 경우와 모가 행사하는 경우에 따라 그 범위에 차이가 있지 않다. 다만 실제로는 여자는 내실에 칩거하여 외부와의 교섭을 꺼리는 풍습이 있을 뿐만 아니라, 대개 세상살이에 어두워 모가 친권을 행사하는 경우에는 중요행위에 대해서는 자의 백숙부 등에게 협의하는 일이 있다. 그러나 이러한 협의는 친권을 행사하는 모가 임의로 하는 것으로 관습상 모가 친권을 행사함에 동의를 얻어야 하는 것은 아니다. 특히 친족회의 동의를 얻는 등을 절대로 볼 수 없다. 그리고 부나 모가 친권을 행사함에는 재가(在家)하는 경우만으로써 비재가자는 친권을 행사할 수 없다. 또 자가 친권에 복종하는 연령에는 정한이 없다. 그래서 자는 재가한 부나 모가 생존 중에는 친권에서 벗어날 수 없다. 그렇지만 성년이 된 후에는 저절로 친권의 행사에 제한을 가져올 뿐만 아니라 사실상 친권이 행사되지 않게 되어 마침내 징계권만이 남게 되는 것이다.[33]

이 조사보고서에 의하면, 조선 사회에서 친권은 절대적인 권위 그 자체로 인식되었다. 부모는 자녀의 재산관리권뿐만 아니라 생활 전반을 주재할 권한을 가진다고 보았기 때문이다. 친권 행사의 일차적인 주체는 아버지이고, 어머니는 일정한 사유로 인해 아버지가 부재하는 경우에 한해 친권을 행사하는 것이 그들이 이해한 조선 관습의 일반적인 상례였다. 아버지든지 어머니든지 상관없이 친권자는 친족회나 혹은 다른 그 무엇에 의해서도 침해되지 않는 배타적 권리를 가졌다. 단 친권자는 자녀와 동일한 가, 즉 같은 호적에 입적되어 있는 경우에 행할 수 있었다. 보고서의 친권 내용은 사실상 가부장인 아버지가 자녀에 대해 가지는 지배권으로서의 성격이 강하였다.

---

33 『慣習調査報告書』, 336-337쪽.

조선 관습에 대한 이러한 인식은 일본 메이지 민법의 가부장적 성격과도 거의 일맥상통한다. 이것은 사실상 일본 민법의 친권 개념을 유교적 가부장의 권위를 가지고 설명한 것에서 기인한다. 일본 민법의 친권은 '부권(父權)'이고, 강력한 '가부장'적 절대성을 가지고 있었다. 특히 '자는 친권에 복종해야만 한다'는 민법 제877조를 위시하여 감호 및 교육(민법 제879조), 징계권(민법 제882조) 등은 친권이 가진 권위주의적 성격을 그대로 드러낸다. 이들 조항은 가족의 민주화 및 아동인권문제가 논의된 이후 상당한 비판을 받았다.

친권 조항은 가족법 중 가장 먼저 일본 민법의 적용을 받도록 개정되었다. 1921년 11월 14일, 제령 제14호 조선민사령 제11조의 1차 개정 대상이었다. 12월 1일부터 바로 시행된 이 개정에 의해 능력, 친권, 후견 및 보좌인, 무능력자를 위해 설치되는 친족회 등의 조항이 관습법에서 일본 민법의 직접 적용으로 변경되었다. 민사령 제11조 1차 개정의 핵심은 개인의 법률적 행위능력과 관련된 조항들이었고, 이 중 친권은 법률행위 무능력자인 미성년자의 법률행위 문제였다.[34] 특히 민사법에서 법률행위의 궁극적 핵심은 재산권과 관련된다. 재산의 소유 및 처분과 관련된 법제를 명확하고 시급하게 정리하고자 했던 것으로 보인다. 친권자는 미성년 자녀가 법적으로 독립적이고 자립적인 주체가 되기 이전까지 그들을 대신하는 법률적 행위의 주체였던 것이다.

가부장권에 기반한 이러한 친권 개념은 일본 민법의 친권 개념과 거의 비슷하였다. 우선 친권 행사의 일차적 주체가 아버지이고, 아버지가

34 조선민사령 제11조 개정에 따르면 "제1조의 법률 중 친족 및 상속에 관한 규정은 조선인에 이것을 적용하지 않는다. 단 친권, 후견, 보좌인, 무능력자를 위해 설치되는 친족회는 이 한에 있지 아니하다"라고 하였다.

부재하거나 친권을 행사하기 어려운 경우에 한정하여 어머니가 행사한다는 점에서 전혀 차이가 없었다. 이 양자는 모두 불평등한 부부관계 및 가족관계를 특징으로 하는 가부장 중심의 모델을 그대로 구현하고 있었기 때문이다.

그럼에도 불구하고 친권과 관련된 부부 불평등성은 『관습조사보고서』의 내용에 비해 일본 민법의 것이 더욱 심하였다. 구체적으로 '친권의 제한' 조항은 여성에게 극히 불합리하게 차별적이었다. 조사보고서에서는 조선에서 어머니의 친권 또한 아버지와 마찬가지로 거의 제한을 받지 않는다고 파악하였다. 물론 "여자는 세상살이에 어둡고 또 외부와 교섭하기가 불편하므로 자녀의 백부 등과 협의하여 보조를 받는 것을 보통으로 한다"[35]고 부언하기는 하였지만, 이것으로 친권자로서 어머니가 행하는 법률행위의 자율성이 제한되는 것은 아니었다.

이에 비해 일본 민법에서 어머니의 친권은 상당히 제한적이었다. 일본 민법 제886조는 '어머니의 재산상 법률행위가 친족회의 동의를 필요로 한다'고 규정했기 때문이다. "친권을 행하는 어머니가 미성년인 자녀를 대신하여 다음에 열거한 행위를 하거나 또는 자녀가 이것을 하는 데 동의하기 위해서는 친족회의 동의를 필요로 한다"는 것이다.[36] 아버지가 자식에게 친권을 행하는 데는 아무런 제약이 없었던 반면, 어머니의 경우에는 친족회의 승인이라는 조건을 두었다. 이것은 기본적으로 여성은

35 『慣習調査報告書』, 338쪽.

36 1) 영업을 할 것 2) 차재(借財) 또는 보증을 할 것 3) 부동산 또는 중요한 동산에 대한 권리의 상실을 목적으로 하는 행위를 할 것 4) 부동산 또는 중요한 동산에 관한 화해 또는 중재 계약을 할 것 5) 상속을 처기(處棄)할 것 6) 증여 또는 유증을 거절할 것. 和田干城, 1923, 앞의 책, 610-611쪽.

'그 집안 사람이 아니라'는 인식과 '불신'에서 비롯되었다. 여성은 타가에서 들어온 사람이지 그 가의 사람이 아니라는 당시 일본 법 제정자들의 인식을 반영한 법조항이었던 것이다.[37] "특정한 사람의 보호 혹은 특정한 가의 유지 존속"을 위해 구성된 합의체로 규정된 친족회의 성격에 비추어볼 때,[38] 친권자인 어머니의 법률행위가 자녀나 가를 위험에 빠뜨리지 않게 감독한다는 의미를 가진 것이었다. 따라서 가제도의 유지라는 명분으로 이러한 차별은 정당화되었다.

일본 민법이 규정하고 있는 친권자로서 어머니의 불완전한 위치성은 친권 상실로도 이어질 수 있었다. 이러한 규정 때문인지 여성의 친권 상실과 관련하여 『관습조사보고서』 역시 조선의 관행 여부를 조사하여 정리해놓았다.

> 제145 친권 상실의 원인은 어떠한가
>
> 친권자는 그 친권의 전부 또는 일부(예컨대 재산관리권)를 처기할 수 있는가? 만약 처기할 수 있다면 상당한 이유가 있어야 하는가, 아니면 임의로 처기할 수 있는가? 관이나 친족회가 친권의 전부 또는 일부를 박탈할 수 있는가? 만약 박탈할 수 있다면 그 원인은 어떠한가? 이러한 점에 대하여 부와 모가 다른 점이 없는가?
>
> 친권은 친자관계에서 발생한 것으로 친권자가 친권의 전부 또는 일부를 포기한다고 하는 것은 한국인이 이해하기 어려운 바이다. 모가 친권을 행사하는 경우에 자의 백숙부 등이 재산을 관리하게 할 수 있

---

37 『(秘)諮問第1號(民法改正)臨時法制審議會總會速記錄』, 245쪽.

38 板垣市太郎, 1936, 『司法研究 報告書 21輯 11-親族會に付て』, 司法省調査課, 1쪽.

기는 하다. 그러나 이는 모를 대리하는 것으로 모가 친권의 일부를 포기한 것이라고 할 수는 없다. 또 친권자가 친권을 남용하거나 현저한 불법을 하거나 자의 재산을 위태롭게 하더라도 친자관계 때문에 부득이한 것으로 여기고 관이나 친족회에서 친권의 전부 또는 일부를 박탈할 수 없다. 다만 과부인 모가 현저한 불법을 하고 나아가 호주인 자의 재산을 위태롭게 한 경우에는 친족의 협의를 거쳐 이에 간섭하는 예가 있다고 한다.[39]

『관습조사보고서』는 기본적으로 친권을 포기나 박탈이 불가능한 것으로 정리하였다. 친권은 부모와 자식 사이에 발생하는 것이어서 자연적이고 절대적인 권위라는 의식을 반영한 것이었다. 그럼에도 불구하고 아버지와 어머니 각각의 권한에 대해서도 미묘하지만 아주 큰 차이가 엿보인다. 특히 친권자인 어머니가 소위 과부인 경우 이에 대한 개입이나 제한의 여지를 남기고 있다. "다만 과부인 모가 현저한 불법을 하고 나아가 호주인 자의 재산을 위태롭게 한 경우에는 친족의 협의를 거쳐 이에 간섭하는 예가 있다"는 것이다. 일본 민법이 부모 각각에게 모두 친권 상실이라는 조항을 두고 있었던 것에 비해,[40] 조선에서는 어머니에게만 권

---

39 『慣習調査報告書』, 339-340쪽.

40 친권은 자의 이익을 위한다는 명분 아래 자녀의 자유를 제한하는 권리이다. 그러나 권리의 남용은 오히려 자를 구속하고 위험에 빠뜨릴 우려가 있기 때문에, 친권의 남용 시 이를 제한하는 조항을 두었다. 부 또는 모가 "친권을 남용하고 또는 현저한 불행적을 할 때(민법 제896조)" 친권의 상실을, "관리의 부당으로 자의 재산을 위태롭게 할 경우(민법 제897조)" 재산관리권의 상실을, 재판소는 자의 친족 또는 검사의 청구로 선고할 수 있다. 단 이러한 원인이 제거되면 재판소는 본인 또는 그 친족의 청구로 친권의 제한이나 상실의 선고를 취소할 수 있다(민법 제898조). 아울러 친권자로서 모는 자의 재산 관리를 사임할 수 있다(민법 제899조). 친권자는 친권을 사임

리 박탈의 가능성을 열어두고 있었다. 특히 "현저한 불행적"과 "자녀의 재산을 위태롭게" 한다는 문구는 다양한 해석이 가능하였으며, 이러한 문구는 흔히 성적인 문제로 해석될 여지가 다분하였다.

1921년 조선민사령 개정 이전 식민지 조선 사회에서 친권 관련 관습에 대한 조회의 대부분은 어머니의 친권 상실 가능 여부에 관한 것이었다. 법원의 조회에 대한 정무총감의 회답은 어머니의 친권 중 재산관리권이 '제약될 수 있다'는 것이 '조선의 관습'이라 답변하였다. 이와 관련하여 가장 빠른 사례는 1912년 8월 경성지방법원장 조회에 대한 정무총감 회답이다. 관련 사례를 시간 순으로 나열하면 다음과 같다.

> 부(父)가 유언으로 자(子)의 재산에 대한 모(母)의 관리를 제한하고 다른 사람에게 위임하거나 그 선정을 문회(門會)에 위임하는 것이 조선의 관습이다.[41]
> 조선에 친권을 상실시키는 관습은 없지만 모가 자의 재산을 관리할 경우 조모(祖母)가 이것을 제한하고 관리하지 못하게 하는 관습이 존재한다.[42]

할 수 없는 것이 원칙이지만, "여자는 자연의 성질과 우리나라 실제의 상태는 부인이 재산 관리의 임무에 적합하지 않은 경우가 왕왕 있다. 고로 법률은 모에 한해 재산의 관리를 사임할 수 있게" 했다는 것이다. 여성이 기본적으로 법률행위를 하기에 무능력한 자로 전제되고 있었다(和田干城, 1923, 앞의 책, 617-619쪽).

41 「親權ノ制限ニ關スル件」, 1912년 8월 19일 경성지방법원 민사 제2부 재판장 조회, 동년 9월 12일 참 제4호 정무총감 회답. 『民事慣習回答彙集』, 105-106쪽.

42 「親權ノ喪失ニ關スル件」, 1915년 2월 24일 경성지방법원장 조회, 동년 4월 28일 참 제16호 정무총감 회답. 『民事慣習回答彙集』, 233-234쪽.

친권자가 친권을 남용하고 혹은 현저한 불행적을 하여 자의 재산을 위태롭게 할 때는 그 관리권을 제한할 수 있는 것은 관습이 인정하는 바이다.[43]

모가 자의 재산을 관리하는 경우에 현저한 불행적이 있고 재산을 위험하게 할 우려가 있을 때, 친족회는 그 관리를 못하게 하고 타인으로 하여금 대신 관리를 시킬 수 있다.[44]

과부인 모가 현저한 불행적을 하여 호주인 자의 재산을 위태롭게 할 때 문회는 그 관리를 제한하고 관리인을 선정하는 관습이 있다.[45]

법원의 조회에 대한 정무총감의 회답은 모두 미성년 자녀에 대한 어머니의 친권 문제였다. 여기서 주목할 것은 '재산'과 '불행적'이 하나의 세트가 되어 논의된다는 점이다. 불행적은 주로 여성(어머니)의 성문제나 재혼 등의 의미로 해석될 여지가 많았고, 그 경우 자식의 재산을 위태롭게 할 것이라는 우려로 이어질 소지가 다분하였다. 따라서 사별한 여성이 재혼을 하면, 전 남편과의 사이에서 낳은 자녀의 친권은 자동 소멸되었다. 1917년 4월에는 "과부가 남의 첩이 될 경우에도 개가로 칭한다"[46]

43 위와 같음.

44 「親權喪失ニ關スル件」, 1917년 11월 13일 대구복심법원 민사 제1부 재판장 조회, 동년 12월 7월 조추발 제281호 정무총감 회답. 『民事慣習回答彙集』, 335-336쪽.

45 「寡婦ノ改嫁及親權喪失ニ關スル件」, 1917년 4월 23일 광주지방법원 장흥지청 조회, 동년 5월 24일 조추발 제127호 정무총감 회답. 『民事慣習回答彙集』, 312-313쪽.

46 「寡婦ノ改嫁及親權喪失ニ關スル件」, 1917년 4월 23일 광주지방법원 장흥지청 조회, 동년 5월 24일 조추발 제127호 정무총감 회답. 『民事慣習回答彙集』, 312-313쪽.

하여 친권을 박탈하였다. 1919년 2월 평양복심법원장의 조회에 대한 정무총감의 회답은 재혼했던 여성의 친권은 회복되지 않는다는 점을 분명히 하였다.

> 민적법 시행 후 전 남편의 가(家)에 다시 들어가는 것을 인정한 경우도 없고 그리고 재가했던 자는 관습상 어떠한 경우라도 전 남편의 자(子)의 친권자 또는 후견인이 될 수 없다.[47]

> 부의 사망 후 자(子)를 남겨두고 재가(再嫁)하고 또는 남의 첩이 된 부녀는 죽은 전 남편의 가에 복귀한 경우라도 자에 대해 친권자가 될 수 없는 것이 관습이다.[48]

재혼한 여성의 친권 박탈은 당시 법에 작동되는 젠더 차별과 여성의 성에 대한 시각을 적나라하게 드러낸다. 남성들은 재혼에 삼혼을 하더라도 친권은 박탈되지 않았기 때문이다. 친권자로서 여성은 자식에 대한 친권을 포기하지 않으면 재혼은 물론 연애도 하기 어려웠다. 이런 점에서 친권 규정은 여성의 성을 통제하는 기능을 동시에 수행하고 있었다. 때문에 여성의 성문제를 이용하여 친권을 빼앗으려는 시도도 심심치 않게 일어났다. 결국 이러한 방식의 법 운용은 여성이 가진 친권이 얼마나

---

47 「親權二關スル件」, 1919년 2월 26일 평양복심법원장 조회, 동년 6월 3일 조추발 제148호 정무총감 회답. 『民事慣習回答彙集』, 362-363쪽.

48 「再嫁シタル者ノ親權行使二關スル件」, 1922년 5월 10일 대구복심법원 형사 제1부 조회, 동년 6월 26일 조추발 제184호 정무총감 회답. 『民事慣習回答彙集』, 413-414쪽.

불안정한 것이었는지를 드러낸다. 이를 둘러싸고 법정 분쟁이 비일비재하게 일어났던 것도 여기에서 기인한다.

3. '혈통'을 둘러싼 논란들

일본 민법에 의해 작동되는 친자법이 가진 불합리하고 불평등한 요소들은 식민지 조선에서 크고 작은 여러 논란들을 만들었다. 친자법의 핵심을 함축하고 있는 사생자 인지와 친권 조항은 호주제도와 연동되면서 재산을 둘러싼 분쟁들을 양산하였다. 아버지의 '혈통'에 의해 개인의 법적 신분이 정상성을 획득하자, 그로부터 배제된 사람들은 아버지를 찾아나서는 한편, 법과 혈통 사이의 불일치를 이유로 이런저런 소송들이 생겨났다. 호적상의 아버지와 생물학적 아버지 사이의 괴리는 다양한 원인이 있겠지만, 허위로 혹은 오해로 입적되거나 아니면 행정상의 실수로 호적상의 오류가 만들어지기도 했다. 출생아에 대해서는 '신고주의'가 원칙이었기 때문에, 법적 부부의 자녀가 아니더라도 적자녀로 신고만 하면 '적출자' 입적이 가능했다. 사적이고 은밀하게 진행되어 알려지지는 않았지만, 일상에서는 아마도 상당히 많은 사례들이 있었을 것으로 추정된다. 혼인 상태의 여성이 출산한 아이는 당연히 남편의 자녀로 추정하는 '혈연 추정'의 원칙 또한 이 같은 불일치를 양산하는 주요한 원인이었다.

'혈통'의 불일치는 식민지 조선에서 소송이 일어나는 하나의 원인이자, 출생아 신고주의와 부계혈통 절대주의 사이에서 나오는 파장이었다.

어떤 경우에는 당시 최고법원인 고등법원까지 올라간 사건들도 다수 존재하였다. 실제의 부자관계가 아니라는 '실자관계부존재(實子關係不存在)' 소송, 혼인한 부부 사이에서 출생한 적출자가 아니라는 '적출자관계부인' 소송, 사생자 인지를 했던 아이가 실제 자신의 아이가 아니라는 '사생자 인지 취소' 소송 등이 그러한 것들이었다. 경우에 따라서는 법적 신분과 부계혈통 사이에 존재하는 허점을 이용해 자신의 욕망을 실현하려는 사람들도 있었다. 종국에는 그것이 재산상의 분쟁으로 이어지는 것이었기 때문이다. 친자관계가 특히 호주상속과 밀접한 관련을 가질 경우 그 소송의 대부분은 재산권 다툼에 관한 것이었다.

일본 식민지 권력에 의해 변화된 조선의 법 현실에서 만들어진 충돌을 가장 잘 드러내는 사건이 있었는데, 경성에서 발생한 소위 '이름 있는 부호 이○홍 씨 가'의 분쟁이다.[49] 고등법원까지 두 번이나 올라간 이 집안의 소송은 친자법, 친권법, 그리고 호주 및 재산상속법 등이 복잡하게 얽혀 일어난 사건이었다. 특히 이들 소송은 가족법에 내재된 부계혈통 일방주의의 불합리성과 젠더 차별의 문제를 적나라하게 드러낸다는 점에서 주목해볼 만하다.

발단은 남편이 사망한 후 한 여성이 남편의 적자로 호적에 올라 있는 첩자(妾子)의 친생자관계(親生子關係)를 부인하는 소송을 청구하면서 시작되었다. '상속개시무효(相續開始無效) 및 친생자관계부존재확인(親生子關係不存在確認) 및 민적상신위말소절차이행(民籍上身位抹消節次移行)' 소송이 그것이다.[50] 고등법원 판결록의 기록을 보면, 사건 요지는 이렇다.

---

49 「母, 親權喪夫? 子, 身位消滅?」, 『동아일보』, 1927.12.3.

50 「相續開始無效及親生子關係不存在確認及民籍上身位抹消節次移行請求事件」,

상고인, 즉 피고의 법적 어머니는 "죽은 남편이 생전에 첩인 최○란이 낳은 피고를 자신의 자식으로 생각하여, 1918년 6월 고용인을 시켜 서자로 신고케 하였는데 적장자로 잘못 신고되었다. 그 1년 뒤 남편은 아이가 자기 자식이 아닌 것을 알고 민적에서 말소하려 하였지만, 질병 등의 사유 때문에 이를 하지 못하고 그 뜻을 유언으로 남기고 사망하였다"고 주장하였다. 즉 남편 사망 후 첩의 자식이 호주상속을 하자, 남편과의 친자관계가 아니라는 것을 인정받아 상속을 무효화하기 위해 소송을 청구한 것이었다. 이 소송은 복심법원에서 부첩관계(夫妾關係)에 따른 친자관계로 결론이 났으며, 원고인 적모가 이에 불복하여 상고하였다. 고등법원의 판결은 다음과 같다.

> 조선에서는 지금도 여전히 일반적으로 축첩의 풍습이 행해지며 그 관계는 보통의 사통관계(私通關係)와 조금 양상을 달리한다고는 하지만 사실에서는 일종의 사통관계와 다름없으므로 첩이 낳은 자식은 아버지가 이를 인지하지 않는 한 생리상은 아버지와 사이에 친생자관계가 생기더라도 법률상은 이 관계가 생기지 않는다. 따라서 아버지가 인지하지 않은 자식은 아버지의 가에 들어갈 수 없으며 아버지의 가독을 상속할 수 있는 적격을 가지지 못한다. (중략) **어느 여자가 몇 명의 남자와 사통하여 낳은 자식이 누구의 자식인지 다툼이 있는 경우는 제반의 사정에 따라 이를 결정할 수밖에 없으며, 그 사통관계가 영속적인지 일시적인지 또는 공공연한지 은밀한지 등의 사정**

1924년 민상 제26호, 1924년 4월 11일 민사부 판결 파기환송, 『국역 고등법원판결록』 11권(민·형사편), 법원도서관, 36-40쪽.

에 의해서만 이를 어느 쪽이라고 추정할 수 없음은 실험법칙상 분명한 바이다. (강조점은 원문, 이하 동일)

고등법원은 부첩관계에서 출생한 피고를 실자(實子)로 당연히 인정한 원심을 파기환송하였다. 부첩관계 역시 사통관계와 동일시된다고 보았기 때문이다. 이러한 예는 당시의 판결원칙에서 일부일처 법률혼이 더욱 강하게 관철되고 있다는 점에서 주목된다. 복심법원은 여러 증거들을 심리하여 피고가 원고의 사망한 남편의 자식인지를 다시 판결해야 했는데, 실제 복심법원의 이후 판결을 확인하지는 못하였지만, 상고인 어머니는 소기의 성과를 이루지 못했다. 결론은 3년 6개월 후 또 다른 고등법원의 소송을 통해 적모의 실패를 유추할 수 있기 때문이다. 위 소송의 상고인이자 친권자인 적모가 '친권 상실' 소송을 당하였던 것이다. 이를 통해 그때까지도 미성년인 첩자가 호주이고 적모가 친권을 가지고 있었다는 것을 알 수 있다.

후자의 소송은 첩자의 생모 최○란의 아버지, 즉 외조부가 사망한 자신의 딸을 대신해 적모의 친권 제한을 위한 소송을 청구한 것이다.[51] 판결문에 실린 사실관계는 이렇다.

이○용은 이○홍과 그의 첩 최○란 사이에 출생한 미성년의 서자남이지만 호적부상 이○홍과 그의 처 피고와의 사이에 출생한 적출자로 되어 있다. 생모 최○란은 1919년에 사망하고 실부 이○홍은 1922년에 사망하였기 때문에, 호주 신분을 취득하고 현재 적모인 피

51 친권 제한 소송은 홍양희, 2018, 앞의 글, 140-143쪽.

고의 친권에 복종하고 있다. 그런데 친권자인 피고는 이○용의 감호 교육을 돌보지 않을 뿐만 아니라 관리해야 할 상속재산 수십만 원을 취득하려고 1922년 4월경 이○용이 이○홍의 자식이 아니라고 주장하면서 확인 소송을 제기하였다. 또한 이○용 명의의 수만 원의 예금을 인출하여 소비하는 등 친권을 남용하고 현저히 행실이 좋지 않았으므로 이○용의 생모 최○란의 실부인 원고가 본소를 제기하였다.[52]

위의 두 소송을 종합하면 전체적인 이야기는 이러하다. 이○홍의 처는 남편 사망 후 법적으로 적자이지만 실제는 첩의 자식인 이○용이 미성년 상태에서 호주상속을 받자, 이에 불만을 가진다. 이에 그녀는 상속개시무효 및 친생자관계부존재확인 소송을 청구하여, 그가 남편의 자식이 아니라는 주장을 하였다. 그렇지만 남편의 생전 인지가 인정되어 그녀는 결국 패소하였다. 이후 얼마간의 시간이 흘러 이○용의 친권자이기도 했던 그녀는 이○용의 외조부로부터 친권제한청구 소송을 당한다. 친권자로서의 의무를 게을리하였을 뿐만 아니라 집안 재산을 탕진하였다는 것이 소송을 청구한 사유였다.

친권 제한 청구 소송은 복심법원에서 외조부의 손을 들어주지 않았다. "서자가 부의 사망에 의해 가독상속을 한 때에는 서자의 모의 부는 서자의 친족이 아니라는 점은 관습상 명확하다"고 하여 청구 소송 자체를 기각하였다. 그렇지만 고등법원은 외조부를 친족으로 판시하였다. "생모의 실부는 서자의 외조부에 해당하고 둘 사이에 친족관계가 있는

---

52 「친권상실사건」, 1927년 민상 제367호, 1927년 10월 25일 민사부 판결 파기환송, 『국역 고등법원판결록』 14권(민·형사편), 법원도서관, 247-250쪽.

것은 현저한 관습이다"는 것이다. 결국 복심법원의 판결을 파기하고 친권제한청구 소송을 받아들였다. 이 소송은 친자관계법, 특히 사생아 인지와 친권법, 그리고 상속법이 복잡하게 얽혀 일어난 분쟁 사례였다.

이들 분쟁을 발생시킨 보다 근본적 원인은 일본 민법에 의해 제도화된 가족법, 특히 친자법과 상속법이 가진 불합리성과 젠더 차별이었다. 법적 어머니가 소송 주체인 전자의 경우에는 호주상속을 한 남편의 혼외자식에게 집안의 모든 재산이 상속된 것에 대한 '처의 항쟁'이었다.[53] 식민지 가족법에서 호주가 사망하면 그 재산은 호주상속인과, 그와 가적을 같이 남자 형제들에게만 상속되었다. 여성, 즉 딸은 물론 처에게는 아무런 재산상속의 권리가 보장되지 않았다. 특히 재산 형성에 큰 기여를 해온 처의 입장에서 보면 그것은 불합리 그 자체였다. 이 소송을 한 여성은 서자가 호주가 되어 모든 재산을 상속받게 되자 친자관계부존재 소송으로 대응한 것이었다. 앞의 소송을 남편이 남긴 재산 확보를 위한 처의 투쟁이라 보는 이유가 여기에 있다 하겠다.

그러나 적출자나 서자로 등록된 이상, 여성이 그것을 뒤집을 수 있는 길은 거의 없었다. 법적 행위로서의 인지 혹은 인지 취소는 아버지만이 가능했기 때문이다. 당시 남편이 사망한 상황에서 적모가 소기의 성과를 이루기는 어려웠고, 그에게 주어진 것은 미성년이었던 호주를 대신하여 법률행위를 할 수 있는 친권자 역할뿐이었다. 그렇지만 어머니의 친권은 언제라도 일정한 사유에 의해 제한이나 박탈당할 수 있는 불안정한 것이었다. 후자의 소송이 적모의 친권자로서의 행위 불성실과 가산 탕진을 이유로 청구한 것이므로 이에 해당한다. 아버지와 달리 어머니가 호주의

53 홍양희, 2018, 앞의 글, 142-143쪽.

재산을 위태롭게 한다면 그녀의 친권은 박탈될 수 있었다.

또 다른 사건은 특정한 '적출자관계부인' 소송에 대해 제3자가 청구한 '주참가' 소송이다.[54] 이 소송은 적출자관계부인 소송이 진행되자, 이 소송의 결과가 사망한 자신의 남편 재산과 밀접한 관련이 있다고 여긴 제3자가 제기한 것이다. 소장에 의하면, '김○삼은 자신의 처 소○동이 원고의 사망한 남편 강○숙과 관계를 맺어 아들인 김○익을 출생하였는데, 잘못하여 자신의 아들로 입적되었다'고 주장하면서 김○익을 상대로 적출자부인 소송을 청구하였다. 이에 강○숙의 처는 "자신의 남편은 소○동과 관계를 가진 일이 없고 따라서 김○익은 자신 남편의 아들이 아니다. 그럼에도 불구하고, 김○익이 자신의 남편 강○숙의 혼외자라고 주장하는 것은 강○숙에게 아들이 없는 것을 이용하여 그의 재산을 사취하기 위해 적출자관계부인 소송을 낸 것이다"고 주장하며 '주참가' 소송을 제기하였다. 이 주참가 소송은 인지제도의 법리상 관련 없는 것으로 판명, 기각되었다.

> 적출자 부인의 소에 관하여 위와 같은 확정 판결이 있지만 그것은 김○익이 김○삼의 적출자가 아니라는 것을 확정하는 효력이 있는 것에 그치고 김○익의 부가 누구인지를 적극적으로 확정하는 효력은 없다. (중략) 피고 등이 공모하여 위와 같은 소송을 제기했더라도 그로 인해 강○숙의 유처(遺妻)인 원고에게 위해의 염려가 있다고 할 수 없다. 게다가 혼인에 의하지 않은 자는 인지가 없으면 친부와의

54 주참가병합 소송(主參加併合訴訟)은 타인들 사이에 민사소송이 진행되고 있는 가운데, 제3자가 그 소송의 원고 및 피고를 상대로 소송의 당사자로서 참가하는 것이다. 그 소송의 판결이 제3자 본인의 이해와 관계되는 경우이다.

사이에 법률상 친자관계가 발생하지 않고, 인지는 인지자의 생전 행위 또는 유언에 의하지 않으면 할 수 없으므로 김○익이 앞의 적출자 부인의 소에 의한 판결에 의해 비로소 적출자 부인의 효력이 발생하지만 앞의 강○숙이 사망하고 본건에 있어서 김○익은 이미 강○숙의 자라는 것을 확정할 수 있는 방법이 없어졌다고 할 것이다.[55]

고등법원까지 올라온 이 사건 역시 친자관계, 적출자관계부인, 사생자 인지, 그리고 호주상속 및 재산상속 등의 문제가 얽혀 있었다. 강○숙의 처가 청구한 주참가 소송이 기각된 것은 김○익이 설사 김○삼의 적출자가 아니라는 판결이 나더라도, 강○숙의 집안의 재산에는 아무런 영향을 미칠 수 없기 때문이었다. 왜냐면 혼인외자의 인지는 아버지만이 할 수 있다는 당시 법제에서 이미 사망한 강○숙이 인지를 할 수는 없는 상황이었기 때문이다. 아무리 혈통관계가 명확한 사실일지라도 아버지가 생전 인지 혹은 유언 인지를 하지 않았을 경우에는 법적으로 친자관계가 새로이 성립될 수 없었던 것이다.

실제로 김○삼이 강○숙 집안의 재산을 노리고 자신의 아들을 죽은 강○숙의 아들이라 주장하기 위해 적출자관계부인 소송을 내었을 가능성도 상당하다. 사실상 이러한 소송은 호주 사망의 경우 아들이 있으면 처는 아무런 재산권을 가지지 못한다는 불합리한 법규 때문에 발생했다 해도 과언이 아니다. 그가 실제로 누구의 아들인지 알 수 없지만, 호주가 아들 없이 사망한 집안에 자신의 아들을 사망한 호주의 아들이라 속여

55 「嫡出子否認請求主參加事件」, 1930년 민상 제28호, 1930년 3월 25일 민사부 판결 파기자판. 『조선고등법원판결록』 17권, 1930, 사법협회, 88-95쪽; 『국역 고등법원 판결록』 17권, 법원도서관, 70-77쪽.

입적시킴으로써, 호주상속과 재산상속을 받으려 하였을 가능성을 완전히 배제하기도 어렵기 때문이다. 진정 자신의 아이가 아니라면 왜 일찍이 적출자부인 소송을 하지 않고 이제 와서야 하는지도 의문이기 때문이다. 실제 그 집안의 재산을 상속받으려고 한 거짓말이라면 이는 법의 틈새를 이용한 일종의 사기행위였다. 그런 점에서 이 소송은 식민지 가족법의 부계혈통주의와 상속법에 내재된 모순성이 드러난 하나의 해프닝이었다.

다른 한편, 적출자가 호적상 아버지를 상대로 '실친자관계 확인'을 청구한 소송도 있었다. 혼인 상태에 있던 여성이 '혼외관계'로 낳은 출생아가 남편의 적출자가 된 사례이다. 원고 김○원은 아버지 김○하와 어머니 주○옥의 차남으로 입적되어 있지만, 사실 그는 김○하가 사업 때문에 1년 정도 집을 비운 사이 어머니 주○옥이 김○택과의 혼외관계로 출생하였다. 출생한 후 그는 곧바로 자신의 생물학적 아버지인 김○택에 의해 양육되었다. 그럼에도 주○옥이 피고 김○하의 처인 관계로 그의 차남으로 입적되었고, 이를 교정하기 위해 당사자가 소송을 청구하였던 것이다. 그렇지만 이 청구는 아래와 같이 기각되었다.

> 조선에서 관습에 의하면 처가 혼인 중 회태한 자(子)는 부(夫)의 자(子)로 추정하고 이 추정은 부(夫)의 부인(否認)의 소(訴)에 의해서만 뒤집어질 수 있다. 이 추정에 반하여 자(子)에 있어 그 모(母)가 부(夫) 이외의 자(者)와 사통(私通)하여 자기의 분만을 주장하는 것과 같은 것은 누구에 대한 관계에서라도 이를 허락하지 않는 것으로 한다. 본 소는 원고의 모(母) 소외(訴外) 주○옥이 피고 김○하와 혼인관계 존속 중 위 피고 김○택과 통하여 원고를 회태 분만하였다고

주장하고 추정 부(父)인 김○하의 위와 같은 소로 인한 부인권 행사 없음에도 불구하고 피고 등에 대해 친자관계부존재 또는 그 존재의 확인을 구하는 것으로서 전술한 관습에 비추어 허락하지 않는다는 것이 명백한 것으로부터 원심과 같은 견정(見靜)에 기반하여 본 소 청구를 배척하는 것은 참으로 정당하지 않다는 논지는 반대의 견해에 입각한 것으로 채용하기 어렵다.[56]

기각 이유는 여성이 혼인 상태에서 임신한 아이는 남편의 자식으로 추정하는 것이 조선의 관습이라는 것이었다. 그렇지만 이것은 사실상 일본 민법 제820조의 내용이었다. "처가 혼인 중에 임신한 자식은 남편의 자식으로 추정한다. 혼인 성립으로부터 2백 일 후 또는 혼인의 해소 혹은 취소일로부터 3백 일 내에 낳은 자식은 혼인 중에 임신한 것으로 한다"는 규정이 그것이다.[57] 따라서 혼인 중의 여성이 임신하여 출생한 아이는 그 여성의 법적 남편의 자식으로 '자연스럽고 당연하게' 추정되었다. 이들 사이의 친자관계를 부인하기 위해서는 '친자관계부존재' 소송을 청구하여 재판을 받아야만 했다.

그렇지만 이 판결에서 가장 중요한 것은 친자관계를 부인할 수 있는 권리가 '아버지'에게만 존재한다는 점이다. 친자관계라고 인지를 할 수 있는 것도, 친자관계를 부인하는 것도 오직 호적상의 아버지만이 할 수 있었다. 실제로 임신하고 출산을 한 여성의 증언은 아무런 법적 의미를 가지지 못하였다. 이것은 결혼한 여성의 '성'이 여성 자신의 것이기보다

56 「實親子關係確認請求事件」, 1938년 민상 제593호, 1939년 2월 7일 민사부 판결, 棄却. 『조선고등법원판결록』 26권, 1939, 사법협회, 17-21쪽.

57 和田干城, 1923, 앞의 책, 570쪽,

는 남편의 것이라는 것을 반증하는 것이기도 했다. '혈통 절대주의' 원칙에도 불구하고 정작 여성은 자신이 낳은 아이의 '혈통'에 대해 말할 자격이 없었던 것이다. 이 때문에 처의 혼외자에 대해 남편이 친자관계 부인을 해주지 않음으로써 보복하는 일도 있을 수 있었다.[58] 이러한 사건들은 '친자추정 원칙'과 남성에게만 주어지는 '인지' 관련 권한이 오히려 문제를 양산하였다는 것을 보여준다.

또는 부부 사이의 출생아가 아닌 수양아가 적출자로 입적되는 사례도 존재했다. 소위 '업둥이'라 불리는 경우이다. 1929년 6월 경성지방법원의 '실자관계부존재확인' 소송이 그것이다.

> 가회동 (중략) 원고 박○희(26)는 출생 후 두 달되는 때에 피고 장○순의 집에 개구멍받이로 들어가서 피고와 피고의 남편으로 이미 세상을 떠난 박○희의 수양딸로 이래 길러왔다. 원고가 어렸을 때 피고의 말을 들으니 원고가 피고의 집에 들어올 때 강보에 싸인 원고의 품에는 갑진년 사월 십오일이요 성명은 장○희로 본관은 인동(仁同)이라고 쓴 조각이 있었다 하여 피고는 그 같은 증거가 있음에도 불구하고 원고를 자기의 수양딸로 장○희를 박○희로 하여 피고의 호적에 등록하였음으로 성년이 된 오늘에 와서는 시집을 가려 하여도 혈통과 성명까지 불분명하므로 고소를 제기하였다.[59]

---

58 이러한 법 원칙은 해방 후에도 60년간 지속되었다. 남편만이 가지던 '친생 부인의 소'는 2005년 3월 개정되어 어머니로 확대되었다. 이에 따라 자신의 친자가 아닌 것을 알고도, 자신의 처와 친부에게 고통을 주기 위해 친생 부인의 소를 일부러 제기하지 않는 등 이것이 악용되던 것이 개선되었다(양현아, 2011, 앞의 책, 405쪽).

59 「업동이로 成年-血統을 몰라 結婚難」, 『동아일보』, 1929.6.23.

소장 내용을 보면, 원고는 버려진 아이를 친딸로 입적한 어머니를 상대로 '친자관계부존재' 소송을 청구하였다. 그 이유는 자신이 친자가 아니라는 것이 소문이 났기 때문이었다. 자신의 혈통을 몰라 결혼하기도 어렵다는 것이 그 이유였다. 호적상 부모가 실제 자신의 부모가 아니라는 것을 확인을 해도 실제 부모를 찾기도 어려울 터인데, 이런 소송을 하는 것이 무슨 의미가 있는지는 모르겠으나, 이 소송을 통해 알 수 있는 것은 당시 사람들에게 '혈통'에 대한 집착이 얼마나 대단하였는지를 확인할 수 있다는 점이다.

기존에 이루어진 사생자 인지를 취소하기 위한 소송 또한 동일선상에서 이해할 수 있다. 1930년 경성지방법원에 인지 취소를 청구하는 소송이 제기되었다. 그 사연인즉, "최씨의 아들이 김씨의 아들로" 입적되었다는 것이다.[60] 1940년 9월 대전지방법원의 '사생자인지취소' 소송도 마찬가지 사례이다. 어머니가 재혼한 남편의 서자로 입적된 사람이 자신의 아버지를 찾기 위한 소송이었다.[61] 이 외에도 사생자가 타인의 호적을 빌려 학교에 입학한 일도 있었다. 결국에는 빌린 호적이 발각되어 퇴학을 당하기도 했다. 그런데 그가 수재여서 사람들에게 안타까움을 주었고, 이를 계기로 사생아 차별의 부당성을 환기시키는 여론이 형성되기도 하였다.[62]

지금까지 검토한 사례들은 친자관계법이 식민지 조선인들 사이에서 만들어낸 크고 작은 파장들이었다. 그리고 이것은 출생아 신고주의와 부

60 「최씨의 아들이 김씨의 아들로」, 『매일신보』, 1930.6.12.

61 「내친부는 따로 잇소」, 『매일신보』, 1940.9.14.

62 「사생아의 비애, 아버지는 누구인가」, 『동아일보』, 1932.10.18; 「서자 사생자의 비애, 습관과 법을 개혁하라」, 『동아일보』, 1932.10.19.

계혈통 절대주의의 결합이 빚은 불협화음이기도 했다. 이 양자의 법적 원리는 그 자체로 자기모순적이었고 결국은 균열의 파열음을 내었다. 이러한 법적 원리들 사이의 틈새는 이익을 탐하는 사람들에게 전유되어 재산 분쟁의 불씨가 되기도 하였다. 더욱이 호주상속과 재산상속 법규에 내재된 여성, 즉 처와 딸에 대한 차별적 규정, 차별 이상의 완전한 배제는 재산 다툼의 또 다른 불씨였다. 이러한 일련의 사례들은 식민지시기 가족법에 반영된 부계혈통성이라는 것이 일상에서 얼마나 많이 교란되고 균열상을 내재하고 있었는지를 드러낸다.

소결:

포스트-식민성과 젠더

대한민국 정부 수립 후 여성운동의 역사는 가족법개정운동의 역사라 해도 과언이 아니다. 1958년 제정되어 1960년 시행에 들어간 신민법의 친족편 및 상속편, 즉 새로운 가족법에 의해 제도화된 가족관계가 불평등한 남녀관계를 지속적으로 재생산해왔기 때문이다. 한국 사회의 발전과 페미니즘의 영향하에 지난 50여 년 간 개정운동이 행해진 것 또한 이러한 이유이다. 특히 호주제 폐지는 가족법개정운동의 핵심으로, 2005년 3월 국회에서 민법 개정안이 통과되기까지 오랜 논쟁의 중심에 있었다. 호주제도를 필두로 차별적인 가족관계를 규정한 법 개정을 둘러싸고 전개된 논란의 한 축에는 '전통'이 중심 주제를 이루고 있었다. 가족법에 내재된 가족원리가 보호해야만 할 한국의 전통이라 여겼기 때문이다. 다른 한편 호주제 폐지의 주창자들은 그것이 가진 식민주의적 계보와 차별적 젠더관계를 비판함으로써, 호주제도를 위시한 불평등한 가족법 조항들 폐지의 정당성을 확보하고자 하였다.[1]

가족법을 둘러싼 전통 대 식민성, 전통 대 남녀불평등으로 대별되는 쟁점들은 사실상 한국의 가족법에 내재된 전통이 과연 무엇인가 하는 질문으로 우리의 관심을 이끈다. 특히 포스트-식민성과 젠더관계를 살피는 과정은 조선총독부 사법 권력에 의해 조사·정리되고 식민지 법원에 의해 '조선의 관습'으로 명명된 것들을 재사유하는 작업이기도 하다. 나아가 대한민국 정부 수립 후 진행된 신민법 제정 과정에서 식민지적 전통·관습이 차지하는 위치성은 무엇이었는지를 다시금 질문하게 한다. 이것은 일본의 식민지로부터 해방된 한국에서 새로운 가족법이 제정되

1 가족법개정운동 전반에 관한 내용은 이태영, 1992, 『가족법개정운동 37년사』, 한국가정법률상담소출판부; 양현아, 2011, 앞의 책 참조.

는 과정을 재검토하는 동시에, 거기에 작동되었던 식민주의와 한국 가부장제가 공모하는 식민지 인식론에 대한 반성이다. 이러한 작업들은 인간에 대한 '배제'와 '차별'을 내재한 한국 근대 가족법의 기원으로서 식민지 가족법에 대한 근원적 재고와 성찰을 촉구하는 것이기도 하다.

해방 후 한국의 가족법이 제정되는 기본 원리는 무엇이었는가. 어떠한 원칙에 의해 만들어진 것이기에 식민주의의 유산을 그대로 탑재한 채 대한민국의 인간사를 질서화하는 법률로 재탄생하였는가.

주지하듯이 해방 후 3년간의 미군정기를 지나 완전한 독립을 이룬 한국 사회의 최대 과제는 국가 건설이었다. 1948년 7월 12일 '대한민국 헌법'을 제정하고 수립된 대한민국 정부는 이제 각종 법전을 편찬해야만 했다. 이를 위해 1948년 9월 15일 대통령령 제4호로 법전편찬위원회 직제가 공포되었고, 1949년 3월 9일 법전편찬위원회가 발족되었다. 위원장에는 김병로(金炳魯) 대법원장이 임명되었고, 각계에서 72인의 위원이 선임되어 법전 편찬 작업에 착수하였다.

해방 후에도 식민지시기 관습법의 적용을 받거나 일본 민법을 사용하던 가족법에도 이제 새로운 전기가 마련되었다. 민법에서 가족 법규를 이르는 친족편과 상속편의 기초는 민법분과위원회 위원 장경근(張璟根)이 맡았다. 장경근은 우선 '친족상속법 입법방침과 친족상속법 기초요강 사안'을 작성하였다. 그는 이것을 법전편찬위원회의 전체회의에 상정하기 전 개인의 사안으로, 1948년 『법정』 9월호에 발표하여 학계 및 여론의 반응을 살피기도 했다. 장경근의 사안은 소위 점진적 개혁론으로 특징화된다고 알려졌다. 민주주의 이념을 강하게 관철하기보다는 기존의 관습·전통과 민주주의의 원리 그 중간에 서서 현실과 어느 정도 일정한 타협을 하면서 제정되어야 한다는 논리였다. 장경근의 안은 법전편찬위원회에서 1949년 6월 11일부터 전반적인 검토 작업에 들어가 수차례의 심의와 수정 과정을 거쳐 42개 항목의 친족편과 7개 항목의 상속편으로 구성된 '민법 친족상속편 원요강'이 탄생하였다.

그러나 법전편찬위원회의 입법 작업은 1950년 6월 한국전쟁의 발발로 중단되었다. 편찬위원회의 와해 상황에서 친족편 및 상속편의 초안 작성은 김병로 위원장의 손으로 넘어갔다. 법안의 내용에 대한 어떤 설명이나 참고자료가 거의 없었던 이 초안은 1952년 7월 기초 완료되어 심의 후 1952년 10월 26일 국회에 제출되었다. 장경근 위원장을 필두로 하는 민법소위원회가 1954년 11월 6일 구성되고, 1955년 3월 15일부터 정부안의 검토가 시작되었다. 1957년 4월 6일, 7일 국회는 민법 제정 관련 공청회를 개최한 후, 마침내 9월 12일 수정안을 국회에 제출하였다. 수정안은 1957년 11월 5일부터 독회를 시작하여 12월 17일에 최종적 검토를 마치고 통과, 1960년 1월 1일부터 시행에 들어갔다.[2] 대한민국 최초의 민법이 탄생되었던 것이다.

그렇다면 이 새로운 민법이 제정되는 데 작동한 입법방침은 어떠한 것이었고, 그것이 후일 한국인들의 젠더관계에는 어떠한 영향을 미쳤는가. 우선 친족법과 상속법의 입법방침은 크게 세 가지로 요약된다.[3] 가장 먼저 거론되는 것은 '관습·전통 존중론'이다. 법전편찬위원장이자 당

---

2 대한민국 민법이 제정되는 과정이나 입법원칙에 관한 전반적인 연구는 다음을 참조. 정광현, 1967, 앞의 책; 양현아, 2011, 앞의 책, 237-258쪽; 김은경, 2017, 「'포스트-식민/제국'의 아이러니와 네이션의 자기 변주」, 『한국근현대사연구』 82; 김은경, 2016, 「탈식민기 가족법에서 민주주의 의제와 여성의 국민화」, 『사림』 57.

3 민법 제정의 입법방침은 처음 정광현에 의해 전통 존중론, 점진적 개혁론, 헌법 존중론 등 크게 세 가지로 정리되었다. 이에 양현아는 남녀평등론을 더해 네 가지로 정리한다. 이 글에서는 이러한 논의들에 기반하여 당시의 입법방침을 정리한다. 정광현, 1967, 위의 책; 양현아, 2011, 위의 책.

시 대법원장이었던 김병로에 의해 작성된 정부안은 대체로 이에 근거하였다. 1957년 11월 6일 국회에서 개최된 김병로의 연설은 전형적인 전통 혹은 관습 옹호론이었다. 그의 연설의 핵심은 가족을 초역사적인 민족 고유의 것으로 사유하는 본질주의에 입각한 시각이었다.

> 어느 나라를 물론하고 입법 역사상의 친족상속법이라는 것은 남의 나라법을 가져오는 것은 못 됩니다. (중략) 그것은 오로지 제 나라의 역사와 제 나라의 문화·전통 그것이 즉, 무엇이냐 하며는 내가 항상 말하는 기본보다, 기본 윤리보다도 제 나라 제 사회 제 국가가 그 민족적 윤리와 제 나라 역사적 전통을 가장 귀중히 해가지고서 제정하지 아니하면 아니 되는 것입니다.[4]

> 저희가 아무리 뭔 정치라든지 법률이라든지 이런 것을 마음대로 한다 하더라도 남의 나라의 역사와 문화를 갖다가 짓밟는 법은 없으니까 그럴 수는 없어서 그놈들이 친족상속법은 여기에다 적용을 못 했지요. (중략) 왜놈의 야촌(野村)이라고 하는 사람이 있는데 그런 것 책자들을 지금 참고로 하는 것은 참 망상이에요. 전의 여기 관례조사 보고서니 이런 것을 (중략) 무슨 갖다가 입법의 자료로 한다는 것은 그것은 큰 망발이에요. 그러기에 (중략) 이 친족상속법은 근본적 우리나라 누천년 역사를 존중하고 파괴하느냐 존속하느냐의 기본법입니다.[5]

---

4 국회사무처, 1957, 『제26회 국회정기회의속기록』 30호, 7쪽; 정광현, 1967, 위의 책, 부록편, 275쪽.

5 국회사무처, 1957, 위의 글, 11쪽; 정광현, 1967, 위의 책, 281쪽.

가족법을 제정하는 데 전통 혹은 관습에 기반해야 한다는 김병로의 논의는 두 가지 점에서 문제적이었다. 하나는 가족 관련 관습 혹은 전통이 과연 무엇인지에 대한 논의가 부재한다는 점이다. 앞에서도 전술했듯이 식민지 근대법에 의해 구성된 가족 전통의 핵심은 부계혈통 계승주의였다. 이것은 대한민국의 헌법이 보장하는 남녀평등권과 상당 부분 배치되는 것이었지만 이에 대한 고려는 없었다. 해방 후 대한민국 건설 과정에서 주요 의제였던 민주주의라는 당대의 시대적 요구에 대한 어떠한 고민도 존재하지 않았던 것이다.

다른 하나는 가족과 관련된 관습이나 전통 구성에 개입한 식민주의 인식론에 대한 자각이 없었다는 점을 지적하지 않을 수 없다. 물론 김병로는 조선총독부의 판사로서 조선의 친족, 상속 관습에 관한 많은 저작을 출간한 노무라 초타로[6]에 대해 비판적이었지만, 식민주에 의한 전통 구성에 대한 문제는 전혀 자각하지 못하였다. 사실상 신민법 제정 과정에서 한국의 전통이나 관습으로 논의되고 회자된 상당 부분이 식민지 시기에 발명된 관습이라는 것은 최근의 연구들에서 속속 밝혀지고 있는 사실이다. 이러한 문제점을 내재한 전통론에 의해 정부안이 만들어짐으로써, 가족법 제정 단계에서부터 가족법개정운동은 이미 예견된 일이었다.

다음으로 다루어질 수 있는 것은 현실 존중론이라 할 수 있는 '점진적 개혁론'이다. 장경근(張暻根)이 가장 대표 주자이다. 법전편찬위원으로 친족법 및 상속법 사안을 작성한 그는 민법 제정 과정에 핵심적으로

6 노무라 초타로는 고등법원 판사와 평양복심법원장을 지내면서 식민지시기 조선의 친족, 상속 관습과 관련하여 여러 논문과 저서를 출간한 이른바 가족법 전문가였다. 이에 대해서는 홍양희, 2009, 앞의 글 참조.

참여한 인물이었다. 1948년 그가 제시한 가족법 입법방침은 다음과 같았다.

> 현행 친족, 상속 관습법을 고래의 순풍미속은 폐풍이 되지 않는 한도 내에서 유지, 조장하는 동시에 시세에 맞지 않는 인습은 양기함으로써 세계의 진운에 뒤떨어지지 않도록 민족의 발전과 국운의 흥륭을 도하기 위하여 하기 입법방침에 의거하여 수정 성문화함이 긴절하다. 이것이 국가 민족의 발전을 친족 공동생활체인 '가'에만 의존치 않고 동시에 개인의 신장에 의존코자 하는 현금의 개인주의, 자유주의, 민주주의 이념에도 적응하는 것이다.[7]

> 대가족제도로부터 가급적 현실적 친족 공동생활체에 부합하는 소가족제도로 하는 동시에 현행 친족, 상속 관습법은 가를 공동시조 봉사단체(奉祀團体)라는 성격에만 치중하고 공동경제단체인 성격을 간과 내지 경시한 것을 수정하여 친족적 공동생활의 정신적·관념적 방면보다 현실적인 경제면에 비중을 가하고 있는 현실에 감(鑑)하여 경제적 공동생활을 하는 가족단체를 경제적으로 보호·유지하기 위하여 (중략) 가산제도(家産制度)를 채용하고 이를 통솔 운용하는 것은 호주의 주요 임무로 할 것[8]

---

7 장경근, 1948, 「親族相續法立法方針及要綱私案」, 『법정』 3-9, 13-14쪽; 김은경, 2017, 앞의 글, 259-260쪽 재인용; 이 글은 정광현, 1967, 앞의 책, 부록편, 1-11쪽에 실려있다.

8 정광현, 1967, 위의 책, 부록편, 3-5쪽; 양현아, 2011, 앞의 책, 241쪽.

점진적 개혁론은 사실상 소위 '전통'은 유지하면서 현실 상황에서 필요한 요소들을 도입하는 방식이었다. 이태영이 이것을 민주주의 이념을 주도하는 입장이 아니라 따라가고 적응하는 한도 내에서 관습과 진보 그 중간에 서는 논리였다고 평가하는 것도 그러한 이유이다. 한편 이러한 시각은 가족법에서 전통 혹은 관습에 대한 식민성에 대한 아무런 성찰이 없다는 점에서 김병로가 가진 전통 패러다임에서 한 치도 벗어나 있지 않은 동일한 인식론을 공유하고 있다고 할 수 있다. 아울러 가족을 대가족제도에서 소가족제도로 변화시킨다는 견해 또한 가족제도의 변화에 대한 진화론적 시각을 나타내고 있는데, 이 또한 식민지시기 일본인 및 조선인 관료와 지식인들이 공유하고 있던 시각과 다를 바 없었다.

사실 '좋은 관습'과 현실에 적합지 않은 '나쁜 관습'이 무엇을 말하는 것인지 이조차도 애매할 뿐이었다.[9] 실제로 사회 환경이나 인식의 패러다임이 변화함에 따라 좋은 것과 나쁜 것에 대한 가치 기준은 달라질 수밖에 없다. 더욱이 역사적으로 권력 집단에 의해 작동되는 주류 담론에 따라 인간에 대한 시각 및 대우방식 또한 달라진다는 것을 우리는 익히 알고 있다. 이런 점에 비추어 점진적 개혁론이 관습을 평가하는 데 있어 당대 가부장제가 문제화될 소지는 그다지 크지 않았을 뿐만 아니라, '보존되어야만 하는' 전통으로 인식될 수 있었다. 이러한 사유 체계에서는 호주권이나 친권, 사생아 인지 등에 녹아 있는 부계혈통 중심주의가 거의 그대로 친족법·상속법에 보존될 수 밖에 없었던 것이다.

끝으로 언급하지 않으면 안 되는 원칙론은 헌법존중론과 남녀평등론이다. 앞의 두 원칙이 민법 제정 과정에 직접적으로 참여한 인사들의

9 양현아, 2011, 위의 책, 242쪽.

주류적 법 제정원리였다면, 이는 법조계 소수의 의견이었다. 서울대학교 법과대학 교수인 정광현과 그의 제자이자 변호사인 이태영이 대표적이다. 이들은 당시 정부에서 만든 법안이 가진 문제점을 지적하고 헌법 및 헌법이 추구하는 인간 평등의 원리에 저촉되지 않는 방향으로 민법이 제정되어야 한다는 점을 강력하게 주장하였다. 특히 1957년 4월 6일 개최된 공청회에서 정광현은 민주주의와 헌법에 의거하여 가족법이 개편되어야 한다는 점을 역설하였다.

> 우리나라의 친족상속법을 지금 제정하는 목적은 평시에 있어서의 법률을 개정한다든지 수정하는 그런 입장이 아니라 오로지 민주주의 독립국가로써 국민생활의 민주화를 도모하기 위하여 대한민국 헌법이 종래의 친족상속법을 근본적으로 개편할 것을 명하고 있기 때문에 개정보다는 새로 제정하지 않으면 안 된다고 생각하는 바이올시다. 다시 말하면 종래의 친족상속법 중에는 대한민국 현행 헌법규정에 저촉되는 규정이 적지 않으므로 이것을 다 제거하고 가정생활의 민주화를 도모하기 위한 헌법의 요청, 즉 우리나라의 헌법 기본성격을 규정하는 제5조에 있는 아까도 말했지만 정치·경제·사회·문화의 모든 영역에 있어서도 각인의 자유 평등을 존중하고 보장하는 헌법정신, 또 제8조에 선언하고 있는 양성 간의 차별 신분에 의한 차별에 대한 헌법정신, 제20조에 선언한 부부동권정신, 부부의 혼인순결에 대한 특별보호정신에 입각한 친족상속법을 제정할 것을 헌법에서 요청하기 때문입니다. 그러므로 종래의 순풍미속을 유지하여야 한다는 입법론은 목하 우리가 제정 중에 있는 친족상속법에는 해당하지 않는다고 이 사람은 단언하고 싶습니다. 그러므로 친족상속법

은 제1차로 우리나라 헌법정신에 입각하여 제정하여야 할 것이며 헌법정신에 배치되지 않는 한도 내에서 제1차적으로 현실과의 유리를 될 수 있는 대로 유지할 것을 염두에 두고 입법을 하지 않으면 안 될 것으로 생각합니다.[10]

개인의 자유와 평등을 보장하는 대한민국의 헌법에 기초하여 가족법이 제정되어야 한다는 점을 정광현은 적극 역설하였다. 차별적인 남녀 및 부부관계는 위헌으로 이어질 수 있기 때문이다. 그가 "새로운 친족상속법에서 종래의 남계혈통 편중 내지 남존여비적 법규범, 호주 가족이라는 신분으로 인한 주종관계적 규범과 같은 차별적 규정을 폐지할 것"을 주장한 것도 이러한 이유에서 기인한다.[11] 아울러 그는 종래의 관습법을 성문화하는 동시에 신구사상을 조절하여 입법한 것이라는 정부안을 비판하였다.[12] 이태영 또한 헌법정신의 동일선상에서 가족법 제정안에 구현되어 있는 불평등한 남녀관계에 전면적으로 문제를 제기하였다. 가족법 제정 과정에 개입하고자 진정서와 건의문을 제출하였던 것이다. 1953년 3월 여성단체연합의 이름으로 김병로 법전편찬위원장에게 보낸 '민법 중 친족상속편 제정에 관한 건의서'의 시작은 다음과 같다.

전국 여성을 대표하는 본 연합은 남녀평등을 이념으로 하는 헌법정신에 비추어 종래의 누습을 타파하고 국민의 행복과 안녕을 증진케

10 정광현, 1967, 앞의 책, 부록편, 171쪽.

11 정광현, 1967, 위의 책, 172쪽.

12 이에 대해 양현아는 그의 원칙이 "과거와 단절하고 헌법정신을 추구할 것을 역설"한 것으로 평가하면서, 그의 인식에서 "식민주의와 헌법 간의 관계가 좀 더 심화되었더라면" 하는 아쉬움을 표명한다(양현아, 2011, 앞의 책, 253쪽).

하기 위하여 자에 민법 중 친족상속편 제정에 관하여 건의하오니 심심한 아량과 현명한 영단으로 채택하심을 앙망한다.[13]

남녀평등이라는 헌법정신에 따라 가족법 제정을 촉구한 이 건의서와 함께 여성운동 진영에서는 '친족상속편 초안 및 심의요강'에 대한 진정서를 제출하였다. 이 진정서는 다섯 가지의 문제적인 내용의 수정을 촉구하였다. 문제로 지명된 것은 첫째, 호주제도의 존속이다. 이것은 남존여비사상의 계승이라는 점에서 문제였다. 둘째, 부부재산제도상 남성의 우월적 지위이다. 셋째, 친권 행사에서 어머니의 제외이다. 넷째, 양자제도에서 여성의 제외이다. 다섯째, 재산상속상 남자우선주의 등이었다.[14] 이러한 노력은 실효를 거두지는 못하였으나, 민법 제정 과정부터 태동하고 있던 가족법개정운동의 시발점이었다.

1960년 1월 1일부터 시행된 가족법에는 '전통론'과 '점진적 개혁론'이 가장 큰 영향을 미쳤고, 이 과정에서 '전통'과 '민주주의'는 가족법 제정의 주요한 핵심 가치였다. 특히 민주주의 원리를 반영한 것으로 평가받는 것은 법률상 '행위무능력자'였던 처의 법률행위능력이 인정되었다는 점이다. 그렇지만 전통이라는 강한 입법원칙, 특히 부계혈통주의에 의해 처의 법률행위능력은 상당 부분 제한적일 수밖에 없었다.[15] 이외에도 1939년 조선민사령 제11조 3차 개정 대상이었던 씨제도나 서양자제도 같은 기존의 조선 사회의 문화와 아주 이질적으로 보이는 것들을 제외하고 식민지시기 조선의 관습으로 발명되었던 것들의 상당 부분이 조

13 이태영, 1992, 앞의 책, 40-41쪽.

14 이태영, 1992, 위의 책, 405쪽; 양현아, 2011, 앞의 책, 256쪽.

15 김은경, 2016, 앞의 글, 286-288쪽.

선의 '전통'으로 새로운 가족법에 온존되었다.

식민지시기 만들어진 관습이 해방 후 신민법의 가족법을 통해 한국의 '전통'으로 재탄생되는 순간이었다. 근대 일본의 발명품인 호주제도는 태평양전쟁 후 민주주의에 반하는 제도로 정작 일본에서는 그 명을 다하였음에도 불구하고 한국에서는 전통론의 비호 아래 온존되었던 것이다. 물론 호주상속과 재산상속을 분리하고 그동안 호주가 가졌던 권한의 일정 부분이 폐지되어 호주의 권력이 다소 약화되기는 했지만,[16] 그럼에도 호주가장권이라는 제도 자체는 여성과 남성 사이의 관계를 성별을 중심으로 이원화하는 인식론에 근거하여 실질적 차별을 양산하였다.

민법 제정을 위해 1957년 개최된 국회 법사위원회 회의는 마치 1925년 일본의 '법제심의조사위원회의' 논의 광경을 연상시킨다. 특히 '남편의 혼외자 호적 입적 시 처의 동의 여부'에 관한 논의는 일본인 법학자들의 토론 내용을 거의 그대로 재연하고 있었기 때문이다.[17] 처의 동의 없이 '인지'만으로 혼외자를 입적시키는 것으로 결론이 난 이 논의에 대해 "혼인의 존중과 배우자의 인격을 무시한 처사"라는 반론이 제기되었지만, "그 자식이 어디에서 낳든지 간에 제 자식인데 (중략) 어떤 사람이 동의를 하고 어떤 사람이 동의를 안 할 것이냐"는 주장으로 정당화되었다. 자신의 핏줄을 호적에 입적시키는 데 "아내의 승낙을 맡아야 된다는 것은 도저히 있을 수 없는 일"이라는 것이다. 이에 비해 처의 혼외자는 남편의 허락을 구해야 했다. 바야흐로 혈통관념이 승리를 거두고 '부

---

16 김은경, 2018, 「한국과 일본의 가족법에서 처의 지위와 여성의 '권리'(1945-1960)」, 『여성과 역사』, 29쪽.

17 국회사무처, 1957, 『제26회 국회정기회의속기록』 50호, 6-17쪽; 정광현, 1967, 앞의 책, 부록편, 421-423쪽.

계혈통은 당연한 가족'이라는 명제가 더욱 힘을 얻고 있었다.[18]

1957년 법사위의 논의는 1925년 민법 개정을 위한 일본의 법제심의위원회의 것들과 거의 일치한다. 이것은 당시 한국의 사법관료 및 정책자들의 인식론이 가진 포스트-식민성을 그대로 드러낸다. 식민지 일본민법이 구사한 부계혈통에 의한 가족 구성원리는 유교의 그것과 상당한 친화력을 가진다는 점에서 일본의 친족상속법이 조선의 관습으로 창출되는 데 크게 무리가 없었기 때문이다. 당시 발명된 관습·전통은 식민지 조선에 이어 1960년부터 시행된 대한민국의 가족법에 거의 그대로 반영되었던 것이다. 새로운 가족법을 만드는 대한민국에서 전통 대 민주주의라는 양대 의제의 길항관계 속에서 가족법은 상당 부분 전통에 많은 부분을 할애하였다. 이 과정에서 식민주의가 만들어낸 '식민지적 전통'에 대한 인식이나 성찰은 전혀 존재하지 않았다. 가족법에 남겨진 포스트-식민성을 전면적으로 문제화해야 하는 이유가 여기에 있다.

18 당시 이 규정과 관련하여 세 가지 안이 존재했다. 1) 정부안은 일본 민법의 조항과 동일하게 "호주의 동의를 얻어" 입적 2) 정일형 의원은 "처의 동의를 얻어 입적" 수정안을 제시 3) 법사위원의 수정안은 "아버지의 인지만으로 혼외자 입적" 수정안 등이었다(국회사무처, 1957, 위의 책, 6-17쪽).

부록

연표

날짜	사건	내용
1909.3.4	「민적법」(법률 제8호)	1909년 4월 1일 시행. 호적이 출생, 사망, 혼인, 이혼 등 개인의 신분과 관련된 규정을 담은 8개 조항으로 구성.
1909.3.20	「민적법집행심득」 (내부대신 훈령 제29호)	호적 사무 집행에 필요한 세부 규정으로 10개 조항으로 구성.
1912.3.18	「조선민사령」 (제령 제7호)	1912년 4월 1일부터 시행. 제11조에서 조선인의 능력, 친족 및 상속에 관한 규정은 관습에 의한다고 명시.
1915.8.7	「민적사무 취급에 관한 건」 (관통첩 제240호)	정무총감이 각도장관 앞으로 보낸 행정통첩. 경찰서에서 행정기관으로 민적사무를 이관한 후 시달한 상세한 호적사무 지침.
1921.11.14	「조선민사령 중 개정의 건」 (제령 제14호)	1921년 12월 1일부터 시행. 「조선민사령」 제11조 1차 개정. 조선인의 친권, 후견, 보좌인 및 무능력자를 위해 설치되는 친족회에 관한 규정은 민법에 의함.
1922.12.7	「조선민사령 중 개정의 건」 (제령 제13호)	1923년 7월 1일부터 시행. 「조선민사령」 제11조 제2차 개정.
1922.12.18	「조선호적령」 (조선총독부령 제154호)	1923년 7월 1일 시행. 신분 변동에 신고주의와 법률주의 원칙을 확고히 하고, 호적이 개인의 신분의 공증문서인 동시에 가족의 범위를 확정하는 공적 문서가 되어 개인의 신분과 가족 관계는 이 문서를 통해서 증명.
1933.3.3	고등법원 판결	상속관습법에서 제사상속을 제외하고 호주상속과 재산상속으로 이원화.
1939.11.10	「조선민사령 중 개정의 건」 (제령 제19호)	「조선민사령」 제11조 제3차 개정. 씨, 재판상이연, 서양자연조는 민법에 의하고 이성양자가 가능하게 되고 이로써 조선인의 성본이 씨명으로 대체됨.
1939.11.10	「조선인의 씨명에 관한 건」 (제령 제20호)	일본 역대 천황의 씨나 명을 사용할 수 없음. 자기의 성 이외의 성을 씨로 사용할 수 없음. 씨명은 정당한 사유가 없으면 변경 불가.

법령

자료 1

「민적법」

법률 제8호(1909년 3월 4일)

제1조 다음 각호의 하나에 해당되는 경우에는 그 사실 발생일로부터 10일 이내에 본적지 관할 면장에게 신고할 것. 단 사실 발생일을 알 수 없을 때는 사실을 안 날로부터 기산(起算)함.

1. 출생 2. 사망 3. 호주 변경 4. 혼인 5. 이혼 6. 양자 7. 파양 8. 분가 9. 일가창립(一家創立) 10. 입가(入家) 11. 폐가(廢家) 12. 폐절가재흥(廢絶家再興) 13. 부적(附籍) 14. 이거(移居) 15. 개명(改名)

전항의 사실로 두 면장에 걸치는 때는 신고서 각본을 만들어 신고의 무자의 소재지 관할 면장에 이를 신고할 것.

제2조 제1조의 신고의무자는 다음과 같다.

1. 출생, 사망, 호주 변경, 분가, 일가창립, 폐가, 폐절가재흥, 개명 및 이거의 경우에는 해당 호주
2. 양자 및 파양의 경우에는 양가의 호주
3. 혼인 및 이혼의 경우에는 혼가의 호주
4. 입가의 경우에는 입가된 사람의 호주
5. 부적의 경우에는 부적된 사람의 호주

전항의 경우에 호주가 신고를 할 수 없을 때는 호주를 대신할 주재

자, 주재자가 없을 때는 가족 또는 친족, 가족 또는 친족이 없을 때는 사실 발생한 처소 또는 건물 등을 관리하는 자 혹은 인가에서 신고를 할 것.

제3조 혼인, 이혼, 양자 및 파양의 신고는 실가 호주의 연서로 할 것. 단 연서를 할 수 없을 때는 신고서에 그 뜻을 부기할 것.

제4조 제2조의 신고의무자가 본적지 이외에 거주하는 경우에는 그 거주지 관할 면장에게 신고할 것.

제5조 민적에 관한 신고는 서면으로 할 것. 단 현재 당분간은 구두로 할 것.

제6조 제1조의 신고를 해태한 자는 50 이하의 태형 또는 5원 이하의 벌금에 처함. 거짓 신고를 한 자는 6개월 이하의 징역, 태형 또는 백 원 이하의 벌금에 처함.

제7조 본법에 의한 신고는 면장이 없는 지역에서는 면장에 준하는 자가 이를 하고 한성부에서는 관할 경찰서에서 이를 할 것.

제8조 본법 시행에 요하는 규정은 내부대신이 이를 정함.

본법은 1909년 4월 1일부터 이를 시행함.

1896년 칙령 제61호 호구조사규칙은 본법 시행일로부터 이를 폐지함.

자료 2

「민적법집행심득」

내부대신 훈령 제29호(1909년 3월 20일)

제1조 민적에 관한 사항을 기재하기 위해 경찰서, 경찰분서 및 순사주재소에 민적부를 구비한다.

민적법 제1조 각호의 사실 발생에 의해 민적부로부터 제외되는 것은 면을 달리 편철하여 제적부로 한다.

제2조 민적에는 지명 및 호 번호를 붙일 것.

제3조 민적 기재의 순위는 다음과 같다.

1. 호주
2. 호주의 직계존속
3. 호주의 배우자
4. 호주의 직계비속 및 그 배우자
5. 호주의 방계친 및 그 배우자
6. 호주의 친족이 아닌 자

첩은 처에 준한다.

제4조 기아(棄兒)를 발견한 경우는 일가창립하여 취급하고 단, 양자로 삼아 수양할 자가 있을 때는 일가창립상 양자의 취급을 하고 또 부양자가 있을 때는 그 부적(附籍)으로 하여 취급할 것.

제5조 일가절멸의 경우는 그 뜻을 기재하고 제적할 것.

제6조 부적자의 민적은 일가족마다 별지로 편성하고 부적주(附籍主)의 민적 말미에 편철할 것.

부적자의 민적에는 부적주의 성명 및 부적인 뜻을 난외에 기재할 것.

제7조 면장은 항상 부내의 민적 이동에 주의하고 신고를 게을리하는 자가 있을 때는 이를 최고(催告)할 것.

면장은 구두로 민적에 관한 신고를 받을 때는 구두신고서에 기재할 것.

제8조 면장은 민적법 제1조의 신고서를 모아 그 달분을 다음 달 15일까지 관할 경찰관서에 송치할 것.

제9조 경찰관서에서 받은 신고서 중 타관과 관계되는 것은 소관 경찰관서로 송치할 것.

제10조 민적부는 갑호 양식, 구두신고서는 을호 양식에 의해 작성할 것.

자료 3

「민적사무 취급에 관한 건」

관통첩 제240호(1915년 8월 7일 정무총감)

지금부터 민적사무는 다음의 예에 따라 취급하도록 통첩한다.

1. 민적의 편제, 기재 및 취급에 관한 사항

(1) 민적은 부 또는 면의 구역 내에 본적을 정하는 자에 대해 호주를 본으로 하여 1호마다 이것을 편제하여야 할 것.

(2) 동일가옥에 거주하는 자일지라도 생계를 달리할 때는 별호로 하고 가옥을 달리하는 자라도 동일생계하에 있는 자는 1호로 간주할 것.

(3) 1호의 민적이 여러 장일 때 부윤 또는 면장은 직인으로 각 장의 철목(綴目)에 날인할 것.

(4) 지번호를 세별(細別)하여 호수를 붙일 경우에는 그 호수도 기재해야만 할 것.

(5) 민적의 기재는 본절 제1항, 제12항 및 제13절의 경우를 제외하고 신고할 것.

(6) 민적의 기재는 검은색을 사용하고 이것의 말소는 붉은 선으로 표시할 것.

(7) 민적의 기재는 자서를 명료하게 하고 약자 부호 또는 동음이자를 쓰지 않으며 숫자를 기재하는 데는 일(壹), 이(貳), 삼(參), 사(拾)의 문자를 쓸 것.

(8) 민적의 문자는 개찬(改竄)하지 말고 만일 정정, 삽입 또는 삭제를 할 경우에는 부윤 또는 면장이 여기에 인인(認印)하고 삭제에 관계되는 문자는 명확히 읽을 수 있도록 자체(字體)를 두고 이것을

말소하고 그 자수(字數)를 난외에 기재해야 할 것.

(9) 민적 용지 중의 한 칸을 다 사용하였을 경우에는 괘지(掛紙)를 하여 이를 보충하고 부윤 또는 면장은 그 계목(繼目)에 직인으로서 계인(契印)을 할 것.

(10) 민적 사유란에 기재를 할 때는 그 도도(都度) 부윤 또는 면장은 문장 말미에 인인을 할 것.

…

2. 신고에 관한 사항

(1) …

3. 민적의 기재 순위에 관한 사항

(1) 직계존속은 친등이 먼 자를 우선으로 할 것.

(2) 직계비속 및 그 배우자는 친등이 가까운 자를 우선으로 하고, 친등이 같은 자는 적자를 먼저, 적서가 같은 자는 나이가 많은 자를 우선으로 하고, 처는 그 부의 다음에 기재할 것.

(3) …

4. 출생에 관한 사항

(1) 적출자는 그 출생순에 의해 장남(녀) 이남(녀)으로 기재하고 서자가 있을지라도 적출자의 순위에는 영향을 주지 않을 것.

(2) 첩이 낳은 자(子)는 서자로 하고 남편이 없이 부녀가 낳은 자는 사생자로 한다.

(3) 남자 19세 미만, 여자 15세 미만인 자(者) 사이에 생긴 자(子)는

그 남녀가 혼인식을 거행하였을지라도 서자로 하여 취급할 것.

(4) 전항의 경우에 서자의 부모가 후일 혼인신고를 할 경우 서자의 신위를 적출자로 고치고 출생별 기타 관계사항을 정정할 것.

(5) 사생자는 모의 민적에 등록하고 부의 란을 공란으로 할 것.

(6) 사생자에 대한 인지신고가 있을 때는 부(父)가 속한 가의 민적에 서자로 하여 등록하고 모(母)의 란에는 모의 성명을 기입하고 그 사유를 사유란에 기재할 것.

(7) 전항의 등록을 할 때 또는 입적제(入籍濟)의 통지를 받을 때는 해당 사생자의 사유란에 그 사유를 기재하고 모의 가의 민적으로부터 이를 제외시킬 것.

(8) 서자 또는 사생자의 신위란에는 서자남(녀) 또는 사생자남(녀)로 기재하고 장남 장녀로 기재하지 않을 것.

5. 실종에 관한 사항

(1) 실종선고를 받은 자는 사망으로 하여 취급할 것.

(2) 실종선고를 받은 자가 있을 때는 그 신고는 확정판결의 등본을 첨부하여 이를 하고 「몇 년 몇 월 며칠 어느 법원에서 실종선고, 몇 년 몇 월 며칠 사망으로 간주한다」고 사유란에 기재할 것.

(3) 실종선고의 취소가 있을 때는 …

6. 호주 변경에 관한 사항

(1) 상속 기타 호주 변경을 발생시키는 사항에 대해 신고가 있을 때는 신호주를 본(本)으로 하여 민적을 편제하고 구호주의 호적은 변경 사유를 기재한 후 이를 말소할 것.

(2) …

(3) 호주가 사망하고 남자(양자를 포함한다)가 없을 때는 망호주의 조모, 모, 처가 순차 호주가 될지라도 망호주에게 양자를 둘 경우에는 양자를 호주로 삼고 여호주는 그 지위를 물러나는 것이어서 신호주의 민적 중 호주로 되는 원인란에는 「전호주 하모의 손[남 또는 부(夫)] 망 하모의 양자로 되어 몇 년 몇 월 며칠 호주로 된다」고 기재할 것.

(4) 호주가 남자 없이 사망한 후 유복의 남자가 태어나면 그 남자는 출생과 동시에 호주가 되기 때문에 신호주의 민적 중 호주가 되는 원인란에는 「몇 년 몇 월 며칠 출생으로 인해 호주가 된다」고 기재할 것.

7. 상속인의 폐제에 관한 사항

…

8. 혼인에 관한 사항

(1) 남자 17세 미만, 여자 15세 미만인 자의 혼인신고는 이를 수리하지 말 것.

(2) 부 또는 처를 가진 자가 거듭 행하는 혼인신고는 이를 수리하지 말 것.

(3) 부(夫)의 사망 후 재가는 혼가를 떠난 후에 하지 않으면 그 신고를 수리하지 말 것.

(4) 조선인 여자가 혼인으로 인해 내지인의 가로 들어갈 경우는 그 뜻을 민적의 사유란에 기재하고 민적은 이를 제외시킬 것.

(5) 조선인이 내지인을 처로 삼을 경우는 혼인에 따른 입적의 취급을 할 것.

9. 이혼에 관한 사항

(1) 처가 이혼으로 인해 그 실가에 복적해야만 할 경우에 실가가 이미 절가되어 친족의 가에 들어가야 할 때는 이혼신고와 동시에 입가신고를 하고 만일 친족의 가에 들어갈 수 없는 때는 일가창립의 신고를 할 것.

(2) 재판상의 이혼 신고에는 확정판결의 등본을 첨부할 것.

10. 양자에 관한 사항

(1) 양자를 할 수 있는 자는 호주인지 가족인지를 묻지 않고 기혼의 남자로서 실자손(남)이 없는 자에 한하고, 또 양자가 될 수 있는 자는 양친(養親)의 남계혈족의 남자 중 자(子)의 항렬에 해당하고, 또 양친보다 나이가 적은 자로 한정하기 때문에 이에 반하는 양자신고는 이를 수리하지 말 것.

(2) 조선인 남자가 양자 또는 서양자연조로 인해 내지인의 가에 들어갈 때는 그 뜻을 민적의 사유란에 기재하고, 민적은 이를 제하지 말 것.

(3) 처자를 가진 자가 양자로 될 때는 그 처자는 당연히 양가(養家)에 들어가야 하기 때문에 달리 입가의 신고를 요하지 말 것.

(4) 수양자의 신고는 이를 수리하지 말 것. 다만 이미 수리된 것은 종전대로 취급할 것.

11. 파양에 관한 사항

(1) 호주인 양자의 파양신고는 이를 수리하지 말 것.

(2) 파양으로 인한 복적에 대해서는 이혼에 관한 사항 중 제1항의 예에 의해 이를 취급할 것.

(3) 재판상의 파양신고에는 확정판결의 등본을 첨부할 것.

(4) 수양자가 양가를 떠난 경우에는 파양에 준하여 그 수속을 한 후 수양자인 자로부터 일가창립의 신고를 하게 할 것.

12. 분가에 관한 사항

(1) 장남 또는 여자의 분가신고는 이를 수리치 말 것.

13. 일가창립에 관한 사항

(1) 기아를 발견한 때 부윤 또는 면장은 성명을 명(命)하고 본적을 정하고 연월일을 추정하고 발견 장소, 연월일시, 부속품 기타의 상황과 함께 이것을 조서에 기재하고 그 조서에 의해 민적을 편제하여 일가창립의 취급을 할 것.

(2) 앞의 조서는 이것을 신고서와 같게 취급할 것.

14. 입가에 관한 사항

(1) 호주가 타가에 있는 자기 또는 가족의 친족을 혼인 또는 양자연조로 인하여 그 가에 들일 때는 입가의 신고를 할 것.

(2) 입가한 자가 호주의 친족이 아닐 때는 신위란에 그 가족과의 관계를 기재할 것.

(3) 호주가 가를 폐하고 타가로 들어갈 경우에는 가족에 대해 따로

입가의 신고를 요하지 않을 것.

(4) 입가시킨 자를 이적시킬 때는 호주로부터 그 신고를 할 것.

15. 폐가에 관한 사항

…

16. 폐절가재흥에 관한 사항

…

17. 부적에 관한 사항

…

18. 명(名)에 관한 사항

(1) 민적에 이름의 기재가 없는 자 또는 이름으로 인정되지 못할 호칭[소사(召史), 성녀(姓女), 씨(氏), 작은아기(小岳伊), 소척자(小斥者), 소자(小者)]이 기재된 자에 대해서는 신고받지 말 것.

(2) 개명신고에는 도장관의 허가서를 첨부할 것.

(3) 민적에 이름으로 인정되지 못할 호칭의 기재가 있는 자가 새로 그 이름의 등록을 구할 때는 개칭 수속을 요하지 않을 것.

(4) 언문으로 기재한 이름을 동음의 한자로 고칠 경우는 개칭 수속을 요하지 않을 것.

(5) 민적에 등록된 이름과 다른 이름을 사용하는 자가 그 동일인이라는 것의 증명을 원할 경우에는 적당한 방법에 의해 사실을 조사하고 나서 이를 부여할 것.

19. 첩에 관한 사항

(1) 첩의 입적신고는 이를 수리하지 말 것. 단 이미 수리한 것은 종전 대로 그 취급을 할 것.

(『조선총독부관보』, 1915년 8월 7일)

자료 4

「조선호적령」

조선총독부령 제154호

조선호적령은 다음과 같이 정한다.

1922년 12월 18일

제1장 총칙

제1조 조선인의 호적에 관해서는 조선민사령의 규정에 의한 것 외 본령이 정하는 바에 의한다.

제2조 지방법원 지청의 1인 판사 또는 상석판사는 지방법원장의 명을 받아 그 사무 취급 구역 내에서 호적사무를 감독한다.

제2장 호적부

제3조 호적은 부 또는 면의 구역 내에서 본적을 정한 자에 대해 호주를 본으로 하여 1호마다 이를 편제한다.

제4조 호적은 지번호의 순서에 따라 이것을 편철하여 장부로 한다.

1부 또는 1면 내에 있는 각 구역의 순서는 부윤 또는 면장이 이를 정한다.

제5조 호적은 정부(正副) 2본을 둔다.

정본은 이를 부청 또는 면사무소에 비치하고 부본은 감독재판소에 이를 보존한다.

…

제3장 호적의 기재수속

제11조 호적에는 다음의 사항을 기재한다.

1. 호주 및 가족의 성명 및 본관 그리고 전호주의 성명
2. 호주의 본적
3. 호주 또는 가족이 조선귀족일 때는 그 뜻
4. 호주 및 가족의 출생 연월일
5. 호주 또는 가족이 된 원인 및 연월일
6. 호주 및 가족의 실부모의 성명, 아울러 호주 및 가족의 실부모와의 관계
7. 호주 또는 가족이 양자일 때는 그 양친 및 실부모의 성명, 아울러 양자와 양친 및 실부모와의 관계
8. 호주와 전호주 및 가족과의 관계
9. 가족의 배우자 가족을 거쳐 호주와 친족관계를 가진 자에 대해서는 그 가족과의 관계
10. 타가로부터 들어와 가족이 된 자가 타 가족과만 친족관계를 가질 때는 그 관계
11. 타가로부터 들어와 호주 또는 가족이 된 자에 대해서는 그 원적, 원적 호주의 성명 및 그 호주와 호주 또는 가족이 된 자와의 관계
12. 후견인 또는 보좌인인 자에 대해서는 후견인 또는 보좌인의 성명, 본적, 아울러 그 취직 및 임무 종료 연월일
13. 그 외 호주 또는 가족의 신분에 관한 사항

제12조 호주 및 가족의 성명의 기재는 다음 순서에 의한다.

제1 호주

제2 호주의 직계존속

제3 호주의 배우자

제4 호주의 직계존속 및 그 배우자

제5 호주의 방계친 및 그 배우자

제6 호주의 친족이 아닌 자

직계존속 사이에 있어서는 친등이 먼 자를 우선하고 직계비속 또는 방계친 사이에는 친등이 가까운 자를 우선한다.

호적을 편제한 후 가족이 된 자에 대해서는 호적의 말미에 이를 기재한다.

…

제4장 신고

…

제2절 출생

제57조 출생의 신고는 14일 이내에 이를 해야 한다.

신고서에는 다음의 사항을 기재해야 한다.

1. 자의 성명, 본적 및 남녀의 성별

2. 자가 사생자 또는 서자일 때는 그 뜻

3. 출생 연월일시 및 장소

4. 부모의 성명, 본적 및 직업

5. 자가 들어가야만 하는 가의 호주의 성명 및 본적

6. 자가 일가를 창립할 때는 그 뜻과 아울러 창립 원인 및 장소

제58조 출생의 신고는 출생지에서 이를 할 수 있다.

…

제60조 적출자 출생의 신고는 부(父)가 이를 하고 부가 할 수 없을 경우에는 모가 이를 한다.

적자 출생의 신고는 부가 이를 하고 사생자 출생의 신고는 모가 이를 해야 한다.

앞의 2항의 규정에 의해 신고해야 하는 자가 할 수 없는 경우에는 다음에 열거한 자가 그 순서에 따라 신고해야 한다.

제1 호주

제2 동거자

제3 분만에 입회한 의사 또는 산파

제4 분만에 개입한 자

제61조 적출자부인의 소를 제기한 경우라도 출생의 신고를 해야 한다.

…

제3절 인지

제68조 사생자 인지의 신고서에는 다음의 사항을 기재한다.

1. 자의 성명, 남녀의 성별, 출생 연원일 및 본적
2. 사망한 자(子)를 인지할 경우에는 사망 연월일
3. 부가 인지할 경우에는 모의 성명 및 본적, 아울러 부의 직업
4. 자(子)가 가족일 때는 호주의 성명, 본적 및 호주와 자의 관계

제69조 태내에 있는 자를 인지할 경우에는 계서에 그 뜻, 모의 성명 및 본적을 기재하고 인지자의 본적지에서 이를 계출한다.

제70조 부가 서자 출생의 계출을 할 때는 그 계출은 인지 계출의 효력을 가진다. 민법 제836조 제2항의 규정에 의해 적출자이어야 한 자에 대해 부모가 적출자 출생의 계출을 할 때 역시 같다.

제71조 인지 재판이 확정된 때는 소를 제기한 자는 재판 확정일부터 10일 이내에 재판의 등본을 첨부하고 제68조의 규정에 의한 계출을 해야 하고 그 계서에는 재판 확정의 날을 기재해야 한다.

…

제4절 양자연조

제75조 연조의 계서에는 다음의 사항을 기재해야 한다.

1. 당사자의 성명, 본관, 출생 연월일, 본적 및 직업
2. 양자의 실부모의 성명 및 본적
3. 당사자가 가족일 때는 호주의 성명, 본적 및 호주와의 관계
4. 새로 가를 세우는 자가 양자가 될 때는 그 뜻

…

제5절 양자이연

제80조 이연의 신고서에 다음의 사항을 기재한다.

1. 당사자의 성명, 본관, 본적 및 직업
2. 양자의 실부모의 성명 및 본적
3. 당사자가 가족일 때는 호주의 성명 및 본적
4. 양자가 복적해야 하는 가의 호주의 성명 및 본적
5. 양자가 일가를 창립할 때는 그 뜻과 아울러 청립 원인 및 장소. 다만 실가를 재흥할 때는 그 뜻 및 재흥 장소

…

제6절 혼인

제84조 혼인의 신고서에는 다음의 사항을 기재한다.

1. 당사자의 성명, 본관, 출생의 연월일, 본적 및 직업
2. 부모의 성명 및 본적
3. 당사자가 가족일 때는 호주의 성명, 본적 및 호주와의 관계
4. 초서(招壻)일 때는 그 뜻

당사자 일방이 혼가로부터 다시 혼인으로 인해 타가로 들어갈 경우에 있어서는 전항에 열거한 사항 외 실가의 호주의 성명 및 본적을 기재한다.

제75조 제2항의 규정은 제1항의 신고에 대해 이를 준용한다.

제85조 혼인의 신고는 부의 본적지 또는 소재지에서 이를 하고 단 초서의 경우에는 처의 본적지 또는 소재지에서 신고한다.

…

제7절 이혼

제87조 이혼의 신고서에는 다음의 사항을 기재한다.

1. 당사자의 성명, 본관, 본적 및 직업
2. 부모의 성명 및 본적
3. 당사자가 가족일 때는 호주의 성명, 본적
4. 혼가를 떠나는 자가 복적할 가의 호주의 성명 및 본적
5. 혼가를 떠난 자가 일가를 창립할 때는 그 뜻과 아울러 창립 원인 및 장소. 단 실가를 재흥할 때는 그 뜻 및 재흥 장소

…

제88조 이혼의 재판이 확정될 때는 소를 제기한 자는 재판 확정의 날부

터 10일 내에 재판의 등본을 첨부하고 전조 제1항의 규정에 의해 계출하고 그 신고서에는 재판 확정일을 기재할 것.

…

제8절 친권 및 후견

…

제9절 사망 및 실종

…

제10절 호주상속

제107조 호주상속의 신고는 호주가 된 자가 상속 사실을 안 날부터 1달 내에 이를 한다.

신고서에는 다음 사항을 기재한다.

1. 호주상속의 원인 및 호주가 된 연월일
2. 전호주의 성명 및 전호주와 호주의 관계. 호주가 된 자가 외국에 있을 경우에는 3개월 내에 계서를 발송하는 것으로 족하다.

…

제5장 호적의 정정

제215조 호적의 정정에 대해 허가의 재판이 있을 때는 1개월 내에 등본을 첨부하고 정정 신청을 해야 한다.

…

부칙

제218조 본령은 1922년 제령 제13호 중 조선민사령 제11조 내지 제11조의 9 개정에 관한 규정 시행일부터 이를 시행한다.

민적법, 1911년 조선총독부령 제148조 내지 1921년 조선총독부령 제99호는 폐지한다.

…

자료 5

「조선민사령」

1911년 법률 제30호 제1조 및 제2조에 의해 칙재를 얻어 이에 이를 공포한다.

1912년 3월 18일

조선총독 백작 데라우치 마사타케(寺內正毅)

제령 제7호

제1조 민사에 관한 사항은 본령 외의 법령에 특별한 규정이 있는 경우를 제하고 다음의 법률에 의한다.

1. 민법
2. 1902년 법률 제50호
3. 1904년 법률 제17호
4. 1899년 법률 제40호
5. 1900년 법률 제51호
6. 1900년 법률 제13호
7. 민법시행법
8. 상법
9. 1900년 법률 제17호
10. 상법시행법
11. 1890년 법률 제32호
12. 상법시행조례
13. 민사소송법

14. 외국재판소의 촉탁으로 인한 공조법

15. 1899년 법률 제50호

16. 가자분산법

17. 인사소송수속법

18. 비송사건수속법

19. 민사소송비용법

20. 상사비송사건인지법

21. 집행관(執達吏)수수료규칙

22. 공탁법

23. 경매법

…

제11조 제1조의 법률 중 능력, 친족 및 상속에 관한 규정은 조선인에 이것을 적용하지 않는다.

조선인에 관한 전항의 사항에 대해서는 관습에 의한다.

(『조선총독부관보』 호외, 1912년 3월 18일)

자료 6

「조선민사령」 제11조의 개정(1차 개정, 1921년 11월 14일)

1911년 법률 제30호 제1조 및 제2조에 의해 칙재를 얻어 이에 이를 공포한다.

제령 제14호

조선민사령 중 다음과 같이 개정한다.

제11조 조선인의 친족 및 상속에 관해서는 제1조의 법률에 의하지 않고 관습에 의한다. 단 친권, 후견, 보좌인 및 무능력자를 위해 두는 친족회에 관한 규정은 이 한에 있지 아니하다.

제73조 중 '실종'을 '친권의 상실, 재산관리권의 상실, 실권의 취소, 금치산, 준금치산 및 실종'으로 고친다.

부칙

본령은 1921년 12월 1일부터 이를 시행한다.

본령 시행 전 발생한 사항에 대해서는 민법시행법 및 상법시행법 중 무능력자, 친권, 후견 및 보좌인에 관한 규정을 준용하고 그 규정에 의해 구법을 적용해야 하는 경우에는 조선에서 종래의 예에 의한다.

본령 시행 전부터 독립하여 상업을 운영하는 미성년자는 본령 시행일부터 그 상업에 관해 성년자와 동일한 능력을 가진다.

(『조선총독부관보』 제2777호, 1921년 11월 14일)

자료 7

「조선민사령」 제11조의 개정(2차 개정, 1922년 12월 7일)

1911년 법률 제30호 제1조 및 제2조에 의한 칙재를 얻어 이를 공포한다.
제령 제13호
조선민사령 중 다음과 같이 개정한다.

…

제11조 조선인의 친족 및 상속에 관해서는 별단의 규정이 있는 것을 제한 외 제1조의 법률에 의하지 않고 관습에 의한다. 단 혼인 연령, 재판상 이혼, 인지, 친권, 후견, 보좌인, 친족회, 상속의 승인 및 분리에 관한 규정은 이 한에 있지 아니하다.

분가, 절가재흥, 혼인, 협의상 이혼, 연조 및 협의상 이연은 이를 부윤 또는 면장에게 계출하는 것으로 인해 그 효력을 발생시킨다. 단 유언에 의한 연조에 대해서는 그 계출은 양친(養親)의 사망시로 소급하여 그 효력이 생긴다.

제11조의 2 조선인의 호적에 관해서는 뒤의 7조의 규정에 의한다.

제11조의 3 호적사무의 관장에 대해서는 호적법 제1조, 제2조, 제4조 및 제7조의 규정으로, 호적의 정정에 대해서는 호적법 제169조의 규정에 의한다. 단 호적법 중 시정촌장으로 된 것은 부윤 또는 면장으로, 시역소(市役所) 또는 정촌역장(町村役場)인 것은 부청 또는 면사무소로, 구재판소(區裁判所)는 지방법원에 해당한다.

제11조의 4 호적사무는 부청 또는 면사무소의 소재지를 관할하는 지방법원장이 이를 감독한다.

호적사무의 감독에 대해서는 사법행정의 감독에 관한 규정을 준용한다.

제11조의 5 정당한 이유 없이 기간 내에 해야 할 계출 또는 신청을 하지 않은 자는 10원 이하의 과태료에 처한다.

제11조의 6 조선총독이 정한 바에 의해 부윤 또는 면장이 호적사무에 관해 기간을 정하고 계출 또는 신청을 최고하는 경우에 정당한 이유 없이 그 기간 내에 계출 또는 신청을 하지 않은 자는 20원 이하의 과태료에 처한다.

제11조의 7 부윤 또는 면장은 다음의 경우에는 30원 이하의 과태료에 처한다.

1. 정당한 이유 없이 계출 또는 신청을 수리하지 않을 때
2. 호적의 기재하는 것을 게을리할 때
3. 정당한 이유 없이 호적부, 제적부 또는 조선총독이 정한 바에 열람을 허가한 서류의 열람을 거부할 때
4. 정당한 이유 없이 호적 혹은 제외된 호적의 등본, 초본 또는 조선총독이 정한 바에 의해 교부해야 할 증명서의 교부를 하지 않을 때
5. 그 외 호적사건에 대해 직무를 게을리할 때

제11조의 8 호적의 기재를 요하지 않는 사항에 대해 허위의 계출을 하는 자는 1년 이하의 징역 또는 백 원 이하의 벌금에 처함.

제11조의 9 제11조의 3 및 제 11조의 4에 규정된 것 외 호적부, 호적의 기재수속, 계출 그 외 호적에 관해 필요한 사항에 대해서는 조선총독이 정한 바에 의한다.

(『조선총독부관보』 제3097호, 1922년 12월 7일)

자료 8

「조선민사령」 제11조의 개정(3차 개정, 1939년 11월 10일)

1911년 법률 제30호 제1조 및 제2조에 의해 칙재를 얻어 이에 이를 공포한다.

1939년 11월 10일　조선총독 미나미 지로(南次郎)

제령 제19호

조선민사령 중 다음과 같이 개정한다.

제11조 제1항 중 '단지' 아래에 '씨'를, '인지' 아래에 '재판상의 이연, 서양자연조의 경우에 혼인 또는 연조가 무효로 될 때 또는 취소될 때에 연조 또는 혼인의 취소'를 더하고 동조(同條)에 다음의 1항을 더한다.

씨는 호주(법정대리인이 있을 때는 법정대리인)가 이를 정한다.

제11조의 2를 제11조의 3으로 하고 이하 제11조의 8까지 차례로 1조씩 뒤로 밀린다.

제11조의 2 조선인의 양자연조에 있어 양자는 양친과 성이 같을 것을 요하지 않는다. 단 사후양자의 경우에는 이 한에 있지 아니하다.

서양자연조는 양자연조의 계출과 동시에 혼인 계출을 하는 것으로 인해 그 효력이 발생한다.

서양자는 처의 가에 들어간다.

서양자이연 또는 연조의 취소로 인해 그 가를 떠날지라도 가녀의 직계비속은 그 가를 떠나지 않고 타아가 태어날 때는 그 가에 들어간다.

제11조의 9를 제11조의 10으로 하고 동조 중 '제11조의 3 및 제11조

의 4'를 '제11조의 4 및 제11조의 5'로 고친다.

부칙

본령 시행기일은 조선총독이 이를 정한다.

조선인 호주(법정대리인이 있을 때는 법정대리인)는 본령 시행 후 6월 이내에 새로 씨를 정해 이를 부윤 또는 읍면장에게 계출하기를 요한다.

전항의 규정에 의한 계출을 하지 않을 때는 본령 시행할 즈음에 호주의 성을 씨로 한다. 단 일가를 창립하지 않는 여호주일 때 또는 호주상속인이 분명하지 않을 때는 전 남호주의 성을 씨로 한다.

(『조선총독부관보』 제3843호, 1939년 11월 10일)

자료 9

「씨명에 관한 건」(1939년 11월 10일)

1911년 법률 30호 제1조 및 제2조에 의해 칙재를 얻어 이에 이를 공포한다.

1939년 11월 10일　조선총독 미나미 지로

제령 제20호

제1조 어역대어휘(御歷代御諱) 또는 어명은 이를 씨 또는 명으로 사용할 수 없다.

자기의 성 이외의 성은 씨로 이것을 사용할 수 없다. 단 일가창립의 경우에는 이 한에 있지 아니하다.

제2조 씨명은 이를 변경할 수 없다. 단 정당한 사유가 있는 경우에 조선총독이 정하는 바에 의해 허가를 받은 때는 이 한에 있지 아니하다.

부칙

본령 시행기일은 조선총독이 이를 정한다.

(『조선총독부관보』 제3843호, 1939년 11월 10일)

참고문헌

1. 자료

『皇城新聞』, 『每日申報』, 『東亞日報』, 『朝鮮日報』, 『大東亞』, 『思想月報』, 『思想彙報』, 『朝鮮』, 『戶籍』, 『朝鮮彙報』, 『朝鮮總督府官報』, 『教育時論』, 『帝國教育』, 『教育實驗界』, 『教育界』, 『教育研究』, 『司法協會雜誌』, 『法學協會雜誌』, 『朝鮮講演』, 『法律時報』, 『별건곤』, 『東京經濟雜誌』, 『國際法雜誌』, 『國家學會雜誌』, 『刑事法評林』, 『法律時報』.

『公文類聚』, 日本公文書館 アジア歷史資料センタ.

『本邦內政關係雜纂/植民地關係』, 外務省外交史料館 アジア歷史資料センタ.

『朝鮮王朝實錄』, 『經國大典』, 『續大典』.

角田幸吉, 1936, 「明治初中期の私生子法」, 『法學之林』 38-5.

高等法院, 1908~1942, 『高等法院判決錄』, 사법협회.

________, 1933, 『朝鮮高等法院判例要地類集』, 사법협회.

________, 1937, 『朝鮮高等法院判例要地類集』, 사법협회.

________, 1939, 「實親子關係確認請求事件」, 『高等法院判決錄』 26권, 사법협회.

________, 1943, 『朝鮮高等法院判例要地類集』, 사법협회.

________, 법원도서관 역, 2004~, 『국역 고등법원판결록』, 법원도서관.

국학자료원, 1998, 『日帝下法令輯覽』.

국회사무처, 1957, 『제26회 국회정기회의속기록』 30호.

_________, 1957, 『제26회 국회정기회의속기록』 50호.

近見繁造, 1924, 『朝鮮戶籍法規詳解』, 朝鮮法規研究俱樂部.

近代アジア教育史研究會, 1995, 『近代日本のアジア教育認識』 資料編, 龍溪書舍.

琴秉洞, 1999, 『(資料) 雜誌にみる近代日本の朝鮮認識』, 緑蔭書房.

김정명 편, 1992, 『日韓外交資料集成』.

南雲幸吉, 1935, 『現行朝鮮親族相續法類集』, 大阪屋號書店.

大村友之丞, 1922, 『京城回顧錄』, 朝鮮硏究會.

大村友之丞 編, 1910, 『朝鮮講演集』 第1輯, 朝鮮日報社.

善生永助, 1928, 「朝鮮の結婚離婚趨勢」, 『朝鮮』 152.

瀧川幸辰, 1937, 『刑法雜筆』, 文友堂書店.

栗生武夫, 1930, 『婚姻法の近代化』, 弘文堂.

李覺鍾, 1913, 『주해 형법전서』, 광동서국.

臨時法制審議会, 1925, 『(秘)諮問第1號(民法改正) 臨時法制審議會總會議事速記錄』, 臨時法制審議会.

＿＿＿＿＿＿, 1925, 『臨時法制審議會資料 刑法改正の綱領と最近外國立法 對照』, 臨時法制審議会.

＿＿＿＿＿＿, 1927, 『(秘)諮問第4號(刑法改正) 臨時法制審議會總會議事速記錄』, 臨時法制審議会.

林弘正, 2013, 『改正刑法假案成立過程硏究』, 成文堂.

馬場社, 1926, 『朝鮮親族相續慣習法綜覽』, 大阪屋號書店.

末弘嚴太郞, 1941, 『戶籍法及び寄留法』, 日本評論社.

梅謙次郞, 1907, 「韓國の話」, 『國家學會雜誌』 21권 12호.

＿＿＿＿, 1908, 「名士の韓國觀 - 梅謙次郞」, 『朝鮮』 1권 6호, 日韓書房.

＿＿＿＿, 1909, 「韓國の法律制度に就て」 上, 『東京經濟雜誌』 60권 1512호.

＿＿＿＿, 1909, 「韓國の法律制度に就て」 下, 『東京經濟雜誌』 60권 1514호.

＿＿＿＿, 1910, 「伊藤公と立法事業」, 『國家學會雜誌』 24권 7호.

＿＿＿＿, 1910, 「韓國の合邦論と立法事業」, 『國際法雜誌』 8권 9호.

＿＿＿＿, 1910, 「合倂後ノ韓國法制(談話)」, 『刑事法評林』 2권 9호.

某君談, 1906, 「韓國ノ法典調査」, 『東京經濟雜誌』 1346호.

牟田和惠, 1996, 『戰略としての家族-近代日本の國民國家形成と女性』, 新曜社.

無名氏, 1909, 「韓國における司法制度を論す」, 『國際法雜誌』, 8권 1호.

民族問題硏究所 編, 2005, 『日帝下戰時體制期政策史料叢書』, 한국학술정보.

法典調査局, 1908, 『慣習調査問題』.

법전조사국·조선총독부, 1910·1912·1913, 『朝鮮慣習調査報告書』, 정긍식 편역, 2000,

『개역판 관습조사보고서』, 법제연구원.

福島正夫 編, 1981, 『日本近代法制の形成』 上, 日本評論社.

__________, 1982, 『日本近代法體制の形成』 下, 日本評論社.

四方博, 1937, 『朝鮮に於ける大家族制と同族部落: その歴史的觀察の一試案』.

______, 1938, 「李朝人口に關する身分階級別的觀察」, 『朝鮮經濟研究』 3.

司法部法務課, 1918, 「朝鮮人間の離婚訴訟」, 『朝鮮彙報』 2월호.

___________, 1929, 『司法資料 第136號 各國政府の報告に據る私生子の地位に關する研究』.

司法協會 編, 1932, 『決議回答輯錄』.

__________, 1938, 『續決議回答輯錄』.

山崎丹照, 1943, 『外地統治機構の研究』, 高山書院.

山本四郎 編, 1984, 『寺內正毅關係文書』, 京都女子大學.

山田三良, 1912, 「植民地法ト內地法トノ關係ニ就テ」, 『法學協會雜誌』 30권 2호.

________, 1932, 『國際私法』, 有斐閣.

三田高三郎, 1942, 『戶籍法要論』, 帝國判例法規出版社.

細谷定, 1915, 『日鮮對照朝鮮民籍要覽』, 斯道館.

______, 1915, 「朝鮮人の早婚と慣習の效力」, 『朝鮮彙報』 5월호.

小野篤三, 1931, 『朝鮮の實相』, 日京時論社.

小熊英二, 1998, 『〈日本人〉の境界』, 新曜社.

松岡修太郎 等, 1940, 『新法學全集』, 日本評論社.

송병기 외 편, 1972, 『韓末近代法令資料集』, 大韓民國 國會圖書館.

水野直樹 編, 2000, 『戰時期 植民地統治資料』, 柏書房.

__________, 2001, 『朝鮮總督諭告·訓示集成』, 緑蔭書房.

穗積陳重, 1929, 『慣習と法律』, 岩波書店.

矢內原忠雄, 1926, 『植民及植民政策』, 有斐閣.

__________, 1927, 『植民政策の新基調』, 弘文堂.

__________, 1963, 『滿洲, 朝鮮, 沖繩』, 岩波書店.

野村調太郎, 1925, 『朝鮮戶籍令義解』, 巖松堂.

__________, 1926, 「祖上の祭祀と現行の法律」, 『司法協會雜誌』 5권 4호.

__________, 1939, 「朝鮮における親族相續慣習の實情と其の法律上の主要問題」, 『法律時報』 11권 9호.

__________, 1940, 「朝鮮家族制度の推移」, 『朝鮮』 296.

__________, 1940, 「朝鮮慣習法上の家と其の相續制」, 『司法協會雜誌』 19권 1호.

切山篤太郎 · 春澤得一 共編, 1921, 『朝鮮親族相續慣習類纂』, 巖松堂.

朝鮮總督府 編, 1922, 『朝鮮施政に關する諭告 · 訓示竝演述』.

朝鮮事情社 編, 1926, 『朝鮮の事情』, 朝鮮事情社.

朝鮮總督府, 1915, 『朝鮮關係帝國議會事經過摘錄』, 朝鮮總督府.

__________, 1922, 『朝鮮司法例規』, 사법협회.

__________, 1925, 『女子高等普通學校 修身書』 卷 1 · 2 · 3.

__________, 1933, 『朝鮮戶籍例規』, 사법협회.

__________, 1938, 『中等教育 女子公民科 教科書』.

__________, 1938, 『中等教育 女子修身書』 卷 1 · 2 · 4.

__________, 1990, 『植民地朝鮮教育政策史料集成』, 大學書院.

朝鮮總督府 編, 1999, 『齋藤實文書』, 高麗書林.

朝鮮總督府法務局, 1922, 『民籍例規』.

______________, 1929, 『(改訂)朝鮮戶籍例規』.

______________, 1940, 『氏制度の解說』.

朝鮮總督府司法部法務課, 1917, 『民籍例規集』.

____________________, 1920, 『民籍例規集』, 大成印刷社.

____________________, 1936, 『朝鮮の司法制度』.

朝鮮總督府中樞院, 1900, 『朝鮮民事令改正案』.

______________, 1928, 『民事慣習回答彙集』.

______________, 1929, 『本院會議における總督訓示竝議長挨擦』.

______________, 1929, 『中樞院會議ニ於ケル訓示 · 挨擦及演述』.

______________, 1932, 『中樞院會議ニ於ケル訓示 · 演述 · 說明』.

______________, 1933, 『民事慣習回答彙集』.

______________, 1933, 『中樞院會議議事錄』.

______________, 1935, 『中樞院會議各局長演述』.

________________, 1936, 『朝鮮法制集』.

________________, 1938, 『朝鮮舊慣制度調査事業概要』.

________________, 1941, 『中樞院會議參議答申書: 22回』.

________________, 『民事慣習回答彙集續編稿』.

朝鮮總督府中樞院調査課 編, 1936, 『李朝の財産相續法』.

中川善之助, 1936, 『妻妾論』, 중앙공론사.

__________, 1937, 『戶籍法及び寄留法』, 日本評論社.

__________, 1942, 「私生子法に於ける父の觀念」, 『法學』 11-3.

__________, 1942, 『日本親族法』, 日本評論社.

中村哲, 1943, 『植民地統治法の基本問題』, 日本評論社.

車田篤, 1934, 『朝鮮行政法論』, 朝鮮法制硏究會.

______, 1937, 『朝鮮戶籍令義解』, 朝鮮地方行政學會.

倉富勇三郞, 1940, 「朝鮮の司法制度に關する私見」, 『司法協會雜誌』 별쇄.

拓務大臣官房文書課 編, 1934, 『外地ニ行ハルル法律調』.

淺見倫太郞, 1921, 「朝鮮法系ノ歷史的硏究」, 『法學協會雜誌』 39권 8호.

淸宮四郞, 1944, 『外地法序說』, 有斐閣.

靑柳綱太郞, 1928, 『總督政治史論』, 京城新聞社.

崔丙柱, 1938, 「民事令第11條の慣習と宗孫權及遺妻の相續權」, 『司法協會雜誌』 17권 1호.

幣原坦, 1919, 『朝鮮敎育論』, 六盟館.

戶田貞三, 1944, 『家と家族制度』, 羽田書店.

和田千城, 1923, 『(改正)日本民法講義』, 精華堂.

2. 단행본

姜東鎭, 1980, 『日帝의 韓國侵略政策史』, 한길사.

______, 1982, 『日帝言論界의 韓國觀』, 일지사.

곽윤직, 1972, 『대륙법』, 박영사.

교육연구실 편, 1982, 『근대민족교육의 전개와 갈등』, 한국정신문화연구원.

국사편찬위원회 편, 2011, 『'몸'으로 본 한국여성사』.

宮嶋博史, 노영구 역, 1996, 『양반』, 강.

宮田節子 著, 李熒娘 譯, 1997,『朝鮮民衆과「皇民化」政策』, 일조각.

琴章泰, 1995,『儒學思想과 儒教文化』, 전통문화연구회.

金斗憲, 1969,『韓國家族制度研究』, 서울대출판부.

金泳鎬 編, 1986,『日帝下 韓國社會構成體論 序說』, 청아.

金雲泰, 1986,『日本帝國主義의 韓國統治』, 박영사.

金宗炫, 1991,『近代日本經濟史』, 比峰出版社.

김홍식 외, 1990,『대한제국기의 토지제도』, 민음사.

나지타 저, 박영재 옮김, 1992,『근대일본사 - 정치항쟁과 지적긴장』, 역민사.

니시카와 나가오 저, 윤대석 옮김, 2002,『국민이라는 괴물』, 소명출판.

鈴木敬夫, 1989,『法을 통한 朝鮮植民地 支配에 關한 研究』, 고려대 민족문화연구소.

林弘正, 2013,『改正刑法假案成立過程研究』, 成文堂.

牟田和惠, 1996,『戰略としての家族: 近代日本の國民國家形成と女性』, 新曜社.

문숙자, 2004,『조선시대 재산상속과 가족』, 경인문화사.

______, 2009,『68년의 나날들, 조선의 일상사: 무관 노상추의 일기와 조선후기의 삶』, 너머북스.

______, 2019,『분재기에 나타난 조선 중기 상속 문화와 가족제도』, 새물결.

미즈노 나오키 저, 정선태 역, 2008,『창씨개명: 일본의 조선지배와 이름의 정치학』, 산처럼.

閔斗基, 1976,『日本의 歷史』, 지식산업사.

朴慶植, 1986,『日本帝國主義의 朝鮮支配』, 청아.

박선주 외, 2014,『고아, 족보 없는 자: 근대, 국민국가, 개인』, 책과함께.

朴容玉, 1984,『韓國近代女性運動史研究』, 韓國精神文化研究院.

박찬승, 1992,『한국근대정치사상사연구-민족주의우파의 실력양성운동론』, 역사비평사.

배경숙, 1972,『韓國女性私法史』, 인하대출판부.

范忠信 외, 이인철 역, 1996,『中國法律文化探究』, 一潮閣.

소현숙, 2017,『이혼 법정에 선 식민지 조선여성들-근대적 이혼제도의 도입과 젠더』, 역사비평사.

손병규, 2007,『호적, 1606-1923: 호구기록으로 본 조선의 문화사』, 휴머니스트.

孫仁銖, 1977,『韓國女性教育史』, 연세대출판부.

______, 1983,『한국근대민족교육의 이념연구』, 문음사.

아리에 아키라 저, 이종국·조진구 역, 1999, 『20세기의 전쟁과 평화』, 을유문화사.

아쉬스 난디 저, 이옥순 역, 1993, 『친밀한 적』, 신구문화사.

양현아, 2011, 『한국 가족법 읽기: 전통, 식민지성, 젠더의 교차로에서』, 창비.

에드워드 사이드 지음, 박홍규 역, 2007, 『오리엔탈리즘』, 교보문고.

여성한국사회연구회, 1991, 『여성·가족·사회』, 열음사.

우에노 지즈코 저, 이승희 역, 1994, 『가부장제와 자본주의』, 녹두.

우에노 지즈코 저, 이선이 역, 1999, 『내셔널리즘과 젠더』, 박종철출판사.

위즈너 행크스, 메리 저, 노영순 역, 2006, 『젠더의 역사』, 역사비평사.

劉明鍾, 1995, 『韓國思想史』 개정판, 이문출판사.

李侖禧, 1995, 『한국 민족주의와 여성운동』, 신서원.

이숙인, 2014, 『정절의 역사: 조선 지식인의 성 담론』, 푸른역사.

이승일, 2008, 『조선총독부 법제정책: 일제의 식민통치와 조선민사령』, 역사비평사.

이영미 저, 김혜정 역, 2011, 『한국의 사법제도와 우메 겐지로』, 일조각.

이영훈, 1988, 『조선후기 사회경제사』, 한길사.

이정선, 2017, 『동화와 배제: 일제의 동화정책과 내선결혼』, 역사비평사.

이태영, 1992, 『가족법개정운동 37년사』, 한국가정법률상담소출판부.

이해준 편저, 1998, 『草廬 李惟泰의 鄕約과 庭訓』, 신서원.

이효재, 1988, 『한국가족론』, 까치.

장병인, 1997, 『조선전기 혼인제와 성차별』, 일지사.

______, 2018, 『법과 풍속으로 본 조선 여성의 삶』, 휴머니스트.

赤塚忠·金谷治 外, 조성을 옮김, 1987, 『중국사상사개론』, 이론과 실천.

田鳳德, 1968, 『韓國法制史硏究』, 서울대출판부.

鄭光鉉, 1940, 『姓氏論考』, 동광당서점.

______, 1967, 『韓國家族法硏究』, 서울대출판부.

정운현 편역, 1994, 『創氏改名』, 학민사.

정주수, 2016, 『창씨개명 법제연구』, 동문.

정지영, 2015, 『질서의 구축과 균열 조선후기 호적과 여성들』, 서강대출판부.

조혜정, 1988, 『한국의 여성과 남성』, 문학과지성사.

최석영, 1997, 『일제의 동화이데올로기의 창출』, 서경문화사.

최승희, 1995, 『增補版 韓國古文書研究』, 지식산업사.

최유리, 1997, 『일제말기 식민지 지배정책연구』, 국학자료원.

崔在錫, 1982, 『改訂韓國家族研究』, 一志社.

______, 1983, 『韓國家族制度史研究』, 一志社.

최혜주 외, 2018, 『일제의 식민지배와 재조일본인 엘리트』, 어문학사.

崔弘基, 1997, 『韓國戶籍制度史研究』, 서울대출판부.

한국 YWCA 50년사 편찬위원회, 1976, 『한국 YWCA 반백년』, YWCA연합회.

한국사 편집위원회, 1995, 『한국사 – 식민지시기의 사회경제(1)』 13, 한길사.

________________, 1995, 『한국사 – 식민지시기의 사회경제(2)』 14, 한길사.

한국사회사학회, 1993, 『한국근현대가족의 재조명』, 문학과 지성사.

______________, 1995, 『가족과 법제의 사회사』, 문학과 지성사.

한국여성연구회, 1992, 『한국여성사』 근대 편, 풀빛.

한양대학교 비교역사문화연구소 엮음, 2018, 『한국과 타이완에서 본 식민주의』, 한울아카데미.

허재영 엮음, 2013, 『경찰학·주해형법전서』, 경진.

홍양희 외, 2017, 『성스러운 국민: 젠더와 섹슈얼리티를 둘러싼 근대 국가의 법과 과학』, 서해문집.

高柳眞三, 1987, 『明治前期家族法の新裝』, 有斐閣.

高梨公之 等, 1966, 『家族法と戶籍の諸問題』, 日本加除出版.

駒込武, 1996, 『植民地帝國日本の文化統合』, 岩波書店.

落合惠美子, 1989, 『近代家族とフェミニズム』, 勁草書房.

女性史總合研究會 編, 1982, 『日本女性史』 4卷 近代, 東京大出版部.

米村千代, 1999, 『家の存續戰略: 歷史社會學的考察』, 勁草書房.

福島正夫, 1959, 『戶籍制度と「家」制度』, 東京大出版部.

________, 1967, 『日本資本主義と「家」制度』, 東京大出版部.

________, 1981, 『日本近代法體制の形成』 上, 日本評論社.

________, 1982, 『日本近代法體制の形成』 下, 日本評論社.

________, 1988, 『日本資本主義の發達と私法』, 東京大出版部.

福島正夫 編, 1967, 『前近代アジアの法と社會』, 勁草書房.

山本有造, 1992,『日本植民地經濟史研究』, 名古屋大學出版會.

山主政幸, 1958,『日本社會と家族法』, 日本評論社.

山中永之佑, 1988,『日本近代國家の形成と'家'制度』, 日本評論社.

上野千鶴子, 1998,『ナショナルズムとジエンダー』, 青土社.

________, 1990,『家父長制と資本主義』, 岩波書店.

西川裕子, 2000,『近代國家と家族モデル』, 吉川弘文館

西川長夫, 1998,『國民國家論の射程』, 柏書房.

西川長夫·松宮秀治 編, 1995,『幕末·明治期の國民國家形成と文化變容』, 新曜社.

石井良助, 1980,『日本相續法史』, 創文社.

________, 1981,『家と戸籍の歷史』, 創文社.

小山靜子, 1991,『良妻賢母主義という規範』, 勁草書房.

________, 1999,『家庭の生成と女性の國民化』, 勁草書房.

小熊英二, 1995,『單一民族神話の起源』, 新曜社.

________, 1998,『日本人の境界』, 新曜社.

沼正也, 1960,『財産法の原理と家族法の原理』, 三和書房.

______, 1963,『財産法の原理と家族法の原理』2, 三和書房.

岩波講座, 1993,『近代日本と植民地』Ⅰ-Ⅷ, 岩波書店.

依田精一, 2004,『家族思想と家族法の歷史』, 吉川弘文館.

入江昭, 1986,『20世紀の戰争と平和』, 東京大出版會.

潮見俊隆·利谷信義 編著, 1974,『日本の法學者』, 日本評論社.

青山道夫, 1958,『(續)近代家族法の硏究』, 有斐閣.

黑木三郎先生古稀記念論文集刊行委員會 編, 1983,『アシア社會の民族慣習と近代化政策』, 敬文堂.

Duus, Peter, 1976, *The Rise of Modern Japan*, Boston: Houghton Mifflin Co..

Hamilton Roberta, 1980, *The Liberation of Women - A Study of Patriarchy and Capitalism*, Unwin Hyman.

Hobsbawm, Eric and Ranger, Terence eds., 1985, *The Invention of Tradition*, London: Cambridge University Press.

Kim, Marie Seong-Hak, 2012, *Law and Custom in Korea - Comparative Legal History*,

London: Cambridge University Press.
Lim, Sungyun, 2019, *Rules of the House: Family Law and Domestic Disputes in Colonial Korea*, California: University of California Press.
Myers, Ramon H. and Peattie, Mark R. ed., 1984, *The Japanese colonial empire, 1895-1945*, Princeton, New Jersey: Princeton University Press.
Oakley, Ann, 1974, *Woman's Work: The Housewife Past and Present*, New York: Pantheon Books A Divison of Random House.
Richard H. Michell, 1976, *Thought Control in Prewar Japan*, New York: Cornell University Press.
Roberts, Stephen Henry, 1929, *History of French colonial policy(1870-1925)*, London: Westminster.
Robinson, Michael Edson, 1988, *Cultural nationalism in colonial Korea, 1920-1925*, Seattle: University of Washington Press.
Said, Edward W., 1978, *Orientalism*, New York: Pantheon Books.
__________, 1988, *Gender and Politics of History*, New York: Columbia University Press.
Scott, Joan W., 1999, *Gender and Politics of History*(revised ed.), New York: Columbia University Press.
Tetsuo Najita, 1974, *JAPAN: The Intellectual Foundation of Modern Japanese Politics*, Illinois: The University of Chicago Press.
Tsunoda, Ryūsaku, 1964, *Sources of Japanese tradition*, New York: Columbia University Press.
Wiesner-Hanks, Merry E., 2001, *Gender in History*, Hoboken: Blackwell Publishing.
Zaresky, Eli, 1976, *Capitalism, the Family and Personal Life*, New York: Harper&Row.

3. 논문

강숙자, 1989, 「한국가족법 개정운동의 쟁점분석과 개선방향 - 호주상속제도 미풍양속론과 외래론의 대비를 중심으로」, 『여성연구』 통권 23.
古久保さくら, 1993, 「1930년대 모성을 기축으로 한 여성의 통합에 대하여 - 大日本聯合

婦人會機關誌『家庭』의 言說을 중심으로」, 『아시아문화』 9호.
권태억, 2001, 「동화정책론」, 『역사학보』 172집.
金泰永 · 徐廷相, 1995, 「朝鮮初期 軍役編制의 推移와 改革方向」, 『慶熙史學』 19.
吉川絢子, 2011, 「日帝時期 離婚訴訟과 日本人 判事 - 1910年代를中心으로」, 『법사학연구』 44.
_______, 2012, 「근대 초기 한국의 민법학 수용과 판사에 대한 영향 - 1900~1910년대 이혼법을 중심으로」, 『법사학연구』 44.
김상준, 2003, 「온 나라가 양반되기 - 조선후기 유교적 평등화 메커니즘」, 『사회와 역사』 63.
김은경, 2016, 「탈식민기 가족법에서 민주주의 의제와 여성의 국민화 - '처의 행위능력'을 중심으로」, 『사림』 57.
_____, 2017, 「'포스트 - 식민/제국'의 아이러니와 네이션의 자기 변주 - 제2차 세계대전 후 한일 가족법 제정과 여성의 위치」, 『한국근현대사연구』 82.
_____, 2018, 「한국과 일본의 가족법에서 처의 지위와 여성의 '권리'(1945~1960)」, 『여성과 역사』 29.
김재만, 1976, 「전통적 한국 여인상의 연구」, 『여성문제연구』 5 · 6합집.
김종택, 1978, 「한국의 전통적 여성관」, 『여성문제연구』 7집.
김지용, 1968, 「『내훈』에 비춰진 이조여인들의 생활상」, 『아시아여성연구』 7집.
김창록, 2000, 「일본의 근현대 천황제에 관한 법사학적 고찰」, 『법사학연구』 22.
도기숙, 2009, 「간통죄와 여성의 섹슈얼리티: 18, 19세기 독일의 계몽주의 담론을 중심으로」, 『독일언어문학』 43.
문숙자, 2006, 「조선후기 양반의 일상과 가족내외의 남녀관계-노상추의 〈일기〉(1763-1829)를 중심으로」, 『고문서연구』 28.
朴秉濠, 1976, 「한국의 전통가족과 가장권」, 『한국학보』 2집, 일지사.
_____, 1986, 「한국가부장권 법제의 사적 고찰」, 『한국여성학』 2.
_____, 1987, 「일제시대 법제상의 가부장권」, 『민법학의 현대적 과제』, 박영사.
_____, 1992, 「日帝時代의 戶籍制度」, 『고문서연구』 3.
_____, 1992, 「日帝下의 가족정책과 관습법형성과정」, 『법학』 33-2.
박용옥, 1985, 「유교적 여성관의 재조명」, 『한국여성학』 창간호.

박찬승, 2002, 「20세기 한국 국가주의의 기원」, 『한국사연구』.
배은경, 2004, 「사회 분석 범주로서의 '젠더' 개념과 페미니스트 문화연구: 개념사적 접근」, 『페미니즘 연구』 4권 1호.
서병한·한상욱, 1983, 「한국법제사상 여성의 법적지위의 변천」, 『여성문제연구』 12.
소현숙, 2011, 「강요된 자유이혼」, 『사학연구』 104.
______, 2012, 「정조유린 담론의 역설: 1920-30년대 정조유린위자료청구소송과 정조담론」, 『역사문제연구』 28.
______, 2013, 「고독한 외침 - 식민지시기 아내/며느리에 대한 私刑과 여성들의 법정투쟁」, 『역사비평』 104.
______, 2014, 「생존과 자존의 길 찾기 - 1920~30년대 여성 이혼과 빈곤문제」, 『여성문학연구』 32.
______, 2016, 「'만들어진 전통'으로서의 同姓同本禁婚制와 식민정치」, 『대동문화연구』 96.
______, 2017, 「부계혈통주의와 '건전한' 국민: 1950-1970년대 동성동본금혼제를 둘러싼 법과 현실」, 『성스러운 국민: 젠더와 섹슈얼리티를 둘러싼 근대국가의 법과 과학』, 서해문집.
손병규, 2012, 「1900년대 「光武戶籍」의 '士'와 「民籍」의 '兩班' 기재」, 『대동문화연구』 81.
______, 2016, 「산 자와 죽은 자의 기재: 戶籍과 族譜에 대한 역사인구학의 관점」, 『조선시대사학보』 79.
水野直樹, 「조선 식민지 지배와 이름의 '차이화'」, 『사회와 역사』 59.
심희기, 2003, 「일제강점 초기 식민지 관습법의 형성」, 『법사학연구』 28.
양현아, 1999, 「한국의 호주제도」, 『여성과 사회』 10.
______, 2000, 「식민지시기 한국가족법의 관습문제 I」, 『사회와 역사』 58.
______, 2000, 「호주제도의 젠더정치: 젠더생산을 중심으로」, 『한국여성학』 16-1.
______, 2002, 「호주제도위헌소송에 관한 법사학적 고찰: '가족'의 변화를 중심으로」, 『한국사회학』 36집 5호.
______, 2015, 「포스트 간통죄 폐지: 드러난 성적 자유주의 담론과 묻혀진 배우자의 손해」, 『법학』 56-3.
오영근·최종식, 1999, 「일본 개정형법가안에 관한 일고찰」, 『형사정책연구』 37.
오카자키 마유미, 2013, 「식민지기 조선 민사법의 호주권 기능 - 메이지 민법의 「家」제도와의 비교분석적 접근」, 『법사학연구』 47.

옥성득, 2002, 「초기 한국교회의 일부다처제 논쟁」, 『한국기독교와 역사』 16.

禹仁秀, 2000, 「朝鮮後期 한 士族家의 生活樣式 - 草廬 李惟泰의 庭訓을 중심으로」, 『朝鮮時代學報』 12집.

윤방렬, 1971, 「『여논어』의 현대적 고찰」, 『아시아여성연구』 10집.

윤혜원, 1973, 「근세 한·일여성의 사회적 처우에 관한 비교연구 - 주로 그 사상적 배경을 중심으로」, 『아시아여성연구』 12집.

李培鎔, 1995, 「한국근대여성의식 변화의 흐름」, 『한국사시민강좌』 15, 일조각.

李丙洙, 1977, 「우리나라의 近代化와 刑法大典의 頒示 - 가족법을 중심으로」, 『법사학연구』 2.

이병수, 1977, 「조선민사령에 관하여: 제11조의 관습을 중심으로」, 『법사학연구』 4.

李相旭, 1986, 「한국상속법의 성문화과정」, 경북대 박사학위논문.

______, 1988, 「일제하 호주상속관습법의 정립」, 『법사학연구』 9.

______, 1991, 「일제하 전통가족법의 왜곡」, 『(박병호교수환갑기념 II) 한국법사학논총』.

이상주, 1996, 「李文楗의 『養兒錄』 - 16세기 士大夫의 子孫敎育의 體驗的 詩篇」, 『한국한문학연구』 19.

이성임, 2003, 「16세기 양반관료의 外情 - 유희춘의 《미암일기》를 중심으로」, 『고문서연구』 23.

______, 2008, 「조선시대 양반의 축첩현상과 경제적 부담」, 『고문서연구』 33.

이수건, 1971, 「조선초기 호구연구」, 『영남대 논문집(인문과학편)』 5.

이숙진, 2010, 「초기 기독교의 혼인담론」, 『한국기독교와 역사』 32.

이승일, 1999, 「식민지 조선의 차양자(次養子) 연구」, 『역사와 현실』 34호.

______, 1999, 「일제시대 親族慣習의 변화와 朝鮮民事令 개정에 관한 연구 - 조선민사령 제11조 제2차 개정안을 중심으로」, 『한국학논집』 33.

______, 2000, 「일제시기 朝鮮人의 日本國民化 연구 - 戶籍制度를 중심으로」, 『한국학논집』 34.

______, 2011, 「식민지 조선과 대만의 창씨개명, 개성명 비교 연구」, 『대동문화연구』 76.

이영훈, 1994, 「朝鮮佃戶考」, 『역사학보』 142집.

______, 2000, 「노비의 혼인과 부부생활」, 『조선시대 생활사』 2.

이옥경, 1985, 「조선시대 정절이데올로기의 형성기반과 정착방식에 관한 연구」, 이화여대 석사학위논문.
이정선, 2009, 「한국 근대 '호적제도'의 변천」, 『한국사론』 55.
_____, 2011, 「식민지 조선 · 대만에서의 '家制度'의 정착과정」, 『한국문화』 55.
이태재, 1973, 「한국여성의 법률상의 지위」, 『여성문제연구』 3집.
李效再, 1990, 「한국가부장제의 확립과 변형」, 『한국가족론』, 까치.
_____, 1996, 「한국가부장제와 여성」, 『여성과 사회』 7.
이희봉, 1968, 「한국여성의 법률상의 지위」, 『아시아여성연구』 7집.
장병인, 2003, 「조선 중 · 후기 간통에 대한 규제의 강화」, 『한국사연구』 121.
_____, 2003, 「조선시대와 일제시대 여성의 법적 지위 비교」, 『호서사학』 36집.
장상, 1985, 「기독교 여성관의 재발견」, 『한국여성학』 창간호.
정긍식, 1991, 「우리나라 간통죄의 법제사적 고찰」, 『형법개정과 관련하여 본 낙태죄 및 간통죄에 관한 연구』, 한국형사정책연구원.
_____, 1992, 「日帝의 慣習調査와 意義」, 『國譯 慣習調査報告書』, 한국법제연구원.
_____, 1996, 「조선초기 제사승계법제의 성립에 관한 연구」, 서울대 박사학위논문.
_____, 1998, 「16세기 첩자의 제사 승계권」, 『사회와 역사』 53.
_____, 2000, 「일제의 관습조사와 그 의의」, 『개역판 관습조사보고서』, 한국법제연구원.
정종휴, 1985, 「한국에서의 일본민법의 변용」, 『전남대논문집』 30.
정주영, 2009, 「식민지시기 이혼 소송의 법 적용실태」, 서강대 석사학위논문.
정지영, 2002, 「조선후기 호주승계방식의 변화와 종법질서의 확산: 17 · 8세기 단성호적에 나타난 과부와 그 아들의 지위를 중심으로」, 『한국여성학』 18-2.
_____, 2003, 「〈변강쇠전〉 - 조선후기 성 통제와 하층여성의 삶」, 『역사비평』 65.
정진영, 2001, 「18세기 호적대장 호와 그 경제적 기반」, 『역사와 현실』 39호.
조석곤, 1990, 「光武年間의 戶政運營體系에 관한 小考」, 『대한제국기의 토지제도』, 민음사.
조안 W. 스콧 저, 송희영 역, 1996, 「젠더: 역사 분석의 유용한 범주」, 『국어문학』 31집.
조운 W. 스콧 저, 배은경 역, 2001, 「젠더와 정치에 대한 몇가지 성찰」, 『여성과 사회』 13.
조옥라, 1986, 「가부장제에 관한 이론적 고찰」, 『한국여성학』 2.
조은, 1986, 「가부장제와 경제 - 가부장제의 자본주의적 변용과 한국의 여성 노동」, 『한국여성학』 2.
최숙경·이배용 외, 1993,「한국여성사 정립을 위한 인물유형 연구 3」,『여성학논집』 10.
坂元眞一, 1997,「敗戰前日本國における朝鮮戶籍の硏究－登錄技術と徵兵技術の關係を中心として」,『靑丘學術論集』 제10집.
한명숙, 1986,「조선시대 유교적 여성관의 원리론적 고찰」, 이화여대 석사학위논문.
한봉석, 2014,「정조담론의 근대적 형성과 법제화－1945년 이전 조일(朝日) 양국의 비교를 중심으로」,『인문과학』 55.
한영국, 1989,「조선초기 호구통계에서의 戶와 口」,『동양학』 19.
홍양희, 2000,「한국: 현모양처론과 식민지 '국민'만들기」,『역사비평』 통권 52호.
______, 2001,「일제시기 조선의 여성교육－현모양처교육을 중심으로」,『한국학논집』 35.
______, 2005,「식민지시기 친족 관습의 창출과 일본 민법」,『정신문화연구』 28-3.
______, 2006,「식민지시기 상속 관습법과 '관습'의 창출」,『법사학연구』 34.
______, 2006,「식민지시기 친족·상속 관습법 정책」,『정신문화연구』 29-3.
______, 2007,「식민지시기 가족 관습법과 젠더 질서」,『한국여성학』 23-4.
______, 2008,「식민지 사법관료의 가족 '관습' 인식과 젠더 질서」,『사회와 역사』 79.
______, 2009,「조선총독부 판사, 노무라 초타로(野村調太郞)의 조선 사회 인식」,『가족법연구』 23-1.
______, 2013,「"애비 없는" 자식, 그 '낙인'의 정치학: 식민지시기 '사생아' 문제의 법적 구조」,『아시아여성연구』 52-1; 2014, 같은 글,『고아, 족보 없는 자』, 책과함께.
______, 2014,「'법(法)'과 '혈(血)'의 모순적 이중주: 식민지시기 '사생아' 제도의 실천, 그리고 균열들」,『역사문제연구』 18.
______, 2016,「"선량한 풍속"을 위하여: 식민지시기 '간통죄'와 성(Sexuality) 통제」,『법과 사회』 51호; 2017, 같은 글,『성스러운 국민』, 서해문집.
______, 2017,「누구/무엇을 위한 '친권(親權)'인가: 식민지시기 '친권'의 법제화와 가족 정치학」,『한국여성학』 33; 2018, 같은 글,『한국과 타이완에서 본 식민주의』, 한울.
______, 2017,「'同姓同本'='同族'이라는 상상－젠쇼 에이스케(善生永助)의 '同族部落'의 발명과 식민지 정치학」,『한일관계사연구』 58.
홍양희·양현아, 2008,「식민지 사법관료의 가족 '관습' 인식과 젠더 질서」,『사회와 역사』 79.

岡崎まゆみ, 2010,「植民地期朝鮮における“親族集団”の法的地位に関する一考察 -『朝鮮高等法院民事判決録』の分析を中心に」,『法学研究論集』34, 明治大学大学院.

________, 2012,「植民地期朝鮮における“親族集団”の法的地位に関する一考察(続) -『高等法院民事判決録』の分析を中心に」,『法学研究論集』37, 明治大学大学院.

岡孝·江戸恵子, 1985,「梅謙次郎著書及び論文目録その書誌學的研究」,『法學志林』82-3·4.

金翼漢, 1996,「植民地朝鮮における地方支配體制の構築過程と農村社會變動」, 東京大博士論文.

吉川絢子, 2011,「植民地朝鮮における離婚訴訟と朝鮮民事令 - 1910年代を中心に」,『史林』94-5.

內藤正中, 1991,「韓國における梅謙次郎の立法事業」,『島大法學』, 35권 3호.

大河純夫, 1997,「外國人の私權と梅謙次郎(1)」,『立命館法學』253호.

________, 1998,「外國人の私權と梅謙次郎(2)」,『立命館法學』255호.

瀨地山角·木原葉子, 1989,「東アジアにおける良妻賢母主義 - 近代社會のプロジエクト」,『中國-社會と文化』4호, 東大中國學會.

ピーター·ドウス, 浜口裕子 譯, 1998,「朝鮮觀の形成 - 明治期の支配イメージ」, 小林英夫 編,『帝國という幻想』, 青木書店.

小熊英二, 1996,「‘國民’化という支配 - 多民族帝國としての‘日本國民’概念」,『歷史學研究』690, 歷史學研究會, 青木書店.

有井智德, 1968,「李朝初期の戶籍法について」,『朝鮮學報』39·40집.

鄭鍾休, 1983,「韓國における日本民法の變容(二)」,『民商法雜誌』89-3.

佐藤愼一, 1989,「儒敎とナショナリズム」,『中國 - 社會と文化』4, 東大中國學會.

Hong, Yang-Hee, 2016, “Dangerous Tradition: Chohon Discourses and Population Management in Colonial Korea,” *Acta Koreana* 19(2).

Lata Mani, 1987, “Contentious Tradition: The Dabate on Sati in Colonial India,” *Cultural Critique*, Autumn.

Lim, Sungyun, 2016, “Affection and Assimilation,” *Gender&History* 28-2.

4. 웹사이트

아시아역사자료센터(www.jacar.go.jp).

한국사데이터베이스(db.history.go.kr).

찾아보기

동북아역사재단 일제침탈사 연구총서 27

조선총독부의 가족 정책

- 식민주의와 가족 · 법 · 젠더 -

초판 1쇄 인쇄 2021년 12월 20일
초판 1쇄 발행 2021년 12월 31일

지은이 홍양희
펴낸이 이영호
펴낸곳 동북아역사재단

등 록 제312-2004-050호(2004년 10월 18일)
주 소 서울시 서대문구 통일로 81 NH농협생명빌딩
전 화 02-2012-6065
팩 스 02-2012-6189
홈페이지 www.nahf.or.kr
제작·인쇄 역사공간

ISBN 978-89-6187-676-6 94910
978-89-6187-669-8 (세트)